ADOÇÃO —
ADOÇÃO
INTERNACIONAL

WILSON DONIZETI LIBERATI

ADOÇÃO — ADOÇÃO INTERNACIONAL

Doutrina e Jurisprudência
(de acordo com o novo Código Civil,
Lei 10.406/2002)

2ª edição

MALHEIROS EDITORES

ADOÇÃO —
ADOÇÃO INTERNACIONAL
Doutrina e Jurisprudência
© Wilson Donizeti Liberati

1ª edição: 11.1995

ISBN: 85.7420.532-X

Direitos reservados desta edição por
MALHEIROS EDITORES LTDA.
*Rua Paes de Araújo, 29, conjunto 171,
CEP 04531-940 – São Paulo – SP
Tel.: (0xx11) 3078-7205 – Fax: (0xx11) 3168-5495
URL: www.malheiroseditores.com.br
e-mail: malheiroseditores@zaz.com.br*

Composição: *Scripta*

Capa
Criação: Vânia Lúcia Amato
Arte: PC Editorial Ltda.

Impresso no Brasil
Printed in Brazil
08.2003

Dedico este trabalho a todos os pais e mães adotivos, que tiveram como primeiro pensamento a partilha do imenso amor – graça da natureza – que habitava dentro deles.

SUMÁRIO

APRESENTAÇÃO, 13

LIVRO I

1. A NOVA LEI BRASILEIRA DE ADOÇÃO INTERNACIONAL
   1.1 Adoção. Conceito e finalidade, 17
   1.2 Natureza jurídica da adoção, 21
   1.3 A função social e humanitária da adoção, 24
   1.4 Não é mais possível a adoção por procuração, 27
   1.5 Uma lei que colocou obstáculos mais eficientes ao tráfico de crianças, 28
   1.6 O Estatuto: um grande desafio!, 32
   1.7 A adoção no ECA e no novo Código Civil, 33

2. A ADOÇÃO NO DIREITO INTERNACIONAL PRIVADO
   2.1 Introdução, 40
   2.2 Convenções internacionais sobre a adoção, 42
   2.3 O conflito de leis no tempo e no espaço, 58

3. FAMÍLIA: UM DIREITO PESSOAL E INALIENÁVEL DA CRIANÇA
   3.1 Toda criança tem direito de ser criada em uma família, 67
   3.2 A excepcionalidade da colocação em família (estrangeira) substituta ou alternativa, 73
   3.3 A igualdade na identificação da filiação, 76
   3.4 O exercício do poder familiar. Procedimento contraditório, 80
   3.5 Deveres dos pais naturais e adotivos, 86
   3.6 Motivos que não autorizam a colocação de criança ou adolescente em família substituta, 91
   3.7 A manifestação da criança e do adolescente no processo de adoção, 94

4. REQUISITOS PESSOAIS DO ADOTANTE ESTRANGEIRO
   4.1 Quem pode adotar?, 98
   4.2 Estado civil do adotante, 104
   4.3 Diferença de idade entre adotante e adotado, 107
   4.4 Cônjuges separados ou divorciados, 110
   4.5 Morte do adotante no curso do processo, 113
   4.6 O consentimento do cônjuge ou companheiro, 114
   4.7 Impedimentos, 116

5. REQUISITOS PESSOAIS DO ADOTANDO
   5.1 Quem são as crianças e adolescentes adotáveis?, 123
   5.2 A situação de abandono do adotando, 124
   5.3 Situação dos pais biológicos: falecidos, destituídos do poder familiar, desaparecidos, 132
   5.4 A criança institucionalizada, 134

6. COMISSÃO ESTADUAL JUDICIÁRIA DE ADOÇÃO INTERNACIONAL – CEJAI
   6.1 Conceito e finalidade, 138
   6.2 Composição e atribuições, 141
   6.3 Cadastro de estrangeiros interessados na adoção, 144
   6.4 Cadastro de crianças em condição jurídica de serem adotadas, 148
   6.5 Cadastro de instituições ou agências internacionais, 149
   6.6 O representante dos interessados, 153
   6.7 Arquivo das legislações estrangeiras sobre adoção, 154
   6.8 Gratuidade e sigilo no processamento das informações, 154
   6.9 Laudo de habilitação, 155

7. O PROCESSO DE ADOÇÃO
   7.1 Considerações gerais, 160
   7.2 Requisitos processuais, 161
   7.3 Procedimento contraditório, 162
   7.4 A entrega da criança ao adotante antes do término do processo. "Guarda provisória", 164
   7.5 O consentimento do adotando maior de 12 anos de idade, 166
   7.6 O estágio de convivência, 168
   7.7 Relatório social, 170
   7.8 A manifestação do Ministério Público, 172
   7.9 A sentença judicial nas ações de adoção
      7.9.1 Classificação e efeitos, 174
      7.9.2 Extinção do poder familiar, 176
      7.9.3 O registro de nascimento, 178
      7.9.4 O novo nome do adotado, 180
      7.9.5 Autorização para viajar e expedição de passaporte, 182

8. OS EFEITOS DA ADOÇÃO
   8.1 A constituição do vínculo de filiação, 185
   8.2 Relação parental com os familiares do adotante, 188
   8.3 A representação legal, 190
   8.4 A obrigação alimentar, 192
   8.5 Direitos sucessórios, 197
   8.6 Irrevogabilidade da adoção, 200
   8.7 Legislação do país de origem do adotante, 204
   8.8 Nacionalidade e cidadania, 209

9. CRIMES EM MATÉRIA DE ADOÇÃO INTERNACIONAL
   9.1 O envio ilegal de crianças e adolescentes para o exterior, 214
   9.2 A intermediação pecuniária e criminosa na adoção, 217
   9.3 O falso registro de nascimento feito pelo adotante, 218

LIVRO II

1. ASPECTOS SOCIAIS E PSICOLÓGICOS DOS ADOTANTES
   1.1 Quem são os pais adotivos?, 223
   1.2 O trabalho de acompanhamento com o psicólogo e a assistente social, 227
   1.3 Pais adotivos: não são pais naturais, mas têm uma sensibilidade especial, 230
   1.4 A família como núcleo de afeto, 231
   1.5 A mãe como guardiã dos sentimentos, 234
   1.6 O evento "adoção" no sistema familiar, 235
   1.7 A expectativa e o temor dos pais, gerados pela adoção, 238
   1.8 Querer um filho: o limite do desejo, 241
   1.9 Adoção como solução para os conflitos do casal?, 244
   1.10 Que tipo de criança adotar? Menino ou menina? Deve-se contar à criança que ela é adotada?, 246

2. ASPECTOS SOCIAIS E PSICOLÓGICOS DOS ADOTADOS
   2.1 A relação com os pais adotivos, 252
   2.2 O adotado: a conquista de sua identidade, 256
   2.3 Quando o adotado já não é mais criança, 260
   2.4 A inserção de uma criança na família adotiva, 265
   2.5 A criança portadora de necessidades especiais ou doença grave, 267

3. COMO ENFRENTAR A QUESTÃO: TER UM FILHO OU SER PAI?
   3.1 A esterilidade como obstáculo para a realização do desejo de adotar, 273
   3.2 Técnicas de reprodução assistida, 275

4. OS MEDIADORES NA ADOÇÃO INTERNACIONAL, 280

LIVRO III

1. CONVENÇÕES INTERNACIONAIS SOBRE A ADOÇÃO
   1.1 Declaração dos Direitos da Criança, 285
   1.2 Convenção Relativa à Competência das Autoridades e à Lei Aplicável em Matéria de Proteção de Menores (Haia, 5.10.61), 287
   1.3 Convenção sobre os Aspectos Civis do Rapto Internacional de Crianças (Haia, 25.10.80), 292
   1.4 Convenção Interamericana sobre Conflitos de Leis em Matéria de Adoção de Menores (La Paz, 24.5.84), 301
   1.5 Convenção Interamericana sobre Restituição Internacional de Menores (Montevidéu, 15.7.89), 305
   1.6 Convenção sobre os Direitos da Criança (Assembléia-Geral das Nações Unidas, 20.11.89 — O Brasil ratificou a Convenção, regulamentando-a através do Decreto 99.710/90), 312

1.7 Convenção Relativa à Proteção e à Cooperação em Matéria de Adoção Internacional (Haia, 29.5.93), 329

2. A ADOÇÃO E A ADOÇÃO INTERNACIONAL NA JURISPRUDÊNCIA BRASILEIRA, 340

QUADRO COMPARATIVO DOS PRINCIPAIS REQUISITOS EXIGIDOS PARA A ADOÇÃO, 357

BIBLIOGRAFIA, 363

NOTA DO AUTOR

Com o advento da Lei 10.406/2002, que instituiu o novo Código Civil, foi necessário rediscutir o instituto da adoção. As novas – ou aparentes – exigências para a adoção foram mais significativas na adoção por nacionais; a adoção internacional continua a ser disciplinada pelo Estatuto da Criança e do Adolescente.

Nesta edição resolvemos inserir um novo capítulo sobre a adoção por nacionais, justamente para analisar as mudanças operadas pelo novo Código Civil.

O livro mantém a doutrina sobre a adoção internacional, com a análise científica e, conseqüentemente, com as críticas sobre os diversos pontos de vista sobre o tema.

Em vista disso, foram utilizadas outras obras sobre o tema, de consagrados autores, que vieram para enriquecer o debate, além de um número maior de excertos de jurisprudência.

Assim, com essa nova análise, colocamos o trabalho para apreciação do público em geral e, principalmente, dos operadores do sistema de justiça, contando que essas anotações possam servir para o enriquecimento do debate e uma maior racionalização da adoção de crianças e adolescentes.

O Autor

APRESENTAÇÃO

A adoção por estrangeiros é tema repleto de mitos e folclores. A verdade sobre sua prática e ideologia, geralmente, esconde sua grandeza. Uns são a favor, outros contra. Aqueles que tiveram decepções em procedimentos de adoção internacional criticam-na; aqueles bem sucedidos elogiam-na. Aqueles que consideram que a adoção por estrangeiros desconstitui a nacionalidade e a cidadania ainda não atentaram para a importância da colocação de uma criança em uma família.

A criança quer realizar um sonho: ter uma família!

A adoção, seja ela feita por brasileiros ou por estrangeiros, tem apenas um objetivo: acolher a criança ou o adolescente que, por algum motivo, viu-se privado de sua família. Oferecer a "instituição" à criança ou ao adolescente em troca da família é condená-los a um período indeterminado de solidão social. Se a família estiver preparada para receber um novo membro, não importa se ela é brasileira ou estrangeira, deve-se convocá-la para assumir a criança. O que não pode acontecer é o esquecimento de nossas crianças em instituições. Deixá-las à mercê da burocracia institucional é interromper-lhes o sonho de compor uma família.

A discussão do tema "adoção e adoção internacional" passa pela própria incapacidade de gerência das famílias; sua existência, suas dificuldades financeiras, a falta de emprego, a desestrutura familiar, a fixação dos valores etc.

Muitas perguntas ainda ficarão sem respostas. A pesquisa do fenômeno social "adoção" continuará a partir de algumas indagações, tais como: por que os países mais ricos resolveram buscar a adoção em países considerados pobres ou em desenvolvimento? Qual o ponto fraco das famílias que permitem sua destruturação e desintegração social? O que pensam os pais biológicos quando abandonam seus filhos?

Algumas reflexões podem sugerir que nos países mais ricos, a esterilidade, a legalização do aborto ou outras leis que permitem a interrupção voluntária da gestação, a aceitação da cultura da monoparentalidade (delegação unilateral do poder familiar à mãe), fatores de convivência comunitária etc. podem ter criado essa explosão de demanda pela adoção nos países do chamado terceiro mundo.

Quem sabe não foram esses os motivos determinantes daquelas pessoas desprovidas de fertilidade ou arrependidas de ter interrompido uma gestação, ou ainda, pela morte do único filho da família? Nesses casos, a discussão deve ser mais extensa, porque a adoção não se presta para resolver problema de fertilidade ou de transferência de afetividade de um ente querido que faleceu. A adoção não é remédio para curar as feridas afetivas e emocionais dos adotantes, mas é *um ato de amor* voltado, exclusivamente, para a criança.

E por ato de amor entende-se a *entrega e a doação total* da vida dos adotantes ao adotado. É por isso que na adoção não pode haver escolha da criança, desta ou daquela forma, desta ou daquela cor, tamanho, peso, cor de olhos, saúde etc. Criança não é objeto, não é mercadoria que pode ser apalpada ou devolvida quando apresenta algum problema ou defeito. Criança é gente como o adotante, que vai construir uma relação familiar e comunitária, compartilhar as alegrias e tristezas, saúde e doença, fracassos e vitórias –, enfim, irá compartilhar, com o adotante e demais membros da família, a tarefa de *realizar o amor*.

Se a adoção é ato máximo de doação, não se pode equipará-lo ao tráfico de crianças, que é um ato criminoso. Para obstruir a atividade clandestina, a lei brasileira instituiu a Comissão Estadual Judiciária de Adoção Internacional, órgão comandado e administrado pela Justiça. Seu trabalho imprime seriedade e idoneidade nos procedimentos relacionados com a adoção transnacional. Sua atividade procedimental e fiscalizadora é imprescindível para a adequação do instituto jurídico da adoção com o desejo dos adotantes de amparar uma criança sem família. De igual modo, o Decreto 3.174/99 instituiu as Autoridades Centrais Administrativas, encarregadas de dar cumprimento às obrigações impostas pela Convenção Relativa à Proteção das Crianças e à Cooperação em Matéria de Adoção Internacional, concluída em Haia, em 29 de maio de 1993.

A adoção, seja ela feita por brasileiros ou por estrangeiros, tem a mesma finalidade. A precedência de um ou de outro interessado na adoção não é situação que a lei dirimiu; chamar primeiro casais brasileiros é tarefa que os Juizados ainda não conseguem cumprir.

A reflexão sobre a adoção deve, a cada dia, receber nova iluminação. Esse instituto, embora jurídico, adentra o mais profundo sentimento humano: a realização e perpetuação da espécie pela procriação.

Temos uma tarefa a cumprir: não permitir que nossas crianças sejam abandonadas. Todas necessitam de uma família para realizar seu sonho e sua vocação, de ser uma pessoa que ama e é amada por seu semelhante.

O Autor

LIVRO I

1
A NOVA LEI BRASILEIRA DE ADOÇÃO INTERNACIONAL

1.1 Adoção. Conceito e finalidade. 1.2 Natureza jurídica da adoção. 1.3 A função social e humanitária da adoção. 1.4 Não é mais possível a adoção por procuração. 1.5 Uma lei que colocou obstáculos mais eficientes ao tráfico de crianças. 1.6 O Estatuto: um grande desafio! 1.7 A adoção no ECA e no novo Código Civil.

1.1 Adoção. Conceito e finalidade

A palavra adoção deriva do latim adoptio, que significa dar seu próprio nome a, pôr um nome em; tendo, em linguagem mais popular, o sentido de acolher alguém. Encontramos a adozione, na Itália, a adoption, na França, a adopción, na Espanha, Einkindung, na Alemanha, a adoption, nos Estados Unidos e na Inglaterra, e assim por diante.

No Direito Romano, mais exatamente no período Justiniano, a adoção era conceituada como: "adoptio est actus solemnis quo in locum fili vel nepotis ads ciscitur qui natura talis non est" – ou seja: "a adoção é o ato solene pelo qual se admite em lugar de filho quem por natureza não é".

Tantas são as definições de adoção, quantos são os autores que sobre ela versam. Como resumo, o Prof. Antônio Chaves apresenta as mais significativas e importantes conclusões sobre seu significado.[1] "A começar com Cícero: "Adotar é pedir à religião e à lei aquilo que da natureza não se pode obter" (Pro domo, 13, 14). Para Piñar "é o vínculo puramente civil e fictício que cria entre pessoas estranhas as relações inerentes à paternidade e à filiação". Castán: "ato jurídico que cria entre duas pessoas um vínculo de parentesco civil do qual decorrem relações análogas, embora não idênticas, às que resultam da paternidade e filiação legítimas". Puig Peña: "instituição pela qual se estabelecem, entre duas pessoas estranhas, relações de paternidade e filiação semelhantes às que têm lugar na filiação legítima". Ruggiero: "Assunção como filho de nascido de outros pais". Planiol: "ato que cria entre duas pessoas relações análogas às que resultam da filiação

1. Adoção, Adoção Simples e Adoção Plena, p. 1.

legítima". Valverde: "ato jurídico que cria entre duas pessoas uma relação análoga à que resulta da paternidade e filiação". Pacifici-Mazzoni: "L'adozione é un atto giuridico, il quale crea fra due persone rapporti civili di paternità e maternità e di filiazione". Laurent: "é um ato solene que cria entre duas pessoas relações análogas às que resultam da filiação legítima, sem que o adotado troque de família". Durand de Maillane, *Droit Canonique*: "adoptio est actus legitimus, quo quis sibi filium facit quem non generavit".

Entre os tratadistas brasileiros, o Prof. Antônio Chaves alinha Clóvis Beviláqua e Itabaiana de Oliveira: "é o ato civil pelo qual alguém aceita estranho na qualidade de filho"; Carvalho Santos: "ato jurídico que estabelece entre duas pessoas relações civis de paternidade e de filiação"; Francisco Pereira de Bulhões Carvalho: "ato solene pelo qual alguém estabelece um vínculo fictício de filiação em relação a um estranho".

Participam da discussão, também, o Prof. Sílvio Rodrigues, para quem a adoção "é o ato do adotante pelo qual traz ele, para sua família e na condição de filho, pessoa que lhe é estranha"; Arnoldo Wald: "a adoção é uma ficção jurídica que cria o parentesco civil. É um ato jurídico bilateral que gera laços de paternidade e filiação entre pessoas para as quais tal relação inexiste naturalmente"; Orlando Gomes, que considera a adoção "o ato jurídico pelo qual se estabelece, independentemente do fato natural da procriação, o vínculo de filiação. Trata-se de uma ficção legal, que permite a constituição, entre duas pessoas, do laço de parentesco do primeiro grau em linha reta"; Caio Mário da S. Pereira leciona que a adoção é "o ato jurídico pelo qual uma pessoa recebe outra como filho, independentemente de existir entre elas qualquer relação de parentesco consanguíneo ou afim"; Maria Helena Diniz, para quem adoção "é uma instituição de caráter humanitário, que tem por um lado, por escopo dar filhos àqueles a quem a natureza negou e por outro lado uma finalidade assistencial, constituindo um meio de melhorar a condição moral e material do adotado".[2]

Os conceitos acima elaborados revestem-se, basicamente, de conotação jurídica, fundamentados nos princípios vigentes nos Códigos Civis, que encerram uma visão legalista e parcial do instituto da adoção. Têm como componentes obrigatórios em sua definição o ato sinalagmático e solene, a observância dos requisitos legais, a finalidade de acolher uma pessoa e com ela estabelecer o vínculo de

---

2. Silvio Rodrigues, *Direito Civil – Direito de Família*, v. 6/342; Orlando Gomes, *Direito de Família*, p. 349; Maria Helena Diniz, *Curso de Direito Civil Brasileiro – Direito de Família*, v. 5/259.

paternidade e filiação legítimas, com a produção de efeitos. Estes conceitos, na forma como se encontram atualmente, vêm do direito francês, com a legislação de 1789 e o Código Napoleão.

Na verdade, a adoção, considerada em um sentido mais amplo, além de perseguir as razões legais de seus efeitos, também busca atingir o equilíbrio entre a norma e a atividade social e humanitária.

Por outro lado, a finalidade da adoção tomou diversos rumos de acordo com o momento histórico com que foi utilizada. A importante obra de Foustel de Coulanges, *La Cité Antique*, escrita no início deste século, revelava, historicamente, que "Le devoir de perpétuer le culte domestique a été le principe du droit d'adoption chez les anciens. La même religion qui obligeait l'homme à se marier, qui prononçait le divorce en cas de stérilité, qui, en cas d'impuissance ou de mort prématurée, substituait au mari un parent, offrait encore à la famile une dernière ressource pour échapper au malheur si redouté de l'extinction; cette ressource était le droit d'adopter".[3]

Resgatando a idéia antiga da adoção, desde o Direito Romano, Coulanges revela que o instituto era o último recurso de perpetuação do culto doméstico e familial. Aquele que tiver sua família extinta não terá quem lhe cultue a memória e a de seus antepassados importantes. A mesma religião que obrigava o homem a casar-se para ter filhos que cultuassem a memória dos antepassados comuns; a mesma religião que impunha o divórcio em caso de esterilidade e que substituía o marido impotente, no leito conjugal, por um parente capaz de ter filhos, vinha oferecer, através da adoção, um último recurso para evitar a desgraça representada pela morte sem descendentes.

A idéia do culto aos antepassados, como forma de perpetuar os costumes e as religiões domésticas, teve grande importância sobre os destinos e a utilização da adoção, vez que uma família que não tivesse filhos (descendência) era considerada amaldiçoada e não participava da vida comunitária.

Após a Revolução Francesa, e, mais especificamente, com o Código Napoleão, a adoção recebeu a significação como a temos nos dias de hoje, consagrada nos Códigos Civis da maioria dos países do bloco ocidental.

Numa visão mais moderna da conceituação e finalidade da adoção, estamos com João Seabra Diniz quando afirma que "podemos definir a adoção como inserção num ambiente familiar, de forma definitiva e com aquisição de vínculo jurídico próprio da filiação, segun-

3. *La Cité Antique*, p. 55.

do as normas legais em vigor, de uma criança cujos pais morreram ou são desconhecidos, ou, não sendo esse o caso, não podem ou não querem assumir o desempenho das suas funções parentais, ou são pela autoridade competente, considerados indignos para tal".[4]

Esta consideração, mais adequada à nova legislação brasileira, faz com que o olhar do profissional busque a perspectiva da proteção dos interesses da criança, cuja missão precípua é proteger. Hoje, o discurso da perpetuação da descendência, o culto aos antepassados importantes da família ou a transmissão de herança não são mais a fonte de preocupação ou de interesse da adoção, mas, sim, adequar e constituir um ambiente familiar favorável ao desenvolvimento da criança.

Sem dúvida, esta perspectiva desenvolve, na adoção, uma atividade diferente da até então praticada: *a proteção da criança*, considerando todos os seus aspectos de vida e desenvolvimento físico e psíquico.

Percebe-se, pois, que o assistencialismo perde terreno e não tem mais espaço diante da nova utilização do instituto da adoção; se houver assistencialismo, não pode haver adoção. Um e outro são antagônicos e divergem em suas finalidades. A adoção não admite "ter pena" ou "ter dó", "compaixão"; a adoção, como a entendemos nos dias de hoje, não se presta para resolver problemas de casais em conflito, de esterilidade, de transferência de afetividade pelo falecimento de um filho, de solidão etc. Ela é muito mais que isso: é *entrega no amor* e dedicação a uma criança que, por algum motivo, ficou privada de sua família. Na adoção, o que interessa é a criança e suas necessidades; a adoção deve ser vivida privilegiando o interesse da criança.

Como bem avaliou o conceituado psicólogo Fernando Freire, "a adoção representa uma resposta às necessidades não satisfeitas pela ordem natural dos acontecimentos, uma resposta que oferece à criança órfã e abandonada uma possibilidade de ter pais e ambiente familiar, indispensáveis para o seu desenvolvimento. A adoção, todos reconhecem, não é mais uma matéria exclusivamente jurídica, mas um recurso, um instrumento, plenos de profundas manifestações éticas e sociais. De todos os sistemas alternativos de proteção às crianças e adolescentes abandonados, a adoção é o único que cumpre com todas as funções que caracterizam uma família, porque permite refazer os vínculos da relação filial. É o único sistema que colabora amplamente na internalização do sentimento de auto-estima, chave para o processo de desenvolvimento de uma personalidade sadia e construtiva. É

---

4. "A adoção – Notas para uma visão global", in *Abandono e Adoção – Contribuições para uma Cultura da Adoção I*, p. 67.

um sistema que não marginaliza, pelo contrário, integra, fazendo com que a criança possa adquirir o equilíbrio e o amadurecimento que lhe permitirão, quando adulto, assumir suas futuras responsabilidades sociais e familiares, e o pleno exercício de sua cidadania". E, mais adiante, adverte: "Precisamos sempre lembrar que a adoção tem um alcance limitado. Ela é uma alternativa para um pequeno número de crianças pertencentes a uma pequena proporção de famílias que não puderam ou não quiseram assumir suas responsabilidades para com elas. É uma alternativa apenas para aqueles casos de crianças definitivamente abandonadas".[5]

O *Guião Técnico da Adopção*, manual elaborado pela Secretaria de Segurança Social de Portugal, recomenda: "O valor da adoção reside no fato de a criança adquirir uma família, que é o meio mais adequado para responder às suas necessidades de integração social".[6]

A abordagem da problemática da adoção será mais rica e profunda se estiver inserida no tratamento da questão mais ampla da criança desprovida de meio familiar normal e, portanto, no conjunto das respostas de uma política integrada de proteção à infância e juventude. A adoção é apenas uma dessas respostas e, pela sua natureza e requisitos, só resolve um número relativamente pequeno de situações de crianças desprovidas de meio familiar normal.

Antunes Varela, civilista português, ao referir-se à adoção, ensina que, "hoje em dia, a adoção deixa de estar centrada na pessoa do adotante, nos seus interesses ou na sua piedade, para revestir o caráter de verdadeira instituição social, para se volver para os interesses do adotado".[7]

1.2 Natureza jurídica da adoção

Com o passar dos tempos e com a evolução e modificação das legislações, operou-se vertiginosa mudança na identificação da natureza jurídica do instituto da adoção.

Sabemos que a divergência doutrinária pairou sobre a adoção ora como contrato, ora como ato solene, ora como uma filiação criada pela lei, ora como ato unilateral, ora como instituto de ordem pública.

É grande o número de juristas que consideram a adoção como um negócio jurídico de natureza contratual. Entendem eles que o ato é bilateral tendo o seu termo no mútuo consenso das partes, produzindo, a partir daí, os efeitos pretendidos e acordados com plena eficácia

---

5. *Abandono e Adoção – Contribuições para uma Cultura da Adoção II*, pp. 7 e 9.
6. *Guião Técnico da Adopção*, p. 6.
7. *Direito de Família*, p. 83.

entre as partes. Dentre eles, destacam-se Eduardo Espínola, Euvaldo Luz, Gomes de Castro, Viveiros de Castro, Curt Egon Reichert, Baudry-Lacantinerie, Colin e Capitant, F. Laurent, Germán Gambón Alix, Heinrich Lehmann, Louis Josserand, Pasquale Fiore, Planiol, Surville e Arthuys, Téophile Huc.

Clóvis Beviláqua e Pontes de Miranda lecionam que a adoção deve ser entendida como um ato solene; Tito Fulgêncio prefere considerar o instituto como uma filiação legítima criada pela lei.

Um outro grupo posiciona-se referindo-se à adoção como um instituto de ordem pública. É formado pelos juristas De Ruggiero, Ferdinando Salvi, Saravia, Christensen, Coll e Estivil e Arnoldo Wald. Consideram-na assim porque, entendem, reclama profundo interesse do Estado.

Com a vigência da Lei 8.069/90, a adoção passa a ser considerada de maneira diferente. É erigida à categoria de *instituição*, tendo como natureza jurídica a constituição de um vínculo irrevogável de paternidade e filiação, através de *sentença judicial* (art. 47). É através da decisão judicial que o vínculo parental com a família de origem desaparece, surgindo nova filiação (ou novo vínculo), agora de caráter adotivo, acompanhada de todos os direitos pertinentes à filiação de sangue.

Recorde-se, aqui, o disposto no § 6º, do artigo 227 da Constituição Federal, que impede qualquer designação discriminatória relativa à filiação. Pelo novo ordenamento jurídico, todos os filhos são considerados "legítimos", tendo os mesmos direitos civis e sucessórios.

O Prof. Omar Gama Ben Kauss entende que, "com relação à adoção do novo Estatuto, não se pode considerar a simples bilateralidade da manifestação da vontade que, aliás, a nova lei exige, para admitirmo-la como contrato. A participação do Estado é tão presente que o instituto escapa da ordem privatista para poder ser considerado, desenganadamente, como instituição ou instituto de ordem pública".[8]

No mesmo diapasão, Jason Albergaria entende que a adoção é "uma instituição jurídica de ordem pública com a intervenção do órgão jurisdicional, para criar entre duas pessoas, ainda que estranhas entre elas, relações de paternidade e filiação semelhantes à que sucedem na filiação legítima".[9]

Os Procuradores da República de Portugal Rui M. L. Epifânio e António H. L. Farinha, analisando o artigo 162 da Organização Tutelar de Menores (Decreto-lei 314/78, de 27 de outubro, atualizado pelo

---

8. *A Adoção no Código Civil e no Estatuto da Criança e do Adolescente (Lei 8.069/90)*, p. 11.

9. *Comentários ao Estatuto da Criança e do Adolescente*, p. 100.

Decreto-lei 185/93, de 22 de maio), ensinam que "o espírito subjacente ao instituto, qual seja o de privilegiar os interesses do adotado, está aliás bem patente nos requisitos gerais da adoção: esta só deverá ser decretada desde que dela resultem reais vantagens para o adotando; desde que não se afigure inconveniente a constituição do vínculo adotivo e, por fim, seja razoável supor que entre adotante e adotando se estabelecerá um vínculo semelhante ao da filiação".[10]

Outro tratadista português, Pereira Coelho, tecendo considerações sobre o instituto, explica que "a adoção será (...) composta por um ato de direito privado (a declaração da vontade do adotante integrada, eventualmente, pelo consentimento de outras pessoas, nos termos do art. 1981) e por um ato de direito público (a sentença judicial), atos constitutivos os dois, mesmo o último – o que, no fundo, exprime a idéia de que a adoção há de justificar-se, não só à luz dos interesses particulares do adotante e do adotando mas ainda à luz do interesse geral. Se aquele ato de direito privado não é verdadeiro negócio jurídico, mas apenas elemento de um ato complexo, isso não impede porém que lhe sejam aplicadas, segundo a diretiva do art. 295, as regras dos negócios jurídicos em geral, salvo onde a lei tenha disposto de modo diverso".[11]

Neste contexto, a adoção, seja ela feita por nacionais ou por estrangeiros, requer a presença do Estado como chancelador do *ato*, que na lição de Arnaldo Marmitt, "tem *status* de estado". Ele insiste que a adoção "é instituto de ordem pública, perfazendo uma integração total do adotado na família do adotante, arredando, definitiva e irrevogavelmente a família de sangue. Essa cabal entronização na família nova, e esse esquecimento de ser um estranho, vence e supera a limitação do vínculo parental ao adotante e ao adotado, que caracteriza a adoção do Código Civil. A relação jurídica de paternidade, que se cria, não somente se aproxima estreitamente daquela da prole biológica, concebida no casamento, mas com ela se mescla e se confunde paulatinamente, dia após dia, sem notar-se mais diferença entre quem é filho biológico e quem é filho adotivo".[12]

Assim, não há como discordar desses ilustres professores quando analisam a adoção como um instituto de ordem pública, cuja autoridade e importância do interesse juridicamente tutelado prevalecem sobre a vontade e manifestação dos interessados, vez que o novo ordenamento legal impõe uma condição de validade para o ato: a sen-

---

10. *Organização Tutelar de Menores – Contributo para uma Visão Interdisciplinar do Direito de Menores e de Família*, p. 242.
11. *Curso de Direito de Família*, p. 41.
12. *Adoção*, p. 10.

tença judicial. Nela, o juiz não imporá *decisum* apenas homologatório ao acordo das partes, mas atuará como Poder do Estado. Na realidade, a sentença firmada pelo juiz tem caráter constitutivo, resolvendo ou não a mudança do vínculo de paternidade e filiação.

1.3 A função social e humanitária da adoção

A colocação desse tema é imperativa, vez que a maioria dos estudiosos da adoção consagram-na como instituto de caráter *assistencial*.

Não existe palavra mais hedionda, ou que produza efeitos mais danosos numa criança que o termo *assistencial*. Para os conhecedores da prática da adoção esta palavra tem significado pejorativo.

Quem pensa em adotar para fazer ato benemérito ou filantrópico, ou que procura na adoção um meio de "preencher o vazio e a solidão do casal", ou porque um ou ambos os interessados são "estéreis", ou "para fazer companhia a outro filho", ou porque "ficou com pena ou compaixão da criança abandonada", ou para dar "continuidade à descendência ou aos negócios da família", ou por outros motivos desse naipe, está completamente alienado e alijado do verdadeiro sentido da adoção.

Outros, ainda, chegam a pensar que a adoção, como medida institucional assistencial, objetiva "encontrar uma família substituta" para a criança que tem problemas com a sua família ou que, simplesmente, não a tem.

Capelo de Sousa analisa este fato, denunciando que "as motivações que estão na base da adoção devem ser convenientemente detectadas de modo a evitar adoções nas quais o desejo de adotar se funda *v.g.* em neuroses, em frustações derivadas de uma esterilidade encarada com apreensão e angústia ou em desequilíbrios afetivos muito correntes em celibatários dominados pela solidão e ansiedade".[13]

Com grande sentimento, escreveu Margot Weyer: "El que quiere adoptar a un menor para salvar un matrimonio que se está haciendo pedazos, seguramente no logrará su propósito. Además, involucra al menor en el fracaso de su matrimonio, obligándole así a llevar una carga muy pesada. El que quiere adoptar a un menor para complacer a su pareja comete un pecado contra el menor. El que quiere adoptar a un menor con el fin de dar un hermanito o hermanita a su propio hijo para que sea su compañero de juego, es injusto con ambos niños. La mujer que adopta a un menor porque espera quedarse embarazada

---

13. *A Adopção – Constituição da Relação Adoptiva*, p. 156.

ella misma, utiliza a éste como un medicamento o (en el mejor de los casos) como un sucedáneo de su propio hijo. Luego descubrirá graves problemas emocionales en si misma. El que quiere adoptar a un menor para llenar una vida vacía se agarrará a él de tal forma que éste no podrá convertirse nunca en un ser humano independiente. El que quiere adoptar a un menor porque su propio hijo se lleva mejor con su pareja (en otras palabras, porque quiere un niño todo para él o ella) corre riesgos enormes. El que quiere adoptar a un menor para hacer una buena acción, mejor haría en olvidarse del todo de ello. El que no está dispuesto a aceptar a un menor tal y como es; el que intenta culpar de ello al patrimonio genético del menor; el que no está dispuesto a ayudarle a comprender a sus padres; el que quiere proteger al menor de su propio pasado, es una persona que no debe adoptar. Y el que no está dispuesto a reflexionar sobre las razones por las cuales quiere adoptar, sobre su actitud respecto a como debe criarse un niño, sobre su propia forma de vivir, tampoco debería adoptar. Sin embargo, el que haya escudriñado escrupulosamente sus motivaciones, sus capacidades y sus medios; el que considera que las definiciones ante mencionadas no se le pueden aplicar, y sobretodo, el que quiere a los niños puede correr el riesgo de adoptar a un menor".[14]

Os Procuradores da República de Portugal, já citados, Rui Epifânio e António Farinha complementam que "a criança adotada não pode ser encarada como a criança remédio destinada fundamentalmente a suprir uma falta, a colmatar a específica incapacidade de procriação, e a combater a angústia daí adveniente para o casal. Como se disse já, a adoção é a forma privilegiada de dar uma família à criança desprovida de meio familiar normal e, por isso, o seu decretamento está prioritariamente dependente da realização do interesse do menor. A averiguação correta das motivações da adoção pelo competente técnico é de extraordinária importância na medida em que permite não só excluir os candidatos a adotante cuja pretensão não se enquadra em objetivos a prosseguir, como também faculta a análise e a superação consciente de medos, fantasmas e angústias indesejáveis ao processo de adoção do menor que eventualmente perpassem nas legítimas motivações dos adotantes. Nessa linha, tem-se referido a necessidade de o casal adotante saber ultrapassar as dificuldades resultantes da sua situação de esterilidade e de saber mover-se, livremente, face aos fantasmas relativos à hereditariedade, "revelação" e "romance familiar", necessariamente imbricados em qualquer processo adotivo. Por outro lado, tem-se referido que em vez da criança-remédio o adotado deve-

---

14. "*La adopción internacional*", transcrito por Miek de Langen. *Revista do XIII Congresso Internacional de Magistrados de Menores e de Família*, p. 72.

rá representar para os adotantes a sublimação das necessidades parentais na qual se fecha o círculo de identificação do adulto com os seus próprios pais, e se concretiza o seu desejo de ultrapassagem dos estreitos limites da existência, o mesmo é dizer, da própria angústia da morte. Tal entendimento suporta assim, necessariamente, a consideração da criança como centro de relações não interessadas, embora gratificantes, e o respeito pela sua individualidade, origem e personalidade por parte da família adotante".[15]

A adoção não se faz por obra de caridade, nem por compaixão da criança ou do adolescente. Adoção não é "estepe" de família falida, tampouco panacéia para as feridas familiares. Não se presta para aliviar a solidão do casal nem para dar companhia ao filho único; não consola a família quando falece um filho; não transfere a afetividade daquele que faleceu para aquele que foi adotado, pois isso é prejudicial para ele que se vê em segundo lugar no coração da "mãe".

Ainda indagarão: mas como, isso não é verdade! A adoção ampara o abandonado, dá-lhe casa, comida, escola, atendimento à saúde etc. Isso não é uma boa ação? Não é atender supletivamente as necessidades da criança? Mas alguém diria, ainda: "eu comprei roupas, sapatos novos, decorei um belo quarto, fiz sua matrícula na melhor escola da cidade, onde, por sinal, estudam meus filhos legítimos, coloquei-o no melhor plano de saúde como meu dependente etc.". Sem dúvida, esta pessoa estaria fazendo uma boa ação, mas não como uma decisão oriunda do amor maternal. É por isso que o trabalho reveste-se de características que consideramos assistenciais, ou seja, proporciona à criança apenas o preenchimento das necessidades materiais.

E a adoção é muito mais que isso. Nem mesmo podemos considerá-la como *ato humanitário* se não vier acompanhada da entrega e doação total dos adotantes. Por ato humanitário, por exemplo, entende-se a arrecadação de alimentos para as pessoas que passam fome, ou a participação na campanha do agasalho em épocas de inverno. A adoção não tem nada a ver com esse tipo de atividade. A adoção requer dos interessados, sejam eles nacionais ou estrangeiros, a disponibilidade para *se entregar ao amor pela criança*. Porque não é possível existir a adoção *sem o amor*.

E o amor descrito aqui não é aquele com significado de *compaixão*. A criança que está à espera de uma família para ser adotada não quer receber compaixão; isto ela já teve demais na instituição onde permaneceu. Agora ela necessita da entrega total em doação no amor daqueles que se propõem a essa vocação.

Talvez seja esta a palavra mais adequada: o interessado tem que descobrir sua *vocação* para adotar uma criança. Mesmo porque não é

---

15. Ob. cit., p. 258.

qualquer pessoa que pode ou tem condições de adotar uma criança. Se o interessado perceber isso, não deve adotar, porque, desconhecendo o verdadeiro sentido da adoção, a pessoa complicará ainda mais a vida da criança.

1.4 Não é mais possível a adoção por procuração

Dispõe o parágrafo único do art. 39 do Estatuto: "É vedada a adoção por procuração". Qual o motivo que levou o legislador estatutário a inserir no texto legal a proibição da utilização da procuração? E qual seria esta procuração?

A *procuração* mencionada no citado artigo não se refere àquele instrumento de transmissão de poderes que é outorgado ao advogado para representar seu cliente em juízo. Na verdade, a presença do advogado nas ações de adoção por estrangeiros é até salutar, vez que, via de regra, os estrangeiros necessitam de um profissional com qualificação técnica para assessorá-los junto ao Juizado da Infância e da Juventude. Mas isso não quer dizer, absolutamente, que a presença do advogado no processo seja obrigatória. No capítulo referente ao procedimento da adoção voltaremos a este assunto.

O motivo pelo qual o legislador optou pela vedação da procuração nos procedimentos de adoção, sejam eles requeridos por brasileiros ou estrangeiros, reside na dificuldade da intermediação processada entre o requerente e o juiz. Este sentido de procuração, como *incumbência dada a outrem por alguém para tratar de negócios em seu nome*, provou ao legislador e a todos que trabalham com a adoção que era impossível deferir o pedido inicial e entregar a criança ou o adolescente a uma pessoa (o procurador) que não era o requerente.

Por este método, a adoção não tinha o sentido precípuo de os pais adotivos interagirem com o adotado e praticarem com ele os primeiros contatos, o primeiro namoro. Seu significado pairava sobre a função negocial e contratual, como na adoção antiga. Como, antigamente, a adoção era regida pela lei civil, a presença do requerente ao ato processual não era obrigatória, podendo ser substituída por procurador, que o representava perante o juiz. Como bem lembrou o Prof. Antônio Chaves, "em nosso sistema legislativo não existe preceito proibindo a manifestação de consentimento por procurador, e a regra afirmativa é a geral, mesmo porque é prevista expressamente, nos arts. 194 e 201 do Código Civil, para ato ainda mais importante: o casamento".[16]

---

16. Ob. cit., p. 152. O novo Código Civil tratou desse assunto nos arts. 1.514/1.535 e 1.542, respectivamente.

A intervenção do procurador também criava um outro problema: a desconfiança de seus objetivos. O Prof. Antônio Luiz Ribeiro Machado já abordava este assunto, chamando a atenção para o fato de que os requerentes "agindo através de procuradores e contando com a conivência de mães pobres, em regra solteiras, não raras vezes seduzidas por retribuição econômica, crianças são transferidas para casais de países os mais diversos, sem que o juiz possa exercer uma fiscalização visando resguardar os seus direitos e interesses especialmente quanto à garantia de assistência e proteção".[17]

Arnaldo Marmitt explica que "o fundamento dessa proibição está no fato de que os adotantes, mesmo que estrangeiros, precisam ter uma pequena convivência com o adotado, um estágio de convivência, como condição prévia, a fim de evitar dissabores e arrependimentos futuros".[18]

Não concordamos com o ilustre jurista quando indica o estágio de convivência como motivo principal da vedação legal à presença de procuradores. O estágio era uma obrigação legal à época do Código de Menores (art. 28, § 1º), que já foi revogado. No entanto, admitia-se a intervenção do procurador. Por outro lado, acatamos o ensinamento daquele autor quando sugere que a proibição tem por objetivo levar à presença do magistrado todos os intervenientes e todas as pessoas interessadas no ato jurídico, propiciando ao julgador melhor conven-cimento das vantagens da outorga da adoção.

Com o advento do Estatuto da Criança e do Adolescente, a adoção tornou-se um instituto jurídico totalmente diferente daquele praticado na vigência das outras leis. Com sua nova abrangência, não permitiu que interessados estrangeiros em adotar crianças brasileiras viessem ao nosso País somente quando tudo estava pronto, faltando, apenas, receber a criança. São obrigados, agora, a estar presentes ao ato processual, requerendo, pessoalmente ou por meio de profissional habilitado, a adoção.

A nova lei quer que o interessado em adotar participe pessoal e diretamente dos atos do processo, e, principalmente, na presença do juiz, sem ser substituído por procurador.

1.5 Uma lei que colocou obstáculos mais eficientes ao tráfico de crianças

O envio de crianças brasileiras para o exterior somente é permitido quando a autoridade judiciária autorizar, ou seja, "sem prévia e

---

17. *Código de Menores Comentado*, p. 36.
18. Ob. cit., p. 11.

expressa autorização da autoridade judicial, nenhuma criança ou adolescente nascido em território nacional poderá sair do País em companhia de estrangeiro residente e domiciliado no exterior" (ECA, art. 85). E, ainda: "antes de consumada a adoção não será permitida a saída do adotando do território nacional" (ECA, art. 51, § 4º).

Pelos dispositivos acima transcritos, percebe-se que a lei foi coerente com sua filosofia. Antes, proibiu que os adotantes se fizessem representar por procurador; agora, impede a saída da criança ou adolescente do País, em companhia de estrangeiro que não tem aqui residência ou domicílio, sem a autorização do juiz ou sem a sentença judicial.

Era preocupação dos povos a limitação do trânsito de crianças e adolescentes, pelos diversos países do globo, através da adoção. Essa intenção ficou gravada na Convenção de Nova York sobre os Direitos da Criança: em 26.1.90, os Estados-Membros da Organização das Nações Unidas subscreveram a presente Convenção; em 2.9.90 o texto desta Convenção entrou em vigor internacionalmente. O Brasil, membro signatário, ratificou aquela Convenção em 24.9.90, tendo a mesma entrado em vigor em nosso País em 23.10.90, aprovada pelo Congresso Nacional pelo Decreto Legislativo n. 28, de 14.9.90, e baixada pelo Decreto 99.710, de 21.11.90, pelo Presidente da República.

Esta Convenção inscreve, no art. 11, n. 1, que os Estados membros se comprometem a adotar "medidas a fim de lutar contra a transferência ilegal de crianças para o exterior e a retenção ilícita das mesmas fora do país". No n. 2, o texto lembra que, "para tanto, os Estados-Partes promoverão a conclusão de acordos bilaterais ou multilaterais ou a adesão a acordos já existentes".

O tráfico de crianças destinadas a adoções ilegais em países estrangeiros foi noticiado pela imprensa (jornal *O Estado de São Paulo* de 18.6.86; jornal *O Globo* de 13.7.86; *Jornal do Brasil* de 11.8.86; revista *Veja* de 17.8.88; jornal *Folha de São Paulo* de 25.10.94, e outros). Por isso, ouvia-se, amiúde, sobre casos de procuradores inescrupulosos que recebiam muito dinheiro para conseguir crianças para adoção, ou de pais que vendiam seus filhos e, depois, arrependiam-se e denunciavam a irregularidade.

Estas e outras aconteciam porque o sistema de autorização de viagem para crianças e/ou adolescentes saírem do País acompanhados de estrangeiros sempre foi uma prática que funcionou mal e que escapava da fiscalização judicial, embora as leis contivessem restrições impeditivas a respeito. É bom ver, entretanto, que os casos eram noticiados com mais intensidade antes da vigência do Estatuto.

Além disso, a nova Lei, quando trata da adoção por estrangeiros, exige a pré-qualificação do interessado, em seu país de origem. Com este pré-requisito, o interessado deve habilitar-se perante a Comissão Estadual Judiciária de Adoção Internacional-CEJAI, que formalizará o processo de investigação social e procederá à conferência dos documentos. Este procedimento, repleto de exigências, não deixa de ser mais um entrave nas adoções irregulares e na retirada ilegal de crianças de nosso País.

A situação está mudando. A sociedade está mais atenta aos fenômenos e atividades ilícitas que implicam comoção de cunho nacionalista. Como bem frisou Marmitt, "o Estatuto colocou ponto final às tentativas de casais estrangeiros pagarem para adotar crianças, de efetuarem compras através de intermediários, de arquitetarem falcatruas para conseguir levar consigo um pequeno brasileiro. O Brasil vai se firmando na busca de uma legislação sólida e adequada, e na celebração de convênios em colaboração com instituições estrangeiras oficiais, encarregadas de uma sistematização técnica cada vez melhor, sobre adoções internacionais. Qualquer tipo de mercantilização é hoje repudiado *in totum*, e tudo se realiza sob o controle do Poder Judiciário e do Ministério Público".[19]

Há que considerar, todavia, que o tráfico existe, embora não seja visível, e reveste-se de caráter ilícito, sendo classificado por Brigitte Trillat e Sylvia Nabinger como "um comércio clandestino, vergonhoso e ilícito".[20] Mais adiante, essas pesquisadoras sociais complementam que o tráfico de crianças não pode ser considerado como um comércio de mercadorias, tendo em vista que crianças são seres humanos e, portanto, objetos de toda proteção física ou mental.[21]

A legislação estatutária erigiu como crime a prática do tráfico de crianças. Dispõe o art. 239: "Promover ou auxiliar a efetivação de ato destinado ao envio de criança ou adolescente para o exterior com inobservância das formalidades legais ou com o fito de obter lucro: Pena — reclusão de quatro a seis anos, e multa".

---

19. Ob. cit., p. 156.
20. "Adoption internationale et trafic d'enfants: mythes et réalités", *Interpol Revue Internationale de Police Criminelle*, 428/19.
21. "Le concept de trafic induit celui de circulation et transfert de biens. Tel est le cas du trafic de stupéfiants, d'oeuvres d'art ou d'organes. Le trafic peut être illicite par l'objet matériel, enjeu de l'échange: il en est ainsi du trafic de drogue; alors qu'en matière de trafic d'oeuvres d'art, c'est la transaction elle-même qui constitue l'acte illégal. Le terme de trafic, toujours associé à celui de marchandises, est désormais lié à celui d'enfant. Cet être humain, pourtant l'objet de toutes les protections dues à sa faiblesse physique et mentale, se trouve ainsi victime d'une chosification" (revista cit., p. 19).

O impedimento legal à prática do tráfico existe; entretanto, nossa prática social deve ser eficiente a ponto de impedir a ação criminosa. E trabalhar no sentido de impedir a realização do crime é ação imperiosa e urgente, vez que, após a efetivação do ato ilícito, com o crime consumado, a criança já foi levada para fora do País, sabe lá em que condições, em que lugar, passando toda sorte de necessidades.

São contadas muitas histórias sobre tráfico de crianças com a finalidade de extração de órgãos. Há cerca de 10 anos essa notícia vem aparecendo, homeopaticamente, nas manchetes da imprensa. Na verdade, poucas dessas notícias puderam ser confirmadas. A Polícia Federal, que já contabilizou mais de 200 inquéritos policiais (notícia veiculada no *Jornal Nacional* da Rede Globo de 23.9.94), ainda não conseguiu provas dos autores desses crimes, nem se o crime realmente existiu.

É difícil acreditar que órgãos de crianças estejam sendo extraídos em clínicas de países estrangeiros. Uma cirurgia para a extração ou implante de órgãos requer a especialização do médico, de seus assistentes, da equipe de auxiliares de enfermagem, de um centro hospitalar provido de unidade de tratamento intensivo e estrutura compatível com a importância e gravidade do tratamento etc. Será que toda essa gente é cúmplice dos traficantes? Será que os médicos que fazem esse transplante não conhecem a situação do paciente e de seus pais? Será que o hospital que tem condições de fazer esse tipo de cirurgia emprestaria seu nome, sua reputação e suas instalações para o cometimento de um crime?

Ou será que nossa ingenuidade chega ao ponto de acreditar que essas intervenções cirúrgicas são realizadas numa clínica *de fundo de quintal*, como naqueles casos (de cirurgias plásticas) que vemos em filmes onde bandidos procuram médicos, na calada da noite, para alterar sua fisionomia, seus traços faciais, porque estão sendo procurados pela polícia?

Para se extrair um fígado, um rim ou um coração é necessário que o médico seja competente, que haja compatibilidade entre doador e receptor do órgão, uma equipe treinada e hospital capacitado. Fora disso, é folclore. Não é possível a extração de órgão humano clandestinamente, num quartinho dos fundos da casa, sem o comprometimento do órgão e do doador.

Este assunto deve ser tratado com muita seriedade. Notícias falsas podem gerar temor injustificado nas famílias, com alardeamento desnecessário. Se há o crime, deve ser apurado, e seus autores processados e condenados. Não se pode cair na tentação de equiparar a adoção feita por interessados estrangeiros com o crime bárbaro de tráfico de crianças e extração de seus órgãos.

1.6 O Estatuto: um grande desafio!

O Estatuto da Criança e do Adolescente surgiu numa época em que os direitos infanto-juvenis estavam sendo discutidos pela sociedade. E, num momento espetacular de nossa história, o legislador, acalentado pelo sentimento de justiça, reuniu um conjunto de normas com a finalidade de colocar a infância e a juventude a salvo de toda forma de negligência, discriminação, violência, crueldade, exploração e opressão (CF, art. 227).

Ao prefaciar nosso trabalho sobre *Conselhos e Fundos no Estatuto da Criança e do Adolescente*, o Procurador de Justiça do Estado do Paraná Olympio de Sá Sotto Maior Neto teceu algumas considerações sobre a nova legislação: "É que prefalado diploma legal materializou proposta de dar atenção diferenciada à grande maioria das crianças e adolescentes brasileiros, rompendo com o mito de que a igualdade resta assegurada ao tempo em que todos recebem idêntico tratamento perante a lei. Com indiscutível acerto, concluiu o legislador do Estatuto que, quando a realidade social está a indicar desigualdades, o tratar todos de forma igual, antes de garantia da isonomia, comparece como maneira de cristalização das desigualdades. Por isso mesmo, como fórmula para estabelecer a *isonomia material*, entendeu-se indispensável que as crianças e adolescentes perseguidos, vitimizados, marginalizados na realidade social, viessem a receber, pela lei, um tratamento desigual, privilegiado. Sob esse enfoque é que encontramos como suporte teórico do Estatuto da Criança e do Adolescente a *doutrina da proteção integral*, cuja tese fundamental assevera incumbir à lei assegurar às crianças e adolescentes a satisfação de suas necessidades básicas. Assim, pela nova legislação as crianças e adolescentes não podem mais ser tratados como meros objetos de intervenção do Estado, devendo-se agora reconhecê-los como sujeitos dos direitos elementares à pessoa humana, de maneira a propiciar o surgimento de verdadeira *ponte de ouro* entre a marginalidade e a cidadania plena".[22]

A partir desse novo conceito de legislação – feita com o auxílio do povo – a sociedade despertou para uma nova habilidade: avaliar melhor as necessidades da família e, principalmente, da criança.

É grande o desafio. A lei instrumentalizou a vontade do povo de querer melhores condições para nossas crianças. Uma das alternativas apresentadas pela nova organização jurídica é a adoção, que, aliás, é instituto antigo em nosso Direito. Mas revestiu-a com uma nova roupagem: deu-lhe fôlego e ampliou seus horizontes.

---

22. Wilson Donizeti Liberati e Públio Caio Bessa Cyrino, *Conselhos e Fundos no Estatuto da Criança e do Adolescente*, p. 6.

O trabalho é imenso e são poucos os que se preocupam com as famílias. Geralmente, essas famílias têm dificuldades para caminhar sozinhas; às vezes, desistem da luta, abandonam seus filhos, incorporam a prostituição e as drogas em suas vidas.

A adoção por estrangeiros é tema que se reveste de muito folclore. As verdades sobre sua ideologia e seu procedimento, geralmente, escondem sua grandeza. Uns são a favor, outros contra. Aqueles que tiveram decepções em procedimentos de adoção internacional criticam-na; aqueles bem sucedidos elogiam-na. Aqueles que consideram que a adoção por estrangeiros fere a nacionalidade e a cidadania, certamente, não colocam em primeiro lugar na vida de uma criança a realização do sonho de ter uma família, um lar.

A adoção, seja ela feita por brasileiros ou por estrangeiros, tem apenas um objetivo: acolher a criança ou o adolescente que, por algum motivo, viu-se privado de sua família. Oferecer a instituição à criança em troca da família é condená-la a um período indeterminado de solidão social. Se a família estiver preparada para receber um novo membro, não importa se ela é brasileira ou estrangeira, deve ser convocada para adoção. O que não pode acontecer é esquecer nossas crianças que estão institucionalizadas. Deixá-las por conta da burocracia institucional é interromper-lhes o sonho de compor uma família.

Esse, realmente, é um grande desafio!

1.7 A adoção no ECA e no novo Código Civil

O novo Código Civil disciplinou o instituto da adoção nos artigos 1.618 a 1.629. Apesar de nova, a lei não traz modificações profundas a respeito da adoção de crianças e adolescentes, já definida no Estatuto, destacando-se, porém: a) a alteração da idade mínima para adotar, que passou de 21 anos (ECA, art. 42) para 18 anos (CC, art. 1.618); b) a revogabilidade do consentimento dos pais ou representante legal até a publicação da sentença constitutiva de adoção (CC, art. 1.621, § 2º); c) o ressurgimento da famigerada condição de *infante exposto*, situação jurídica inexplicável pelo novo código (CC, art. 1.624); d) a obrigatoriedade de processo judicial para a adoção de maiores de 18 anos (CC, art. 1.623, parágrafo único).

Por isso, não se pode dizer que o novo Código Civil disciplinou *totalmente* o instituto da adoção, operando-se a revogação de todo o capítulo sobre a adoção, disposto no Estatuto. Na verdade, o novo Código reprisou vários artigos do Estatuto, provando que a lei estatutária já estava adequada aos comandos internacionais sobre a adoção e que o Código Civil já nascera obsoleto. O legislador faria melhor se deixasse a adoção de crianças e adolescentes ser regida somente pelo Estatuto.

Ao invés, deixou de disciplinar a adoção de maiores de 18 anos, não contemplou a adoção de nascituros e a adoção por homossexuais. É verdade, porém, que determinou que adoção de maiores de 18 anos tenha natureza judicial, premiada com todos os requisitos de garantia da adoção de crianças e adolescentes, descartando, de vez, a proscrita adoção por "escritura pública".

Feitas essas considerações, pode-se dizer, com Alberto Gosson Jorge Junior (2002, p. 130), que "com a entrada em vigor do novo Código Civil, a adoção estabelecida no Código Civil [de 1916] ficará integralmente revogada, prevalecendo as disposições do novo Código Civil. Já no que diz respeito à adoção regida pelo Estatuto da Criança e do Adolescente, por se tratar de *lei especial* editada com a finalidade precípua de disciplinar a proteção integral da criança (até 12 anos) e do adolescente (de 12 a 18 anos), deverá ela subsistir em harmonia com os dispositivos do novo Código Civil, prevalecendo as normas do novo Código Civil naquilo que não houver compatibilidade com o Estatuto, nos termos do § 2º do artigo 2º da Lei de Introdução ao Código Civil".

As expectativas geradas pela vigência do novo Código Civil, pelo menos no que diz respeito ao Direito da Criança e do Adolescente, nas suas variadas formas, foram frustradas pela inabilidade do legislador em aceitar a autonomia daquele Direito.

O Estatuto da Criança e do Adolescente continua absoluto em suas diretrizes sobre a adoção – por nacionais ou estrangeiros. Poucas modificações foram apresentadas pelo novo Código Civil.

A mudança mais marcante foi representada pela capacidade de adotar: enquanto o ECA determinava em 21 anos, o novo Código Civil baixou esse limite para 18. Em acréscimo, a nova lei exige que o interessado em adotar comprove *estabilidade familiar*.

Em forma de tópicos, serão apresentadas algumas modificações trazidas pela nova lei, em relação à adoção, prevista no Estatuto da Criança e do Adolescente.

• A norma estatutária disciplinou o instituto da adoção, outorgando-lhe a plenitude de seus efeitos. O art. 39 define a adoção de crianças (até 12 anos incompletos) e de adolescentes (de 12 a 18 anos incompletos). A modificação trazida pelo art. 1.618 do Código Civil, que autoriza a adoção a pessoa maior de 18 anos, não colocou obstáculos à adoção de maiores de 18 e menores de 21, que já estivessem sob a guarda ou tutela do adotante, como dispõem os arts. 2º e 40 do

Estatuto. A modificação da capacidade civil e adoção de maiores de 18 anos (CC, art. 1.623, parágrafo único) não são obstáculos para a adoção de pessoa maior de 18 anos, que convivia com os adotantes à época do pedido.

• A partir da vigência da CF/88 e, especificamente, das alterações trazidas com os §§ 5º e 6º do art. 227, que foram integralmente acolhidas pelo art. 39 do ECA – e, agora, pelo parágrafo único do art. 1.623 do novo CC – a adoção por "escritura pública" foi abolida de nosso ordenamento jurídico. Hoje, todas as adoções revestem-se das seguintes características e efeitos: a) são judiciais; b) definidas por sentença constitutiva; c) assistidas pelo Poder Público; d) protegidas pela irrevogabilidade do vínculo a partir da publicação da sentença constitutiva; e) mantêm-se os vínculos de parentesco entre o adotado e os adotantes, entre o adotante e os descendentes do adotado e entre o adotado e todos os parentes do adotante, com todas as obrigações resultantes dessa relação, como o dever de alimentos, direitos sucessórios, direito de visita etc.; f) manutenção do vínculo consangüíneo do adotado com os pais e parentes naturais (biológicos) para efeito de impedimentos matrimoniais; g) revogabilidade do consentimento dos pais biológicos ou responsáveis até a publicação da sentença constitutiva de adoção; h) que sejam realizadas no interesse da criança e do adolescente.

• Em relação à competência jurisdicional, mantém-se aquela prevista pelo art. 148, III, do Estatuto, que decidiu, definitivamente, que a competência para processar o pedido de adoção de crianças e adolescentes é da Justiça da Infância e da Juventude. Para o processamento do pedido de adoção de maiores de 18 anos é competente a Vara Cível e, onde houver, a Vara de Família. Para esses casos, o novo CC não disciplinou o procedimento, vez que é matéria processual. Entendemos, porém, que, sendo maiores os protagonistas da adoção adulta (de maior de 18 anos), o procedimento deveria caracterizar-se pela informalidade e rapidez. Entretanto, com a expressa vedação do parágrafo único do art. 275 do CPC, que dispõe que o procedimento sumário "não será observado nas ações relativas ao estado e à capacidade das pessoas" e, de igual forma, no de jurisdição voluntária, que não se opera a coisa julgada material, colocando em risco a constituição da sentença de adoção, a resposta procedimental mais adequada à adoção de adultos é aquela que define o *procedimento ordinário*, previsto nos arts. 282 e seguintes do CPC, vez que oferece maior segurança para a constituição das relações parentais.

• O *caput* do art. 41 do ECA consagra o efeito mais importante da adoção, já disposto no art. 227, § 6º da CF: a *condição jurídica de filho ao adotado*, carregando todos os direitos sucessórios. Entretanto, mantém, como dispõe o art. 1.626 do novo CC, os impedimentos matrimoniais do adotado com os parentes consangüíneos.

- O § 1º do art. 41 contempla a *adoção unilateral*, que se dá quando um dos cônjuges ou companheiros adota o filho do outro. O vínculo de filiação que surge dessa relação é o mesmo que o estipulado no art. 21, exercendo o cônjuge ou companheiro do adotante, plenamente, o poder familiar. Essa disposição foi reprisada pelo art. 1.626 do novo CC.

- Vale lembrar que o novo Código Civil repete, no art. 1.622, as disposições constantes do § 5º do art. 226 da CF, do § 1º do art 41 e § 2º do art. 42 do ECA, referente à adoção conjunta deferida a um homem e a uma mulher. Diz o art. 1.622: "ninguém pode ser adotado por duas pessoas, salvo se forem marido e mulher". A discussão que se faz, neste caso, é da possibilidade ou não da adoção por homossexuais. Tem-se como certo de que a *família* recebeu nova identificação a partir da leitura do § 4º do art. 226 da CF.

A dificuldade reside, entretanto, nos posicionamentos morais e costumeiros de nossa sociedade, que recém saída de um sistema patriarcal, vê-se cercada de constantes inovações nas relações afetivas, como é o caso das relações homossexuais.

O magistrado pernambucano, Luiz Carlos de Barros Figueirêdo (2001) revela a preocupação com este assunto em seu livro *Adoção para Homossexuais*. Preocupa-se, o autor, em demonstrar como nossa sociedade está eivada de preconceitos contra os homossexuais a ponto de considerá-los psicopatas, como no caso transcrito na *RT* 463/329, em que o julgador lembra que "não existe a menor dúvida de que o homossexual é um psicopata, ou seja, indivíduo que, em virtude de mórbida condição mental, têm modificadas a juridicidade de seus atos e de suas relações sociais".

Deve-se, entretanto, recorrer ao princípio da igualdade de direitos, consagrado em nossa Lei Maior, para concordar com a possibilidade da adoção por homossexuais em conjunto. Entendemos, com José Luiz Mônaco da Silva (2001, p. 44) que "o Estatuto da Criança e do Adolescente não contém dispositivo legal tratando de adoção pleiteada por homossexuais. Por causa dessa omissão, é possível que alguns estudiosos entendam inviável a adoção por homossexuais. A nosso ver o homossexual tem o direito de adotar um menor, salvo se não preencher os requisitos estabelecidos em lei. Aliás, se um homossexual não pudesse adotar uma criança ou um adolescente, o princípio da igualdade perante a lei estaria abertamente violado. E mais: apesar da omissão legal, o ECA não veda, implícita ou explicitamente a adoção por homossexuais. O que importa, no substancial, é a idoneidade moral do candidato e a sua capacitação para assumir os encargos decorrentes de uma paternidade (ou maternidade) adotiva".

O assunto está longe de ter unanimidade. No entanto, a melhor regra para o caso é aquela prevista no art. 43 do ECA, que determina que a adoção será deferida quando apresentar reais vantagens para o adotando e fundar-se em motivos legítimos. O novo Código Civil retrata essa disposição no art. 1.625 que, em outras palavras, dispõe que somente será admitida a adoção que constituir efetivo benefício para o adotando.

- O *caput* do art. 42 e seu § 2º, do ECA, foram revogados pelo art. 1.618 e seu parágrafo único do novo CC, que estabelecem que o adotante deverá ser maior de 18 anos e comprovar a *estabilidade familiar*. No caso de adoção por *ambos* os cônjuges ou companheiros um deles deverá contar 18 anos completos, mantendo-se a diferença de 16 anos entre adotante e adotado (CC, art. 1.619). Aqui o novo CC saiu da realidade. Para privilegiar a capacidade civil aos 18 anos o legislador autorizou a adoção aos maiores de 18 anos. Ora se marido e mulher casam-se ou resolvem viver em união estável, e um deles conta apenas 16 anos e o outro 18 anos, a adoção será viável, pois o critério etário foi preenchido. Entretanto, a nova lei, sem definir ou oferecer os requisitos essenciais da exigência, introduz um pressuposto que, certamente, não será realizável em função do rebaixamento da capacidade civil: a comprovação da *estabilidade familiar*.

Esse requisito já se encontrava presente no § 2º do art. 42 do ECA, mas para aqueles que já tivessem completado 21 anos. Sabemos que um jovem de 18 anos não possui qualquer estabilidade familiar. Pode conviver com uma mulher e ter filhos, mas só isso não significa ter estabilidade familiar. A resposta para esse paradoxo pode estar nas obrigações parentais previstas no art. 229 da CF, que dispõe que "os pais têm o dever de assistir, criar e educar os filhos menores (...)".

Pode-se definir a estabilidade familiar como *a condição de um casal que vive em harmonia, tem rendimentos suficientes para a manutenção do lar e das obrigações parentais*. Mas isso também não basta. A estabilidade familiar passa, entretanto, pela normalidade e consistência psicológica, moral, psíquica, sem as quais a convivência marital, com certeza, não daria bons resultados.

- O novo Código Civil manteve a disposição estatutária, prevista no *caput* do art. 42, que não distingue o *estado civil* das pessoas interessadas na adoção. De igual forma, mantém inalterada as restrições à adoção pleiteada pelos ascendentes (avós) e por irmãos (unilaterais ou bilaterais) do adotando. Deixa, porém, em aberto a possibilidade de adoção pelos tios, primos, sobrinhos, desde que preenchidos os requisitos necessários.

- O art. 1.625 do novo Código Civil estabelece, igualmente, que somente será admitida a adoção que constituir efetivo benefício para o adotando. Tal disposição reflete a preocupação das normativas internacionais que buscam a proteção do melhor (superior) interesse da criança.
- O art. 1.620 do novo Código Civil repete a disposição que contempla que enquanto não der contas de sua administração e não saldar o débito, não poderá o tutor ou curador adotar o pupilo ou o curatelado.
- O *consentimento* para a adoção é uma exigência providencial. O *caput* do art. 45 do ECA já consagrava a obrigação de colher o consentimento dos *pais* ou do *representante legal* do adotado. O novo Código Civil firmou, no art. 1.621, igual obrigação, incluindo o consentimento do adolescente, que já se encontrava disciplinado no § 2º do art. 45 do ECA. Acrescenta, o § 1º do art. 1.621 do CC, que o consentimento será dispensado em relação à criança ou adolescente cujos pais sejam desconhecidos ou tenham sido destituídos do poder familiar.
- O art. 1.624 do novo CC ressuscita uma terminologia abjeta ao referir-se à criança, em situação de risco pessoal e social, como *infante exposto*. O dispositivo determina que "não há necessidade do consentimento do representante legal do menor, se provado que se trata de *infante exposto*, ou de menor cujos pais sejam desconhecidos, estejam desaparecidos, ou tenham sido destituídos do poder familiar, sem nomeação de tutor; ou de órfão não reclamado por qualquer parente, por mais de 1 (um) ano".

Até agora, a lei contemplava o órfão, o destituído do poder familiar, aqueles cujos pais estavam ausentes ou desaparecidos ou fossem desconhecidos. A nova lei criou mais uma categoria de criança em situação de risco pessoal e social: o *infante exposto*. Quem é, então, o infante exposto? Seria aquele que está abandonado em alguma instituição, abrigo ou orfanato e que estivesse "exposto" a alguma situação de risco? Pela redação do citado artigo, o infante exposto é uma nova categoria, que, sinceramente, não precisava ser criada.

- A revogabilidade do consentimento dos pais ou representante legal da criança ou adolescente foi uma inovação na nova lei. O novo Código Civil contemplou essa obrigação no *caput* do art. 1.621. Inova, porém, o novo Código, no § 2º do citado artigo quando determina que o consentimento previsto no *caput* é *revogável* até a publicação da sentença constitutiva da adoção. Pela norma, surge a possibilidade de desfazimento da adoção antes do trânsito em julgado da sentença. É comum acontecer que mães que "doaram" seus filhos para a adoção sintam, depois, arrependimento pelo ato. Nesses casos, é possível reverter a adoção, sem a oferta de recurso; tão-somente, o interessado (geralmente os pais ou responsáveis do adotando) podem dirigir-se ao juiz da ação e requerer a reversão da adoção. Neste momento, o magistrado deverá suspender o processo e determinar a realização de um novo laudo social e, obrigatoriamente, ouvir o(a) arrependido(a) em audiência, na presença do representante do Ministério Público.

• O novo Código Civil não disciplinou o tema *estágio de convivência* entre adotante e adotado, estando em vigor as disposições previstas no Estatuto.

• A adoção sempre será deferida através de processo judicial, como prescrevem o *caput* do art. 47 do ECA e o art. 1.623 do CC, cuja sentença será inscrita no cartório de registro civil, mediante mandado, do qual não se fornecerá certidão, conforme completa o art. 47 do ECA.

• O novo Código Civil trata, no art. 1.627, da mudança do nome do adotado; a decisão judicial "confere ao adotado o sobrenome do adotante, podendo determinar a modificação de seu prenome, se menor, a pedido do adotante ou do adotado". Semelhante ordem já estava contemplada no art. 47, § 5º do ECA.

• Transitada em julgado a sentença que concede a adoção, seus efeitos tornam-se irrevogáveis, nos termos do art. 48 do ECA e da primeira parte do art. 1.628 do novo CC, podendo ser revistos somente através de ação rescisória, nos termos do art. 485 e seguintes do CPC.

• Por fim, o novo CC não disciplinou a adoção por estrangeiros; a nova lei firmou no art. 1.629, que a adoção por estrangeiro obedecerá aos casos e condições que forem estabelecidos em lei, o que vale dizer, aquelas disposições constantes no ECA e nas Convenções internacionais integradas à nossa ordem jurídica.

2
A ADOÇÃO
NO DIREITO INTERNACIONAL PRIVADO

2.1 Introdução. 2.2 Convenções internacionais sobre a adoção. 2.3 O conflito de leis no tempo e no espaço.

2.1 Introdução

A partir da vigência do Estatuto da Criança e do Adolescente, a adoção de crianças e adolescentes não está mais dividida em *adoção simples* e *adoção plena*. Essa divisão, proposta pelo Código de Menores – Lei 6.697/79 – diferenciava e estabelecia quais as características pessoais do adotante. Por exemplo, os solteiros e estrangeiros somente podiam adotar com restrições, ou seja, através da *adoção simples*; os casados e nacionais faziam uso da *adoção plena*.

Hoje, essa divisão – que não deixa de ser uma discriminação – foi banida de nosso ordenamento jurídico. Temos somente a *adoção*, que produz *plenamente* todos os seus efeitos, tanto para solteiros e casados como para nacionais e estrangeiros.

A adoção regulada pelo Estatuto (arts. 39 a 52) refere-se à adoção de crianças e adolescentes: Criança: *pessoa até doze anos de idade incompletos*, e Adolescente: *pessoa entre doze e dezoito anos de idade* (ECA, art. 2º). Esse regulamento tem como fundamento e consequência o disposto na Lei Maior no § 5º do art. 227: "A adoção será assistida pelo Poder Público, na forma da lei, que estabelecerá casos e condições de sua efetivação por parte de estrangeiros".

Este trabalho está voltado para os casos de adoção por estrangeiros de crianças e adolescentes e, portanto, regulada pelo Estatuto. E, de qualquer maneira, tudo que se falar sobre a adoção por brasileiros aproveitará aos estrangeiros, exceto em relação às exigências de requisitos pessoais dos adotantes, pelos documentos chancelados e traduzidos, e à realização do estágio de convivência. A adoção produzirá seus plenos efeitos tanto para os nacionais quanto para os estrangeiros.

A adoção por estrangeiros, também conhecida por adoção internacional, inter-racial ou transnacional, é assunto que deve ser considerado com seriedade, para que permaneça entre nós como um instituto eficaz contra o tráfico de crianças e alternativo em relação à colocação de crianças em família substituta.

J. Foyer e C. Labrusse-Riou definiram a adoção internacional como "aquela que faz incidir o Direito Internacional Privado, seja em razão do elemento de estraneidade que se apresenta no momento da constituição do vínculo (nacionalidade estrangeira de uma das partes, domicílio ou residência de uma das partes no exterior), seja em razão dos efeitos extraterritoriais a produzir".[1]

A adoção transnacional exige, para sua concretização, que as pessoas que integram a relação processual sejam domiciliadas em países diferentes. Grande parte da legislação alienígena proclama o domicílio do adotante como fator identificador da adoção por estrangeiros. Entretanto, a Constituição Federal do Brasil elegeu, no art. 227, § 5º, a nacionalidade do adotante.

Desta forma, "quem escreve sobre as regras da adoção internacional no ordenamento jurídico brasileiro já está escrevendo sobre a adoção em Direito Internacional Privado. A adoção internacional já foi tema de várias Declarações, Convenções, Tratados Multilaterais. A finalidade maior deste esforço internacional é criar mecanismos eficientes para assegurar o bem-estar da criança adotada, assim como uma situação jurídica estável tanto no seu país de origem, como no país dos adotantes. Mas, ainda hoje, a segurança jurídica das crianças adotadas internacionalmente depende, em muito, das normas internas sobre adoção, de sua prática e do controle exercido pelo Poder Judiciário do país de origem, assim como da confiança que estas normas despertam nos países onde os adotantes estrangeiros têm seu domicílio" – justifica a Professora Cláudia Lima Marques, in *RT* 692/15.

A transferência de crianças de um país para outro, de uma família ou de uma cultura para outra, fez com que surgissem alguns problemas jurídicos e sociais, que a moderna ordem legislativa internacional, capitaneada pela Organização das Nações Unidas, tem procurado resolver.

Na esfera internacional, busca-se nas convenções uma regulamentação supra-estatal visando controlar o aumento da procura de crianças para adoção; no plano interno dos países, a preocupação é com a adaptação e as reformas legislativas que procuram regular a matéria e dar uma resposta à situação.

1. *L'Adoption d'Enfants Étrangers*, p. 94.

Com essas novas regras (convenções internacionais e legislações nacionais), a regulamentação da adoção internacional, além de coibir o tráfico de crianças, imprimirá legalidade nos processos, selará a confiança entre as Nações e proporcionará maior confiabilidade àqueles que desejam adotar.

2.2 Convenções internacionais sobre a adoção

A adoção por estrangeiros preocupa a comunidade internacional e a Organização das Nações Unidas-ONU desde o ano de 1960, quando foram idealizados os *Fundamental Principles for Intercountry Adoption-Leysin*, objetos de discussão e estudo num Seminário na cidade de Leysin.

A recomendação originada dos *Principles* não constituía legislação vinculante para o país-membro signatário, e, portanto, eram princípios de observância não obrigatória. De qualquer modo, essa iniciativa da ONU demonstrava, já naquela época, uma preocupação crescente com a adoção. Tanto é que a principal conclusão daquele Seminário considerou a adoção internacional como medida excepcional, sugeria preferência à adoção nacional e, por fim, destacava que a adoção internacional só deveria ser autorizada se fosse para o bem estar da criança.

Em 15 de novembro de 1965 foi realizada na cidade de Haia a Conferência sobre a Adoção Internacional, surgindo, daí, a Convenção de Haia. O tema central das discussões versava sobre a *lei aplicável, jurisdição* e *reconhecimento em matéria de adoção*.

Nesse encontro, a preocupação maior dos países signatários foi estabelecer e regular *os conflitos de leis,* deixando de lado a unificação dos princípios básicos para as adoções, que era o tema que embasava o caráter coercitivo da Convenção para os países que aceitassem os seus termos.

É interessante anotar que esta Convenção tinha como meta disciplinar as relações de adoção realizadas entre *pessoas domiciliadas em países europeus.* Naquela época não se previa o grande movimento de adoções que se realizariam entre os cones Norte-Sul.

Em virtude disso, a Convenção de Haia, de 1965, estabeleceu que as regras sobre jurisdição versariam sobre a *residência habitual do adotante* (art. 3º, a1, "a"). Este fato fez com que somente Áustria, Reino Unido e Suiça assinassem o texto da Convenção, sendo recusado pela totalidade dos países em desenvolvimento e por alguns países que reconheciam a nacionalidade como fundamento para a determinação da jurisdição.

Em 1967, os países-membros do Conselho da Europa,[2] reunidos na cidade de Estrasburgo, no dia 24 de abril de 1967, elaboraram a Convenção Européia em Matéria de Adoção de Crianças, com a finalidade de *unificar e regular* algumas regras sobre a adoção.

Esta Convenção teve poder coercitivo para os membros signatários e pretendia, com isso, além de propiciar uma união maior entre os membros do Conselho da Europa, ajustar divergências entre as legislações internas. Apesar de não abordar temas essenciais sobre a adoção, vigora entre os países membros do Conselho da Europa.

Assim, o "Preâmbulo" do texto convencional estabelecia: "Considerando que o objetivo do Conselho da Europa é realizar uma união mais estreita entre os seus membros, a fim de, nomeadamente, favorecer o seu progresso social; Considerando que, embora o instituto da adoção de menores exista na legislação de todos os Estados membros do Conselho da Europa, há nesses países pontos de vista divergentes acerca dos princípios que o deveriam reger, assim como diferenças quanto ao processo de adoção e aos efeitos jurídicos da adoção; Considerando que a aceitação de princípios e práticas comuns referentes à adoção de menores, contribuiria para aplanar as dificuldades causadas por tais divergências e permitiria, ao mesmo tempo, promover o bem-estar dos menores que são adotados, acordam (...)".

Em 20 de maio de 1980, o Conselho da Europa novamente se reuniu em Luxemburgo e acordou sobre a Convenção Européia sobre o Reconhecimento e a Execução das Decisões Relativas à Guarda de Menores e sobre o Restabelecimento da Guarda de Menores.

Seu "Preâmbulo" dizia: "Reconhecendo que nos Estados membros do Conselho da Europa a consideração do interesse do menor é de uma importância fundamental em matéria de decisões relativas à sua guarda; Considerando que a instituição de medidas destinadas a facilitar o reconhecimento e a execução das decisões referentes à guarda de um menor terá como conseqüência garantir uma melhor proteção do interesse dos menores; Considerando desejável, para tal, salientar que o direito de visita dos pais é o corolário normal do direito de guarda; Constatando que o número crescente de casos em que os menores foram ilicitamente deslocados por uma fronteira internacional e as dificuldades encontradas para resolver de forma adequada os problemas suscitados por esses casos; Desejando introduzir disposições apropriadas que permitam o restabelecimento da guarda dos menores quando essa guarda tenha sido arbitrariamente interrompida;

---

2. Alemanha, Áustria, Dinamarca, Grécia, Irlanda, Itália, Liechtenstein, Malta, Noruega, Portugal, Reino Unido, Suécia e Suíça.

Convencidos da oportunidade de adotar, para esse efeito, medidas adaptadas às diferentes necessidades e circunstâncias; Desejando estabelecer relações de cooperação judiciária entre as respectivas autoridades, acordam (...)".

A Convenção sobre os Aspectos Civis do Rapto Internacional de Crianças (*Convención sobre los Aspectos civiles de la sustracción internacional de menores*), concluída em Haia, em 25 de outubro de 1980, durante a 14ª Conferência de Haia de Direito Internacional Privado,[3] tinha como objetivo *proteger a criança, no plano internacional, dos efeitos prejudiciais resultantes de uma mudança de domicílio ou de uma retenção ilícita e estabelecer as formas que garantam o regresso imediato da criança ao Estado da sua residência habitual; velar para que os direitos de custódia e de visita vigentes em um dos Estados contratantes sejam respeitados nos demais Estados contratantes.*

Esta Convenção objetivava, também, impor respeito aos direitos e interesses da criança quando tivesse sido transferida irregularmente de sua residência para outro país, sendo-lhe assegurado o direito de imediato regresso.

Em 7.3.83, O Instituto del Niño, órgão da Organização dos Estados Americanos – OEA, reunido na cidade de Quito, para a III Conferência Interamericana de Direito Privado, elaborou as *Bases para un Proyecto de Convención Interamericana sobre Adopción de Menores*, cujo "Preâmbulo" estabelecia que: "Considerando que la adopción de menores, instituto encaminado a la protección de la niñez desvalida, está contemplada en casi todos los Estados de la Organización pero con diferencias, a menudo apreciables, entre los diversos puntos de vista con que el problema ha sido afrontado; Considerando que la aceptación de principios y normas comunes será, sin duda, de utilidad para allanar dificultades y, por tanto, redundará en provecho de los menores favorecidos con la adopción y promoverá su creciente aplicación; Considerando que un alto porcentaje de las adopciones se efectúa entre adoptantes domiciliados en países industrializados y menores domiciliados en países en desarollo; Considerando que es de provecho para los Estados miembros de la Organización buscar una uniformidad en las legislaciones y convenios vigentes en el Continente americano que tratan esta materia; Considerando que la adopción puede originar cuestiones acerca de las autoridades competentes para constituirla, de la legislación nacional aplicable a sus condiciones y efectos y del reconocimiento de decisiones tomadas en materia de adopción, todas

---

3. Assinaram esta Convenção os seguintes países: Austrália, Canadá, Espanha, França, Hungria, Luxemburgo, Portugal, Reino Unido e Suíça.

las cuales es conveniente resolver en provecho de los menores y con un criterio semejante al ya utilizado en Europa".

O art. 1º desta Convenção define "a adoção internacional de menores como aquela em que os adotantes e o adotado tenham residência habitual em países diferentes".

Em 24.5.84, em La Paz, a Organização dos Estados Americanos – OEA voltou a discutir o tema, no âmbito da 3ª Conferência Interamericana de Direito Internacional Privado (CIDIP-III), surgindo, daí, a Convenção Interamericana sobre Conflitos de Leis em Matéria de Adoção de Menores.

Esta Convenção, que não obteve sucesso pelo fato de ter optado por uma resposta simplista aos conflitos, impôs regulamentação *somente quanto às leis aplicáveis às várias questões jurídicas ligadas à adoção, deixando de lado a discussão sobre o estabelecimento dos princípios gerais e estruturas do quadro jurídico de cooperação internacional entre autoridades dos países aos quais pertencem adotantes e adotandos*. Até hoje, o texto convencional encontra-se aberto para adesões, estando em vigor somente no México e na Colômbia.[4]

Apesar dos esforços dos países membros da OEA, o texto acordado em La Paz, inclusive pelo Brasil – pelo fato de o texto convencional adequar-se à legislação brasileira –, não respondeu ao apelo internacional na solução dos conflitos, pelo fato de não conseguir abranger os países de adotantes e países de adotandos.

A finalidade desta Convenção vem inscrita no primeiro artigo: "La presente Convención se aplicará a la adopción de menores bajo las formas de adopción plena, legitimación adoptiva y otras instituciones afines, que equiparen al adoptado a la condición de hijo cuya filiación esté legalmente establecida, cuando el adoptante (o adoptantes) tenga su domicilio en un Estado-Parte y el adoptado su residencia habitual en otro Estado-Parte".

Em 15.7.89, a Organização dos Estados Americanos promoveu a 4ª Conferência Interamericana de Direito Internacional Privado, na cidade de Montevidéu, originando a Convenção Interamericana sobre a Restituição Internacional de Menores (*Convención Interamericana sobre Restitución Internacional de Menores*).

Essa Conveção foi promulgada, no Brasil, pelo Decreto Presidencial 1.212, de 3.8.94, sem quaisquer reservas ou ressalvas.

---

4. Assinaram esta Convenção os seguintes países: Bolívia, Brasil, Colômbia, Chile, Haiti, México, República Dominicana, Uruguai e Venezuela. Mas foi ratificada somente pelo México e Colômbia.

O art. 1º desta Convenção dispõe sobre o âmbito de sua aplicação: "La presente Convención tiene por objeto asegurar la pronta restitución de menores que tengan residencia habitual en uno de los Estados-Partes y hayan sido trasladados ilegalmente desde cualquier Estado a un Estado-Parte o que habiendo sido trasladados legalmente hubieren sido retenidos ilegalmente. Es también objeto de esta Convención hacer respetar el ejercicio del derecho de visita y el de custodia o guarda por parte de sus titulares".

O artigo 2º da referida Convenção estipula que os efeitos decorrentes do acordo somente terão abrangência ao *menor que ainda não tenha completado dezesseis anos de idade*.

No artigo 3º, dispõe o texto: "Para los efectos de esta Convención: a) El derecho de custodia o guarda comprende el derecho relativo al cuidado del menor y, en especial, el de decidir su lugar de residencia; b) El derecho de visita comprende la facultad de llevar al menor por um periodo limitado a un lugar diferente al de su residencia habitual".

Através da Resolução 3.028, XXVII, de 18 de dezembro de 1972, que recebeu o nome de Conferência das Nações Unidas para uma Convenção Internacional sobre o Direito da Adoção, a Organização das Nações Unidas tentou aglutinar os países membros para estudar e pesquisar os diversos programas e legislação sobre proteção de menores. A partir deste estudo, a ONU instituiu a Resolução n. 41/85, de 3.12.86, que serviu de parâmetro à Declaração sobre os princípios sociais e jurídicos aplicáveis à proteção e ao bem-estar dos menores, tendo como finalidade a prática da adoção e outras atividades de colocação familiar no plano nacional e internacional.

Apesar do esforço generalizado dos países membros da ONU, essa Resolução, que não possuía caráter vinculante e obrigatório, não conseguiu solucionar eficazmente os conflitos e problemas advindos da prática da adoção.

A Resolução acima citada também inspirou a Assembléia Geral da ONU que, em 20 de novembro de 1989, proclamou a Convenção sobre os Direitos da Criança, estabelecendo nos artigos 20, 21 e 35, a proteção especial dos menores sem família, a adoção nos níveis nacional e internacional e a venda, tráfico e seqüestro de menores. Nela a ONU proclamou, através de sua Assembléia Geral, o documento mais importante sobre a proteção infanto-juvenil: a Convenção sobre os Direitos da Criança, com caráter vinculante para todos os países membros.

O Preâmbulo desta Convenção lembra os princípios básicos das Nações Unidas e disposições específicas de certos tratados e declarações relevantes sobre os direitos humanos; reafirma o fato de que as crianças, dada sua vulnerabilidade, necessitam de cuidados e proteção especiais; coloca ênfase especial sobre os cuidados primários e a proteção responsável da família, a necessidade de proteção legal e de outras formas de proteção à criança antes e depois de seu nascimento, a importância do respeito aos valores culturais da comunidade da criança e o papel vital da cooperação internacional para o cumprimento dos direitos das crianças.

Os artigos 20 e 21 estabelecem, respectivamente, a obrigação do Estado de providenciar para que a criança não fique sem família e sobre a adoção, especificamente:

"Art. 20:1. As crianças privadas temporária ou permanentemente do seu meio familiar, ou cujo interesse maior exija que não permaneçam nesse meio, terão direito à proteção e assistência especiais do Estado. 2. Os Estados-Partes garantirão, de acordo com suas leis nacionais, cuidados alternativos para essas crianças. 3. Esses cuidados poderiam incluir, *inter alia,* a colocação em lugares de adoção, a *kafalah* do direito islâmico, a adoção ou, caso necessário, a colocação em instituições adequadas de proteção para crianças. Ao serem consideradas as soluções, deve-se dar especial atenção à origem étnica, religiosa, cultural e linguística da criança, bem como à conveniência da continuidade de sua educação.

"Art. 21. Os Estados-Partes que reconhecem ou permitem o sistema de adoção atentarão para o fato de que a consideração primordial seja o interesse maior da criança. Dessa forma, atentarão para que: a) a adoção da criança seja autorizada apenas pelas autoridades competentes, as quais determinarão, consoante as leis e os procedimentos cabíveis e com base em todas as informações pertinentes e fidedignas, que a adoção é admissível em vista da situação jurídica da criança com relação a seus pais, parentes e representantes legais e que, caso solicitado, as pessoas interessadas tenham dado, com conhecimento de causa, seu consentimento à adoção, com base no assessoramento que possa ser necessário; b) a adoção efetuada em outro país possa ser considerada como outro meio de cuidar da criança, no caso em que a mesma não possa ser colocada em um lar de adoção ou entregue a uma família adotiva ou não logre atendimento adequado em seu país de origem; c) a criança adotada em outro país goze de salvaguardas e normas equivalentes às existentes em seu país de origem com relação à adoção; d) todas as medidas apropriadas sejam adotadas, a fim de garantir que, em caso de adoção em outro país, a colocação não permita benefícios financeiros indevidos aos que dela participarem; e) quando necessário, promover os objetivos do presente artigo mediante ajustes ou acordos bilaterais ou multilaterais, e envidarão esforços, nesse contexto, com vistas a assegurar que a colocação da criança em outro país seja levada a cabo por intermédio das autoridades ou organismos competentes."

A Convenção sobre os Direitos da Criança entrou em vigor internacional em 2 de setembro de 1990, sendo aprovada pelo Congresso Nacional Brasileiro pelo Decreto Legislativo n. 28, de 14 de setembro de l990. O Brasil ratificou a Convenção em 24 de setembro de 1990, tendo sua vigência, entre nós, no dia 23 de outubro de 1990. Legalmente, essa Convenção tornou-se exigível em solo brasileiro através do Decreto 99.710, de 21 de novembro de 1990.

Por fim, a Conferência de Haia de Direito Internacional Privado, na sua 16ª reunião, em outubro de 1988, decidiu que a Organização deveria, em conjunto com os Estados membros, instituir uma nova Convenção sobre a adoção internacional que fosse mais eficiente e vinculativa para as nações.

Uma comissão especial foi formada, a *Commission spéciale sur l'adoption d'enfants originaires de l'étranger*, que se reuniu de 11 a 21 de junho de 1990, de 22 de abril a 3 de maio de 1991 e de 3 a 14 de fevereiro de 1992. As conclusões da *Commission* foram apresentadas ao plenário da 17ª Seção da Conferência de Haia de Direito Internacional Privado, no mês de maio de 1993, cujo texto chamou-se *Convenção Relativa à Proteção e à Cooperação Internacional em Matéria de Adoção Internacional*.[5]

A preocupação central desta Convenção estabeleceu quatro prioridades a respeito da criança colocada em família substituta: a) que, para o desenvolvimento harmonioso da personalidade da criança, ela deveria crescer em um meio familiar, em clima de felicidade, de amor e compreensão; b) que devem ser tomadas todas as medidas para que a criança seja mantida em sua família de origem; c) que a adoção internacional pode apresentar a vantagem de dar uma família a uma criança que não encontra a família conveniente em seu país de origem; d) que devem ser instituídas medidas para garantir que as ações internacionais devem ser feitas no interesse superior da criança e com respeito a seus direitos fundamentais, assim como para prevenir o seqüestro, a venda ou o tráfico de crianças.

A par dessas relevantes preocupações, a Convenção inspira-se, particularmente, nos princípios instituídos pela Convenção das Na-

---

5. São signatários da Convenção: Argentina, Austrália, Áustria, Bélgica, China, Canadá, Chipre, Tcheco-Eslováquia, Dinamarca, Egito, Finlândia, França, Alemanha, Grécia, Hungria, Irlanda, Israel, Itália, Japão, Luxemburgo, México, Países Baixos, Noruega, Polônia, Portugal, Espanha, Suriname, Suécia, Suíça, Reino Unido da Grã-Bretanha e Irlanda do Norte, Estados Unidos da América, Uruguai, Venezuela e Iugoslávia. O Brasil participou como membro *ad hoc*.

ções Unidas sobre os Direitos da Criança, de 20 de novembro de 1989, e na Declaração das Nações Unidas sobre os princípios sociais e jurídicos aplicáveis à proteção e ao bem-estar das crianças, inscritas na Resolução da Assembléia Geral 41/85, acima referida.

O campo de aplicação da Convenção está circunscrito nos dois primeiros artigos que tratam, respectivamente, do *objeto* e da *oportunidade* da concretização da adoção. São eles:

"Art. 1º. A presente Convenção tem por objeto: a) estabelecer garantias para que as adoções internacionais sejam feitas levando em consideração o interesse superior da criança e com respeito aos direitos fundamentais, que lhes reconhece o direito internacional; b) instaurar um sistema de cooperação entre os Estados contratantes que assegure o respeito às ditas garantias e em conseqüência, previna o seqüestro, a venda ou o tráfico de crianças; c) assegurar o reconhecimento nos Estados contratantes das adoções realizadas segundo a Convenção.

"Art. 2º. 1. A Convenção aplica-se quando uma criança com residência habitual em um Estado contratante (o Estado de origem) tenha sido, é, ou deva ser deslocada para outro Estado contratante (o Estado de acolhida), seja após sua adoção no Estado de origem pelos cônjuges ou por uma pessoa residente habitualmente no Estado de acolhida, bem como se essa adoção será realizada, após o deslocamento, no Estado de acolhida ou no Estado de origem. 2. A Convenção somente abrange as adoções que estabeleçam um vínculo de filiação."

Por outro lado, a referida Convenção relativa à proteção e à cooperação internacional em matéria de adoção internacional pretende fornecer elementos e estabelecer instrumentos de uma *convenção multilateral de escala mundial*, com poder vinculante para todos os países, mesmo aqueles que não sejam Estados Membros da Conferência de Haia de Direito Internacional Privado.

Pretende, também, incrementar acordos bilaterais, tais como foram realizados entre Filipinas e Áustria, El Salvador e Canadá, Filipinas e Suécia (1975), Filipinas e Países Baixos (1975), Equador e Suécia (1976), Noruega e Suécia (1976), Noruega e Filipinas (1982), Portugal e França (1983), Portugal e Cabo Verde (1976), Portugal e São Tomé e Príncipe (1976).

Nigel Cantwell, diretor do *International Monitoring Unit* na DEI (Defesa das Crianças Internacionais), publicou um artigo no jornal *A Adoção em Terre des Hommes*, n. 65, de 26.10.94, onde analisa os principais pontos da Convenção:

"1. A Idéia de Base: A inspiração principal — e explícita — deste tratado repousa no desejo de facilitar a aplicação das disposições pertinentes da Convenção das Nações Unidas relativas aos Direitos da Criança. Estas 'disposições permanentes' não se limitam ao artigo especificamente consagrado à adoção (art. 21) e, acessoriamente, ao art. 35, que proíbe o tráfico e venda de crianças. Toda uma série de outros artigos contém disposições pertinentes, inclusive o art. 3º (interesse superior da criança), o art. 7º (nome e nacionalidade, direito de conhecer os seus pais e de ser educado por eles na medida do possível), o art. 8º (proteção da identidade), o art. 9º (separação da criança e dos pais), o art. 20 (crianças privadas de meio familiar), assim como, em relação às crianças mais velhas, o art. 12 (opinião da criança). Considerados em conjunto, o preâmbulo e o artigo 1º da Convenção sobre a Adoção Internacional indicam bem com que espírito os autores do texto trabalharam, sendo certo que a sua determinação se reforçou sempre com o decorrer do tempo. A sua concepção pode-se resumir do seguinte modo: *– é preciso, em primeiro lugar, ajudar a criança a permanecer junto dos seus pais biológicos; – em caso de insucesso ou de impossibilidade, é, então, necessário tentar encontrar uma outra solução, de tipo familiar, na comunidade ou no país de origem da criança; – se não puder ser encontrada nenhuma solução deste tipo, será encarada a adoção internacional para as crianças que ela puder beneficiar; – em cada etapa, é preciso conseguir que os direitos e o superior interesse da criança sejam total e sistematicamente protegidos; – convém combater qualquer diligência motivada por preocupações comerciais.*

"O primeiro elemento da lista supra resulta de um acréscimo de última hora ao preâmbulo, proposto pelo delegado da Indonésia com base numa proposta submetida pela DEI e pelo Serviço Social Internacional (SSI). Na ausência de tal garantia no quadro interpretativo do tratado, teria sido demasiado fácil justificar a subtração de uma criança à sua família biológica sem primeiro se ter tentado tudo para preservar a unidade da família.

"A Convenção de Haia enumera uma série bastante pormenorizada de considerações que devem ser encaradas antes que uma adoção internacional possa ser decretada. Trata-se, em primeiro lugar, da situação geral (jurídica, social, médica etc) da criança e das pessoas que desejam adotar. Um destaque especial é igualmente colocado no consentimento para a adoção, que deve ser dado livremente e com conhecimento de causa tanto pelos pais biológicos ou outras pessoas responsáveis pela criança como pela própria criança. Esta última disposição, que depende da idade (não especificada) e do grau de maturidade da criança, reflete a influência da Convenção das Nações Unidas no que se refere ao direito da criança de ser consultada sobre as questões que afetam a sua existência. Finalmente, a Convenção de Haia estipula que a adoção só pode ter lugar se a criança em causa for autorizada a entrar e permanecer de forma permanente no país de acolhimento.

"As disposições gerais da Convenção de Haia compreendem a obrigação de preservar os dados referentes à origem e à situação médica da criança adotada. Não foi possível incluir no texto um disposição geral que garantisse à criança o direito de acesso a estas informações. Esta questão permanece muito controversa, por muitas razões, inclusive pelas que dizem respeito à proteção do anonimato de um ou de ambos os pais biológicos, que é considerada como muito importante em muitas sociedades. Contudo, a formulação finalmente adotada denota bem a tendência nesta direção: 'As autoridades competentes asseguram o acesso da criança ou de seu representante a estas informações, com os conselhos apropriados, na medida permitida pela lei (...)'.

"A disposição mais importante desta Seção é, contudo, sem dúvida, a proibição dos contatos 'entre os futuros pais adotivos e os pais da criança ou qualquer outra pessoa que tenha a sua guarda' enquanto um certo número de condições não forem preenchidas: a criança deve ser 'adotável', os consentimentos devem ter sido dados, a colocação no país de origem deve ser impossível e os futuros pais adotivos devem ter sido declarados aptos para adotar.

"Este artigo visa prevenir adoções instigadas pelos próprios pais adotivos potenciais e, através disso, limitar as possibilidades de influenciar e de manipular os pais biológicos e de corromper os diretores de instituições (que se encontram cobertos pelos termos 'qualquer pessoa que tenha a guarda' da criança).

"O tratado faz do 'princípio de subsidiariedade' de caráter geral (que define a adoção internacional como uma solução 'de último recurso' para as crianças sem família) uma verdadeira 'regra de subsidiariedade', aplicável a cada caso individual. Este é, sem sombra de dúvida, um grande passo.

"2. O Mecanismo: A adoção internacional é, por definição, um fenômeno internacional que exige uma cooperação internacional para ser regulamentada de modo eficaz. Não poderá, pois, ser deixada à iniciativa privada de particulares e das agências. Daqui decorre que é preciso dispor não só de um conjunto de regras e de normas bem definidas, mas igualmente de 'pontos focais' encarregados, em cada país de assegurar esta cooperação.

"A Convenção sobre a Adoção Internacional utiliza um sistema já em vigor para uma outra Convenção de Haia: a qual trata dos aspectos civis do rapto internacional de crianças. O sistema funda-se sobre a designação, em cada país – de origem ou de acolhimento –, de uma Autoridade Central.

"As Autoridades Centrais detêm a responsabilidade última de vigiar todos os aspectos de uma adoção internacional desde o momento em que é formulado o pedido: aprovar os pais candidatos à adoção, assegurar-se de que a adoção constitui mesmo a melhor solução para a criança e que ela pode ser adotada, assegurar-se de que os pais adotivos e a criança são mutuamente convenientes, velar para que todos os procedimentos sejam respeitados e para que sejam reunidas todas as condições para a transferência material da criança para o país de acolhimento. Podem, igualmente, cooperar nos casos em que uma adoção venha a falhar.

"'Autoridade Central' é um título pomposo, mas esta instância pode, em certos países, resumir-se a um único funcionário. É por isso que, à exceção de determinadas funções que a Autoridade Central deve efetuar diretamente (essencialmente no domínio da troca de informações), a Convenção de Haia prevê a possibilidade de delegar a grande maioria das tarefas. Em relação a tudo o que diz respeito à prevenção de atos ilegais e de irregularidade na conduta das adoções internacionais (como, por exemplo, o ganho material indevido), a delegação de poderes só pode fazer-se em relação a uma instância pública. Em contrapartida, todos os serviços profissionais relativos a uma adoção precisa ou às adoções em geral podem ser delegados a 'organismos credenciados', que devem ser instâncias com fins não lucrativos, ter dado provas das suas aptidões e dispor de pessoal qualificado. Os seus nomes e endereços devem ser comunicados ao *Bureau* Permanente da Conferência de Haia, que poderá transmitir a qualquer pessoa ou organização que os solicite.

"3. O Impacto Potencial: A urgência dos problemas cobertos pela Convenção sobre a Adoção Internacional faz com que seja importante tentar avaliar o seu impacto potencial, a fim de identificar as questões sobre as quais se devem concentrar os esforços de defesa e de pressão. A este título, o próprio processo de redação pode fornecer algumas indicações de base.

"Em primeiro lugar, a Conferência de Haia realizou esforços sem precedentes para fazer participar todos os países, membros da Conferência ou não, na redação do texto. A grande maioria dos países de origem e dos países de acolhimento participaram. Se isto não significa que todos aderem sem reservas a tudo o que figura no tratado, é, contudo, a indicação de que contribuições emanadas de meios tão diversos quanto possível puderam ser dadas, o que deveria facilitar a aceitação do texto... e sua aplicação.

"Em segundo lugar, várias Organizações Não-Governamentais (ONG) puderam desempenhar um papel ativo e positivo na redação, não só pelas propostas que submeteram, mas igualmente pelos estudos e outras informações que forneceram aos delegados oficiais. Isto diz bem da relação construtiva entre governos e ONG.

"A fim de que a Convenção atinja plenamente os seus objetivos, será necessário, evidentemente, fazer tudo para que os países de origem declarem oficialmente que só tratarão com organismos credenciados.

"O que podemos dizer da fórmula das 'Autoridades Centrais' enquanto mecanismo para atingir os objetivos da Convenção? Como dissemos anteriormente esta fórmula retoma quase exatamente a que foi adotada pela Convenção de Haia sobre os aspectos civis do rapto internacional de crianças. Visa tanto refletir como favorecer a confiança mútua no domínio da cooperação internacional.

"As Autoridades Centrais – ao mesmo título que os outros serviços públicos implicados – dos países de origem terão necessidade de um nível de recursos que pode parecer desproporcional em relação a outras exigências e prioridades. Em muitos casos, estes países terão, sem dúvida, necessidade de assistência para implantar e manter estruturas eficazes.

"Considera-se, geralmente, que uma vigilância eficaz é uma condição absolutamente necessária para o respeito e a aplicação dos tratados. No domínio do Direito Internacional Privado e com o sistema da Autoridade Central, pode dizer-se que este tratado é 'auto-aplicável', já que: – *as Autoridades Centrais devem contactar-se, se surgirem ou estiverem em vias de surgir problemas no funcionamento do tratado, quer se trate de um caso preciso quer de considerações gerais; – muitas obrigações dos Governos são mais de natureza bilateral do que referentes à sua própria população, como é o caso, por exemplo, do direito relativo aos direitos humanos.*

"Ao mesmo tempo, o sistema oficial de vigilância limita-se a 'exames periódicos' (mas certamente efetuados com vários anos de intervalo) do funcionamento prático da Convenção, efetuados pelos Estados-Partes. Ora, a Convenção sobre a Adoção Internacional contém um número importante de princípios de fundo, de linhas diretoras e de normas fundamentais. Existe, pois, uma necessidade inegável, segundo parece, de uma vigilância sistemática e objetiva do respeito pelo texto, indo além dos meros aspectos de 'funcionamento'. As ONGs, tanto nacionais como internacionais, têm, sem dúvida, um papel vital a desempenhar para fazer com que esta tarefa seja desempenhada e que os termos da Convenção sejam respeitados.

"4. Quais as perspectivas?: Contudo, todas estas considerações permanecerão letra morta enquanto a Convenção não for amplamente ratificada. Quais são as perspectivas a este respeito? Raros são os países que já dispõem de estruturas do tipo das Autoridades Centrais e qualquer Estado que deseje ratificar o texto terá de esforçar-se por criar um organismo deste tipo antes da ratificação. Isso – convém precisar – levará tempo. O fato (excelente em si) do texto não autorizar reservas significa que a vontade política dos Governos será especialmente importante. Alguns países de acolhimento deverão estar preparados para fazer face às críticas que não deixarão de se levantar pretendendo que a Convenção de Haia cria uma burocracia inútil, impede a ajuda às crianças e limita as liberdades individuais.

"Pode-se citar, a título de exemplo, o *Adoption Consultation Service, Inc.*, do Estado de Nova York, que lançou nos Estados Unidos em março de 1993, com grande quantidade de desinformação muito emocional, uma campanha intitulada 'Alto à Convenção de Haia!', argumentando que a Convenção iria 'criar uma burocracia inútil e dispendiosa (...) que conduziria a um aumento dos impostos', 'aumentaria os custos das adoções internacionais', e 'impediria a colocação para adoção da maior parte dos órfãos do mundo'. Além disso, as listas de espera vão novamente estender-se durante anos, enquanto as crianças enfraquecerão – e morrerão – nos orfanatos. Tudo isso sem impedir que a corrupção e as verdadeiras 'compras de bebês' continuem a florescer.

"É provável que a paciência e a persuasão sejam palavras-chaves. Provavelmente serão necessários vários anos – quatro ou cinco, talvez – para lá chegar. Mesmo nesse estágio, subsistirá o perigo de ver o pedido de crianças afastar-se dos países de origem que ratificaram o texto para países não ligados pelo tratado. Ainda aí, por conseguinte, um trabalho de vigilância muito estrita será de importância primordial.

"5. Conclusão: Em resumo, a Convenção constitui, no seu conjunto, uma base excelente e relativamente progressiva, para repor a ordem nas adoções internacionais e, em geral, para assegurar que estas adoções respeitem os direitos e o superior interesse das crianças.

"Para que o seu impacto seja o mais forte possível e para conseguir que o espírito do texto, assim como a sua letra, sejam respeitados, parecem necessárias determinadas condições prévias: – *uma pressão e um encorajamento contínuos devem ser efetuados a favor de uma ampla ratificação, em especial pelos países mais implicados nas adoções internacionais; – os países de acolhimento devem ser persuadidos e não declararem que pessoas e organismos diferentes dos organismos credenciados possam assumir funções que pertençam às Autoridades Centrais; – os países de origem devem ser persuadidos a declarar que não aceitarão que as funções da Autoridade Central sejam assumidas por outros organismos que não a própria Autoridade Central ou organismos credenciados; – os países de origem, em especial, devem ser ajudados, quando necessário, a criarem e manterem Autoridades Centrais e outros serviços públicos relacionados, dotados de recursos suficientes; – deve ser efetuada uma vigilância sistemática, provavelmente pelo setor não governamental, além dos exames periódicos previstos pela própria Convenção; – o público, em especial nos países de acolhimento, deve ser corretamente informado dos fins e justificações da Convenção e das suas disposições."*

Entre nós, o texto da Convenção relativa à proteção e à cooperação internacional em matéria de adoção internacional, concluída em 29 de maio de 1993, foi encaminhado ao Congresso Nacional, nos termos do inciso I do art. 49 da Constituição Federal, através da Mensagem 865/93, do Poder Executivo.

Como determina o citado artigo, o Congresso Nacional aprovou o texto da Convenção, através do Decreto Legislativo n. 1, de 14.1.1999. Por sua vez – desnecessariamente, diga-se de passagem –, o Presidente da República promulgou a Convenção através do Decreto 3.087, de 21.6.1999. Entretanto, através do Decreto 3.174, de 16.9.1999, o Presidente da República designou as Autoridades Centrais Administrativas encarregadas de dar cumprimento às obrigações impostas pela Convenção. No mesmo Decreto instituiu o Programa Nacional de Cooperação em Adoção Internacional e criou o Conselho das Autoridades Centrais Administrativas Brasileiras.

A Exposição de Motivos da Mensagem acima referida foi elaborada pelo Ministro de Estado das Relações Exteriores, Celso L. N. Amorim, nos seguintes termos: "1. Elevo à consideração de Vossa Excelência o anexo projeto de mensagem pela qual se submete ao referendo do Congresso Nacional o texto da Convenção sobre Cooperação Internacional e Proteção de Crianças e Adolescentes em Matéria de Adoção Internacional, celebrada em Haia, em 29 de maio de 1993, durante a XVII Sessão da Conferência de Haia sobre Direito Internacional Privado. 2. O referido instrumento foi assinado, naquela data, pelo Brasil, Costa Rica, México e Romênia. Uma vez ratificada por três países – nos termos de seu art. 46 – entrará em vigor, no primeiro dia do mês seguinte à expiração de um período de três meses após o depósito do terceiro instrumento de ratificação. Em data posterior, firmaram a Convenção a Colômbia e o Uruguai. 3. Em suas linhas gerais, a Convenção em tela não oferece qualquer conflito com a Lei 8.069/90, de 13.7.90 (Estatuto da Criança e do Adolescente). Até mesmo um hipotético conflito entre as disposições da Convenção e a lei interna do país signatário não configuraria impasse jurídico, uma vez que a Convenção não derroga a lei aplicável do Estado de origem, no que se refere à adoção (art. 28). 4. A Convenção respeita, por um lado, no plano jurídico internacional, uma ampla tradição que leva em conta desde a proteção especial à infância anunciada na Declaração de Genebra de 1924, passando no continente americano, pela uniformização de regras de Direito Internacional Privado propiciada pelo Código Bustamante de 1928 (que dava acolhida à lei nacional do adotante e do adotado, para regular o instituto da adoção e seus efeitos). 5. Também a Declaração Universal dos Direitos do Homem, de 1948, ao contemplar a proteção à infância, a Declaração dos Direitos da Criança de 1959, o Pacto de San Jose da Costa Rica, de 1969, e, mais recentemente, a Convenção Interamericana sobre Conflitos de Leis em Matéria de Adoção de Menores, celebrada em La Paz, em 24 de maio de 1984, sedimentam um novo enfoque jurídico internacional que, progressivamente, representa o desapego ao princípio do *jus sanguinis*, passando a levar em consideração os direitos humanos e o direito humanitário, sem descurar da precaução que demanda o tráfico internacional de menores. 6. A inovação jurídica que a presente Convenção apresenta, em um primeiro momento, diz respeito ao estabelecimento de uma sistemática de cooperação internacional entre *Autoridades Centrais* (Capítulo III, artigos 6º a 13) que funcionaria como uma espécie de 'pólo controlador da lisura do processo de adoção' (para utilizar expressão de uma especialista brasileira na matéria, da UFRS). 7. O conceito de centralização proposto na nova Convenção não é estranho à legislação brasileira, uma vez que o próprio texto do Estatuto da Criança e do Adolescente, em seu artigo 52, prevê a criação de 'Comissões Estaduais Judiciárias de Adoção' (CEJAs), às quais compete 'manter registro centralizado de interessados estrangeiros em adoção' (parágrafo único). 8. Caberá a cada país signatário da Convenção 'designar uma autoridade central' (art. 6º), o que significa não ser necessária sua criação conforme assinala o Dr. M. C. Parra Araguran em seu relatório ao Anteprojeto da Convenção em tela. Segundo ainda o Relator, há países em que 'já existe um organismo administrativo desempenhando o papel de autoridade central na adoção internacional; em outros países, um departamento ou divisão de um Ministério pode ser designado para tal finalidade' (pp. 94-95 do referido Relatório). 9. Dois outros conceitos acolhidos no texto da Convenção e já presentes no Estatuto da Criança e do Adolescente de 1990 estão a corroborar a harmonia entre ambos, no que concerne a suas linhas principais: a) o conceito de que a colocação em família substituta estrangeira constitui medida excepcional (art. 31 do Estatuto) está plenamente assimilado no art. 4, alínea B, da Convenção, que estabelece que as adoções internacionais somente terão lugar se as autoridades competentes do lugar de origem assim o determinarem, 'após haver examinado as possibilidades de colocação da criança dentro do Estado de origem', o que significa prioridade à adoção nacional; b) o conceito de que deva sempre ser levado em conta, numa adoção internacional, o 'interesse superior da criança', estabelecido já no art. 1, alínea A, da Convenção se coaduna com o art. 43 do Estatuto, que estipula que a adoção será deferida 'quando apresentar mais vantagens para o adotando'. 10. Caberia, por fim, assinalar que a presente Convenção representa um avanço jurídico, em relação à 'Convenção de Haia sobre Lei Aplicável, Jurisdição e Reconhecimento em Matéria de Adoção', de 1965 (destinada, basicamente, às adoções de crianças dentro do continente europeu), e a própria Convenção Interamericana de 1984, uma vez que configura uma superação do método conflitualista – tendente à regulamentação de conflitos de leis entre Estados soberanos – em favor da regulamentação e da unificação de regras e princípios[6] fundamentais para a adoção internacional. Ademais, amplia e complementa a Convenção das Nações Unidas sobre os Direitos da Criança, de 1989, quando explicita os dispositivos relativos à questão da adoção internacional, intencionalmente redigidos de forma genérica, uma vez que já se encontravam em andamento os trabalhos de elaboração da presente Convenção, especificamente dirigida à matéria da adoção internacional".

A Convenção entrou em vigor, em âmbito internacional, em 1º de maio de 1995. O Governo brasileiro depositou o Instrumento de Ratificação da referida Convenção em 10 de março de 1999, passando a vigorar em 1º de julho do mesmo ano, conforme o disposto no § 2º de seu art. 46.

Com a ratificação da Convenção de Haia referente à Adoção Internacional, o Brasil assume uma posição de vanguarda em relação aos demais Países signatários, demonstrando que suas diretrizes caminham em direção à proteção dos direitos da criança e do adolescente.

No âmbito da discussão mais direcionada aos magistrados e promotores de justiça, com assento nas Varas de Família e de Crianças e Adolescentes, surgiu intensa preocupação da Associação Internacional de Juízes de Menores e de Família, quando, na cidade do Rio de Janeiro, Brasil, entre os dias 24 a 29 de setembro de 1986, iniciou, no XII Congresso da entidade, grande debate sobre o tema da adoção internacional.

O tema geral do encontro foi "O Menor separado de sua Família" e, em relação à adoção, aprovaram-se quatro recomendações: "1. Toda adoção, nacional ou internacional, deve ser judicialmente controlada,

---

6. Clóvis Beviláqua, *Código Civil dos Estados Unidos do Brasil Comentado*, obs. 1 ao art. 1º da Lei de Introdução ao Código Civil.

desde o momento da guarda e concedida por decisão judicial. Quando se tratar de Adoção Internacional, o Juiz ou Tribunal poderão contar com a colaboração de instituições especializadas públicas ou privadas, devendo estas últimas ter o reconhecimento, autorização e controle dos países envolvidos. Os Estados deverão estabelecer, por convenções bilaterais uma comunicação direta entre as autoridades judiciárias no curso do procedimento da adoção. 2. A Adoção Internacional deve ser utilizada somente após o esgotamento de todas as possibilidades de manter a criança em sua própria família ou em uma nova família em seu país de origem. 3. O Congresso recomenda que a formação de magistrados, advogados, assistentes sociais, psicólogos e sociólogos inclua matéria relativa à adoção, numa perspectiva inter-disciplinar que abranja todos os aspectos técnicos dessas especialidades. 4. O Congresso recomenda a todos os Governos aderirem à Convenção Interamericana sobre os conflitos de leis em matéria de Adoção de Menores, firmada em La Paz, Bolívia, a 24.5.1984, na 3ª Conferência Interamericana de Direito Internacional Privado (CIDIP III), respeitadas as reservas de cada Estado signatário".

Na reunião seguinte, agora em Turim, na Itália, entre os dias 16 a 21 de setembro de 1990, no âmbito do XIII Congresso, a Associação Internacional de Juízes de Menores e de Família voltou a discutir o assunto com mais singularidade.

A Seção II das Recomendações do Congresso de Turim aborda, especificamente, o tema da "Adoção Internacional e Famílias Multi-culturais". Foram cinco as conclusões: "1. Todas as crianças devem ter o direito de crescer em seu próprio país, no seio de sua família; a adoção internacional só deve ter lugar quando não possa ser respeitado este direito fundamental. 2. A adoção nacional nos países de origem deve ser estimulada. 3. A adoção internacional deve processar-se por organismos profissionais controlados pela autoridade pública. 4. Deve ser favorecida a coordenação entre os governos dos países de origem e de acolhida para que se fortaleça a autoridade competente e a luta contra o tráfico de crianças. 5. A criança deve ser informada do fato de ter sido adotada e ter acesso a todas as informações relativas à sua origem".

2.3 O conflito de leis no tempo e no espaço

Clóvis Beviláqua define lei como uma "regra geral que, emanada de autoridade competente, é imposta, coativamente, à obediência de todos". Para Ruggiero-Maroi, lei é a "norma imposta pelo Estado e tornada obrigatória na sua observância".⁷ Washington de Barros Monteiro prefere conceituar a lei como um "preceito comun e obrigatório, emanado do poder competente e provido de sanção".⁸ Caio Mário da Silva Pereira define-a "como uma regra obrigatória e, em sentido lato, exprime qualquer imposição à obediência individual; em sentido restrito, a norma geral e permanente e ditada pela autoridade soberana e dirigida coativamente à obediência dos cidadãos".⁹ Segundo Planiol, "lei é a regra social obrigatória estabelecida de modo permanente pela autoridade pública e sancionada pela força".¹⁰

Os mais antigos, como Santo Tomás de Aquino, consideravam a *lei* como *rationis ordinatio ad bonum commune ab eo qui curam communitatis habet, solemniter promulgata*. Para Papiano, *lex est commune praeceptum*. A Lei das Sete Partidas (Lei 4ª, I, 1a) assim se referia à amplitude da lei: *ley tanto quiere decir como leyenda en que yace enseñamiento e castigo, escripto que liga e apremia la vida del home que non faga mal, e enseña el bien que el home deue facer e usar, e otrosí es dicha lei porque todos los mandamientos della deuen ser leales, e derechos, e complidos según Dios, e según justicia*.

Quem determina as condições de vigência das leis brasileiras é a Lei de Introdução ao Código Civil – LICC (Decreto-lei 4.657, de 4.9.42). Dispõe o artigo 1º da Lei de Introdução:

"Salvo disposição em contrário, a lei começa a vigorar em todo o país quarenta e cinco dias depois de oficialmente publicada.

"§ 1º. Nos Estados estrangeiros, a obrigatoriedade da lei brasileira, quando admitida, se inicia três meses depois de oficialmente publicada."

Sem proporcionar interferências à soberania nacional, a aceitação do Direito estrangeiro deve ser considerado quando surgir uma real necessidade de segurança nas relações jurídicas entre pessoas.

Quando há conflitos jurídicos entre normas de países diferentes, recorre-se às normas de Direito Internacional Privado, que, na concepção de Arnoldo Wald, "são aquelas que compõem os conflitos entre sistemas jurídicos, regulando, assim, a aplicação, num determinado país, do Direito estrangeiro. Não são normas de conduta e, por este motivo, não as incluímos no campo do Direito Privado. São chamadas *normas de colisão*, normas que compõem os conflitos entre diversas normas". Mais adiante, o Prof. Wald explica que "há, assim, certo para-

---

7. *Istituzioni di Diritto Privatto*, 1-2.
8. *Curso de Direito Civil*. v. I/13.
9. Antônio Chaves, *Tratado de Direito Civil – Parte Geral 1*, t. I/31.
10. Idem, ibidem

lelismo entre o Direito Intertemporal, que resolve os conflitos de lei no tempo e o Direito Internacional Privado, que resolve os conflitos de lei no espaço, podendo haver conflito de normas de dois Estados soberanos ou mesmo dentro de um mesmo Estado soberano, entre diversos sistemas jurídicos (Ex.: Estados Unidos da América)".[11]

Se as normas de um país podem ter eficácia fora de seu território, serão regidas, justamente, pelo princípio norteador que consagra a independência e a soberania das nações.

Assim, completa é a definição de Direito Internacional Privado proposta por Bustamante: "é o conjunto de princípios que determina os limites no espaço da competência legislativa dos Estados, quando têm de aplicá-la às relações jurídicas que podem ser submetidas a mais de uma legislação".

De qualquer maneira, não poderá haver ingerência ou interferência de lei estrangeira em nosso País quando ferir a soberania nacional. Disposição nesse sentido vem gravada no art. 17 da Lei de Introdução ao Código Civil: "As leis, atos e sentenças de outro país, bem como quaisquer declarações de vontade, não terão eficácia no Brasil, quando ofenderem a soberania nacional, a ordem pública e os bons costumes".

Todavia, não haverá problemas quanto à vulnerabilidade da soberania nacional se as legislações permitirem ou autorizarem a aplicação de lei estrangeira em seu território. A própria Lei de Introdução ao Código Civil prevê essa possibilidade no art. 9º, o que vale dizer que, para reger os negócios jurídicos realizados no estrangeiro, a lei brasileira permite e concorda com a aplicação da norma estrangeira.

As normas de Direito Internacional Privado obedecem a certos critérios para permitir que uma lei seja aplicável ou não em determinados países. Geralmente, se há conflito de normas internacionais, ele é resolvido pela *lex fori,* ou *lei do foro* perante o qual o litígio vai ser apresentado. É possível, também, aplicar a *lei da nacionalidade* ou lei nacional da pessoa *(jus sanguinis),* a *lei do domicílio (jus soli* – este é o sistema adotado pelo Brasil, no art. 12 da Constituição Federal e art. 7º, da LICC), e a *lei da situação da coisa (lex rei sitae)* e a *lei do lugar em que se processou o ato jurídico (locus regit actum).*

Além desses critérios, os Estados podem escolher, livremente, o sistema jurídico que optarem para reger seus negócios.

Os conflitos gerados pela lei no espaço (do domicílio, da nacionalidade etc.) apresentam dois aspectos importantes: o *conflito positivo* e

---

11. Arnoldo Wald. *Curso de Direito Civil Brasileiro – Introdução e Parte Geral,* v. I/93.

o *conflito negativo*. Arnoldo Wald classifica os *positivos* como sendo aqueles conflitos surgidos "entre duas leis igualmente competentes para dirimir um litígio"; os *negativos*, para o tratadista são aqueles apresentados "por duas leis que se consideram igualmente incompetentes para compor o litígio entre as partes".[12]

Essas breves considerações a respeito da dinâmica conflitual das normas de Direito Internacional Privado são importantes para o ajustamento das leis que disciplinam a adoção transnacional.

A Lei de Introdução ao Código Civil brasileiro optou pela *lei do domicílio*,[13] conforme dispõe o artigo 7º: "A lei do país em que for domiciliada a pessoa determina as regras sobre o começo e o fim da personalidade, o nome, a capacidade e os direitos de família".[14]

Por outro lado, o Estatuto da Criança e do Adolescente fixou critério diverso de aplicação das leis, no § 1º do art. 51: "O candidato deverá comprovar, mediante documento expedido pela autoridade competente do respectivo *domicílio*, estar devidamente habilitado à adoção, consoante *as leis do seu país*, bem como apresentar estudo psicossocial elaborado por agência especializada e credenciada no país de origem".

Vê-se, pela análise do art. 7º, da LICC e do § 1º do art. 51 do ECA, que os requisitos essenciais para a adoção devem ser cumpridos, tendo como norma reguladora aquela do país de origem do adotante e do adotado. Ou seja, o interessado estrangeiro deverá apresentar comprovante de que está habilitado à adoção conforme a legislação de seu

---

12. Ob. cit., v. I/95.
13. Através do Decreto 18.871, de 13.8.29, o Brasil promulgou a Convenção de Direito Internacional Privado de Havana (realizada em 1928). Este decreto promulgou o conhecido *Código Bustamante*, que constitui o mais importante Código de Direito Internacional Privado da América, estando em vigor nos seguintes países: Bolívia, Brasil, Chile, Costa Rica, Cuba, Equador, Guatemala, Haiti, Honduras, Nicarágua, Panamá, Peru, República Dominicana, Salvador e Venezuela.
14. O *Código Bustamante* assim dispõe:
"Art. 3º. Para o exercício dos direitos civis e para o gozo das garantias individuais idênticas, as leis e regras vigentes em cada Estado contratante consideram-se divididas nas três categorias seguintes: I – As que se aplicam às pessoas em virtude do seu domicílio ou da sua nacionalidade, ainda que se mudem para outro país – denominadas pessoais ou de ordem pública interna; II – As que obrigam por igual a todos os que residem no território, sejam ou não nacionais – denominadas territoriais locais, ou de ordem pública internacional; III – As que se aplicam somente mediante a expressão, a interpretação ou a presunção da vontade das partes ou de algumas delas – denominadas voluntárias, supletórias ou de ordem privada.
"Art. 4º. Os preceitos constitucionais são de ordem pública internacional.
"Art. 5º. Todas as regras de proteção individual e coletiva, estabelecidas pelo Direito Político e pelo Administrativo, são também de ordem pública internacional, salvo o caso de que nelas expressamente se disponha o contrário."

país, que é a do seu domicílio, a sua lei pessoal e, também, verificará qual é a legislação do país do adotando.

De qualquer maneira, se a lei estrangeira for manifestamente contrária à ordem pública ou ofensiva aos interesses da criança e do adolescente, ficará vedada sua aplicação em território brasileiro.

O Código Bustamante, escrito em 1928, já arrolava, no artigo 73, "que a capacidade para adotar e as condições e limitações para a adoção ficam sujeitas à lei pessoal de cada um dos interessados".

O Código Civil espanhol dispõe, no art. 9º: "1. La Ley personal correspondiente a las personas físicas es la determinada por su nacionalidad. Dicha ley regirá la capacidad y el estado civil, los derechos y deberes de familia y la sucesión por causa de muerte. El cambio de ley personal no afectará a la mayoría de edad adquirida de conformidad con la ley personal anterior. (...) 4. El carácter y contenido de la filiación, incluida la adoptiva, y las relaciones paternofiliales, se regerán por la Ley personal del hijo. 5. La adopción constituida por Juez español se regirá, en cuanto a los requisitos, por lo dispuesto en la Ley española. No obstante, deberá observarse la Ley nacional del adoptando en lo que se refire a su capacidad y consentimientos necesarios: a) si tuviera su residencia habitual fuera de España; b) aunque resida en España, si no adquire, en virtud de la adopción, la nacionalidad española. A petición del adoptante o del Ministerio Fiscal, el Juez, en interés del adoptando, podrá exigir, además, los consentimientos, audiencias o autorizaciones requeridas por la Ley nacional o por la Ley de la residencia habitual del adoptante o del adoptando".

Em relação ao *consentimento* do adotando, dispõe o Código acima mencionado: "En la adopción constituida por la competente autoridad extranjera, la Ley del adoptando regirá en cuanto a capacidad y consentimiento necesarios. Los consentimientos exigidos por tal Ley podrán prestarse ante una autoridad del país en que se inició la constitución o, posteriormente, ante cualquier otra autoridad competente. En su caso, para la adopción de un español, será necesario el consentimiento de la entidad pública correspondiente a la última residencia del adoptando en España".

Já o Código Civil italiano, ao reportar-se sobre a lei reguladora das relações entre pais e filhos, gravou, no art. 20 a seguinte norma: "20. I rapporti tra genitori e figli sono regolati dalla legge nazionale del padre ovvero da quella della madre se soltanto la maternità è accertata o se soltanto la madre ha legittimato il figlio. I rapporti tra adottante e adottato sono regolati dalla legge nazionale dell'adottante al tempo dell'adozione".

O Código Civil português elegeu, no art. 60, a lei pessoal do adotante para a constituição da filiação adotiva.

Na Bélgica, o artigo 343 do Código Civil estabelece que "quando o adotado tiver menos de 15 anos, as regras aplicáveis são: a) a admissibilidade e as condições de fundo da filiação adotiva entre estrangeiros ou entre belgas e estrangeiros são regidas pelo estatuto pessoal do adotante".

Na Noruega, os §§ 17 a 25 determinam as questões sobre o conflito de leis em matéria de adoção, sintetizando, no § 18 que "o requerimento de adoção deverá ser decidido de acordo com a lei norueguesa".

Na América Latina encontramos os artigos 32 e 33 da Lei argentina de Adoções, que prescrevem:

"Art. 32. La situación jurídica, los derechos y deberes de adoptantes y adoptados entre sí, se regirán por la ley del domicilio del adoptado al tiempo de la adopción, cuando ésta hubiere sido conferida en el extranjero.

"Art. 33. La adopción concedida en el extranjero de conformidad a la ley de domicilio del adoptado, podrá transformarse en el régimen de la adopción plena establecida en la presente ley, acreditándose dicho vínculo y prestando su consentimiento los adoptantes y los adoptados, quienes deberán ser mayores de edad."

No Chile, a Lei 18.703, de 10.5.88, estabelece, no art. 26, que: "Será competente para conocer del juicio de adopción plena el juez de letras de menores del domicilio de los adoptantes".

Outro importante instrumento normativo sobre o conflito de leis, especialmente elaborado para disciplinar as adoções internacionais, é a Convenção Interamericana sobre Conflito de Leis em matéria de Adoções de Menores, concluída em 24 de maio de 1984, na cidade de La Paz. O texto dessa Convenção foi firmado pelo Brasil, mas ainda não foi submetido à apreciação do Congresso Nacional para ratificação.

Dispõe o artigo 4 da Convenção: "La ley del domicilio del adoptante (o adoptantes) regirá: a) la capacidad para ser adoptante; b) los requisitos de edad y estado civil del adoptante; c) el consentimiento del cónyuge del adoptante, si fuere el caso; y d) los demás requisitos para ser adoptante. En el supuesto de que los requisitos de la ley del adoptante (o adoptantes) sean manifiestamente menos estrictos a los señalados por la ley de la residencia habitual del adoptado, regirá la ley de éste".

Ao comentar este artigo, a Professora Vera Maria Barreira Jatahy assim se expressou: "A Convenção Interamericana, desta forma, prevê expressamente o afastamento da lei estrangeira do adotante, em princípio aplicável segundo o critério distributivo que estabeleceu, quando esta se apresentar como ofensa à ordem pública do foro. A diferença entre a aplicação cumulativa das leis em confronto e a aplicação distributiva prevista nos termos da Convenção é que só virá a ser observada a lei local, a lei do foro, residência do adotado, quando as condições impostas pela lei do adotante forem 'manifestamente' menos restritivas. Isto significa que examinada a legislação estrangeira no caso concreto, verificando a autoridade que preside a adoção que as condições desta lei ameaçam a proteção ao menor, deixará de aplicá-la invocando o princípio da ordem pública".[15]

Pelas explicações apresentadas, em consonância com o disposto no art. 7º da LICC, no § 1º do art. 51 do ECA e no art. 4 da Convenção Interamericana, torna-se claro que a lei que regerá a adoção será aquela do domicílio do adotante e do adotado. Também será a lei do país do adotante que determinará se ele tem ou não *capacidade para adotar;* de igual modo, a lei do país do adotado será invocada para definir sua *capacidade para ser adotado.*

A lei do domicílio não é a única a reger a adoção internacional. Embora não seja comum, a *lei pessoal* do adotado[16] pode ser invocada para definir o critério do conflito. Aqueles que aderiram a esse posicionamento fundamentam sua relevância na alegação de que ela é mais benéfica para o adotado.

Essa posição está, hoje, praticamente absorvida pela filosofia comum que serve de parâmetro para orientar a regulamentação da adoção – cujos interesses das crianças são sempre superiores – nos diversos textos legais dos países. É verdade, também, que a discussão sobre o conflito de leis pessoais perde um pouco seu vigor, uma vez que o problema é analisado de forma a conduzir a competência para o campo internacional.

J. M. Bischoff informa que a Austrália, a Finlândia, a Itália, a Nova Zelândia, o Reino Unido, a Suíça, e a Suécia estabelecem a competên-

---

15. "A adoção internacional: o Direito Comparado e as normas estatutárias", in *Estatuto da Criança e do Adolescente – Estudos Sócio-Jurídicos*, p. 191.
16. Dispõe o art. 60 do Código Civil português (Decreto-lei 47.344, de 25.11.66): "1. À constituição da filiação adotiva é aplicável a lei pessoal do adotante, sem prejuízo do disposto no número seguinte. 2. Se a adoção for realizada por marido e mulher ou o adotando for filho do cônjuge do adotante, é competente a lei nacional comum dos cônjuges e, na falta desta, a lei da sua residência habitual comum; se também esta faltar, será aplicável a lei do país com o qual a vida familiar dos adotantes se ache mais estreitamente conexa. 3. As relações entre adotante e adotado, e entre este e a família de origem, estão sujeitas à lei pessoal do adotante; no caso previsto no número anterior é aplicável o disposto no art. 57. 4. Se a lei competente para regular as relações entre o adotando e os seus progenitores não conhecer o instituto da adoção, ou não o admitir em relação a quem se encontre na situação familiar do adotando, a adoção não é permitida".

cia em função do domicílio ou residência do adotante no país. A Argentina preferiu optar pela competência da residência habitual do menor e aplica a lei do foro.[17]

As divergências nos critérios de fixação da competência no âmbito internacional, na lição atualizada da Professora Vera Maria Barreira Jatahy, podem "acarretar o não reconhecimento no foro de uma adoção que se processou no estrangeiro, impedindo, inclusive, a criança em situação irregular de permanecer no território do país. Em outros casos, pode ainda determinar a necessidade de se proceder a uma nova adoção no país onde irão residir os adotantes com o menor.

"A problemática da competência internacional foi a que prevaleceu para a solução da Adoção Internacional na Convenção de Haia de 1965, dispondo ela sobre a competência das autoridades, lei aplicável e reconhecimento das decisões em matéria de adoção.

"A Convenção de Haia, após estabelecer os critérios de competência pela residência habitual ou nacionalidade do adotante (art. 3º), eliminou a questão do conflito entre leis do adotante e do adotado pela aplicação pura e simples da *lex fori*, lei do tribunal indicado pelas regras de competência internacional."[18]

Finalmente, o Direito Internacional Privado estabeleceu várias maneiras de resolver o problema gerado pelo conflito entre a lei pessoal do adotado e a lei pessoal do adotante: a) aplicação conjunta e cumulativa (critério que determina que todos os requisitos e condições das leis do adotante e adotado sejam observados) das leis conflitantes; b) aplicação e vigência distributiva (critério de repartição que respeita os requisitos da lei do adotante no que diz respeito às condições para adotar e a lei do adotado no que concerne às suas condições pessoais) destas leis; c) exclusividade da utilização da lei do adotado; d) exclusividade da lei do adotante; e) escolha da lei do foro.

Todas essas teorias devem ser aplicadas considerando, sempre dois fatores importantes: a) a proteção dos superiores interesses da criança e do adolescente; b) a aplicação da legislação sobre adoção do país de origem e de acolhimento, com a irrestrita observância dos princípios do Direito Privado e Internacional. Essa é a orientação que tem servido de base para as legislações e convenções internacionais sobre o conflito de leis em matéria de adoção.[19]

17. "L'Adoption Internationale", XIIIe. *Congrès International de Droit Comparé*, Rapport Général, p. 9.
18. Vera Maria Barreira Jutahy, ob. cit., p. 192.
19. Cf. H. Batiffol e Lagarde, *Droit International Privé*, t. II/101-102; Lerebours-Piggeonnière e Y. Loussouarn, *Droit International Privé*, p. 620; Carlos Alberto Lazcano, *Derecho Internacional Privado*, p. 332, et alii.

Em 1973, na cidade de Roma, o Instituto de Direito Internacional aprovou uma Resolução sobre o conflito de leis na adoção internacional. Esse documento indica que "é a lei pessoal do adotante que rege de um lado, as relações entre este, os membros de sua família e o adotado e as relações deste último com os pais de sangue e membros da família (art. 10, 'a')". No art. 2º, continua o texto: "Se a adoção é realizada por um casal, a lei aplicável é a que rege as relações entre marido e mulher e filhos legítimos".

Todavia, o texto é claro ao impedir a aplicação de qualquer lei que seja manifestamente contrária à ordem pública e prejudicial aos interesses da criança.

3
FAMÍLIA: UM DIREITO PESSOAL E INALIENÁVEL DA CRIANÇA

3.1 Toda criança tem direito de ser criada em uma família. 3.2 A excepcionalidade da colocação em família (estrangeira) substituta ou alternativa. 3.3 A igualdade na identificação da filiação. 3.4 O exercício do poder familiar. Procedimento contraditório. 3.5 Deveres dos pais naturais e adotivos. 3.6 Motivos que não autorizam a colocação de criança ou adolescente em família substituta. 3.7 A manifestação da criança e do adolescente no processo de adoção.

3.1 Toda criança tem direito de ser criada em uma família

Antes da vigência da atual Constituição, as leis brasileiras que tinham como objetivo a proteção dos direitos da criança e do adolescente, no que se referia à sua permanência no contexto familiar, eram efêmeras e inconseqüentes.

No âmbito internacional, a preocupação já é antiga e o texto mais importante relacionado à obrigatoriedade de manutenção do vínculo familiar é o contemplado pelas Nações Unidas na *Declaração dos Direitos da Criança,* de novembro de 1959, quando afirma no Sexto Princípio: "Para o desenvolvimento completo e harmonioso de sua personalidade, a criança precisa de amor e compreensão. Criar-se-á, sempre que possível, aos cuidados e sob a responsabilidade dos pais, e em qualquer hipótese, num ambiente de afeto e de segurança moral e material; salvo circunstâncias excepcionais, a criança de tenra idade não será apartada da mãe. À sociedade e às autoridades públicas caberá a obrigação de propiciar cuidados especiais às crianças sem família e àquelas que carecem de meios adequados de subsistência. É desejável a prestação de ajuda oficial e de outra natureza em prol da manutenção dos filhos de famílias numerosas".

Comentando esse princípio, Eugenia Scabini faz uma análise psicológica sobre a atenção e os cuidados com as crianças: "Innanzitutto si deve osservare che la 'cura', come del resto esplicita lo stesso testo della Dichiarazione, riguarda la dimensione dei fatti, che comprende e supera il livello dei sentimenti. Non ciò che si 'dice' al bambino, o ciò che si 'prova' per lui è determinante, ma l'affettiva costruzione di un contesto di relazioni che renda possibile per il bambino l'affermarsi e il permanere della fiducia di base, cioè di un atteggiamento 'spontaneo' di apertura e di cordialità verso la realtà esterna, in particolare verso le relazioni sociali. In realtà, nel prendersi cura della generazione successiva, i genitori 'bilanciano' i debiti di lealtà contratti quando erano a loro volta bisognosi di 'cura' da parte dei propri genitori. È dunque in una trama intergenerazionale che il bambino viene accolto, e per la sua estessa nascita si colloca in una 'storia' familiare, che gli dona insieme di appartenere ad un contesto di relazioni e di partecipare ad un orizzonte comune di senso".[1]

No XII Congresso da Associação Internacional de Juízes de Menores e de Família, realizado no Rio de Janeiro, em 1986, uma conclusão importante foi recomendada: "A adoção internacional deve ser utilizada somente após o esgotamento de todas as possibilidades de manter a criança em sua própria família ou em uma nova família em seu país de origem".

No XIII Congresso da mesma Associação, realizado em 1990, em Turim, a conclusão-recomendação foi a seguinte: "Todas as crianças têm o direito de crescer no seu próprio país, no seio de sua família. A adoção internacional deve ocorrer apenas quando este direito fundamental não puder ser respeitado".

A Convenção de Nova York, de 26.1.90, estabeleceu no art. 9º, n. 1, que: "Os Estados-Partes deverão zelar para que a criança não seja separada dos pais contra a vontade dos mesmos, exceto quando, sujeita a revisão judicial, as autoridades competentes determinarem, em conformidade com a lei e os procedimentos legais cabíveis, que tal separação é necessária ao interesse maior da criança (...)".

O Prólogo da Convenção de Haia realizada em 29.5.93 relativa à proteção da criança e à cooperação em matéria de adoção internacional, recomenda: "Recordando que cada Estado debería tomar, con carácter prioritario, medidas adecuadas que permitan mantener al niño en su familia de origen (...)".

Com o crescente movimento popular de proteção dos interesses da criança e do adolescente, a Constituição Federal consagrou em duas oportunidades a necessidade da prevenção do desfacelamento da família. A primeira é no § 8º, do art. 226, que dispõe: "O Estado assegurará a assistência à família na pessoa de cada um dos que a integram, criando mecanismos para coibir a violência no âmbito de suas relações".

1. "L'importanza della famiglia nella crescita psicologica del bambino", in *Il Foglio*, 32/12.

A segunda, vem logo após, no art. 227: "É dever da família, da sociedade e do Estado assegurar à criança e ao adolescente, com absoluta prioridade, o direito à vida, à saúde, à alimentação, à educação, ao lazer, à profissionalização, à cultura, à dignidade, ao respeito, à liberdade e à convivência familiar e comunitária, além de colocá-los a salvo de toda forma de negligência, discriminação, exploração, violência, crueldade e opressão".

Com esse espírito, o Estatuto da Criança e do Adolescente regulamentou a norma constitucional acima mencionada, através do artigo 19, que dispõe: "Toda criança ou adolescente tem direito a ser criado e educado no seio de sua família e, excepcionalmente, em família substituta, assegurada a convivência familiar e comunitária, em ambiente livre da presença de pessoas dependentes de substâncias entorpecentes".

Dispositivo semelhante é encontrado na *Legge n. 184*, que regula a adoção na Itália: "1. Il minore ha diritto di essere educato nell'ambito della propria famiglia".

Esse tema já era uma preocupação dos povos babilônicos, sistematizado pelo Código de Hamurabi (1728-1686 a.C.): "106. Antes que um homem possa adotar uma criança abandonada deverá antes procurar encontrar seus pais e se os encontrar, deverá entregar-lhes o filho".

O fato de a criança permanecer em sua família de origem foi erigido a *direito fundamental* pelo texto constitucional acima referido. Quando o direito é colocado nessa condição, significa que ele é a base para o desenvolvimento e aperfeiçoamento de alguma situação. Nesse caso, o interesse tutelado é o da criança, cujo vínculo familiar se quer assegurar.

Na verdade, o direito da criança de viver em contato perene e pleno com sua família biológica nada mais é do que a representação pura e simples de um direito natural. As leis, representativas do Direito Positivo, têm a obrigação de preservar, de maneira incontestável, a manutenção desse vínculo.

Em 22.1.89, Jacques Leclerq, em artigo no jornal *O Estado de São Paulo*, tendo como título "A Família", escreveu: "Não existe outra instituição tão próxima da natureza. Sociedade simples assente do modo mais imediato em institutos primordiais, a família nasce espontaneamente pelo simples desenvolvimento da vida humana (...). A família deve não somente fazer nascer filhos mas formá-los; de modo a permitir-lhes tornarem-se homens em toda a acepção do termo, para que por sua vez participem ativa e pessoalmente no processo psíquico de humanidade".

Não se pode negar que é no seio da família que toda pessoa desenvolve e completa o ciclo de socialização; por ele, aprende a adquirir os valores sociais e a navegar entre as diferenças de comportamento.

O espaço familiar é, por excelência, o foro especializado que desenvolve os valores da criança, orientando-a para a dura batalha de resolver seus próprios problemas e enfrentar as dificuldades do dia-a-dia. Uma instituição de amparo à criança não tem condições de oferecer-lhe esse direcionamento, já que não pode realizar esse intercâmbio afetivo, próprio das famílias.

É na família que a criança aprende o sentido da liberdade; é nela que se aprende e se inicia a atividade laborativa; é nela o ambiente em que se inicia e termina o ciclo de desenvolvimento do ser humano; é nela onde o ser humano se sente protegido e se apóia para percorrer o caminho que o leva a integrar-se na sociedade e no mundo.

Ser *criado* e *educado* em sua família é *direito fundamental* de toda criança. Em decorrência disso, é elementar que os integrantes da família estejam incluídos num planejamento familiar, onde foram, mesmo antes de nascerem, desejados e amados.

A garantia da certeza de a criança ter uma família está prevista na legislação brasileira, firme nos arts. 203, I, 226, § 6º, 227 e 229 da Constituição Federal; no Estatuto da Criança e do Adolescente a garantia vem expressa nos artigos 3º, 4º, 5º e 19 a 52.

"Não se pode perder de vista que a família é a primeira instituição a ser convocada para satisfazer as necessidades básicas da criança, incumbindo aos pais a responsabilidade pela sua formação, orientação e acompanhamento. Como núcleo principal da sociedade, a família deve receber imprescindível tratamento tutelar para proteger sua constituição, pois é no lar que a criança irá receber a melhor preparação para a vida adulta. À evidência, se os pais não forem orientados e preparados, serão poucas as possibilidades de se proporcionar às crianças e adolescentes um ambiente adequado para seu crescimento normal. Sendo o melhor ambiente para o aperfeiçoamento e crescimento infanto-juvenil, a família deve ser fortalecida, primeiro, com o respeito e moralização de sua finalidade, depois, com programas de auxílio comunitário ou governamental, que devem colaborar na reestruturação dos ideais domésticos. Caso não se verifique esse esforço de reordenamento da família, caberá a intervenção do Estado. Se os pais forem considerados os responsáveis pela ameaça ou violação dos direitos da criança ou adolescente de desenvolver, sadia e harmoniosamente, sua personalidade, também intervirá o Poder Público, para garantir esse direito de realização de sua vocação pessoal."[2]

---

2. Wilson Donizeti Liberati, *Comentários ao Estatuto da Criança e do Adolescente*, p. 127.

Hoje, a família encontra sua legitimação na sua função afetiva; a situação ideal, de fato, é o lugar onde cada um é acolhido e aceito com os seus desejos e suas peculiaridades. Isto porque é a família o lugar ideal para o desenvolvimento, por excelência, da afetividade, do amor e da atenção recíproca.

A família constitui-se, dentro de nossa sociedade, uma comunidade especial e, como disse o juiz italiano Alfredo Carlo Moro, "è per il bambino fondamentale per un inserimento nella società e per l'accettazione dei suoi rapporti e delle leggi. È essa che, meglio di ogni altra istituzione, abitua al rapporto interpersonale profondo e così insenga, non con le parole ma con l'esperienza quotidiana, a vivere il rapporto con altri".[3]

O afeto dos pais é indispensável para fazer nascer na criança o desejo de amar e de compartilhar esse amor. Essa troca de amor não só começa muito cedo, mas é, também, indispensável ao seu equilíbrio afetivo por toda a sua vida.

Existem provas científicas de que os primeiros cinco anos de vida gravam marcas profundas e indeléveis na vida da criança. Neste período, a criança inicia um processo de identificação pessoal e de diferenciação entre ela e as demais pessoas. É importante esse processo que leva à socialização da criança. Sua vida afetiva e emocional terá como parâmetro de desenvolvimento as experiências positivas ou negativas vivenciadas naquele período.

Tonizzo e Micucci complementam que "Il bambino allora orienta i suoi atti in funzione della reazione di chi lo cura, conosce le carezze e la gioia di piacere e, constatando la parte importante che egli ha nella felicità dei suoi genitori, impara ad amare. Al contrario un bambino i cui primi tentativi restano senza risposta cresce senza gioia, avvertendo di essere estraneo alla vita della madre. In sintesi, la serie di relazioni iniziali tra bambino e genitori, riuscite o fallite che siano, segnano in qualche modo l'inizio buono o cattivo della sua storia".[4]

Todavia, essa interação entre pais e filhos somente tem sentido e lugar quando a criança é, reconhecidamente, a titular de seus direitos, ou seja, é considerada *sujeito de direitos*.

A partir da nova perspectiva e doutrina da proteção integral (ECA, art. 1º: Esta Lei dispõe sobre a proteção integral à criança e ao adolescente) firmada pelo Estatuto da Criança e do Adolescente, amparada na filosofia internacional das Nações Unidas, "as crianças e jovens

---

3. Cit. por Frida Tonizzo e Donato Micucci, *Adozione Perchè e Come*, p. 9.
4. Idem, p. 6.

passam a ser *sujeitos* de direitos e deixam de ser *objetos* de medidas judiciais e procedimentos policiais, quando expostos aos efeitos da marginalização social decorrente da omissão da sociedade e do Poder Público, pela inexistência ou insuficiência das políticas sociais básicas".[5]

O Prólogo da Declaração dos Direitos da Criança enuncia: "A Assembléia Geral das Nações Unidas proclama esta Declaração dos Direitos da Criança, visando que a criança tenha uma infância feliz e possa gozar, em seu próprio benefício e no da sociedade, os direitos e as liberdades aqui enunciadas e apela a que os pais, os homens e as mulheres em sua qualidade de indivíduos, e as organizações voluntárias, as autoridades locais e os governos nacionais reconheçam esses direitos e se empenhem pela sua observância mediante medidas legislativas e de outra natureza, progressivamente instituídas, de conformidade com os seguintes princípios (...)".

Recomenda o Primeiro Princípio: "A criança gozará de todos os direitos enunciados nesta Declaração. Todas as crianças, absolutamente, sem qualquer exceção, serão credoras desses direitos, sem distinção ou discriminação, por motivo de raça, cor, sexo, língua, religião, opinião pública ou de outra natureza, origem nacional ou social, riqueza, nascimento ou qualquer outra condição, quer sua ou de sua família".

Outro não é o pensamento expressado por Tonizzo e Micucci: "Il significato più vero della adozione internazionale sta, dunque, nell'affermare, al di sopra di ogni altra classificazione, il diritto alla famiglia per qualsiasi bambino. Per porci però in modo corretto di fronte all'adozione internazionale è opportuno ricordare che occorre partire dal diritto del minore a una famiglia e non considerare prioritarie, invece, le aspirazioni degli adulti".[6]

Com propriedade, Maria Salete Nunes de Moraes, analisando a importância da família no desenvolvimento da criança, aponta que "na sociedade brasileira, por força de reflexos discriminatórios, a família não está devidamente identificada na conceituação moderna. Prevalece, ainda, a codificação de uma visão do mundo das elites dominantes, preocupadas com a legitimação, em termos legais, dos laços familiares, com a definição do poder marital e paterno, com a legitimação da prole e a regulamentação do patrimônio. Devemos ter em mente que, se existe realidade histórica da família, ela é certamente, não apenas uma realidade objetiva. O que a constitui como tal não é o registro nos livros dos cartórios. Ela transcende os registros objeti-

---

5. Wilson Donizeti Liberati, ob. cit., p. 17.
6. Ob. cit., p. 31.

vos, pois existe enquanto presença e não apenas valor. A atual legislação reconhece que a família, em suas relações de influências, em termos de instâncias microssociais, do cotidiano, das práticas e dos sentimentos, atua tanto na esfera do econômico, quanto na do cultural, sendo ainda a produtora e reprodutora da força de trabalho, desencadeando o processo de socialização. Não se pode negar ser a família a pedra fundamental da vida da humanidade na sua expressão mais rica e significativa: o centro da vida social. Entendemos que o desenvolvimento da criança está estritamente ligado à variação das condições ambientais que, de forma distinta e em diferentes combinações a cada momento, interfere em sua evolução. A convivência familiar é que vai servir de apoio à sua criatividade e ao seu comportamento produtivo. O lar e a família correspondem ao atendimento das verdadeiras necessidades pessoais, sendo a influência mais poderosa para a sua formação. O revigoramento da família e da comunidade, o resgate do exercício da cidadania, da capacidade de organização e de luta constituem a forma mais eficaz de avançarmos no processo de desenvolvimento social".[7]

Não há, pois, possibilidade de enfrentar a situação do desfacelamento familiar se não se concluir pela prioridade e necessidade de garantir à criança e ao adolescente sua permanência na família. De preferência, a família de origem.

3.2 A excepcionalidade da colocação em família (estrangeira) substituta ou alternativa

A lei estatutária inseriu no contexto normativo brasileiro um modo excepcional de garantir uma família para a criança e o adolescente. Dispõe o artigo 19 do Estatuto: "Toda criança ou adolescente tem direito a ser criado no seio de sua família e, *excepcionalmente*, em família substituta, assegurada a convivência familiar e comunitária (...)".

Em razão desta norma genérica, o próprio Estatuto disciplinou o particular, no que diz respeito à adoção transnacional. É o que contém o artigo 31: "A colocação em família substituta estrangeira constitui medida excepcional, somente admissível na modalidade de adoção".

O argumento da excepcionalidade da medida de colocação em família substituta estrangeira é forte, mas não é absoluto. A exceção deriva sempre da regra; a exceção origina-se de um princípio máximo de extensão *erga omnes*, ou seja endereçado a todos e a todos obrigando seu cumprimento. A exceção tem seu fundamento na norma geral;

---

7. *Direito a Convivência Familiar e Comunitária*, p. 7.

somente pode existir exceção se houver um preceito geral destinado a todos. A exceção não subsiste sozinha; a premissa menor não pode ditar a conclusão do raciocínio se não estiver vinculada à premissa maior.

Quando o artigo 31 excepciona a medida de colocação em família substituta estrangeira, nada mais está fazendo do que repetir a regra geral disposta no artigo 19. O mesmo tom é dado pelo parágrafo único do artigo 23: "Não existindo outro motivo que por si só autorize a decretação da medida (*suspensão ou extinção do poder familiar*), a criança ou o adolescente será mantido em sua família de origem, a qual deverá obrigatoriamente ser incluída em programas de auxílio".

Percebe-se, portanto, que *qualquer* medida de colocação em família substituta é *excepcional*, qualquer que seja a modalidade. Logo, a "excepcionalidade" está na *medida de colocação em família substituta*, não podendo, por exemplo, estender esse significado à nacionalidade do interessado; agir assim é aplicar método de interpretação da lei de modo *lato*, sem a observância e vinculação com as regras básicas de interpretação da norma.

É o que acontece com o instituto jurídico da colocação de crianças e adolescentes em famílias substitutas ou alternativas. Ele é endereçado a "todo aquele que revele compatibilidade com a natureza da medida ou ofereça ambiente familiar adequado", como cita o artigo 29 do ECA. *A contrario sensu*, não se deferirá a colocação de criança ou adolescente àqueles que não oferecerem ambiente familiar favorável ao desenvolvimento da criança, nem demonstrarem perfeita adequação à medida.

Essa é a regra e disciplina todas as modalidades de colocação em família substituta, a saber, a guarda, a tutela e a adoção. Entretanto, cada uma dessas modalidades tem sua característica definidora específica, que a distingue das demais. Uma não pode substituir as funções da outra, embora possam coexistir, como é o caso do tutor que também detém a guarda. Outras, mais abrangentes como a adoção, exigem a extinção do poder familiar, constituindo uma nova e independente relação jurídica entre as partes.

A adoção é destinada a todos aqueles que preencham os requisitos definidos no artigo 29 do Estatuto. Tanto é verdadeiro o enunciado que o § 2º do artigo 50 impede, inclusive, a inscrição no cadastro se o interessado não prencher aquelas condições, *verbis*: "Não será deferida a inscrição se o interessado não satisfizer os requisitos legais, ou verificada qualquer das hipóteses previstas no art. 29".

Quando o tema da excepcionalidade da adoção para estrangeiros vem à tona, logo perquire-se sobre a preferência de interessados nacionais. Se nacionais e estrangeiros atendem os requisitos legais para legitimarem-se à adoção, qual seria, então, a abrangência dessa excepcionalidade? Analisando o artigo 31 do Estatuto, seus argumentos não concluem, s.m.j., pela excepcionalidade da adoção para interessados estrangeiros. Diz, na verdade, que excepcional é a medida de colocação em família substituta, como já verificado acima. Entende-se, pelo enunciado legal que as medidas de colocação em família substituta nas modalidades da guarda e da tutela não poderão ser utilizadas pelos estrangeiros, somente a adoção. Ou seja, o estrangeiro somente poderá usufruir do instituto da adoção, estando-lhe vedadas a guarda e a tutela. Isso não quer dizer, absolutamente, que a lei confere preferência a este ou aquele candidato à adoção por ser nacional ou estrangeiro.

No particular, entende-se como proibido — e aí está a excepcionalidade — o fato de o estrangeiro requerer a guarda ou a tutela porque esses institutos são colocados à disposição do interessado nacional, e com finalidades totalmente diferentes. A guarda, por exemplo, não necessita da suspensão ou da extinção do poder familiar para ser concedida. Em conseqüência disso, os pais exercerão o poder familiar em conjunto com o guardião e poderão, a qualquer hora, pleitear sua modificação, nos termos do artigo 35 do ECA.

Diverso é o resultado se um estrangeiro, domiciliado fora do território brasileiro, recebe uma criança em guarda. Os genitores dessa criança, que continuam a manter os vínculos parentais, desejam visitar seu filho, ou até mesmo, requerer a revogação ou modificação da guarda. O que fazer se a criança já está residindo em país estrangeiro? Essa e outras dificuldades levaram o legislador a impedir que o estrangeiro domiciliado no exterior pudesse fazer uso da guarda de crianças ou adolescentes nacionais.

De igual modo acontece com a tutela. Este instituto é definido pelo Prof. Sílvio Rodrigues como "o conjunto de poderes e encargos conferidos pela lei a um terceiro, para que zele pela pessoa de um menor que se encontra fora do pátrio poder e lhe administre os bens. Trata-se de um encargo, de um *munus* imposto pelo Estado a alguém, com o fim de interesse público".[8]

A tutela tem como principal objetivo substituir o poder familiar perdido da criança, pelos motivos alinhados no artigo 1.728 do Código Civil, que dispõe: "Os filhos menores são postos em tutela: I – com o falecimento dos pais, ou sendo estes julgados ausentes: II – em caso de os pais decaírem do poder familiar".

8. *Direito Civil – Direito de Família*, v. 6/398.

Na verdade, a tutela teve sua origem na proteção dos bens da criança deixados por seus genitores que faleciam. Como não podia administrá-los, o Estado nomeava-lhe um tutor com a responsabilidade de substituir os pais no poder parental e na administração dos bens herdados.

Tal instituto não foi recomendado aos estrangeiros pelo legislador; preferiu ele excluí-los do rol dos legitimados à tutela, sob o argumento de que, se os bens da criança órfã estão em solo pátrio, não deveria seu administrador residir em país diverso.

Por outro lado, a lei assegurou a permanência da criança em solo brasileiro enquanto tramita o processo de adoção que tem como interessado o estrangeiro. Dispõe o § 4º do artigo 51, do ECA: "Antes de consumada a adoção não será permitida a saída do adotando do território nacional". Tal dispositivo foi colocado, justamente, para impedir a saída da criança do País sem as garantias jurídicas da adoção, de modo a assegurar, também, ao adotante, idoneidade e segurança do procedimento.

Essa é a excepcionalidade pretendida pela lei: o estrangeiro somente poderá pleitear a medida de colocação em família substituta na modalidade da adoção. A preferência de nacionais ou de estrangeiros na adoção não é o ponto mais importante. As restrições que existem em relação aos interessados estrangeiros não defluem da lei, mas do cumprimento da política de atendimento da criança apta para ser adotada. De igual modo, essa discussão não traz qualquer benefício àqueles que anseiam por uma nova família. Essas crianças não estão interessadas na nacionalidade de sua nova família; elas querem uma *nova família*.

3.3 A igualdade na identificação da filiação

A Constituição Federal de 1988 trouxe uma significativa transformação relacionada à filiação. No § 6º do artigo 227, está o comando: "Os filhos, havidos ou não da relação do casamento, ou por adoção, terão os mesmos direitos e qualificações, proibidas quisquer designações discriminatórias relativas à filiação".

O artigo 20 do Estatuto reproduziu, *ipsis litteris*, a norma constitucional acima e determinou o encerramento da discussão sobre a filiação no Direito Civil brasileiro.

O histórico da evolução em matéria de filiação é assim resumido pelo Prof. Sílvio Rodrigues:

"Ao ser promulgado o Código Civil, distinguiam-se os filhos *legítimos* e *ilegítimos*, sendo os primeiros nascidos de justas núpcias; os demais, fora do casamento. Dentre os ilegítimos havia os *naturais* e os *espúrios*. Aqueles eram os filhos de pessoas não casadas entre si, mas que não estavam impedidos de fazê-lo, por inexistir entre elas qualquer impedimento absolutamente dirimente. Espúrios eram os concebidos no adultério, ou entre parentes em grau que os proibia de se casarem. Os primeiros eram chamados adulterinos, e incestuosos os segundos. O art. 358 do Código Civil (revogado pela Lei 7.841/89) declarava que eles não podiam ser reconhecidos.

"O legislador tratava com uma certa complacência o filho natural, permitindo-lhe o reconhecimento espontâneo e o forçado (CC, art. 363; cf. arts. 1.615 e ss. do novo CC). Aliás, no mais das vezes, herdava ele tudo que seu irmão legítimo herdasse (CC, art. 1.605; cf. arts. 1.829 e ss. do novo CC). Entretanto, como vimos, o legislador discriminava impiedosamente contra o espúrio.

"A primeira tentativa de minorar a condição dos espúrios (provocada, inclusive, pela pressão da enorme quantidade de filhos de desquitados, por muitos considerados adulterinos) ocorreu com a Lei 4.732/42, ao depois substituída pela Lei 883/49.

"A Lei 883/49 trouxe várias inovações, entre as quais: a) permitiu o reconhecimento do adulterino, ou conferiu-lhe ação de investigação de paternidade após a dissolução do casamento de seu progenitor adúltero: b) concedeu-lhe metade da herança do que coubesse a seus irmãos não espúrios; c) facultou-lhe, desde logo, a propositura de ação de investigação de sua paternidade contra o progenitor adúltero apenas para o fim de obter alimentos. Nete caso, o processo correria em segredo de justiça e alimentos provisórios só seriam concedidos após sentença favorável ao adulterino na instância inicial.

"A Lei do Divórcio (Lei 6.515/77) abriu enormemente as portas da igualdade, ao proclamar a igualdade de filiação para efeito sucessório. Dizia o texto: 'Qualquer que seja a natureza da filiação, o direito à sucessão será reconhecido em igualdade de condições'.

"Note-se que a igualdade, abrangendo todos os espúrios, inclusive os incestuosos, se restringia ao campo sucessório. E mais. Dúvida importante remanesceu a respeito de haver ou não a Lei do Divórcio abrangido os filhos *adotivos*. A tese negativa sempre me pareceu a preferível, porque a Lei 6.515/77, que, em seu derradeiro dispositivo, revogou (mencionando-os) cerca de 15 artigos do Código Civil, silenciou a respeito do art. 377 desse Diploma. Ora, tal art. 377 justamente proclamava o não envolvimento de sucessão hereditária quando o adotante, no momento da adoção, já tivesse filhos legítimos. Acredito, assim, que a Lei do Divórcio não alterara esse dispositivo." [9]

---

9. *Estatuto da Criança e do Adolescente Comentado*, p. 86.

A evolução histórica da filiação no Direito brasileiro teve seu final, após longo e difícil trajeto, com a extinção e proibição de toda e qualquer discriminação sobre a filiação, consagrada no texto constitucional, no § 6º do artigo 227.

Não há, portanto, qualquer restrição de ordem legal quanto à natureza da filiação. Em resumo, o filho é filho, não importando se foi concebido na constância do casamento ou não, entre parentes ou não, ou se é fruto da adoção etc. Assim, não serão mais permitidas pela lei brasileira as expressões *filhos legítimos* e *ilegítimos, filhos naturais, filhos adulterinos, filhos incestuosos, filhos adotivos*. A filiação, agora, é sempre legítima e uma só.

Em termos de reconhecimento de paternidade, interessante foi a decisão do Supremo Tribunal Federal, em 10.11.94,[10] que concedeu *habeas corpus* ao réu J.A.G.P.M, em ação de investigação de paternidade, no sentido de garantir-lhe o direito de não ser submetido ao exame de DNA, para a comprovação da paternidade. O STF fundamentou sua decisão nos incisos II e X, do art. 5º da Constituição Federal, que dispõem, respectivamente, que "ninguém será obrigado a fazer ou deixar de fazer alguma coisa senão em virtude de lei" e "são invioláveis a intimidade, a vida privada, a honra e a imagem das pessoas, assegurado o direito a indenização pelo dano material ou moral decorrente de sua violação".

Por outro lado, a aceitação de exames mais precisos, de verificação da paternidade, está sendo acolhida, independentemente da configuração de violação dos direitos da intimidade e da intangibilidade do corpo humano, conforme este julgado: "Investigação de paternidade – Agravo – Prova – Perícia – Determinação pelo juiz, para que investigado se submeta a exame de DNA – Admissibilidade se a investigante tem dificuldades em comprovar a suposta paternidade por outros meios de prova – Decisão que não implica em ofensa à honra, à intimidade ou à vida privada, nos termos do art. 5º, X, da CF" (TJPR, Ag. Ac. 34.652, j. 14.8.98; TJRS, HC 71.373-4, j. 10.11.94).

Como ensina Maria Alice Zaratin Lotufo (2002, p. 199), "muito embora seja considerada uma prova certa e assim aceita nos tribunais, a doutrina e a jurisprudência têm se posicionado no sentido de que não se pode constranger, fisicamente, o réu a submeter-se ao referido exame, pois tal fato redundaria em desrespeito aos direitos individuais da pessoa, à sua intimidade, violando garantias constitucionais".

---

10. Notícia publicada no jornal *Folha de S. Paulo*, edição do dia 10.11.94, "Caderno Cotidiano", p. 2.

O Código Civil espanhol, ao dispor sobre a filiação, traz gravada, no art. 108 norma reguladora não tão extensiva: "La filiación puede tener lugar por naturaleza y por adopción. La filiación por naturaleza puede ser matrinonial y no matrimonial. Es matrimonial cuando el padre y madre están casados entre sí. La filiación matrimonial y la no matrimonial, sí como la adoptiva plena, surten los mismos efectos, conforme a las disposiciones de este Código".

O Código Civil suíço inscreve no art. 267 os efeitos decorrentes da filiação adotiva: "1. L'enfant acquiert le statut juridique d'un enfant de ses parents adoptifs. 2. Les liens de filiation antérieurs sont rompus, sauf à l'égard du conjoint de l'adoptant. 3. Un nouveau prénom peut être donné à l'enfant lors de l'adoption".

De igual modo, o Código Civil francês dispõe sobre a filiação, nos arts. 356 e 358: "Art. 356. L'adoption confère à l'enfant une filiation qui se substitue à sa filiation d'origine: l'adopté cesse d'appartenir à sa famille par le sang, sous réserve des prohibitions au mariage visées aux articles 161 à 164". "Art. 358. L'adopté a, dans la famile de l'adoptant, les mêmes droits et les mêmes obligations qu'un enfant légitime".

A Lei italiana de Adoções, a *Legge n. 184*, traz no art. 27: "Per effeto dell'adozione l'adottato acquista lo stato di figlio legittimo degli adottanti, dei quali assume e trasmette il cognome".

O Código Civil português trata da matéria de modo não tão extensivo: "Art. 1.986 (efeitos) 1. Pela adoção plena o adotado adquire a situação de filho do adotante e integra-se com os seus descendentes na família deste, extinguindo-se as relações familiares entre o adotado e os seus ascendentes e colaterais naturais, sem prejuízo do disposto quanto a impedimentos matrimoniais nos artigos 1.602 e 1.604".

A Lei sueca n. 796/1971, que regula as relações jurídicas internacionais decorrentes da adoção, estabelece, no art. 4: "Sempre que uma decisão sobre adoção proferida em país estrangeiro tiver validade neste país, o adotado deve considerar-se filho do adotante na constância do seu matrimônio, no que respeita ao poder paternal, tutela e dever de alimentos. O direito de sucessão na relação entre adotante e adotado é regulado pelas disposições gerais que indicam qual a lei aplicável em matéria de direito sucessório, independentemente da lei que tenha sido aplicada quando da constituição do vínculo adotivo. Se este, porém, tiver sido constituído neste país, equipara-se sempre o vínculo adotivo ao da filiação natural na constância do matrimônio".

Na Noruega, o § 13 do Ato n. 8, de 28.2.86, estabelece que "na adoção, a criança e seus sucessores devem ter os mesmos direitos legais como se fosse o próprio filho dos adotantes (...)".

No artigo 16 do Ato de Consolidação n. 629, de 15.9.86, a Dinamarca seguiu a normativa internacional e estabeleceu que: "Os efeitos de uma adoção são para criar entre quem adota e o adotando a mesma relação legal como entre um pai e seu filho natural e legítimo (...)".

A Lei de Adoções da Argentina consagra no artigo 14: "La adopción plena confiere al adoptado una filiación que sustituye a la de origen (...). El adoptado tiene, en la familia del adoptante, los mismos derechos y obligaciones del hijo legítimo".

Por sua vez, o artigo 396 do Código Civil do México dispõe que: "El adoptado tendrá para con la persona o personas que lo adopten los mismos derechos y obligaciones que tiene un hijo".

O artigo 88 do Código de Menores da Colômbia prescreve que "La adopción es principalmente y por excelencia, una medida de protección a través de la cual, bajo la suprema vigilancia del Estado, se establece de manera irrevocable, la relación paterno-filial entre personas que no la tienen por naturaleza".

Na Venezuela não é diferente; o artigo 54 da Lei de Adoção, de 18.8.83, indica que "La adopción plena confiere al adoptado la condición de hijo".

Não restam dúvidas de que o Direito dos países tende para a unificação, ou pelo menos, a adequação da identidade da filiação, sem qualquer discriminação, que possa oferecer à criança, que de uma forma ou de outra sempre está na condição de *filho*.

3.4 O exercício do poder familiar. Procedimento contraditório

A regra contida no artigo 21 do Estatuto da Criança e do Adolescente estabelece que "o pátrio poder (poder familiar) será exercido, em igualdade de condições, pelo pai e pela mãe, na forma do que dispuser a legislação civil, assegurado a qualquer deles o direito de, em caso de discordância, recorrer à autoridade judiciária competente para a solução da divergência".

O Código Civil, por sua vez, consagra, no artigo 1.631, o exercício do poder familiar: "Durante o casamento e a união estável, compete o poder familiar aos pais; na falta ou impedimento de um deles, o outro o exercerá com exclusividade".

Essa nova visão e aplicação do *pater famílias* decorreu da evolução social e legislativa que, finalmente, foi consagrada na Constituição Federal, quando inscreveu, no § 5º, do artigo 226, que "os direitos e deveres referentes à sociedade conjugal são exercidos igualmente pelo homem e pela mulher".

A definição de *pátrio poder* (*poder familiar*), que tem sofrido grande evolução com o passar dos tempos, recebeu no Direito Romano o sentido de "representação das prerrogativas conferidas ao *pater*, que detinha a chefia da família e poderes sobre os filhos". Neste sentido, na lição do Prof. Silvio Rodrigues, o pátrio poder, "como instituído em Roma, tinha um fundamento político e religioso. O *pater* não é só o sacerdote do culto familial, como o chefe de um pequeno agrupamento, a família, que constitui a célula em que se baseia toda a organização política do Estado".[11]

Em palestra proferida no I Encontro Nacional de Promotores de Justiça Curadores de Menores, realizado em agosto de 1989, na cidade de São Paulo, o eminente Procurador de Justiça Olimpio de Sá Sotto Maior Neto, discorrendo sobre as origens do pátrio poder, afirmava que "a sua mais marcante característica era o fato de que o chefe da família (*pater*) exercitava sobre as pessoas e sobre as coisas que a compunham a autoridade mais absoluta e sem qualquer freio jurídico. Face ao caráter *dominial* sobre o filho que o instituto emprestava, o pai tinha todos os poderes sobre o mesmo, por todo o tempo de sua vida, e podia encarcerá-lo, espancá-lo, acorrentá-lo para que trabalhasse no campo, aliená-lo ou matá-lo sem incorrer em sanção alguma. Calcado nas regras do direito privado, em razão do pátrio poder o pai era livre para dispor dos filhos como se fossem estes simples *coisas*".[12]

Hoje, com o entendimento dado pelo novo Código Civil, o *poder familiar* encontra-se adaptado às mudanças do comportamento social e das leis, verificando-se um significado mais próximo de nossa realidade.

O pátrio poder é "um dever", como diria Laurent (*Principes*, v. 4, n. 292), ou "mais um dever que um direito: o nome *potestà* não é senão uma sobrevivência que perdeu sua antiga razão, mas que ainda hoje denota a relação de subordinação em que o filho, que dele é objeto, se acha em face do genitor", na palavra de Barasi (*Istituzioni di Dirito Civile*, § 127). Essa conceituação tende, cada vez mais, realçar o sentido de *munus* público dado ao pátrio poder, vez que sua cacaterística básica é a proteção dos superiores interesses da criança.

Na verdade, o poder familiar representa um conjunto de atribuições (direitos e deveres) referentes aos pais, em relação aos filhos ainda não emancipados, com a finalidade de proteger-lhes os direitos e os bens.

11. Ob. cit., v. 6/357.
12. *Destituição do Pátrio Poder e Colocação em Lar Substituto – Uma Abordagem Crítica*.

Neste sentido, Castelo Branco Rocha, ao abordar o tema do pátrio poder, anota que "em consonância com a moderna corrente de idéias, o nosso Direito Civil faz do pátrio poder um *encargo,* um *munus,* um *officium* supervisionado pelo Estado, a fim de que, no seu exercício, sejam evitados os possíveis abusos. Há um interesse social, que reclama do Estado, a assistência à família. São de ordem pública as disposições sobre a organização da família, o pátrio poder, a tutela, etc. (...). Os direitos envolvidos no pátrio poder constituem o instrumento que visa tornar exeqüível a missão confiada aos pais. Sem o gozo de certas prerrogativas, não poderiam os pais desobrigar-se de sua missão. Assim sendo, a lei outorga-lhes certos direitos para que realizem a sua tarefa. Tais direitos, entretanto, não são absolutos, mas condicionados ao interesse do filho menor (...). A autoridade paterna foi instituída em proveito dos filhos e em função dos seus legítimos interesses. Sempre que ela se exercitar contra semelhantes interesses, perde a sua razão de ser e transforma-se em abuso de direito. É que o poder paterno tem como limite a proteção dos filhos e, por conseguinte, fora desse limite não há poder paterno justificável".[13]

Surgem, daí, as atribuições dos pais e mães na administração do poder parental, instituído pelo artigo 1.634, do Código Civil brasileiro: "Compete aos pais, quanto à pessoa dos filhos menores: I – dirigir-lhes a criação e educação; II – tê-los em sua companhia e guarda; III – conceder-lhes, ou negar-lhes consentimento para casarem; IV – nomear-lhes tutor, por testamento ou documento autêntico, se o outro dos pais lhe não sobreviver, ou o sobrevivo não puder exercer o poder familiar; V – representá-los, até aos 16 anos, nos atos da vida civil, e assisti-los, após essa idade, nos atos em que forem partes, suprindo-lhes o consentimento; VI – reclamá-los de quem ilegalmente os detenha; VII – exigir que lhes prestem obediência, respeito e os serviços próprios de sua idade e condição".

Na legislação alienígena encontramos a mesma preocupação em conferir a ambos os genitores o exercício do pátrio poder. Assim dispõe o artigo 316 do Código Civil Italiano: "Il figlio è soggetto alla potestà dei genitori sino all'età maggiore o alla emancipazione. La potestà è esercitata di comune accordo da entrambi i genitori. In caso di contrasto su questioni di particolare importanza ciascuno dei genitori può ricorrere senza formalità al giudice indicando i provvedimenti che ritiene più idonei (...)".

O Código Civil espanhol trata do assunto nos arts. 154 e 156. Dispõe o art. 154: "Los hijos no emancipados están bajo la potestad del

---

13. *O Pátrio Poder,* p. 38.

padre y de la madre (...)". Art. 156: "La patria potestad se ejercerá conjuntamente por ambos progenitores o por uno solo con el consentimiento expresso o tácito del otro (...). En caso de desacuerdo, cualquiera de los dos podrán acudir al Juez, quien, después de oír a ambos y al hijo si tuviera suficiente juicio y, en todo caso, si fuera mayor de doce años, atribuirá sin ulterior recurso la faculdad de decidir al padre o a la madre (...)".

No mesmo sentido dispõe o artigo 1.901 do Código Civil português: "1. Na constância do matrimônio o exercício do poder paternal pertence a ambos os pais. 2. Os pais exercem o poder paternal de comum acordo e, se este faltar em questões de particular importância, qualquer deles pode recorrer ao tribunal, que tentará a conciliação; se esta não for possível, o tribunal ouvirá, antes de decidir, o filho maior de catorze anos, salvo quando circunstâncias ponderosas o desaconselhem".

Por sua vez, o Código Civil suíço estabelece, nos artigos 296 e 297, as relações do poder parental: "Art. 296: 1. L'enfant est soumis, pendant sa minorité, à l'autorité parentale. 2. Les mineurs et les interdits n'ont pas l'autorité parentale"; "Art. 297: 1. Pendant le mariage, les père et mère exercent l'autorité parentale en commun (...)".

Os arts. 411, 412 e 414, I, do Código Civil mexicano estabelecem o mesmo princípio: "Art. 411. Los hijos, cualesquiera que sean su estado, edad y condición, deben honrar y respetar a sus padres y demás ascendientes". "Art. 412. Los hijos menores de edad no emancipados están bajo la patria potestad mientras exista alguno de los ascendientes que deban ejercela conforme a la ley". "Art. 414. La patria potestad sobre los hijos de matrimonio se ejerce: I – por el padre y la madre".

Vê-se que a orientação internacional sobre o exercício do poder familiar conduz para o caminho mais demócrátio possível, de conferir a responsabilidade paternal a ambos os cônjuges.

Na realidade, na sociedade ocidental esse costume é até compreensível, vez que as regras e filosofias sociais, aliadas aos costumes, permitem tal evolução. O mesmo pode não ocorrer em países mais tradicionais, com culturas mais fechadas, onde a figura do *pater* ainda vem circundada de cunho religioso, resistindo aos apelos modernistas de uma civilização mais consumista.

Na tradição ocidental, a mulher ocupou um novo espaço; aliás, ocupou espaço que era seu, mas que estava sendo utilizado pelo homem, em virtude da legislação patriarcal que existia. Por exemplo, antes de a Lei 4.121/62 alterar o artigo 380 do nosso Código Civil, ele estava assim redigido: "Durante o casamento, exerce o pátrio poder o marido, como chefe da família, e, na falta ou impedimento seu, a mulher". E mais. Dispunha, ainda, o alterado artigo 233, do mesmo diploma: "O marido é o chefe da sociedade conjugal". Pelo disposto no § 5º do art. 226 da Constituição Federal, essa discussão perdeu o sentido, pois os direitos e deveres referentes à sociedade conjugal são exercidos igualmente pelo homem e pela mulher.

Em comentário ao art. 21 do Estatuto, Ana Maria Brasileiro, da UNICEF, retrata bem a evolução histórica da condição da mulher, que sempre foi relegada ao segundo plano na sociedade, embora, dentro do lar ocupasse posição destacada:

"A predominância de um modelo de desenvolvimento de base urbano-industrial, responsável pelo processo acelerado de urbanização e concentração que o País enfrenta no século XX, associa-se a mudanças importantes, como a crescente incapacidade do homem de desempenhar, a contento, o papel de principal provedor das necessidades econômicas da família, o crescente ingresso da mulher na população economicamente ativa, a queda nas taxas de fertilidade, o número cada vez mais significativo de famílias chefiadas por mulheres, maior acesso à informação e novas formas de organização social e política, novos valores e aspirações (...).

"O movimento social identificado com a promoção dos direitos da mulher – ou com o atendimento de seus interesses e necessidades específicas – vem, desde o século passado, de uma maneira intermitente mas progressiva, dando relevante contribuição aos avanços registrados. A Declaração pela ONU de 1975 como o Ano Internacional da Mulher (e início da Década da Mulher) representou reforço significativo ao movimento. Lutando contra todas as formas de discriminação legal e social, as mulheres e seus aliados masculinos conseguiram assegurar, pelo menos do ponto de vista jurídico, uma situação de igualdade formal de direitos.

"O quadro legal vigente está, contudo, mais avançado do que a realidade do cotidiano das mulheres, sobretudo as dos setores populares. As mulheres continuam trabalhando mais horas do que os homens (fora e dentro de casa), ganham menos, estão proporcionalmente menos protegidas pela seguridade social, executam tarefas menos atraentes em quatro ou cinco ocupações principais e são, ainda, as principais ou únicas responsáveis pelo cuidado e educação de seus filhos. Nesse sentido, exercem já, há bastante tempo, o pátrio poder de fato, confrontadas com a omissão ou indifirença paterna. Em larga escala, 'criança é assunto de mulher'. Sua luta, no momento, é para que o pátrio poder seja efetivamente compartilhado, em igualdade de condições e em todas as dimensões, pelo pai e pela mãe (...). Dos velhos tempos guardou o art. 21 o nome *pátrio*, revelador da sociedade patriarcal em que foi cunhado. *Mátrio poder* refletiria mais claramente a situação da família moderna."[14]

Analisada a questão do exercício do poder familiar, percorre-se, agora, o caminho que conduz à sua cassação, pela Justiça.

A norma, fincada no artigo 24, dispõe que "A perda e a suspensão do pátrio poder (*suspensão ou extinção do poder familiar*) serão decretadas judicialmente, em procedimento contraditório, nos casos previstos na legislação civil, bem como na hipótese de descumprimento injustificado dos deveres e obrigações a que alude o art. 22".

O grande mérito da lei foi determinar que a perda ou a suspensão do pátrio poder (*suspensão ou extinção do poder familiar*) somente poderá ser decretada pela autoridade judiciária e em procedimento contraditório. É na sede do contraditório que se confere às partes ampla oportunidade de apresentarem suas razões e alegações sobre a manutenção do poder familiar.

O procedimento, embora contraditório, não será mais aquele previsto nos artigos 282 e seguintes do Código de Processo Civil, embora seja utilizado de maneira subsidiária (ECA, art. 152), mas será um procedimento próprio, também contraditório, previsto nos artigos 155 a 163 do Estatuto.

Estabelecido, liminarmente, que somente o juiz poderá decretar o fim ou a suspensão do poder familiar, em procedimento que ofereça às partes todas as possibilidades da defesa da manutenção do vínculo, restam, agora, os motivos ensejadores da medida punitiva.

Os motivos que permitem a intervenção do Estado nas relações parentais e familiares relacionam-se ao descumprimento dos deveres e obrigações mencionados no artigo 22 do ECA – a saber: a) o dever de sustento; b) o dever de guarda; c) o dever de dar educação; d) o dever de cumprir e fazer cumprir as determinações judiciais referentes ao exercício do poder familiar – e aos casos previstos na lei civil; e) castigar imoderadamente o filho; f) deixá-lo em abandono; g) praticar atos contrários à moral e aos bons costumes; h) o abuso do poder familiar na administração dos bens do filho; i) quando o pai ou a mãe forem condenados por sentença irrecorrível cuja pena exceda de dois anos.

Na verdade, os motivos alinhados nas letras "e", "f", "g", "h" e "i", que constituem as condições da suspensão ou da extinção do poder familiar registradas nos artigos 1.635, 1.637 e 1.638 do Código Civil, nada mais são do que a especificação dos motivos alinhados, de maneira genérica, nas letras precedentes.

---

14. In *Estatuto da Criança e do Adolescente Comentado*, p. 91.

Não se pode descuidar da análise desses dispositivos; o juiz somente exercerá o poder jurisdicional se os motivos ensejadores da suspensão ou da extinção do poder familiar forem praticados com intencionalidade, por omissão ou negligência pelos pais.

Nessa análise, o julgador, se necessário, determinará à sua equipe interprofissional que elabore estudo circunstanciado do caso, para que a sua resposta não seja, talvez até por engano, a penalização da pobreza.

A par da perícia técnica que o juiz pode requisitar e antes da decretação da suspensão ou da extinção do poder familiar, é bom lembrar que a nova legislação estabeleceu, no art. 129, medidas que podem ser aplicadas aos pais ou responsáveis.

3.5 Deveres dos pais naturais e adotivos

A norma constitucional estabeleceu novo horizonte de relações e deveres entre pais e filhos. Instituiu, no artigo 229, que "Os pais têm dever de *assistir, criar* e *educar* os filhos menores, e os filhos maiores têm o dever de *ajudar* e *amparar* os pais na velhice, carência e enfermidade".

Além deste artigo, um outro, talvez mais importante, retrata o *munus* paternal com mais evidência. É o artigo 227, que dispõe: "É dever da família, da sociedade e do Estado assegurar à criança e ao adolescente, com absoluta prioridade, o direito à vida, à saúde, à alimentação, à educação, ao lazer, à profissionalização, à cultura, à dignidade, ao respeito, à liberdade e à convivência familiar e comunitária, além de colocá-los a salvo de toda forma de negligência, discriminação, exploração, violência, crueldade e opressão".

Ao regulamentar o dispositivo constitucional, o legislador ordinário insculpiu, no artigo 22, do ECA mandamento similar: "Aos pais incumbe o dever de sustento, guarda e educação dos filhos menores, cabendo-lhes ainda, no interesse destes, a obrigação de cumprir e fazer cumprir as determinações judiciais".

Quando falamos, aqui, em pais e filhos, não identificamos um determinado tipo de paternidade (adotiva) ou de filiação (legítima, adotiva etc.), mesmo porque nossa legislação aboliu qualquer forma de discriminação ao estado de filiação. Portanto, os deveres mencionados no artigo 22 do ECA e atribuídos aos "pais" em suas relação com os "filhos" não sofrem qualquer limitação em vista de possíveis discriminações, pois estas não mais existem. Somente existem o *pai* e o *filho*; aquele que iniciou a relação filial ou paternal em conseqüência da adoção também inclui-se na mesma acepção.

Comparando o Direito pátrio com o alienígena, no que diz respeito aos deveres paternos, como exemplo, identificamos no Direito português, no espanhol e no suíço disposições legais semelhantes à nossa. Todavia, em quase todo o Direito do mundo ocidental encontramos o mesmo tratamento legislativo.

O Direito português adotou a mesma linha de imposição de deveres dos pais quando inscreveu no art. 1.878, do Código Civil: "1. Compete aos pais, no interesse dos filhos, velar pela segurança e saúde destes, prover ao seu sustento, dirigir a sua educação, representá-los, ainda que nascituros, e administrar os seus bens".

A segunda parte do artigo 154 do Código Civil espanhol traz disposição semelhante: "La patria potestad se ejercerá siempre en beneficio de los hijos, de acuerdo con su personalidad, y comprende los siguientes deberes y facultades: 1. Velar por ellos, tenerlos en su compañia, alimentarlos, educarlos y procurarles una formación integral (...)".

O artigo 276, do Código Civil suíço dispõe: "1. Les père et mère doivent à l'entretien de l'enfant et assumer, par conséquent, les frais de son éducation, de sa formation et des mesures prises pour le protéger. 2. L'entretien est assuré par les soins et l'éducation ou, lorsque l'enfant n'est pas sous la garde de ses père et mère, par des prestations pécuniaires (...)".

Antes mesmo de constatar que os deveres familiares estão assegurados na Constituição, cumpre-nos indagar qual é o perfil da "família" de que estamos falando?

O *motu* principal da preocupação dos povos em amparar aquele que é mais *desprotegido socialmente* sempre recai nas manifestações de carência social, que se evidencia na ausência de pais naturais, na falta de alimentos, de escola, de seguridade, de recursos essenciais para a sobrevivência.

Hoje, a conotação que é dada ao desprotegido socialmente é mais acentuada. A miséria financeira e educacional enraizou-se profundamente no seio das famílias que elas até perderam de vista o olhar que tinham no futuro.

A cultura da pobreza e da miséria – aqui entendidas em sentido amplo – alastrou-se tão rapidamente e com tanta potência na mente e na vida das pessoas que os *valores sociais* e, principalmente, os *valores morais* foram colocados em segundo plano na história da sobrevivência.

No meio da desordem social e econômica, a família encontra-se desprotegida, isolada e sem forças para buscar ajuda (quando existe!). Recorre, então às *muletas sociais*: creches, orfanatos, abrigos, centros integrados de atendimento à criança etc. Quando não as encontra, simplesmente, abandona seu filho na rua ou na porta de uma casa.

Além disso, inúmeros são os casos de maus-tratos contra crianças praticados pelo próprios pais. Pais que chegam em casa bêbados, drogados, angustiados pela falta de trabalho ou porque foram despedidos do emprego, ou por qualquer outro motivo, espancam seus filhos indefesos.

Quando essa situação já está consumada, ou seja, quando a família se autodestruiu, surgem as *muletas jurídicas* da colocação da criança ou do adolescente em família substituta, nas modalidades da guarda, tutela ou adoção.

Luís Cláudio Oliveira, comentando o artigo 22 do Estatuto, justamente no que diz respeito à desagregação da família e sua dificuldade de manter-se no cenário da cidadania, escreve que "é notório para as análises sociais que o conceito de família, em face das profundas transformações de valores éticos e morais promovidas pelos conflitos operados na estrutura das sociedades modernas, tem sofrido alterações substanciais. Mormente nos países de economias subdesenvolvidas, as famílias das classes de baixa renda, em que pese às especificidades de cada meio cultural, ao desenvolverem mecanismos de ajustes às condições reais de existência, enraízam, ante a ineficácia ou a mais absoluta ausência de políticas públicas, situações de pauperidade crônica.

"No Brasil, o modelo de desenvolvimento econômico adotado pelas nossas elites no período posterior ao fim da II Guerra Mundial, especialmente nos chamados 'anos JK' (1955-1960) (...) constituiu-se num projeto de tal forma excludente que o produto humano mais sensível ao final dos anos 80, a 'década perdida', era retratado na cifra de 63 milhões de brasileiros vivendo abaixo dos níveis da pobreza. Esta representação é a resultante da absurda concentração de renda verificada até o presente, que contribuiu e contribui expressivamente para o crescimento acentuado de famílias de miseráveis. Segundo o IBGE, mais da metade das crianças e adolescentes vivia, ainda em 1988, em famílias com rendimento não superior a 1/2 salário mínimo, sendo que destes, 30,6% pertenciam a famílias com rendimento de até 1/4 de salário mínimo."[15]

É o paradoxo entre a lei e a realidade; a lei, que disciplina correta e altruisticamente os deveres dos pais, obrigando-lhes, em nível de dever, a manutenção, a guarda e a educação dos filhos. Por outro lado, a realidade demonstra que os pais não têm condições, sequer, de

---

15. In *Estatuto da Criança e do Adolescente Comentado*, p. 93.

manter o filho junto à família, quanto mais proporcionar-lhe sustento e educação.

É sabido, também, que os filhos abandonam cada vez mais cedo a casa paterna, em busca da complementação financeira da família. Vão para as ruas engraxar sapatos, lavar carros, vender picolés, frutas e bombons e, às vezes, até se prostituir para garantir o alimento diário.

A dicotomia entre a norma e a realidade passa pela recuperação da dignidade do ser humano, que foi criado para a alegria e satisfação, para viver intensa e completamente integrado na manifestação comunitária e social da famíla. Na realidade, de que servem as leis bonitas e bem escritas se a família não tem acesso aos serviços de saúde, de educação, de segurança, de emprego digno etc.?

Todos esses direitos, chamados fundamentais, além de estarem garantidos na Constituição Federal (saúde: arts. 196 a 200; previdência social: arts. 201 e 202; assistência social: arts. 203 e 204; educação: arts. 205 a 214; cultura: arts. 215 e 216; desporto: art. 217), foram regulamentados pelo Estatuto da Criança e do Adolescente (vida e saúde: arts. 7º a 14; educação, cultura, esporte e lazer: arts. 53 a 59; profissionalização e proteção ao trabalho: arts. 60 a 69).

Dados recentes sobre a educação colhidos pelo UNICEF (Fundo das Nações Unidas pela Infância), em 129 países, demonstram que o Brasil está em último lugar na lista em índice de alfabetização, atrás da Somália, Etiópia e Haiti, a "desoladora trindade da miséria", na expressão do jornalista Gilberto Dimenstein.[16] Demonstra o estudo, que o Brasil tem a pior educação básica e o maior contingente relativo de analfabetos funcionais, vez que "pelo estágio da economia, diz o UNICEF, seria esperado que 88% das crianças matriculadas no 1º grau concluíssem a 5ª série, a faixa limite do chamado analfabetismo funcional, mas só 39% chegam lá".

A saúde está em estado terminal. Os hospitais não conseguem mais atender aqueles que necessitam de atendimento médico. Felizmente, as chamadas "doenças da pobreza" (infecções que causam a diarréia, tifo etc. em crianças) foram desbancadas pelas doenças crônicas como o câncer, as mortes originadas dos acidentes de trânsito e os homicídios.

Pesquisa realizada pelo Núcleo de Pesquisas Epidemiológicas em Nutrição e Saúde – NUPENS/USP, intitulada "Mudanças no perfil de saúde da população brasileira",[17] revelou que as doenças típicas da

---

16. Artigo publicado no jornal *Folha de S. Paulo*, edição de 31.7.94, "Caderno Especial A", pp. 1 e 9.
17. Publicada no jornal *Folha de S. Paulo*, edição de 31.7.94, "Caderno Especial A", pp. 3 a 5.

pobreza matam cada vez menos brasileiros, enquanto as principais causas de morte nos países ricos se tornam mais importantes. As causas de morte reveladas na pesquisa são, por ordem de quantidade: 1) doenças do aparelho circulatório; 2) câncer; 3) doenças do aparelho respiratório; 4) causas externas, excluíndo homicídios e suicídios; 5) doenças do aparelho disgestivo; 6) doenças infecciosas e parasitárias (doenças da pobreza); 7) complicações da gravidez/parto.

A socialização básica foi tema de estudo de Maria Salete Nunes de Moraes: "O ritmo de crescimento dos países em desenvolvimento indica necessidade de dedicar-se uma proporção maior de recursos a programas direcionados à melhoria de vida das crianças e mulheres de comunidades pobres. Os tempos econômicos difíceis têm, freqüentemente, agravado a existente distribuição desigual de renda, deixando os pobres privados de serviços governamentais de todos os tipos e sem acesso aos serviços sociais básicos. Isso tem produzido conseqüências devastadoras para as famílias mais pobres. Traduzindo em termos humanos, isso significa que tempos muito críticos estão chegando para a maioria das famílias pobres, à medida que o mundo em desenvolvimento caminha para o século XXI. Significa, também, que há necessidade urgente de examinar a Política de Atendimento dos Direitos da Criança e do Adolescente. Qualquer ação governamental na área social, para que seja eficiente e eficaz, deve procurar garantir à infância e à adolescência seus direitos constitucionais".[18]

Trabalho estatístico realizado pelo IPEA/IPLAM/UNICEF, embora um pouco antigo, mas assustador, foi publicado no *Jornal do Campus*, do Instituto de Pesquisa de Comunicação Jornalística e Editorial da USP, n. 103, de 30.11.90, revelando que "No Brasil, em 1987, 30 milhões de crianças até 17 anos pertenciam a famílias em estado de pobreza. Dentro deste contingente, 13 milhões são crianças com menos de 7 anos de idade. E é na área urbana que se concentra a maior parte da pobreza infantil: quase 16 milhões de crianças. O Nordeste concentra a maior parte, 47%, da pobreza do país. Em 1987, 62% de suas famílias estavam abaixo da linha da pobreza. Esta linha é considerada como um rendimento familiar *per capita* igual ou inferior a meio salário mínimo".

A solução do impasse paradoxal passa pela mobilização de todos os órgãos governamentais, entidades não-governamentais, igrejas, clubes de serviço, associações de bairro, etc., para garantir o cumprimento da imposição jurídica na forma de um mutirão cívico e de solidariedade, exigindo do Estado e dos Municípios sua participação, incon-

18. Ob. cit., p. 9.

tinenti, na salvação dos serviços de saúde e educação. Com isso, os pais terão a necessária retaguarda na efetiva proteção dos direitos de seus filhos.

3.6 Motivos que não autorizam a colocação de criança ou adolescente em família substituta

Ao adotar os parâmetros da política da "proteção integral", consagrada pela ONU, o Estatuto da Criança e do Adolescente trilha por esse conceito fazendo com que todos os seus dispositivos con-templem aquela doutrina tutelar.

Não foi diferente com a regra do artigo 23 que aboliu a pobreza e a miséria do rol daqueles motivos que autorizavam a retirada de uma criança de sua família e sua entrega a outra.

Dispõe o art. 23:

"A falta ou a carência de recursos materiais não constitui motivo suficiente para a perda ou a suspensão do pátrio poder (*suspensão ou extinção do poder familiar*).

"Parágrafo único. Não existindo outro motivo, que por si só autorize a decretação da medida, a criança ou o adolescente será mantido em sua família de origem, a qual deverá obrigatoriamente ser incluída em programas oficiais de auxílio."

Dispondo desta forma, o Estatuto inverteu um posicionamento diametralmente oposto estabelecido pelo Código de Menores, hoje revogado, quando dispunha, no art. 45, I: "A autoridade judiciária poderá decretar a perda ou a suspensão do pátrio poder e a destituição da tutela dos pais ou tutor que: I – derem causa a situação irregular do menor".

E, para recordar – embora seja uma triste lembrança –, o art. 2º, do citado Código alinhava em seus incisos as situações que considerava "irregulares":

"Art. 2º. Para os efeitos deste Código, considera-se em situação irregular o menor:

"I – privado de condições essenciais à sua subsistência, saúde e instrução obrigatória, ainda que eventualmente, em razão de:

"a) falta, ação ou omissão dos pais ou responsável;

"b) manifesta impossibilidade dos pais ou responsável para prové-las;

"II – vítima de maus-tratos ou castigos imoderados impostos pelos pais ou responsável;

"III – em perigo moral, devido a:

"a) encontrar-se, de modo habitual, em ambiente contrário aos bons costumes;

"b) exploração em atividade contrária aos bons costumes;

"IV – privado de representação ou assistência legal, pela falta eventual dos pais ou responsável;

"V – com desvio de conduta, em virtude de grave inadaptação familiar ou comunitária;

"VI – autor de infração penal.

"Parágrafo único. Entende-se por responsável aquele que, não sendo pai ou mãe, exerce, a qualquer título, vigilância, direção ou educação de menor, ou voluntariamente o traz em seu poder ou companhia, independentemente de ato judicial."

Vale ressaltar a preocupação de Maria Josefina Becker, quando analisa as mudanças havidas na legislação: "É digna de nota a mudança profunda trazida pelo Estatuto, nessa questão, em relação ao Código de Menores de 1979. Na antiga lei era considerada em 'situação irregular' a criança cujos pais ou responsáveis estivessem manifestamente impossibilitados de prover as suas condições essenciais de subsistência, saúde e instrução obrigatória. Considerando a situação de pobreza em que vive grande parte da população, o número de crianças cujos pais *estão impossibilitados* de prover à satisfação das necessidades básicas é muito elevado. Confundindo pobreza com abandono, o antigo Código trazia implícita a idéia da massificação da medida de colocação em lar substituto. Já, o Estatuto, atendendo ao disposto na Constituição Federal, que considera a assistência social um *direito de quem necessita*, prioriza as medidas de manutenção do vínculo com a família biológica, com o concurso dos programas oficiais de auxílio".[19]

Também inconformado com a situação apresentada pelo Código de Menores, Romero de Oliveira Andrade, integrante do Ministério Público pernambucano, ao comentar o artigo 23 do ECA, faz a seguinte referência: "Com todas as letras, estabelece o dispositivo que a pobreza – a miséria material, regra neste País – não poderá servir de base à decretação da perda ou suspensão do pátrio poder. Isto é fundamental. Dos maiores avanços trazidos pelo bem-vindo Estatuto da Criança e do Adolescente, a regra do art. 23 enterrou de vez nos escombros da recente história deste País o entulho autoritário representado pela combinação do art. 45, I, com o art. 2, I, 'b', do revogado Código de Menores – Lei 6.697, de 10.10.79 – que permitia – e disso se fez uso e

19. *Estatuto da Criança e do Adolescente Comentado*, p. 100.

abuso, a título de proteção aos interesses do menor – a decretação da perda ou suspensão do pátrio poder na hipótese de os pais ou responsáveis estarem impossibilitados de prover as condições essenciais à subsistência, saúde e instrução obrigatória dos filhos menores. Era o desumano e reprochável regime de penalização da pobreza, de triste memória. Agora, com o Estatuto da Criança e do Adolescente, abandona-se a doutrina da 'situação irregular' e se se instaura o tempo – 'o novo tempo, apesar dos perigos', como diz o poeta — da doutrina da 'proteção integral dos direitos da infância'".[20]

Como se viu, a legislação revogada, acima citada, autorizava o juiz a decretar a suspensão ou a extinção do poder familiar se a criança ou o adolescente estivessem em situação de pobreza. Se a criança estivesse fora da escola ou com a saúde precária, já existiam motivos suficientes para que a autoridade judiciária interviesse nas relações parentais da família. Se os pais ou responsável dessem motivo ou permitissem que a criança integrasse o rol de situações previstas no artigo 2º, também decaiam do poder familiar.

Felizmente, hoje, a situação mudou bastante. O enfoque dado à "situação irregular" da criança foi substituído pela doutrina da "proteção integral", que procura amparar os interesses e direitos da criança e do adolescente de forma integral, plena.

Pelos motivos acima expostos, a criança não poderá sair de sua família de origem, nem o juiz decretar a suspensão ou a extinção do poder familiar. Em outras palavras, a criança não poderá ser colocada em família substituta por motivo de pobreza. Aliás, o novo Código Civil, no art. 1.625, reafirma que somente será admitida a adoção que constituir efetivo benefício para o adotando, adequando-se à premissa vanguardista do art. 43 do ECA, que dispõe que a adoção será deferida quando apresentar reais vantagens para o adotando e fundar-se em motivos legítimos.

Ninguém mais tem o direito de retirar uma criança de uma família pelo fato de ela ser pobre ou não conseguir manter a subsistência de seus integrantes. Para resolver esse problema, o próprio Estatuto aponta a saída e a solução: "a criança ou o adolescente será mantido em sua família de origem, a *qual deverá obrigatoriamente ser incluída em programas oficiais de auxílio*".

A inclusão das famílias empobrecidas em programas oficiais de auxílio, como forma de execução da política social básica, denota grande interesse do legislador em previnir o abandono de crianças e fortalecer a manutenção dos vínculos familiares.

---

20. In *Estatuto da Criança e do Adolescente Comentado*. Vários Autores, p. 95.

O Desembargador Antônio Fernando do Amaral e Silva anota que "o menor tem direito subjetivo ao atendimento de suas necessidades básicas na família. No Brasil, via de regra, o menor está em situação de patologia jurídico-social por impossibilidade familiar não provocada, decorrente de fatores externos, como a inexistência de política agrária, migrações urbanas, desemprego, subemprego, numa palavra: miséria. A intervenção do Estado ao invés de se dirigir à família, à causa primária, fortalecendo-a, se detém no efeito: o menor. Assim, não relaciona medidas de apoio à família, contentando-se com aquelas dirigidas exclusivamente ao menor. Essa falta de apoio à mãe solteira, à gestante, à nutriz, à família em estado de privação, tem conduzido a situações nada tutelares, pois a criança fica sujeita a perder o direito à sua origem, à sua família, à sua cultura, ao seu meio. De outra parte, geralmente a colocação em lar substituto provoca a perda do sagrado direito ao exercício da paternidade e da maternidade pelos deserdados da fortuna".[21]

Uma das conclusões oriundas do debate que se estabeleceu no XII Congresso da Associação Internacional de Juízes de Menores e de Família, realizado no Rio de Janeiro, em 1986, foi: "As instituições públicas e privadas devem financiar programas de saúde, educação e profissionalização e proporcionar ajuda e assistência às famílias carentes, a fim de evitar a separação dos filhos".

O estabelecimento de políticas públicas básicas na área da assistência social é dever do Estado, por mandamento constitucional. Geralmente, quem é penalizado é a família, justamente pela ausência ou inoperância dessas políticas de atendimento. Se a família, em estado de miséria e abandono, não receber apoio financeiro e orientação social, não terá condições, por si só, de manter os filhos em casa, amparados pela convivência familiar e, em conseqüência, não conseguirá manter a unidade do vínculo familial.

Urge uma tomada de posição em relação à proteção da família: se nenhum trabalho tutelar ou protetivo que vise à manutenção dos vínculos parentais e familiares for, urgentemente, realizado, nossa sociedade futura não será mais constituída de famílias (como agora a entendemos). Serão pessoas vivendo exclusivamente por e para si mesmos, sem qualquer comprometimento afetivo: será a sociedade *egoística*.

3.7 A manifestação da criança e do adolescente no processo de adoção

A manifestação da criança e do adolescente no processo de adoção não é novidade no cenário jurídico internacional, embora seja a

---

21. "Anotações para uma análise crítica do Código de Menores", in *Anais do II Encontro da Associação de Juízes de Direito e Promotores de Justiça do Estado do Paraná*, p. 34.

primeira vez que o legislador pátrio recorreu ao chamamento do adotando para dar a sua opinião sobre a possibilidade de ele vir a ser colocado em família substituta.

O Estatuto da Criança e do Adolescente firmou no § 2º do artigo 45 que "a adoção depende do consentimento dos pais ou do representante legal do adotando. Em se tratando de adotando maior de doze anos de idade, será também necessário o seu consentimento". Tal direcionamento é resultado concreto da fixação do limite de idade genérica, estabelecido no § 1º, do artigo 28: "Sempre que possível, a criança ou adolescente deverá ser previamente ouvido e a sua opinião devidamente considerada". O novo Código Civil seguiu a mesma orientação fixando, no *caput* do artigo 1.621, que o consentimento do adolescente de mais de doze anos será obrigatório.

A lei brasileira fixa, portanto, um parâmetro de idade mínima para o adotando consentir ou manifestar sua opinião sobre sua colocação em lar alternativo.

Outra foi a solução adotada pelo Código Civil suíço, que estabeleceu no artigo 265, 2, um parâmetro distinto do numérico, preferindo o critério do discernimento, *verbis*: "*L'adoption ne peut avoir lieu que du consentement de l'enfant, si ce dernier est capable de discernement*".

A Convenção de Haia sobre a Adoção Internacional, de 29.5.93, fixou a seguinte diretriz para a importância da manifestação da criança e do adolescente frente à sua colocação em família substituta: "Artículo 4º. Las adopciones consideradas por el Convenio solo pueden tener lugar cuando las Autoridades competentes del Estado de origen: (...) d) se han asegurado, teniendo en cuenta la edad y el grado de madurez del niño, de que, 1) ha sido convenientemente asesorado y debidamente informado sobre las consecuencias de la adopción y de su consentimiento a la adopción, cuando este sea necesario; 2) se han tomado en consideración los deseos y opiniones del niño; 3) el consentimiento del niño a la adopción, cuando sea necesario, ha sido dado libremente, en la forma legalmente prevista y que este consentimiento ha sido dado o constatado por escrito; y 4) el consentimiento no ha sido obtenido mediante pago o compensación de clase alguna".

Já o Código sueco da Tutela do Poder Paternal, que reservou todo o Capítulo 4 para dispor sobre a adoção, estabelece no artigo 5º que: "Um menor que tenha completado os 12 anos de idade não pode se adotado sem o seu consentimento". Entretanto, essa legislação faz, ainda, algumas considerações sobre o consentimento do adolescente: "Não se exige, porém, o consentimento, caso o adotando: 1. Tiver menos de 16 anos e se considere nocivo pedir-lhe o consentimento; 2. Se encontrar impedido, com caráter de permanência, de prestar o seu consentimento, devido a uma interferência psíquica, ou ainda devido a outras circunstâncias de natureza análoga (1.546/1.991)".

Fixando a mesma idade, ou seja, 12 anos para o adotando manifestar o seu consentimento, o Código Civil espanhol estabelece, no artigo 177 que: "1. Habrán de consentir la adopción, en presencia del Juez, el adoptante o adoptantes y el adoptando mayor de doce años".

O artigo 1.981 do Código Civil português, ao contrário, estabelece outro limite de idade para o adolescente se manifestar: "1. É necessário para a adoção o consentimento: a) do adotando maior de catorze anos".

O artigo 397, IV, do Código Civil do México segue o mesmo entendimento: "Si el menor que se va a adoptar tiene más de catorce años, también se necesita su consentimiento para la adopción".

Na Venezuela, a Lei de Adoção fixou no artigo 13, a obrigatoriedade do consentimento do adotando: "Sea cual fuere el tipo de adopción, se requiere el consentimiento del adoptado, cuando éste sea mayor de doce años de edad".

O artigo 348, § 3º, do Código Civil belga indica que "se o adotado menor tiver atingido a idade de quinze anos, seu consentimento pessoal é também requerido".

O § 6º, do Ato n. 8, de 28.2.86, do Departamento Governamental de Adoção da Noruega, estabelece que "uma pessoa que atingiu a idade de 12 anos não pode ser adotada sem seu próprio consentimento".

Com o mesmo limite de idade, o artigo 6º, n. 1, do Ato de Consolidação n. 629, de 15.9.86, da Dinamarca, prevê a obrigatoriedade do consentimento do adotando: "Nos casos onde a criança tenha alcançado a idade de 12 anos, o decreto deverá ser concedido apenas depois de obtido o consentimento da criança, a não ser que este seja considerado nocivo aos seus interesses".

Na Lei 19.134, que regula as adoções na Argentina, foi regulamentado, no artigo 10, "c", que: "El juez o tribunal oirá personalmente si lo juzga necesario, al adoptado, iempre que fuese mayor de diez años, y a cualquier persona que se estime conveniente en beneficio del menor".

Combinando os textos do § 1º, do artigo 28 e § 2º, do artigo 45 do Estatuto, conclui-se que, sempre que a criança ou adolescente puder manifestar sua opinião sobre sua permanência ou entrega a uma família alternativa, deverá ser ouvido pelo juiz. Se o adotando tiver completado 12 anos, seu consentimento é obrigatório, conforme o disposto no art. 1.621 do novo Código Civil.

Adstrito a esse pensamento, Luiz Paulo Santos Aoki, ao fazer considerações sobre a manifestação da criança e do adolescente anotou que "*Sempre que possível* informa a freqüência com que deve ser adotada a providência de indagar da criança ou do adolescente sobre sua opinião a respeito da família a que vai pertencer, isto é, toda vez que houver a possibilidade de eles se manifestarem, deverão *sempre* ser ouvidos, não se referindo esta *possibilidade* a atributo pertinente ao juízo ou à ocasião processual, mas à condição de a criança ou adolescente manifestar-se a respeito de ato que vai diretamente influenciá-los dali em diante. Isto fica mais claro ainda por seguir-se o mandamento, e não a opção legal, traduzida no termo *deverá*, sinalizando que trata-se de ordem, obrigação e não faculdade concedida ao juízo de colher a opinião daquele posto sob uma família substituta. Assim, desde que possível colher-se tal manifestação de vontade, esta *deverá* ser colhida, pois o mandamento é imperativo quando a criança ou adolescente tem condições de se expressar e, de qualquer modo, indicar sua preferência. Assim, podendo a criança ou adolescente exprimir sua vontade, deve o juiz colhê-la e sopesar em sua decisão esta manifestação de vontade a respeito de ir para aquela família substituta, ou de ficar onde se encontra, ou, ainda, preferir outra família substituta, tudo em função de facilitar a adaptação da criança ou adolescente em seu novo lar".[22]

O limite de 12 anos imposto pelo Estatuto e pelo novo Código Civil, fazendo coro com a normativa internacional, reflete no adolescente que ele, a partir dessa idade, pode discernir e decidir com qual família deseja viver ou a qual família pertencer. Se, evidentemente, o adolescente opuser-se ao pedido dos interessados, a adoção será frustrada, porque nem o juiz poderá obrigá-lo a aceitar os "pais adotivos".

Embora possa parecer um "procedimento que vem complicar e cumular, ainda mais, as tarefas do juiz", o chamamento da criança ou do adolescente é imprescindível, porque torna identificáveis os problemas que estão ocorrendo na família ou a inexistência deles, evitando a concretização do ato jurídico.

É bem possível que, mesmo com a habilidade dos técnicos sociais, algo desastroso para a criança não tenha sido detectado na avaliação preliminar. É aqui que surge o momento de o juiz e o promotor de justiça conhecerem pessoalmente o adotando, seus pensamentos, seus desejos, suas esperanças. É o colóquio do conhecimento mútuo realizado entre a autoridade processante e a pessoa que vai ser adotada. É o momento de o juiz ter certeza de que a adoção está sendo benéfica para aquela criança ou adolescente. Um procedimento simples, universal, e que pode evitar grandes problemas entre adotantes e adotados.

22. In *Estatuto da Criança e do Adolescente Comentado*, p. 112.

4

REQUISITOS PESSOAIS
DO ADOTANTE ESTRANGEIRO

4.1 Quem pode adotar? 4.2 Estado civil do adotante. 4.3 Diferença de idade entre adotante e adotado. 4.4 Cônjuges separados ou divorciados. 4.5 Morte do adotante no curso do processo. 4.6 O consentimento do cônjuge ou companheiro. 4.7 Impedimentos.

4.1 Quem pode adotar?

A primeira questão que surge quando o assunto é adoção internacional refere-se aos requisitos pessoais do interessado. O que o interessado deve fazer para se tonar apto a ser considerado adotante? Em outras palavras, quais os requisitos legais e pessoais, exigidos na adoção, que legitimam o interessado a ser requerente no processo de adoção?

O ponto de partida para a resposta do questionamento acima colocado é conferir os dispositivos da legislação sobre a adoção do país de origem do adotante e do adotando.

Como vimos, o artigo 7º, da Lei de Introdução ao Código Civil brasileiro escolheu o critério do domicílio da pessoa (*lex domicilii*) para regular os direitos de personalidade, nome, capacidade e os direitos de família, adotando a teoria da aplicação distributiva das leis, segundo a qual atende-se às exigências das leis do adotante e do adotando, naquilo em que são peculiares.

De qualquer forma, para efeito de processamento do pedido de adoção de um brasileiro por um interessado estrangeiro, as duas leis – a do adotante e a do adotando – deverão ser analisadas e cumpridos os requisitos exigidos em ambas.

Quase todas as leis que se referem à adoção estipulam alguns parâmetros destinados aos interessados que desejam fazer uso do instituto.

A legislação brasileira que regula a adoção, o Estatuto da Criança e do Adolescente – Lei 8.069/90 –, determina, nos arts. 29, 42 (revogado pelo novo CC) e 51, que o interessado em adoção, estrangeiro, deve preencher os seguintes requisitos pessoais:

a) ser maior de dezoito anos de idade, independentemente do estado civil (cf. novo CC);

b) se a adoção for realizada por ambos os cônjuges ou concubinos, pelo menos um deles deverá ter completado vinte e um anos de idade;

c) comprovar a estabilidade da relação conjugal;

d) ser, pelo menos, dezesseis anos mais velho que o adotando;

e) estar habilitado à adoção, segundo as leis de seu país;

f) apresentar estudo psicossocial elaborado por agência credenciada em seu país;

g) ter compatibilidade com a adoção e oferecer ambiente familiar adequado.

De certo modo, as exigências contidas nas letras "c", "e", "f" e "g" não estão intimamente relacionadas às condições pessoais do adotante, sendo que a letra "c" refere-se, sobretudo, à vida conjugal e familiar do adotante; as outras, ao comportamento jurídico e psicossocial do interessado.

Sobre esses aspectos teremos oportunidade de falar mais adiante, quando serão analisados no capítulo sobre a Comissão Estadual Judiciária de Adoção Internacional.

Para se ter uma idéia global sobre os requisitos pessoais do adotante, vejamos o que dispõe o artigo 175, do Código Civil espanhol: "Art. 175: 1. La adopción requiere que el adoptante tenga veinticinco años. En la adopción por ambos cónyuges basta que uno de ellos haya alcanzado dicha edad (...)".

A *Legge n. 184*, que regula a adoção na Itália é mais restritiva e somente permite a adoção (plena) por cônjuges que estejam casados há pelo pelos três anos: "Art. 6º. L'adozione è permessa ai coniugi uniti in matrimonio da almeno tre anni tra i quali non sussista separazione personale neppure di fatto e che siano idonei ad educare, istruire ed in grado di mantenere i minori che intendono adottare. L'età degli adottanti deve superare di almeno diciotto e di non più di quaranta anni l'età dell'adottando. Sono consentite ai medesimi coniugi più adozioni anche con atti successivi".

Além disso, a mesma lei determina, no artigo 30, que os candidatos à adoção internacional devem requerer ao Tribunal competente a *declaração de idoneidade*: "I coniugi i quali intendano adottare un minore straniero debbono richiedere al tribunale per i minorenni del distretto la dichiarazione di idoneità all'adozione".

Os magistrados italianos Francesca Ichino e Mario Zevola anotam que na Itália os cônjuges que desejam adotar devem: a) estar casados há pelo menos três anos: b) não estar separados nem de fato: c) ter, ao menos um dos cônjuges, dezoito e não mais que quarenta anos de diferença do adotado. Além disso, prosseguem os magistrados, "gli aspiranti genitori adottivi devono poi essere in possesso di altri requisiti, riguardanti in modo specifico lo svolgimento del compito per il quale si sono dichiarati disponibili: a) devono essere idonei ad educare, istruire e in grado di mantenere i minori che intendono adottare; b) essere in buona salute, in modo da potersi dedicare pienamente al bambino e da non costituire un pericolo per la sua salute e la sua crescita; c) essere capaci di guidarlo e formalo, migliorandone e sviluppandone le potenzialità personali e le qualità morali; d) essere in grado di esprimergli compiutamente il loro affeto e di farlo sentire amato e amabile, degno di attenzione e di stima; e) possedere capacità economiche almeno sufficienti ad assicurargli condizioni di vita dignitosa; f) avere risorse personali di carattere pedagogico, psicologico e culturale, che consentano loro di essergli davvero vicini nel cammino, spesso irto di ostacoli, verso una piena e soddisfacente autonomia".[1]

No mesmo diapasão, dispõe o art. 1.979 do Código Civil português: "1. Podem adotar plenamente duas pessoas casadas há mais de quatro anos e não separadas judicialmente de pessoas e bens ou de fato, se ambas tiverem mais de 25 anos. 2. Pode ainda adotar plenamente quem tiver mais de 30 anos ou, se o adotando for filho do cônjuge do adotante, mais de 25. 3. Só pode adotar plenamente quem não tiver mais de 50 anos à data em que o menor lhe tenha sido confiado, salvo se o adotando for filho do cônjuge do adotante" (redação dada pelo art. 1º, do Decreto-lei n. 185/93, de 22.5).

Por sua vez, o Código Civil suíço elenca as exigências no art. 264a: "1. Des époux ne peuvent adopter que conjointement; l'adoption conjointe n'est pas permise à d'autres personnes. 2. Les époux doivent être mariés depuis cinq ans ou être âgés de 35 ans révolus. 3. Un époux peut cependant adopter l'enfant de son conjoint s'il est marié avec lui depuis deux ans ou s'il est âgé de 35 ans révolus". O artigo 264b(3) dispõe sobre a adoção por pessoas não casadas e prevê a possibilidade de realizar-se a adoção no caso da incapacidade permanente do outro cônjuge ou da sua ausência: "1. Une personne non mariée peut adopter seule si elle a 35 ans révolus. 2. Une personne mariée, âgée de 35 ans révolus, peut adopter seule lorsqu'une adoption conjointe se révèle impossible parce que le conjoint est devenu incapable de discernement de manière durable, ou qu'il est absent depuis plus de deux ans sans résidence connue, ou lorsque la séparacion de corps a été prononcée depuis plus de trois ans".

---

1. *I Tuoi Diriti – Affido Familiare e Adozione*, p. 151.

No Direito francês, a delimitação dos requisitos pessoais do adotante vem inscrita nos artigos 343, 343-1 e 343-2, do Código Civil. "Art. 343. L'adoption peut être demandée après cinq ans de mariage par deux époux non séparés de corps". "Art. 343-1. L'adoption peut être aussi demandée par toute personne âgée de plus de trente ans (...)". "Art. 343-2. La condition d'âge prévue à l'article précédent n'est pas exigée en cas d'adoption de l'enfant du conjoint".

A exigência feita pelo art. 1º, do Código sueco da Tutela do Poder Paternal revela que "podem adotar, com o consentimento do Tribunal, as pessoas do sexo masculino ou feminino que tenham completado os 25 anos de idade. Possuem igualmente o direito à adoção as pessoas que tenham completado 18 anos mas não tenham ainda completado os 25, quando se trate de filho próprio do seu cônjuge, de filho adotivo deste, ou se houver razões especiais na adoção".

O art. 3º, do mesmo diploma legal também trata do assunto: "Os cônjuges não podem adotar senão em comum. Um dos cônjuges pode, porém, adotar com exclusão do outro, se este se encontrar ausente, desconhecendo-se o seu paradeiro, ou sofrer de uma grave interferência psíquica. A adoção apenas por parte de um dos cônjuges pode dizer respeito, que a filho do outro cônjuge, adotivo ou não e com ou sem o consentimento deste, quer a filho próprio". O art. 4º, complementa: "Pessoas não ligadas por vínculo matrimonial não podem adotar em comum".

O Código Civil belga estabelece, no art. 345, que "o adotante deve ter atingido a idade de vinte e cinco anos, por ocasião da realização do ato de adoção. Além disso, ele deve ter, pelo menos, quinze anos a mais do que o adotado. Todavia se o adotado for filho ou filho adotivo do cônjuge, mesmo falecido, do adotante, basta que este último seja maior e tenha dez anos a mais do que o adotado". No artigo seguinte, dispõe que "ninguém pode ser adotado por diversas pessoas, a não ser por dois esposos".

Na Dinamarca a adoção é concedida "aos requerentes que tenham alcançado a idade de 25 anos. Entretanto, sob certas circunstâncias especiais o decreto de adoção poderá ser concedido ao requerente que tenha alcançado a idade de 18 anos", como estabelece o art. 4º, do Ato de Consolidação n. 629. O artigo seguinte contempla que "uma pessoa casada poderá apenas adotar juntamente com seu cônjuge, salvo se o cônjuge não puder ser encontrado ou por motivo de insanidade, deficiência mental ou por condição similar seja incapaz de agir racionalmente (...). Apenas casais casados poderão adotar juntos".

O § 3º, do Ato n. 8, de 28.2.86, do Departamento Governamental de Adoção da Noruega, dispõe que "um pedido de adoção deve ser concedido apenas para a pessoa que já alcançou os 25 anos de idade. Contudo, quando existirem fortes motivos, o Ministério pode conceder um pedido de adoção para uma pessoa que tenha alcançado 20 anos de idade". No parágrafo seguinte, o ato estabelece que "uma pessoa casada apenas adotará juntamente com seu cônjuge, a não ser que ele seja insano, mentalmente retardado ou estiver desaparecido (...). Pessoas que não são casadas não podem adotar conjuntamente".

No Chile, o art. 21, da Lei 18.703, de 10.5.88, tem disposição semelhante: "Sólo podrá otorgarse la adopción plena a los cónyuges no divorciados, con cuatro o más años de matrimonio, mayores de 25 años y menores de 60 años de edad, com 20 años o más que el menor adoptado; y que hubiesen tenido a éste bajo su tuición o cuidado personal en forma ininterrumpida a lo menos un año. Los cónyuges deberán actuar siempre de consenso. El juez, cuando se justifique, podrá prescindir de los límites de edad o rebajar la diferencia de años señalados en el inciso primero, hasta en un máximo de cinco años. Los requisitos de edad y diferencia de edad con el menor establecidos en el inciso primero, no serán exigibles si uno de los adoptantes es ascendiente por consaguinidad del adoptado".

A Venezuela firmou no art. 2º, da Lei de Adoção, de 18.8.83, que "La adopción puede ser plena o simple. Una y otra, a su vez, puede ser solicitada conjuntamente por cónyuges no separados legalmente de cuerpos, o individualmente por uno de los cónyuges o por cualquier persona con capacidad para adoptar (...)". No artigo 4, estabelece que "La capacidad para adoptar se adquiere a los 25 años. Cuando se trate de adopción conjunta, los cónyuges deberán tener al menos tres años de casados".

O Código Civil mexicano vai mais além, quando delimita os requisitos dos adotantes: "Art. 390. El mayor de veiticinco años, libre de matrimonio, en pleno ejercicio de sus derechos, puede adoptar uno o más menores o a un incapacitado, aun cuando éste sea mayor de edad, siempre que el adoptante tenga diecisiete años más qu el adoptado (...)"; "Art. 391. El marido y la mujer podrán adoptar, cuando los dos estén conformes en considerar al adoptado como hijo y aunque sólo uno de los cónyuges cumpla el requisito de la edad a que se refiere el artículo, pero siempre y cuando la diferencia de edad entre cualquiera de los adoptantes y el adoptado sea de diecisiete años cuando menos".

O *Codigo del Menor* colombiano, registrou nos arts. 89 e 90 os requisitos básicos para um adotante: "Art. 89. Podrá adoptar quien, siendo capaz, haya cumplido 25 años de edad, tenga al menos 15 años más que el adoptable y gantice idoneidad física, mental, moral y social suficiente para suministrar hogar adecuado y estable a un menor. Estas mismas calidades se exigirán a quienes adopten conjuntamente. El adoptante casado y no separado de cuerpos sólo podrá adoptar con el consentimiento de su cónyuge, a menos que este último sea absolutamente incapaz para otorgalo (...)"; " Art. 90. Pueden adoptar conjuntamente: 1) los cónyuges; 2) la pareja formada por el hombre y la mujer que demuestre una convivencia ininterrumpida de por lo menos tres años (...)".

A Lei de Adoções da Argentina tem dispositivo semelhante: "Art. 2º. Nadie puede ser adoptado por más de una persona salvo que los adoptantes sean cónyuges (...). El adoptante debe ser por lo menos dieciocho años mayor que el adoptado, salvo cuando se adoptare al hijo propio".

O patamar da idade colocada pelos legisladores dos diversos países como requisito essencial de procedibilidade no processo de adoção está intimamente ligado com o amadurecimento psicológico do interessado. É a partir dessa idade que se reconhece que a pessoa adquire mais experiência, inclusive para assumir as responsabilidades e obrigações advindas da paternidade e, conseqüentemente, da adoção.

A idade mínima estipulada pelas diversas legislações segue uma convenção internacionalmente estabelecida, como para a fixação da idade para contrair matrimônio, para conduzir veículos, para o estabelecimento da responsabilidade penal etc., não oferecendo, esse método, qualquer segurança e certeza sobre o amadurecimento real do indivíduo.

As legislações citadas dispõem sobre a fixação de limite etário de, no mínimo, 21 anos, para adotar. O novo Código Civil brasileiro diminuiu esse patamar para dezoito anos, exigindo, em contrapartida, que o candidato tenha *estabilidade familiar*. Embora seja possível contrair matrimônio, viver em união estável e ter filhos naturais é impossível ter estabilidade familiar nessa idade. O limite etário mínimo de 21 anos era o marco divisor da adolescência e da vida adulta, com suas responsabilidades, sua independência etc.

Tal posicionamento é perfeitamente compreensível, tendo em vista, sobretudo, que é a partir desse limite etário que as pessoas estão terminando seus cursos universitários e iniciando sua vida profissional. Não deixa de ser um recurso que tenta assemelhar a paternidade adotiva à paternidade biológica colocando-a o mais próximo possível desta.

Mesmo preenchendo os requisitos pessoais exigidos pela lei, em hipótese alguma poderá ser deferida a adoção àquelas pessoas que revelarem incompatibilidade com a natureza do instituto ou que não ofereçam ambiente familiar adequado.

4.2 Estado civil do adotante

As legislações sobre a adoção não são unânimes sobre a condição civil do adotante. Umas só admitem a adoção por pessoas casadas; outras permitem-na para os solteiros, viúvos ou concubinos. Mas na maioria delas verifica-se um ponto em comum: duas pessoas somente podem adotar se forem casadas. Em suma, o ideal legislativo de todos os povos é buscar, sempre, a proteção dos superiores interesses da criança, inserindo-a numa família, imitando a própria natureza.

O Estatuto da Criança e do Adolescente não faz qualquer restrição a respeito, podendo ter legitimidade ativa para a adoção o casado, o companheiro, o solteiro, o viúvo, o divorciado, o concubino.

Estabelece o art. 42 que todos aqueles que têm mais de 18 anos podem adotar "independentemente do estado civil". No § 2º, deste mesmo artigo, o Estatuto disciplina a providência em relação aos concubinos: "a adoção por ambos os cônjuges ou concubinos poderá ser formalizada, desde que um deles tenha completado dezoito anos de idade, comprovada a estabilidade conjugal" (cf. o novo CC).

No Brasil, a união concubinária ganhou *status* de entidade familiar com reconhecimento de estabilidade conjugal, através do art. 226, § 3º, da Constituição Federal, que contempla: "para efeito da proteção do Estado, é reconhecida a união estável entre o homem e a mulher como entidade familiar, devendo a lei facilitar sua conversão em casamento".

É interessante – e também oportuno – fazer uma pequena comparação entre o Estatuto e o Código de Menores, já revogado; este estabelecia restrições se o adotante fosse solteiro ou casado. O solteiro e o estrangeiro somente podiam optar pela *adoção simples*, que era restritiva em relação à sucessão hereditária e não desatava os vínculos do adotado com a família natural. O casado e o nacional serviam-se da *adoção plena*, que, como o próprio nome recomendava, não delimitava nem restringia os direitos do adotado, a não ser os impedimentos matrimoniais, estabelecendo com os pais adotivos um vínculo de filiação definitiva e irrevogável.

O Código revogado regulava, no art. 32, que "somente poderão requerer a adoção plena casais cujo matrimônio tenha mais de cinco anos e dos quais pelo menos um dos cônjuges tenha mais de trinta anos". Se um dos cônjuges fosse estéril não se exigia o prazo de cinco anos de vida matrimonial. O viúvo também era contemplado com a adoção plena se a criança estivesse integrada naquele lar, ou se já convivesse com o casal há pelo menos três anos antes do falecimento do outro cônjuge.

Como se vê, com a nova sistemática instalada pelo Estatuto da Criança e do Adolescente, a adoção não apresenta mais restrições em seus efeitos, a não ser os impedimentos matrimoniais. O casado, o companheiro, o solteiro, o viúvo, o divorciado e o concubino receberam tratamento igual perante a lei.

Apesar de adotar *plenamente*, os estrangeiros ainda foram contemplados com outras exigências, relacionadas à produção de provas documentais – diversas das dos nacionais –, em virtude, obviamente, da própria condição de estrangeiros. Isso não quer dizer, absolutamente, que a adoção processada pelos nacionais é diferente daquela efetuada pelos estrangeiros. Os efeitos são os mesmos. O que muda, na verdade, é o modo de processar o pedido.

Partindo para a análise de outras leis sobre adoção, notamos que o art. 175 do Código Civil espanhol estabelece, em relação ao estado civil do adotante, que podem adotar "um homem ou uma mulher individualmente, tanto se estão casados ou se estão solteiros ou viúvos, ou se encontram separados de seu cônjuge, ou ainda divorciados, ou um casal conjuntamente (não importando se contraíram matrimônio só no religioso ou também no civil), independentemente do tempo que vivem unidos pelo matrimônio".

Ainda referindo-se à adoção, a lei espanhola define que no caso de adoção conjunta de uma criança por um casal, basta que os requisitos da idade mínima e da diferença de idade entre adotante e adotado se cumpram, pelo menos, em relação a um deles.

A Itália não admite a adoção por pessoas solteiras e só permite a adoção em conjunto se os interessados forem casados. O art. 6º, da *Legge n. 184* estabelece que "é permitida a adoção aos cônjuges unidos em matrimônio há pelo menos três anos entre os quais não subsista separação pessoal, nem mesmo de fato e que sejam idôneos para educar, instruir e em condições de manter os menores que pretendem adotar".

Ao referir-se à impossibilidade de o solteiro adotar, pela legislação italiana, Francesca Ichino e Mario Zevola anotam que "Lo scopo della legge è infatti, come si è ripetutamente detto, di assicurare al minore, che ha vissuto l'abbandono, una famiglia che soddisfi pienamente i suoi bisogni affettivi ed educativi, e perciò è necessaria la contemporanea presenza delle figure paterna e materna; e li soddisfi in modo stabile e duraturo, ciò che richiede una coppia affiatata, che abbia potuto verificare la solidità dei reciproci rapporti attraverso un adeguato periodo di convivenza. Por la estessa ragione è poi escluso che possano adottare coniugi separati, essendo cessata, anche senza un provvedimento del giudice, la convivenza coniugale".[2]

---

2. Ob. cit., p. 150.

O Direito português, como vimos acima, dispõe sobre duas formas de adoção: a plena e a restrita. A diferença entre os dois tipos de adoção é de qualidade e percebe-se pelos efeitos que produzem: a) pela adoção plena o adotado adquire a situação de filho do adotante e integra-se com os seus descendentes na família deste, extinguindo-se as relações familiares entre o adotado e os seus ascendentes e colaterais naturais, exceto pelos impedimentos matrimoniais (CC, art. 1.986); b) pela adoção restrita, o adotado conserva os direitos e deveres em relação à família natural, com algumas restrições (CC, art. 1.994).

A adoção plena é conferida aos interessados casados há mais de quatro anos e não separados judicialmente de pessoas e bens ou de fato, se ambos tiverem mais de 25 anos. Duas pessoas somente poderão adotar em conjunto se forem casadas, excluindo, assim, os concubinos. O solteiro também pode adotar plenamente, desde que tenha mais de 30 e menos de 50 anos. Pela adoção restrita, pode adotar aquele que tiver mais de 25 e menos de 50 anos. Existem exceções que estão contidas nos arts. 1.979 e 1.992 do Código Civil português.

Já a legislação suíça, acima apresentada, impõe que "os cônjuges só podem adotar em conjunto; a adoção em conjunto não é permitida para as demais pessoas". Completa o parágrafo seguinte que "os cônjuges devem estar casados há cinco anos ou ter 35 anos completos". E, se quiser "adotar o filho do outro cônjuge, o adotante deve estar casado há dois anos com a mãe da criança ou ter 35 anos" (CC, art. 264a, 1, 2 e 3).

O solteiro também foi contemplado pela legislação suíça, podendo ele adotar "se tiver 35 anos completos" (CC, art. 264b, 1).

No mesmo sentido, o Código Civil francês estabelece, no art. 343, que "a adoção pode ser solicitada após cinco anos de casamento, por dois cônjuges não desquitados"; no art. 343-1 abre espaço para qualquer pessoa: "a adoção também pode ser solicitada por qualquer pessoa com mais de 30 anos".

Note-se que os franceses não permitiram que a adoção fosse pleiteada por duas pessoas em conjunto que não fossem casadas. Aliás, esse posicionamento é universal e demonstra que a finalidade da adoção é constituir uma família para a criança que foi privada da sua.

Os suecos colocaram obstáculos à adoção por pessoas solteiras. Dispõe o Código sueco da Tutela do Poder Paternal, nos arts. 3º e 4º, já mencionados, que os cônjuges não podem adotar senão em comum, reforçando que pessoas não ligadas pelo vínculo matrimonial não podem adotar em conjunto.

A Colômbia não faz restrições quanto ao estado civil do adotante: permite que solteiros e casados possam adotar. Se a adoção for conjunta por duas pessoas (que poderão ser casadas ou não), deverão observar os requisitos de idade e condições sociais, previstos nos arts. 89 e 90 do Código de Menores.

Na Argentina, a Lei de Adoções exclui a possibilidade da adoção por solteiros. Estabelece o art. 2º, acima transcrito, que "ninguém pode ser adotado por mais de uma pessoa, salvo se os adotantes forem cônjuges".

O Código Civil mexicano não se opõe à adoção por pessoas solteiras, desde que cumpram os requisitos previstos no artigo 390. Para a adoção conjunta a lei mexicana exige que os adotantes sejam casados.

A Lei de Adoção da Venezuela permite que a adoção possa ser requerida por solteiros ou casados. Se ela for solicitada em conjunto, os adotantes deverão estar casados há pelo menos três anos.

A Lei 18.703/88, que disciplina a adoção no Chile, estabelece dois tipos de adoção: a simples e a plena. Em ambas requer-se que os requerentes estejam casados, se quiserem adotar em conjunto.

As leis que regulam a adoção na Noruega, na Dinamarca e na Bélgica seguem o mesmo parâmetro: permitem a adoção para solteiros, mas, se requerida por duas pessoas, estas deverão estar casadas.

Todas essas variantes de permissibilidade ou de legitimação para a adoção encontram eco na necessidade premente de alojar a criança adotada numa família constituída regularmente, para que tal procedimento sirva de sustentáculo aos valores que estão sendo formados em sua vida. Encontram sustentação, de igual modo, no ordenamento jurídico internacional que vem, dia após dia – e ultimamente em Haia –, apregoando que "deve ser constatado que os futuros pais adotivos sejam adequados e preparados para adotar".

4.3 Diferença de idade entre adotante e adotado

O estabelecimento de diferenças de idade entre adotantes e adotados é princípio legal que norteia as legislações sobre a adoção.

No Brasil, essa exigência está elencada no art. 42, § 3º, do Estatuto da Criança e do Adolescente, onde se dispõe que "o adotante há de ser, pelo menos, dezesseis anos mais velho do que o adotando". O novo Código Civil reprisou, no artigo 1.619, a obrigação da diferença de 16 anos entre adotante e adotado.

Antes do advento do Estatuto, o limite de idade imposto pela lei foi sofrendo diversas alterações, para mencionar apenas as mais importantes: a) a primeira redação do art. 368 do Código Civil estabelecia que somente os adotantes maiores de cinquenta anos e sem prole legítima ou legitimada tinham condições de adotar; no artigo seguinte, impunha uma diferença de dezoito anos entre adotante e adotando; b) com a modificação do Código Civil pela Lei 3.133/57, os artigos 368 e 369, disciplinaram que só os maiores de trinta anos podiam adotar e que o adotante haveria de ser, pelo menos, dezesseis anos mais velho que o adotado; c) com a vigência da Lei 8.069/90 (Estatuto), o limite mínimo de idade imposto pelo art. 42 ao adotante é de vinte e um anos, com a observação de que o adotante há de ser, pelo menos, dezesseis anos mais velho que o adotando; d) o novo Código Civil revogou o *caput* e o § 2º do art. 42 do Estatuto, que tratavam do limite etário para a adoção, fixando, no artigo 1.618, a idade mínima em 18 anos, mantendo a diferença de 16 anos entre adotante e adotado.

Outras legislações contemplam dispositivos semelhantes ao nosso. O Código Civil suíço adverte, no art. 265,1, que "a criança deve ter, no mínimo, dezesseis anos a menos que os pais adotivos".

O Código Civil francês aponta, no art. 344, que "os adotantes devem ter quinze anos a mais do que as crianças que pretendem adotar. Se estas últimas forem os filhos de seu cônjuge, a diferença de idade exigida é apenas de dez anos".

A Lei italiana de Adoção foi mais adiante, estabelecendo, no art. 6º que "a idade dos adotantes deve superar de ao menos dezoito anos e não mais que quarenta anos a idade do adotando".

Ichino e Zevola, que são magistrados de menores em Milão, em comentário ao dispositivo acima, entendem que "la disposizione si raporta al principio che vuole che l'adozione imiti la natura; con essa si è inteso evitare che a minori in stato di abbandono siano dati dei fratelli o dei nonni invece che dei genitori. Certo, la differenza massima di età limitata ai quaranta anni può apparire eccessivamente riduttiva, tenuto conto delle grandi capacità affetive ed educative generalmente ancora presenti anche nei confronti di figli nati dopo i quaranta anni. Però per ogni minore adottabile ci sono molte coppie disposte ad adottare; infatti, contrariamente a quanto si può essere indotti a pensare, anche per ciò che è spesso inesattamente comunicato dalla stampa e dagli altri mezzi d'informazione, in realtà c'è una grande sproporzione fra il rilevante numero delle coppie aspiranti all'adozione e quello limitato dei minori in accertato stato di abbandono. Di conseguenza il legislatore ha voluto privilegiare le coppie più giovani, che presumibilmente possano svolgere più facilmente la funzione educativa, in particolare quando il figlio adottivo attraverserà il delicato periodo adolescenziale".[3]

3. Ob. cit., p. 150.

O parâmetro de diferença de idade, adotado pelo Código Civil português nos arts. 1.979 e 1.980 é especial, vez que primeiro estabelece que só podem adotar plenamente aqueles que têm mais de 30 anos, ou mais de 25, se o adotando for filho de um dos cônjuges; depois afirma que o adotando só pode ser adotado se tiver menos de 15 anos estendendo esse limite para 18 anos se o adotando já estava confiado à guarda dos adotantes.

Por outro lado, o Código Civil espanhol disciplina, no art. 175, *in fine*, que "En todo caso, el adoptante habrá de tener, por lo menos, catorce años más que el adoptado".

É perfeitamente compreensível esse posicionamento da lei espanhola, porque naquele país é difícil constatar-se a celebração do matrimônio antes dos quatorze anos de idade, que, aliás é a idade permitida para o casamento. Em conseqüência, é raro, também, que essas pessoas tenham filhos antes da idade referida. Não deixa de ser, portanto, posicionamento embasado na própria natureza do indivíduo.

Em outros países, a fixação de um limite intermediário entre adotante e adotado é a regra: Argentina: 18 anos; Bélgica: 15 anos; Chile: 15 anos para a adoção simples e 20 para a adoção plena; Colômbia: 15 anos; México: 17 anos; Venezuela: 18 anos.

Alguns países não estabelecem essa diferença de idade, como é o caso da Alemanha, Dinamarca, Noruega, Reino Unido e Suécia.

A análise que se faz sobre a diferença de idade entre adotante e adotado completa-se como se fosse requisito pessoal de um e de outro. Mas o que mais chama a atenção nas diversas leis apresentadas é o lugar de destaque que mereceu a adoção no conceito das civilizações.

Quando o Estatuto foi promulgado, muitas críticas foram feitas em relação à idade mínima para adotar. Agora, com a vigência do novo Código Civil, esse limite baixou para 18 anos e, certamente, críticas surgirão em virtude da pouca experiência dos adotantes.

Quando o Estatuto fixou o limite de 21 anos, como requisito para adotar, Arnaldo Marmitt defendeu que "não procedem as críticas sobre o limite legal, vez que há muitas pessoas jovens que por fatores diversos são portadores de maior responsabilidade do que cidadãos mais idosos. Idade e maturidade não se confundem. Se aos 21 anos a pessoa pode matrimoniar-se e constituir família, também pode adotar. Se alguém atinge a sua maioridade aos 21 anos, tornando-se apto a reger sua pessoa e seus bens, obviamente também terá habilitação para educar outra pessoa, que resolve adotar. Se a lei o considera capaz de casar, procriar e cuidar de seus próprios filhos, a conclusão lógica é que também o reputa com tal preparo para fazer o mesmo com o filho adotivo. A plenitude de sua capacidade civil o credencia e o qualifica *in totum* para a tarefa, eis que pressupõe a maturidade desejada. Nem é de temer-se nada, neste particular, pois se não reunir os requisitos indispensáveis, será rejeitado, como o é qualquer outro cidadão, com idade superior a 21 anos. A maturidade, o bom senso, o equilíbrio, haverão de estar presentes tanto no adotante com 21 anos, como no de mais idade".[4]

Sem dúvida, o instituto da adoção, ao estabelecer diferenças de idade entre adotantes e adotando, procura sempre imitar a natureza (*adoptio naturam imitatur*), fazendo com que se estabeleça uma relação de paternidade e maternidade entre os protagonistas da adoção, constituindo a situação normal de uma família.

4.4 Cônjuges separados ou divorciados

Interessante é o questionamento sobre a possibilidade da realização da adoção transnacional por casais separados judicialmente ou divorciados.

A situação, na realidade, apresenta-se concretamente quando duas pessoas que já estiveram ligadas pelo vínculo do matrimônio desejam adotar conjuntamente.

Em quase todas as legislações sobre adoção existe a enumeração de condições que deve reunir o adotante (ou adotantes) que lhe permitam estar apto para, legitimamente, requerer a adoção perante a autoridade competente.

É, também, usual na maioria das leis estrangeiras de adoção encontrar a proposição "adoção por ambos os cônjuges", referindo-se, evidentemente, aos adotantes que são casados e que estão vivendo, conjuntamente, o dia a dia de pessoas unidas pelo matrimônio. O significado da palavra "cônjuge" nas leis de adoção não é outro senão aquele que se refere a duas pessoas unidas pelo vínculo matrimonial.

Como exceção à condição de "cônjuges", algumas normas possibilitam a realização da adoção conjunta, por duas pessoas de sexos diferentes, não unidas pelo matrimônio. É o caso dos "companheiros" brasileiros e das *parejas* espanholas. Entretanto, essas duas pessoas, apesar de não estarem legalmente unidas pelo vínculo do casamento, vivem uma relação de afetividade permanente e estável semelhante à conjugal, sendo reconhecida pela sociedade.

Outras possibilidades também são apresentadas, nas hipóteses em que a lei permite a adoção individual por pessoas não casadas, como os solteiros, viúvos e os separados judicialmente ou divorciados.

4. Ob. cit., p. 106.

Repetindo, por oportuno, o que já foi exposto no item 1.7 do Capítulo 1, do Livro I, lembramos que o § 1º do art. 41 contempla a adoção *unilateral*, que se dá quando um dos cônjuges ou companheiros adota o filho do outro. O vínculo de filiação que surge dessa relação é o mesmo que o estipulado no art. 21, exercendo o cônjuge ou companheiro do adotante, plenamente, o poder familiar. Essa disposição foi reprisada pelo art. 1.626 do novo Código Civil.

Vale lembrar que o novo Código Civil repete, no art. 1.622, as disposições constantes no § 5º do art. 226 da CF, § 1º do art. 41 e § 2º do art. 42 do ECA, referente à adoção conjunta deferida a um homem e a uma mulher. Diz o art. 1.622: "ninguém pode ser adotado por duas pessoas, salvo se forem marido e mulher". A discussão que se faz, neste caso, é da possibilidade ou não da adoção por homossexuais. Tem-se como certo de que a *família* recebeu nova identificação a partir da leitura do § 4º do art. 226 da CF.

A dificuldade reside, entretanto, nos posicionamentos morais e costumeiros de nossa sociedade, que recém saída de um sistema patriarcal, vê-se cercada de constantes inovações nas relações afetivas, como é o caso das relações homossexuais.

O magistrado pernambucano, Luiz Carlos de Barros Figueirêdo (2001) revela a preocupação com este assunto em seu livro *Adoção para Homossexuais*. Preocupa-se, o autor, em demonstrar como nossa sociedade está eivada de preconceitos contra os homossexuais a ponto de considerá-los psicopatas, como no caso transcrito na *RT* 463/329 em que o julgador lembra que "não existe a menor dúvida de que o homossexual é um psicopata, ou seja, indivíduo que, em virtude de mórbida condição mental, têm modificadas a juridicidade de seus atos e de suas relações sociais".

Deve-se, entretanto, recorrer ao princípio da igualdade de direitos, consagrado em nossa Lei Maior, para concordar com a possibilidade da adoção por homossexuais em conjunto. Entendemos, com José Luiz Mônaco da Silva (2001, p. 44) que "o Estatuto da Criança e do Adolescente não contém dispositivo legal tratando de adoção pleiteada por homossexuais. Por causa dessa omissão, é possível que alguns estudiosos entendam inviável a adoção por homossexuais. A nosso ver o homossexual tem o direito de adotar um menor, salvo se não preencher os requisitos estabelecidos em lei. Aliás, se um homossexual não pudesse adotar uma criança ou um adolescente, o princípio da igualdade perante a lei estaria abertamente violado. E mais: apesar da omissão legal, o ECA não veda, implícita ou explicitamente a adoção por homossexuais. O que importa, no substancial, é a idoneidade moral do candidato e a sua capacitação para assumir os encargos decorrentes de uma paternidade (ou maternidade) adotiva".

O assunto está longe de ter unanimidade. No entanto, a melhor regra para o caso é aquela prevista no art. 43 do ECA, que determina que a adoção será deferida quando apresentar reais vantagens para o adotando e fundar-se em motivos legítimos. O novo Código Civil retrata essa disposição no art. 1.625 que, em outras palavras, dispõe que somente será admitida a adoção que constituir efetivo benefício para o adotando.

O Estatuto da Criança e do Adolescente segue o mesmo diapasão de outras leis sobre adoção no que diz respeito à possibilidade de adoção por estrangeiros separados judicialmente ou divorciados.

A viabilidade da adoção nessas condições encontra algumas reticências, que são perfeitamente justificáveis. Dispõe o § 4º, do art. 42 do Estatuto que "os divorciados e os judicialmente separados poderão adotar conjuntamente, conquanto que acordem sobre a guarda e o regime de visitas e desde que o estágio de convivência tenha sido iniciado na constância da sociedade conjugal".

Como será possível um estrangeiro judicialmente separado ou divorciado requerer em conjunto com o outro cônjuge separado ou divorciado a adoção de uma criança brasileira?

A resposta trilha o caminho da impossibilidade, vez que uma criança brasileira jamais poderá estar convivendo com um casal de estrangeiros, no exterior, sem que já tenha sido adotada, conforme o dispõe o § 4º, do art. 51 do Estatuto: "Antes de consumada a adoção não será permitida a saída do adotando do território nacional". Isso porque a lei exige que a criança tenha iniciado a convivência com o casal na constância da sociedade conjugal, ou seja, quando ainda não estavam separados.

Ademais, quando o interessado estrangeiro procura o Brasil para realizar uma adoção, deve, antes, ser avaliado pelo serviço social de seu país que anotará todas as circunstâncias de sua vida. Se for um interessado separado ou divorciado, nada impede que promova a adoção, desde que seja individualmente. Se quiser adotar conjuntamente com o outro cônjuge nas mesmas condições vai encontrar dificuldades e terá, seguramente, seu pedido indeferido.

A razão é simples: pela adoção busca-se uma família para a criança que não a tem. O separado ou o divorciado certamente não convive mais com seu (sua) "ex"; com certeza, deve ter constituído outra família, passando, agora, à condição de casado. Não tem sentido, absolutamente, outorgar a adoção a duas pessoas (estrangeiras) que não formam uma família.

Verifica-se, assim, que a lei brasileira, ao permitir a adoção aos separados judicialmente e aos divorciados, nas condições referidas no § 4º, do art. 42 do ECA e no parárafo único do art. 1.626 do novo Código Civil, contemplou apenas os nacionais, excluíndo os estrangeiros.

4.5 Morte do adotante no curso do processo

"A adoção poderá ser deferida ao adotante que, após inequívoca manifestação de vontade, vier a falecer no curso do procedimento, antes de prolatada a sentença" — é o que dispõe o § 5º, do art. 42 do Estatuto. O *caput* do art. 1.628 do novo Código Civil pressupõe a validade da adoção *post mortem*: "Os efeitos da adoção começam a partir do trânsito em julgado da sentença, exceto se o adotante vier a falecer no curso do procedimento, caso em que terá força retroativa à data do óbito".

A providência encartada pela lei tem enorme carga de objetividade e respeito pelo sentimento humano. Uma pessoa decidiu adotar uma criança, preparou-se psicológica e emocionalmente para recebê-la e construiu sonhos de paternidade. Viajou para outro país, apenas com a esperança e a fotografia da criança que a aguardava para integrar uma nova família. Tantos desencontros, tanta demora; enfim, o encontro. O amor foi à primeira vista. Inicia-se o processo e o estágio de convivência. Por um capricho da natureza, vê destruída aquela oportunidade, interrompida bruscamente pela morte.

Nesse ínterim, já tramitava o processo de adoção. O desejo do falecido de receber uma criança em adoção pode ser realizado, legalmente, *post mortem*. Neste caso, embora a lei brasileira silencie, é oportuno a autoridade judiciária consultar o outro cônjuge sobre a decretação da adoção em nome do falecido.

Nesse sentido, a *Legge n. 184* recomenda, no art. 25, que, "se uno dei coniugi muore o diviene incapace durante l'affidamento preadottivo, l'adozione, nell'interesse del minore, può essere ugualmente disposta ad istanza dell'altro coniuge nei confronti di entrambi, con effeto per il coniuge deceduto, dalla data della morte".

De igual teor é o art. 353 do Código Civil francês que anota "Si l'adoptant décède, après avoir régulièrement recueilli l'enfant en vue de son adoption, la requête peut être présentée en son nom par le conjoint survivant ou l'un des héritiers de l'adoptant".

O posicionamento da legislação suíça segue a mesma postura no art. 268, 2, do Código Civil: "2. Lorsqu'une requête d'adoption est déposée, la mort ou l'incapacité de discernement de l'adoptant ne fait pas obstacle à l'adoption, si la réalisation des autres conditions ne s'en trouve pas compromise".

Não resta a menor dúvida de que correta a solução encontrada pelo legislador, conferindo o direito de adotar àquela pessoa que faleceu após ter praticado os atos processuais necessários, com inequívoca manifestação de vontade de realizar aquele ato jurídico, outra alternativa não restando ao juiz senão julgar procedente o pedido.

Em artigo publicado no jornal *O Estado de São Paulo* de 3.10.90, p. 24, o Procurador de Justiça de São Paulo Jurandir Norberto Marçura comenta que "o juiz está legalmente autorizado a deferir o pedido, consolidando a vontade do falecido. Os efeitos da adoção, neste caso, retroagem à data do óbito, coincidindo com a abertura da sucessão (arts. 42, § 5º, e 47, § 6º). É a chamada adoção póstuma (...)".

4.6 O consentimento do cônjuge ou companheiro

A legislação brasileira contemplou, expressamente, que o cônjuge do adotante devesse manifestar seu consentimento na adoção, no inciso I do art. 165 do Estatuto. O novo Código Civil não tratou do consentimento do outro cônjuge ou companheiro do que deseja adotar, valendo as orientações estatutárias. Na verdade, se os cônjuges ou os companheiros vivem juntos em harmonia, é óbvio que um tomará conhecimento do que o outro faz, principalmente quando se refere a um ato dessa natureza.

O próprio legislador determinou ao intérprete que buscasse, junto aos arts. 19 a 27 e 39 a 52 do Estatuto, a combinação de fatores que proporcionasse a conclusão de que uma adoção feita em família, seja ela selada pela legitimidade ou construída de fato, não pode prescindir do consentimento, justamente, de um dos protagonistas mais importantes: o outro cônjuge ou companheiro.

Deve-se insistir num ponto importante quando se trata de adoção: a criança que vai ser adotada vai para uma *família*. Se a comunidade que receber a criança adotada não constituir uma célula familiar, a adoção torna-se restrita e não oferece reais vantagens à criança. A criança que não tem família *quer e deseja uma família* e não só um pai ou só uma mãe.

A autoridade judiciária não deverá outorgar a adoção se ela estiver sendo dada a um casal e não houver o consentimento de um dos cônjuges.

O consentimento do outro cônjuge não separado judicialmente ou não divorciado tem sido preocupação muito grande em outras legislações. Em Portugal, por exemplo, o Código Civil expressou esse regulamento no art. 1.981: "1. É necessário para a adoção o consentimento: (...) b) do cônjuge do adotante não separado judicialmente de pessoas e bens". O mesmo Código lança, no art. 1.990, a possibilidade de revisão da sentença judicial se não existir o consentimento do cônjuge do adotante: "1. A sentença que tiver decretado a adoção só é susceptível de revisão: a) Se tiver faltado o consentimento do adotante ou dos pais do adotado, quando necessário e não dispensado".

A Organização Tutelar de Menores (OTM), Decreto-lei n. 314/78, de 27.10.78, lei especial portuguesa que disciplina as relações do Direito de Família e de Menores, dispõe, no art. 164: "1. Realizado o inquérito, o juiz, com a assistência do curador, ouvirá separadamente o adotante e as pessoas cujo consentimento ou audiência a lei exija. 2. O juiz deve esclarecer as pessoas de cujo consentimento a adoção depende sobre o significado e efeitos do ato".

Na Espanha, o artigo 177 do Código Civil estipula que "2. Deberán asentir a la adopción en la forma establecida en la Ley de Enjuiciamiento Civil: 1) el cónyuge del adoptante, salvo que medie separación legal por sentencia firme o separación de hecho por mutuo acuerdo que conste fehacientemente (...). No será necesario el asentimiento cuando los que deban prestarlo se encuentren imposibilitados para ello".

Na Espanha, a anuência do cônjuge adotante pode ser realizada perante uma entidade pública de proteção de menores, ou em documento público outorgado perante o notário (tabelião), antes que a proposta de adoção seja formulada, ou, ainda, perante o juiz. Se o cônjuge não assentir perante o juiz, o não oferecimento da anuência impede que a adoção seja levada a cabo. Se a anuência foi dada há mais de seis meses, deverá ser ratificada perante o juiz, para evitar de dar validade a assentimentos que foram realizados em circunstâncias transitórias e que podem não mais existir.

O assentimento ou a anuência do cônjuge do adotante é algo lógico: terá que compartilhar com este as responsabilidades inerentes à adoção e os cuidados da criança. Seria injusto, para não dizer amoral, que um cônjuge pudesse adotar uma criança sem o consentimento do outro.

Nas hipóteses de adoção em casos particulares (adoção de órfãos, de filhos do cônjuge e de crianças portadoras de deficiência), a *Legge n. 184* estabeleceu no artigo 46, que "para a adoção é necessário o consentimento dos genitores e do cônjuge do adotante".

Por sua vez, na França, o art. 343-1 do Código Civil prescreve que "si l'adoptant est marié et non séparé de corps, le consentement de son conjoint est nécessaire à moins que ce conjoint ne soit dans l'impossibilité de manifester sa volonté".

Na Suíça a situação é semelhante. O art. 264a, 1, do Código Civil, dispõe que "os cônjuges só podem adotar em conjunto; a adoção conjunta não é permitida para as demais pessoas". No entanto, o *Code* abre uma exceção no artigo seguinte, quando admite que uma pessoa casada pode adotar sozinha na hipótese de ser impossível colher o assentimento do outro cônjuge, em virtude de incapacidade de discernimento ou ausência por mais de dois anos.

O mesmo posicionamento foi adotado pelo Código Sueco da Tutela do Poder Paternal, em seu art. 3º.

O consentimento do outro cônjuge, requerido na adoção, é exigido por legislações de outros países, como o art. 347, do Código Civil belga, o art. 15 da Lei de Adoção da Venezuela, os arts. 391 e 392 do Código Civil mexicano, o art. 89 do *Codigo del Menor* da Colômbia e o art. 8º da Lei de Adoção argentina.

Via de regra, a adoção não decorre de um ato unilateral de um dos cônjuges ou companheiros. Para chegar à conclusão de que querem adotar, os adotantes meditaram, pensaram, discutiram, analisaram as diversas possibilidades de receber mais um integrante na família etc. A decisão de adotar e iniciar o ato jurídico, certamente, não é impensada; é fruto de muita reflexão. O consentimento do outro cônjuge decorre, pois, da própria decisão de adotar e pode ser manifesto, com simplicidade, apondo suas assinaturas no requerimento inicial, na outorga de procuração para o advogado, em ato singelo através de declaração na presença do juiz etc.

4.7 *Impedimentos*

Não são todas as pessoas que querem que podem adotar. As leis impõem certas proibições; umas relacionadas à idade, como já vimos acima, outras relacionadas ao grau de parentesco, ou para pessoas que não oferecem ambiente familiar adequado, ou, ainda, para duas pessoas do mesmo sexo etc.

O Estatuto da Criança e do Adolescente apresenta três modalidades de impedimentos aos pretendentes à adoção: a) os impedimentos *relativos;* b) os impedimentos *absolutos;* e c) os impedimentos *condicionais.*

Aqueles indicados pela letra "a" correspondem aos impedimentos que *podem ser sanados antes ou depois de iniciar o processo de adoção;* são impedimentos passíveis de regularização. São eles: 1) não se deferirá a colocação em família substituta àquelas pessoas que são incompatíveis com a natureza da medida (ECA, art. 29); 2) àquelas pessoas que não ofereçam ambiente familiar adequado (ECA, art. 29); 3) não será deferida a adoção àqueles que não preencherem os requisitos legais (ECA, art. 50, § 2º); 4) não será deferida a adoção àqueles que não estiverem habilitados perante a Comissão Estadual Judiciária de Adoção Internacional (ECA, art. 52).

Os impedimentos *absolutos* são aqueles que, *ocorrendo, fazem com que a adoção seja frustrada*. São eles: 1) não podem ser adotantes os menores de 18 anos (CC, art. 1.618); 2) não podem adotar os ascendentes e os irmãos do adotando (ECA, art. 42, § 1º); 3) não será possível a adoção sem o consentimento dos pais do adotando (ECA, art. 45 e CC, art. 1.621); 4) se o adotando tiver mais de 12 anos seu consentimento à adoção é imprescindível, sem o qual não haverá a realização do ato (ECA, art. 45, § 2º e CC, art. 1.621); 5) não se deferirá a adoção, em conjunto, a duas pessoas do mesmo sexo (cf. nossas anotações no item 4.4, acima); 6) não cumprimento do estágio de convivência (ECA, art. 46, § 2º); 7) a apresentação dos documentos em língua estrangeira, não traduzidos e devidamente autenticados pela autoridade consular (ECA, art. 51, §§ 1º, 2º e 3º); 8) não poderá requerer a adoção o interessado que não estiver habilitado em seu país de origem (ECA, art. 51, § 1º).

Existem certos impedimentos que são chamados de *condicionais*, pelo fato de *imporem algumas providências aos interessados, para que estejam aptos a requerer a adoção*. São eles: 1) se o tutor ou o curador não prestarem conta da administração dos bens do pupilo ou curatelado, não podem adotar (ECA, art. 44 e CC, art. 1.620); 2) o adotando deve contar com menos de 18 anos à data do pedido de adoção, salvo se já estiver sob a guarda ou tutela dos adotantes (ECA, art. 40); 3) os separados judicialmente e os divorciados somente poderão adotar em conjunto se acordarem sobre a guarda da criança e se esta já estiver convivendo com os adotantes antes da separação (ECA, art. 42, § 4º e CC, art. 1.622, parágrafo único); 4) se o adotante falecer no curso do processo, antes de prolatada a sentença, tendo ele manifestado, inequivocamente, sua vontade de adotar (ECA, art. 42, § 5º e CC, art. 1.628); 5) o consentimento dos pais do adotando será dispensado se forem desconhecidos ou forem destituídos do pátrio poder (ECA, art. 45, § 1º e CC, art. 1.621, § 1º).

Alguma coisa já foi dita acima sobre os impedimentos considerados relativos, pois abordam, de modo genérico, as condições básicas para a concretização da adoção.

As situações elencadas no art. 29 do Estatuto exigem do adotante que tenha uma família constituída e um lar que possa proporcionar à criança uma convivência harmônica, fundamentada no respeito e na alegria. Se o interessado estrangeiro em adoção não tiver, pelo menos, condições de dar uma família à criança que não a tem, não poderá estar apto à adoção. Aliás, nem sabe o que significa a adoção.

No entanto, não basta ao adotante ter uma família. Essa família deverá ser um local que proporcione ao adotando o respeito aos seus superiores interesses (CC, art. 1.625). Nela devem ser assegurados ao adotando os direitos referentes à liberdade, à dignidade, ao respeito, à inviolabilidade da integridade física, psíquica e moral, à preservação de sua imagem, da sua identidade, da sua autonomia, de seus valores, idéias e crenças, de seus espaços e objetos pessoais, não lhe proporcionando tratamento desumano, violento, aterrorizante, vexatório ou constrangedor (ECA, arts. 15 a 18).

Toda essa relação de direitos, assegurada tanto pela Constituição Federal (art. 227) quanto pelo Estatuto, visa coibir certos abusos que podem ser corriqueiros em determinadas famílias, que se excedem nos maus-tratos, no abuso sexual e outras demonstrações de violência e desrespeito contra a criança.

Por outro lado, o adotante deverá providenciar a *autorização* ou *habilitação* em seu país de origem perante a Autoridade Central, para que possa ter legitimidade para pleitear a adoção no Brasil. Vencida essa etapa, o interessado deverá habilitar-se na Comissão Estadual Judiciária de Adoção Internacional, em território nacional, para estar também aqui autorizado e habilitado a adotar uma criança brasileira.

Além do mais, determina a lei que a adoção somente poderá ser deferida se apresentar reais vantagens para o adotando e fundar-se em motivos legítimos (ECA, art. 43 e CC, art. 1.625).

Outros impedimentos, considerados absolutamente insanáveis, são colocados nas legislações sobre adoção, como forma de inibir ou impedir que certos abusos jurídicos sejam cometidos.

Como elencado acima, o interessado em adoção não poderá ter menos de 18 anos de idade, ou seja, não poderá iniciar um pedido de adoção se tiver menos que a idade designada. Na verdade, a imposição do limite de idade não deixa de ser um requisito pessoal do adotante, como já vimos acima, sem o qual não estará legitimado a requerer a adoção.

É obstáculo legal ao pretendente à adoção, também, a condição de *ascendente ou descendente* do adotando. Essa proibição está relacionada estreitamente com a alteração das relações de parentesco estabelecidas pela natureza. Entre ascendentes e descendentes já existe uma relação legalmente estabelecida. Não tem sentido, portanto, que um pai adote seu próprio filho. Não obstante, mediante a adoção, o pai ou a mãe "verdadeiros" podem querer ocultar a relação biológica que existe com o filho (por exemplo, havido fora do casamento), sem renunciar a viver com ele.

Da mesma forma sucede a quem, tentando remediar a injustiça cometida por seus pais, quer adotar, como filho, aquele que sabe ser seu irmão. A lei pretende impedir que a adoção seja utilizada como forma de ocultar relações ilegítimas ou desonrosas. Ao invés de adotar seu filho, deveria aquele pai reconhecê-lo. De certa forma, se o interessado-pai não comunicar esse fato à Justiça, com certeza a adoção será concretizada, gravada com um vício, porque não há meio de se conhecer a verdade.

A ausência do consentimento dos pais do adotando ou de seu representante legal é empecilho fulminante no processo de adoção. Evidentemente que aqui se fala do consentimento dos pais conhecidos, presentes e não destituídos do poder familiar (CC, art. 1.621, *caput* e § 1º).

O art. 1.621 do Código Civil brasileiro dispõe: "a adoção depende de consentimento dos pais ou dos representantes legais, de quem se deseja adotar, e da concordância deste, se contar com mais de 12 (doze) anos".

O adotando com mais de 12 anos deverá manifestar-se sobre a conveniência de permanecer ou não com o adotante que requer sua adoção (CC, art. 1.621, *caput*). Se inexistir a manifestação do adolescente, não haverá adoção; se o adolescente negar seu consentimento à adoção pleiteada, esta não poderá ser concretizada. É perfeitamente compreensível essa prática. Por motivos uns e outros, o adotando adolescente entendeu que não seria possível viver com aquela família.

Pode-se, ainda, considerar um impedimento, embora não absoluto, aquele que coloca dificuldades para a adoção por duas pessoas, em conjunto, do mesmo sexo. O homossexualismo ainda não é bem aceito pela sociedade e, principalmente, pela comunidade jurídica, que coloca obstáculos para a efetivação de direitos. Entretanto, é possível que, num futuro bem próximo, essa discussão caia no vazio, tendo em vista os exemplos de casamento entre pessoas do mesmo sexo na Califórnia e na Holanda.

Sem documentos idôneos os interessados estrangeiros não poderão realizar o sonho da adoção no Brasil. Os documentos necessários à habilitação perante a Comissão Estadual Judiciária de Adoção Internacional devem estar traduzidos por perito oficial e chancelados pela autoridade consular. De igual modo, a lei que autoriza e habilita o interessado no seu país de origem deve indicar sua validade.

Outros impedimentos são caracterizados pelas condições que se impõem ao adotante, que pode vir a adotar, preenchidas as obrigações. É o caso do tutor ou curador da criança ou adolescente que somente poderá requerer a adoção de seu pupilo ou curatelado se prestar conta da administração dos bens deles. É compreensível, portanto, que o tutor ou curador devam estar desvinculados dos bens do adotando, para não parecer que a adoção é um meio para se apoderarem de seu pa-trimônio. Com efeito, ao adotar seu pupilo, ardilosamente ministrando-lhe carinho e afeto, poderia a adoção converter-se em um meio para que o tutor evitasse prestar contas de sua tutela, ocultando possíveis apropriações ou especulações fraudulentas. É por esse motivo que a lei exige que, primeiro, tais contas devam ser aprovadas judicialmente para, depois, proceder à adoção. Tal hipótese não aproveita aos estrangeiros.

Outra situação é aquela do *caput* do art. 40 do Estatuto, que dispõe: "O adotando deve contar com, no máximo, dezoito anos à data do pedido, salvo se já estiver sob a guarda ou tutela dos adotantes". Na verdade, como analisamos acima, essa condição não se ajusta aos interessados estrangeiros, porque uma criança ou adolescente brasileiro somente poderá viver com um casal estrangeiro, no exterior, na condição de filho, se for legalmente adotada. E a lei brasileira não permite o estágio de convivência realizado no país de acolhimento.

Outras condições colocadas pela lei referem-se aos separados judicialmente e divorciados, que poderão adotar se acordarem o regime de visitas e desde que o adotando já estivesse convivendo com eles antes da separação. Novamente, aparece outra condição exclusiva aos nacionais, pelo mesmo motivo alinhado acima.

Aqueles adotantes que falecem no curso do processo podem completar seu desejo, desde que essa vontade esteja inequivocamente gravada no processo.

O consentimento dos pais ou do representante legal do adotando também é uma condição que poderá ser colhida no decorrer do processo (nas formas legais de citação) ou até dispensada, nos termos do § 1º, do art. 45 do Estatuto, nas hipóteses em que os pais forem desconhecidos ou forem destituídos do poder familiar.

Essas recomendações impeditivas à adoção não são exclusividade brasileira. Outras legislações disciplinam seus impedimentos de diversas formas e graus.

Os italianos, através da *Legge n. 184*, inscrevem seus impedimentos: o art. 6º, disciplina os requisitos pessoais do adotante, afirmando que eles somente podem adotar em conjunto se forem casados há pelo menos três anos, sendo de pelo menos 18 anos a diferença de idade entre adotante e adotando; o art. 7º, trata das condições do adotando, sua idade e a necessidade de manifestar seu consentimento; os arts. 8º a 21 dispõem sobre o estado de abandono e a declaração de adotabilidade do adotando; o art. 22 dispõe sobre a exigibilidade da realização de pesquisa social para aferir se o adotante proporcionará condições dignas ao adotando; já, o art. 25 aborda a possibilidade da outorga da adoção aos separados judicialmente e divorciados e àqueles que vierem a falecer no curso do procedimento. Em relação à adoção por italianos, de crianças ou adolescentes estrangeiros, a *Legge* ordena, no art. 30, que os interessados "debbono richiedere al tribunale per i minorenni del distretto la dichiarazione di idoneità all'adozione".

O art. 297 do Código Civil italiano exige o consentimento do cônjuge ou dos pais do adotando: "Para a adoção é necessário o consentimento dos pais do adotando e o consentimento do cônjuge do adotante e do adotando, se casados e não separados judicialmente".

Quando se trata de colocar impedimentos aos adotantes, a lei civil portuguesa inscreve no art. 1.979 os requisitos pessoais, fixação de idade limite para adotar, a proibição da adoção conjunta por duas pessoas do mesmo sexo ou que não sejam casadas, a diferença de idade; no art. 1.980, dispõe sobre os requisitos do adotando e determinação da idade que possibilita sua adoção; no art. 1.981 vem gravada a necessidade do consentimento do adotando, do cônjuge do adotante e de outras pessoas que a lei determina.

O Código Civil suíço não é dessemelhante das demais leis de adoção. O art. 264 trata da necessidade de o adotante proporcionar um ambiente familiar adequado para a criança; o art. 264a impede a adoção conjunta por pessoas que não forem casadas, do mesmo sexo, e fixa o limite de idade para a adoção; o art. 265 inscreve os requisitos do adotando, sua idade e seu consentimento; no art. 265a vem estipulada a necessidade de consentimento dos pais do adotando.

A lei sueca não é diferente: o art. 1º dispõe sobre os requisitos pessoais do adotante e o limite de idade para requerer a adoção; os arts. 2º e 3º impedem a adoção por duas pessoas do mesmo sexo, ou por duas pessoas que não sejam casadas; o art. 4º relata os requisitos dos adotandos, com a fixação dos limites de idade e necessidade de consentimento; o art. 5ºa exige o consentimento dos pais do adotando; o art. 6º impede a adoção àquele interessado que não tem condições de proporcionar um ambiente familiar adequado ao adotando.

O Código Civil espanhol trata do assunto a partir do art. 175, onde estabelece os requisitos pessoais do adotante, os limites de idade permitidos para a adoção; impede a adoção por ascendentes, descendentes e por parentes em segundo grau na linha colateral, por consangüinidade ou afinidade; estabelece as restrições à adoção pelo tutor enquanto não prestar contas da administração dos bens do pupilo; segue proibindo a adoção conjunta por duas pessoas do mesmo sexo, não impedindo que um homossexual ou uma lésbica, individualmente, adotem, mesmo que um conviva com outra pessoa do mesmo sexo; neste caso, a adoção, se for possível pelos demais requisitos, será concretizada para apenas uma daquelas pessoas; não restringe o estado civil do adotante, permitindo, inclusive, que os concubinos adotem sem a necessidade de tomar o consentimento do outro companheiro, pelo fato de que a lei espanhola protege a estabilidade do matrimônio, mas não das pessoas que se unem numa relação de concubinato, pois na verdade, o concubinado não existe legalmente na Espanha; no art. 177 consagra o consentimento do cônjuge do adotante, se não estiver separado ou divorciado e dos pais do adotando; consente ao separado ou divorciado que adotem em conjunto, desde que acordem, em sentença judicial, o regime de visitas e a guarda.

A Lei 19.134, que disciplina a adoção na Argentina estabelece, no art. 5º que "No podrán adotar: a) quien no haya cumplido treinta y cinco años, salvo los cónyuges que tengan más de cinco años de casados o que aun no habiendo transcurrido este lapso se encontrasen en la imposibilidad de procrear; b) un abuelo a su o a sus nietos".

Vê-se, por essa pequena amostra legislativa, que os países colocam obstáculos àqueles pretendentes à adoção que não estão imbuídos do sentido da paternidade, da adoção e dos relevantes interesses da criança. O impedimento legal à adoção serve como uma defesa para o adotando que quer ver sua situação definida e em melhores condições que a vivida antes da adoção. Essas exigências, sem dúvida nenhuma, são de grande valia para que o instituto da adoção tenha sua credibilidade restabelecida.

5
REQUISITOS PESSOAIS DO ADOTANDO

5.1 Quem são as crianças e adolescentes adotáveis? 5.2 A situação de abandono do adotando. 5.3 Situação dos pais biológicos: falecidos, destituídos do poder familiar, desaparecidos. 5.4 A criança institucionalizada.

5.1 Quem são as crianças e adolescentes adotáveis?

Quem são aqueles que poderão ser adotados? Qualquer criança ou adolescente poderá ser escolhido para integrar uma nova família através da adoção? O que é necessário existir na relação criança-adolescente-família para que a adoção seja viável?

O Estatuto da Criança e do Adolescente, dispondo, no artigo 23, sobre o direito à convivência familiar e comunitária, foi enfático e decisivo ao afirmar que "a falta ou a carência de recursos materiais não constitui motivo suficiente para a perda ou a suspensão do pátrio poder" (*suspensão ou extinção do poder familiar*, cf. novo CC). É interessante reafirmar esse ponto de vista porque nunca é demais dizer que *a pobreza não é motivo para retirar uma criança de sua família de origem e colocá-la em outra família através da adoção*.

É natural que o primeiro pensamento relativo à adoção de crianças volta-se para aquela família com dificuldades econômicas, ou seja, que vive na pobreza. Essa certeza de direcionamento da clientela da adoção já não existe mais. A lei proíbe a adoção de criança pelo fato de sua família não ter condições financeiras. Se esse ponto de vista prosperasse, haveria apenas uma regra sobre a adoção: somente os ricos ou os economicamente bem-situados teriam legitimidade para adotar. Na verdade essa proposição é absurda e nem sequer merece comentários, porque a adoção não se presta a incentivar a discriminação da pobreza, que, pela sua própria natureza, já contém seus reveses.

Por outro lado, atento a esse problema da dificuldade financeira da família, que poderia, em tese, facilitar a adoção, o Estatuto instituiu no parágrafo único do artigo acima citado, em que "não existindo outro motivo, que por si só autorize a decretação da medida, a criança ou o adolescente será mantido em sua família de origem, a qual deverá obrigatoriamente ser incluída em programas oficiais de auxílio".

Ou seja, se a família tiver carência financeira e, por esse motivo, quiser entregar um de seus integrantes para adoção, não lhe será permitido, vez que o Estado deverá proporcionar-lhe a ajuda necessária.

Por outro lado, seria desumano haver sempre essa dicotomia adoção-pobreza, que encontrasse sua solução no interessado rico. Essa realidade não é a regra no Brasil; aqui, os pobres e os de classe média são os que mais adotam. Os ricos pouco se interessam em proceder à adoção.

No Brasil, os "adotáveis" por estrangeiros são aquelas pessoas de zero a dezoito anos de idade que estão fora da proteção do poder familiar; ou seja, ninguém exerce sobre eles o poder familiar.

Na legislação alienígena encontramos o art. 175 do Código Civil espanhol determinando que os adotandos deverão ter dezoito anos e "únicamente podrán ser adoptados los menores no emancipados".

O Código Civil português, por sua vez, inscreve no art. 1.980 que "o adotando deve ter menos de 15 anos à data da petição judicial de adoção; poderá, no entanto, ser adotado quem, a essa data, tenha menos de 18 anos e não se encontre emancipado, quando, desde idade não superior a 15 anos, tenha sido confiado aos adotantes ou a um deles ou quando for filho do cônjuge do adotante".

A Alemanha fixa um critério mais liberal no que diz respeito às características do adotado: tanto o maior quanto o menor de idade podem ser adotados; os efeitos jurídicos da adoção, porém, são diversos.

A Bélgica não impõe qualquer restrição para a adoção simples, enquanto que na plena o adotando deverá, obrigatoriamente, ter menos de quinze anos.

No Chile, na Colômbia, na Dinamarca, na Noruega e no Reino Unido o adotando deverá ter menos de 18 anos de idade para ser possível sua adoção.

A lei argentina diz, apenas, que o menor não deve ser emancipado, invocando, por outro lado, os requisitos dos adotantes.

Outras legislações preferem apenas fixar a diferença de idade entre o adotante e o adotando. Por esse parâmetro, a Itália fixa em 18 anos, a Suiça em 16, a França em 15, o México em 17, a Venezuela em 18.

Além do critério de idade, outro problema que está intimamente relacionado com a capacidade de ser adotado, refere-se a sua particular situação de abandono.

5.2 *A situação de abandono do adotando*

O psicólogo Fernando Freire, organizador de excelente trabalho sobre abandono e adoção,[1] catalogou várias definições de abandono.

---

1. *Abandono e Adoção – Contribuições para uma Cultura da Adoção I*, p. 41.

Eis algumas delas: "O abandono é a falta de relação afetiva"; "É preciso perceber a referência moral para definir o abandono"; "Abandono é ter um menor como uma coisa, um objeto, é tê-lo afastado do contato caloroso do afeto familiar"; "Existe o abandono quando não existe o relacionamento afetivo entre pais e filhos"; "Existe o abandono quando não existe relacionamento afetivo e nos casos de absoluta incapacidade dos pais"; "Nós não temos instrumentos para avaliar o abandono de uma criança"; "Não existe o abandono, o que existe é a falta de apoio às famílias carentes"; "É difícil definir. Prevalece a idéia de que existe o abandono quando o menor não recebe da família e de seu ambiente mais próximo o mínimo necessário para um desenvolvimento adequado"; "Qualquer definição precisa, antes de tudo, levar em consideração os interesses da criança"; "Em geral, se entende por abandono a falta de afeto, de instrução e de apoio por parte das figuras parentais"; "Para alguns, é suficiente o abandono moral para declarar o estado de abandono"; "O conceito de abandono é muito relativo, e é preciso ter sempre em mente algumas variáveis: idade, situação psíquica da criança e dos pais, situação econômica da família. Nessa apreciação, é determinante a ideologia do Juiz"; "Existem poucos casos de abandono porque existem sempre justificativas para a situação dos pais. E é muito difícil julgar essas situações" – e outras.

Não é necessário definir, juridica ou socialmente o abandono. Suas conseqüências são tão perversas que são detectadas sem muito esforço. Deve-se, entretanto, conhecer e sentir o significado do abandono.

A lei brasileira não define o abandono. Nem deveria, porque estaria delimitando e condenando centenas de milhares de crianças e adolescentes e suas famílias a uma subcondição social.

Apesar de não conceituar o abandono propriamente dito, o Estatuto, utilizando outra nomenclatura – agora, chamada de *situação de risco* –, inscreve, no art. 98, as situações que conduzem a criança ao estado de abandono ou de risco pessoal: "As medidas de proteção à criança e ao adolescente são aplicáveis sempre que os direitos reconhecidos nesta lei forem ameaçados ou violados: I – por ação ou omissão da sociedade ou do Estado; II – por falta, omissão ou abuso dos pais ou responsável; III – em razão de sua conduta".

Por outro lado, é fácil detectar o abandono. Os trabalhadores sociais que atuam diretamente nessa área não precisam da definição legal do abandono, porque a eles basta um simples olhar na situação. A situação de abandono é tão marcante e tão forte que não necessita de definições legais para configurá-la.

Uma criança em situação de abandono é facilmente identificada pelo seu olhar: é triste, melancólico, angustiado, sem esperança, sem brilho, sem vida, sem amor.

Se tivesse que escolher uma definição para o abandono, não estaria sendo ousado em caracterizá-lo como a *absoluta falta de amor*. Amor e abandono se repelem; o amor exclui o abandono; o abandono é carência de amor; quem ama não abandona; o abandonado tem sede de amor; o amor é entrega e doação, o abandono é egoísmo.

É o amor que alimenta a vida. Esse amor é representado pela dedicação, pela doação e pela partilha de afeto e carinho dos pais. Quando inexiste a parcela de contribuição de amor dos pais a criança torna-se meia pessoa, uma subcidadã da relação parental, um pária dentro da própria comunidade familiar.

A situação de abandono é perversa. Sua ação é destrutiva. Corrói os sentimentos, destrói a fonte que alimenta a esperança. Sua conseqüência é ainda pior: faz com que a criança cresça insensível e indiferente para a ajuda fraterna e comunitária. Tal assertiva vem ao encontro do pensamento de Ubaldino Calvento Solari, para quem o "abandono se configura através de atos negativos e omissivos".

O abandono pode se revestir de vários aspectos: o *material*, o *jurídico*, o *psicológico*, o *moral* e o *afetivo*. O abandono *material* é o mais visível. Sua manifestação está relacionada com a sobrevivência: é a falta de alimento, de roupa, de remédio etc. O abandono *jurídico* verifica-se quando a criança está sem representação legal, seja dos pais, parentes, tutor ou curador. O abandono *psicológico* é caracterizado pela rejeição; proporciona à criança sentimentos de angústia e agressividade. O abandono *moral* age, sobretudo, nos valores pessoais da criança. Ela cresce carente dos sentimentos de justiça, honestidade, fraternidade etc., dando lugar ao isolamento sentimental, caracterizado pelo egoísmo. O abandono *afetivo* é o mais pernicioso. Sua conseqüência atinge o âmago do ser. Caracteriza-se pela indiferença resultante da absoluta carência de afeto, carinho e, principalmente, amor. Sem o amor, uma pessoa não é nada; o amor é o alicerce que embasa as relações afetivas.

Silvana Bosi e Donatella Guidi, a primeira jornalista e a segunda psicóloga terapeuta, consideram que "o abandono provoca na criança uma ferida profunda porque implica na perda dos pontos de referência e na percepção de ser recusada, que são dois fatores que incidem de modo destrutivo na pessoa que se está construindo. A criança que vem a ficar sozinha, sem sua mãe, logo após ter nascido, vivendo em simbiose com ela, formando uma unidade do ponto de vista psicológico, não só perde os pontos de referência sensoriais (odores, sons, sabores, percepção pelo tato, em face aos quais estava habituado), mas, sobretudo, falta-lhe a percepção de ser uma coisa inteira: destacada da sua mãe é como se estivesse separada em duas partes. A angústia que disto resulta pode conduzi-la à recusa de viver, à total clausura e aversão contra o ambiente que a circunda".[2]

Verificado o abandono, a criança desenvolve um sentimento de exclusão da afetividade e de valores: vai tornando-se uma pessoa fria, sem escrúpulos, sem distinção entre o bem e o mal. Sua escala de valores (quando tem!) fica invertida. Seu relacionamento familiar é precário e desordenado, não conseguindo fixar diferenças entre a autoridade paterna e a materna; suas necessidades básicas biológicas não são preenchidas pela família; não consegue realizar-se socialmente no âmbito cultural porque, às vezes, a escola lhe é inacessível; não localiza a diferença de seu *status* na hierarquia social, porque sua família, que é o seu parâmetro, também está alijada do engajamento social; enfim, quando atinge certa idade, não reúne condições para construir sua própria comunidade familiar.

Mas também é verdade, e quase científico, que a criança não nasce incapacitada para desenvolver suas qualidades e habilidades no campo do relacionamento afetivo. Necessita de estímulos e de ajuda profissional. Uma criança estimulada para as coisas boas fará florescer em seu íntimo um conjunto de valores que lhe permitirão viver em harmonia com seus semelhantes. Se os estímulos forem negativos, cultivará o derrotismo e abafará a iniciativa do bem.

Se essas condições não lhe são oferecidas, ou se esses estímulos não forem sugestionados à criança, é bem provável que o desenvolvimento de sua escala de valores sofrerá interferências e, com certeza, fixará regras que não são as mesmas impostas pela sociedade, surgindo, aí, um conflito de interesses.

O abandono geralmente está associado à institucionalização. Esta surge após a decretação da falência da família, ou quando esta não consegue apontar para seus filhos uma direção no caminho da realização pessoal. Institucionalização e abandono são frutos da mesma árvore. Ambos originam-se da mesma causa: a destruição da família.

O abandono é a porta de entrada das famílias adotivas. Onde há uma situação de abandono, surge a possibilidade da adoção. Na verdade, no mundo inteiro, o estado de abandono é o denominador comum a todas as crianças adotáveis. Além do mais, é a *conditio sine qua non*, jurídica e social da adoção. Ligar o abandono à adoção é, sem dúvida, um caminho feliz para adotante e adotando.

Annamaria Dell'Antonio, ao analisar o problema psicológico que envolve a adoção, anota que "quando si parla di un bambino da adot-

2. *Guida all'Adozione*, p. 42.

tare si pensa spesso ad un bambino privo di affetto e di sostegno, valori questi che l'istituto in cui vive, e in cui è destinato a vivere, non può offrirgli. Si pensa anche che egli non abbia mai sentito di possedere una familia o perchè non l'ha mai avuta, o perchè l'ha conosciuta poco o perchè ha avuto in essa solo esperienze negative. Di conseguenza, l'adozione è intesa non solo come mezzo per fornirgli ciò che è sempre mancato ma anche, e soprattuto, per dargli un nucleo familiare da sentire come proprio, in cui crescere dimenticando le precedenti esperienze negative".[3]

Sabemos como a carência afetiva incide negativamente sobre a personalidade da criança; mas se se considerar o entusiasmo e a disponibilidade dos casais que o desejam como filho, esse fator, por si só, é suficiente para remover esses traumas e permitir à criança um desenvolvimento como se o passado não mais existisse.

Françoise Champenois Laroche, que é mãe adotiva de duas crianças, analisou o fenômeno do abandono e concluiu que, "na base da noção do abandono, existe muita imaginação, acompanhada de fantasmas e de muita projeção. Abandonar uma criança supõe, sobretudo, ter dado início, um dia, conscientemente ou não, a um projeto de vida para ela. Sobrevém a separação, que é a segunda (a primeira foi deixar o útero), o abandono permite que isso fique marcado na psique da criança. Se a decisão do abandono vem junto da gravidez, somente posso pensar que a criança estará sentindo e intuindo aquela situação. Talvez, pelo fato da ausência de comunicação entre a mãe e o filho. Ou por meio da angústia que padece a mãe quando as circunstâncias obrigam-na a abandonar o próprio filho. O ventre da mãe não serve somente para nutrir, para ser um invólucro ou um abrigo. É, sobretudo, um lugar de comunicação. Já há muito tempo se encontrou uma máquina que servia apenas de incubadora. Por que se abandona o próprio filho? As razões são muitas: afetivas, sociais, econômicas ou outras mais. Mas, qualquer que seja a razão, isto significa que (a família) não se sente capaz de nutrir, educar, instruir e criar os filhos. Nem deriva da mãe um sentimento de culpa pela interrupção da descendência. Trata-se, pois, conscientemente ou não, de uma reação do tipo de relação que está ligada à própria mãe".[4]

O abandono abre no coração terrível ferida que provoca uma laceração tanto na mãe quanto na criança. Na mãe, pode ocorrer o sentimento de culpa, provocado pela responsabilidade da separação; pode ocorrer, ainda, uma angústia permanente, camuflada de uma apa-

---

3. *Cambiare Genitore – Le Problematiche Psicologiche dell'Adozione*, p. 26.
4. *Vorrei un Figlio (Adozione e Procreazione Artificiale)*, p. 64.

rente indiferença. Na criança, o abandono causado pela separação com a mãe faz com que ela fique sem diretriz e sem posicionamento na vida, refletido num semblante sem luz e desanimado.

A *Legge n. 184* considera em estado de abandono, os menores "privi di assistenza morale e materiale da parte dei genitori o dei parenti tenuti a provvedervi, purché la mancanza di assistenza non sia dovuta a forza maggiore di carattere transitorio".

Em comentário, Ichino e Zevola assim se manifestaram: "Questa definizione si presenta piuttosto vaga e alquanto estesa; ma in una materia che tocca interessi di assoluta delicatezza, il legislatore ha voluto lasciare alla valutazione dei giudici, caso per caso, sia pure sempre nell'ambito della norma generale, l'individuazione dei criteri interpretativi ai quali ancorare l'accertamento della situazione di abbandono che legittima la dichiarazione di adottabilità. Se non vi è dubbio che un minore si trova in stato di abbandono, quando il genitore ha espresso, con piena consapevolezza, apertamente o con comportamenti inequivoci, la sua volontà definitiva e irreversibile di non occuparsi di lui, questa ipotesi non esaurisce evidentemente i casi in cui può esservi ugualmente il presupposto per la dichiarazione di adottabilità. Di massima importanza è infatti la situazione obiettiva di privazione in cui vive il minore; non conta l'intenzionalità o meno della condotta dei genitori nei confronti del figlio ossia, come è più frequente, della loro trascuratezza, che non si concilia con l'esercizio del diritto-dovere di assicurare ai figli le attenzione e le cure materiali, affettive ed educative, necessarie per il corretto sviluppo della loro personalità fisica e psicologica".[5]

Na Itália, a situação de abandono, por si só, não é causa suficiente para que a Justiça forneça a declaração de adotabilidade. É também necessária, como requisito essencial, a ausência de um motivo de força maior que tenha caráter transitório. Tem sido comum, inclusive, a Corte de Cassação italiana, na apreciação dos casos concretos, firmar posição no sentido de que "não existe nenhum direito intangível dos genitores no confronto com a prole em que o elemento determinante que se busca com a finalidade de declarar o estado de abandono deve ser o interesse da criança, para que tenha um desenvolvimento normal de sua personalidade, que se realiza não por efeito do bem-estar econômico, mas da assistência pessoal e ajuda psico-afetiva, que podem também ser ofertadas pelos genitores com poucas possibilidades econômicas e com prole numerosa. O estado de abandono depende exclusivamente de uma objetiva e não transitória (falta de atendimen-

---

5. Ob. cit., p. 114.

to às) carências de cunho moral e material, necessárias ao normal desenvolvimento físico e psíquico da criança, havendo observância dos autênticos interesses dela, de manter e prevalecer seus direitos e de exigí-los da família natural" (Sentença 3.624, de 21.7.78).

A carência material está intimamente relacionada com o abandono. A privação de assistência material vem sempre acompanhada da ausência de cuidados e de atenção afetiva e educativa, cujos efeitos garantem um desenvolvimento calmo e sereno da personalidade da criança, culminando com o seu gradual inserimento na sociedade.

O art. 172 do Código Civil espanhol definiu as situações de abandono (*desamparo*): "Se considera como situación de desamparo la que se produce de hecho a causa del incumplimiento de los deberes de protección establecidos por las leyes para la guarda de los menores, cuando éstos queden privados de la necesaria asistencia moral o material".

Nota-se que a legislação espanhola segue o caminho universal da caracterização do abandono, vez que quem se encontra nessa situação é aquele que necessita de alguém para alimentá-lo, educá-lo, assisti-lo etc. – atenções, essas que não podem deixar de estar presente na vida da criança, porque sem elas não consegue desenvolver-se como uma criança normal.

O art. 1.978 do Código Civil português estabelece os parâmetros da extensão do abandono: "1. Com vista a futura adoção, o tribunal pode confiar o menor a casal, a pessoa singular ou instituição em qualquer das situações seguintes: a) se o menor for filho de pais incógnitos ou falecidos; b) se tiver havido consentimento prévio para a adoção; c) se os pais tiverem abandonado o menor; d) se os pais, por ação ou omissão, puserem em perigo a segurança, a saúde, a formação moral ou educação do menor em termos que, pela sua gravidade, comprometam seriamente os vínculos afetivos próprios da filiação".

No Direito português a criança pode ser declarada em estado de abandono quando os pais revelarem manifesto desinteresse pelo filho, colocando em risco e comprometendo a subsistência dos vínculos familiares e afetivos da filiação, pelo menos durante o ano que preceder o pedido da declaração.

A par dessa situação, o art. 19 da Organização Tutelar de Menores (Decreto-lei 314/78) complementa o elenco de situações que poderão levar a criança ao estado de abandono: "1. Quando a segurança, a saúde, a formação moral ou a educação de um meor se encontrem em perigo e não seja caso de inibição do exercício do poder paternal ou de remoção das funções tutelares, pode o tribunal decretar as medidas que entenda adequadas, designadamente confiar o menor a terceira pessoa ou colocá-lo em estabelecimento de educação ou assistência".

Está, pois, em situação de risco toda criança a propósito da qual se nota uma falta de suficiente investimento afetivo por parte dos pais biológicos – em especial da mãe –, sobretudo se eles não existem, rejeitam a criança ou não assumem a função parental.

A propósito, os Procuradores da República Rui Epifânio e António Farinha destacam que: "Nos termos do art. 1.978, n. 1, do Código Civil só pode ser declarado judicialmente abandonado o menor vítima de desinteresse prolongado dos pais. No entanto, o desinteresse juridicamente relevante para esse efeito é apenas o que resulta da verificação cumulativa dos pressupostos indicados naquele preceito legal: 1) ser manifesto; 2) comprometer objetivamente a subsistência dos vínculos afetivos próprios da filiação; 3) verificar-se durante pelo menos o ano que preceder o pedido da declaração. O primeiro pressuposto exige que o desinteresse seja notório e aparente, não apenas subjetivo. O segundo pressuposto exige que o desinteresse seja sintoma objetivo de se encontrar comprometido o relacionamento afetivo característico e normal entre pais e filhos. É pois irrelevante a alegação e prova da subsistência de um vínculo afetivo de ordem exclusivamente subjetiva. O terceiro requisito, de natureza temporal, exige que o desinteresse ocorra durante pelo menos o ano que preceder o pedido de declaração. A verificação deste requisito está intimamente interligada à do requisito anterior: quer isto dizer que não basta qualquer intervenção dos pais para interromper a contagem do prazo legalmente exigível à declaração judicial de estado de abandono. Necessário, para esse efeito, é que tal intervenção possa ser valorada em termos qualitativos de molde a concluir-se, fundadamente, ter deixado de ocorrer o segundo pressuposto acima referido essencial à declaração judicial de estado de abandono de menor".[6]

Na França, a situação de abandono é colocada pelo art. 350 do Código Civil, nos seguintes termos: "A criança acolhida por um particular, uma obra privada ou um serviço do auxílio social à infância, cujos pais se desinteressaram durante o ano que precede a introdução do pedido de declaração de abandono, pode ser declarada abandonada pelo Tribunal de Superior Instância. São considerados como estando manifestamente desinteressados pelo seu filho os pais que não tiveram com ele as relações necessárias à manutenção dos elos afetivos. A simples retratação do consentimento à adoção, o pedido de notícias ou a intenção expressa, porém não efetivada, de retomar a criança não

6. Ob. cit., p. 283.

constitui uma marca de interesse suficiente para motivar de pleno direito a recusa de um pedido de declaração de abandono. O abandono não é declarado se, no decurso do prazo previsto na primeira alínea do presente artigo, um membro da família tiver pedido para assumir o encargo da criança e se este pedido tiver sido julgado conforme os interesses desta última. Quando declara a criança abandonada, o Tribunal delega pela mesma decisão os direitos de autoridade parental sobre a criança ao serviço de auxílio social à infância, o estabelecimento ou o particular guardião da criança. A terceira posição só pode ser recebida em caso de dolo, fraude ou erro sobre a identidade da criança".

A melhor forma de evitar o abandono e de proteger a criança é insitir na efetiva proteção à família. Em vista disso, outra questão que surge quando uma criança está em processo de adotabilidade é saber o paradeiro dos pais biológicos e indagar se eles estão no comando do poder familiar.

5.3 Situação dos pais biológicos: falecidos, destituídos do poder familiar, desaparecidos

A situação ou o estado de abandono da criança não ocorre por acaso. Algumas hipóteses devem ser levantadas na busca dos motivos que levaram aquela criança àquele estado de absoluta entrega à marginalidade social.

O falecimento dos pais biológicos pode levar a criança ao estado de abandono. Quando isso acontece, geralmente, os demais parentes assumem-na. Mas há aqueles que são esquecidos até pelos parentes. São órfãos de pai, mãe e de família.

Tais crianças, geralmente, são colocadas em uma entidade de atendimento e inicia-se um trabalho para proporcionar-lhes uma família substituta.

A criança sem pais biológicos é uma criança sem referência familiar de raiz. A partir do falecimento de seus pais uma nova história vai ser construída por essa criança; agora, com o auxílio da nova família, a família adotiva.

Com aqueles pais que foram destituídos do poder familiar o abandono se manifesta de maneira mais dolorosa e violenta. Se a Justiça chegou ao ponto de retirar o poder familiar é porque algo não estava indo bem naquela família.

Na maioria das vezes, a retirada do poder que os pais têm sobre os filhos decorre de ações, geradas pelos próprios genitores, carregada de uma grande carga de egoísmo. Nesse caso, o egoísmo paterno verifica-se quando a criança chegou em momento inoportuno naquele lar; os pais ainda estão vivendo uma vida que não comporta a presença da criança. A criança veio por acaso, por descuido.

Quando isso acontece, os pais rejeitam os filhos; praticam diversos atos que prejudicam a vida, a saúde e a educação da criança. São ações, via de regra, violentas: deixam as crianças sozinhas e presas dentro de casa, aplicam castigos físicos imoderadamente, praticam abusos sexuais, deixam de dar alimentação e remédios etc.

Sabedora dessa situação, a Justiça perquire e analisa as causas da ação paterna: se é possível reverter o quadro de abandono, a criança vai ser assistida por técnicos sociais, juntamente com seus pais. Essa ação conjunta decorre do princípio maior de que a criança tem o direito de permanecer com sua família de origem. Se impossível, o caminho é buscar outra família para aquela criança, que também tem o direito de ter um lar onde seus direitos e interesses sejam respeitados. Decreta-se, assim, a extinção do poder familiar, após a realização de procedimento contraditório, ou seja, outorgando aos pais amplo direito de defesa.

Não se deve esquecer que o processo que extingue o poder familiar em relação aos seus filhos tem caráter cauteloso e não deve ser realizado às pressas. Afinal, discute-se a permanência ou não da criança com os pais biológicos.

O desaparecimento dos pais é outro motivo que proporciona a verificação do estado de abandono de crianças. A paternidade irresponsável aliada à inconseqüência de uma gravidez precoce, prematura ou impensada fazem com que inúmeras crianças nasçam indispostas ao amor dos pais.

A criança, no seio materno, já sente a rejeição dos pais; é uma criança que não foi planejada, que está vindo em hora errada. A mãe passa todas as suas angústias e apreensões para a criança que se forma no seu útero. E a criança sente e percebe que não será bem-vinda naquela família.

Essas inconseqüências sexuais geram filhos que nascerão sem o pai, pelo memos. A partir do momento em que o pai sabe da existência da gravidez da mulher, ele desaparece. Desaparece, também, por outros argumentos como procurar emprego, visitar um parente, tentar a vida em outro lugar, nunca mais dando notícia de seu paradeiro.

Nessa situação fica a mãe com o filho, às vezes, sem trabalho, desesperada para encontrar alguém que lhe dê amparo. Quando isso ocorre, é possível o nascimento de uma família sem a necessidade de dispersar seus membros. Mas o mais comum é encontrar essas mães nos bancos dos Juizados, "entregando seus filhos para outra família cuidar". Desesperada com a falta de recursos, alertada pelo nervosismo da inexperiência, desejosa de obter a liberdade da juventude interrompida por aquela gravidez inconseqüente, entregam-se ao derrotismo e preferem "doar" a criança.

O desaparecimento do pai e da mãe, ou de um deles, gera na criança a sensação de "desprezado", proporcionando em sua mente uma infinidade de questões não respondidas, que, via de regra, não são compreendidas.

Já dizia Silvia Chavanneau De Gore que, "indubitavelmente, entre 'eles' e 'nós' – os que não entregamos nossos filhos, nem fomos entregues – existe um abismo, um abismo que não nos atrevemos atravessar, nem utilizando intrumentos racionais e muito menos ainda buscando uma empatia com 'eles', tratando de nos aproximar através dos sentimentos".

Às vezes, torna-se insondável a perspectiva de procurar saber o que aconteceu com aqueles pais que entregaram seus filhos em adoção. Se voltaram a casar, se tiveram outros filhos, se apareceram, se constituíram nova família, se têm saudades daqueles filhos que foram entregues, se estão sendo perseguidos pelas assombrações do remorso, se desejariam um reencontro, se já esqueceram a entrega, se têm interesse em saber como está a criança atualmente e como ela é fisicamente, se têm medo de encontrar aquelas crianças e ser reconhecidos como "aquela" mãe ou "aquele" pai.

Quando o serviço social da Justiça consegue equilibrar a situação, com tentativas de ajustamento familiar e apoio logístico àquelas famílias com dificuldades, alguma coisa de sagrado acontece: a família permanece unida. Caso contrário, o destino da criança é um lar alternativo ou a entidade de atendimento.

Na família substituta, a criança ainda poderá reconstruir sua vida, preencher suas necessidades e tentar levar uma vida "normal". O mesmo não acontece na instituição, onde ela será tratada como aquela criança "problema" e "rejeitada".

5.4 A criança institucionalizada

A instituição é um dos sintomas que demonstram que a criança está em situação de risco. Quando uma criança é levada para uma instituição, alguma coisa não está certa: tanto pode ser com a própria criança ou com seus pais.

A instituição ou entidade de atendimento é o berço da adoção. As pessoas desejosas em adotar uma criança recorrem à instituição de crianças "carentes". "Lá tem bastante criança, basta escolher aquela que lhe agrada." Na verdade, esse enfoque está mal direcionado.

A situação de uma criança institucionalizada não é tão simplista assim. A instituição tem seu papel e tarefa na escala social de descentralização de atribuições, no que se refere ao reordenamento familiar.

Na verdade, as crianças e adolescentes que são encaminhados para uma instituição, pelos diversos motivos que conhecemos, nunca identificam-na como a salvação de seus problemas. Ao contrário, encaram-na como um castigo inevitável.

A metodologia empregada nas instituições transforma o comportamento da criança e não permite que ela desenvolva integralmente sua personalidade. Como é possível uma criança cultivar e manifestar sua individualidade, seus valores e suas preferências pessoais numa instituição que abriga dezenas ou centenas de crianças, com os mais diversos tipos de problema de comportamento, todas elas numa feroz disputa pelo mesmo espaço, pelos mesmos monitores e diretores?

A institucionalização reduz a capacidade individual e subjetiva da criança; torna-a escrava de regras de comportamento coletivo, dificultando o desenvolvimento de sua realidade individual e afetiva. A instituição é uma mãe de pedra, fria e insensível.

É dolorido imaginar uma criança com poucos dias de vida e com problemas de saúde que foi levada para uma entidade de atendimento; não se sabe quem são seus pais, nem de onde veio, talvez abandonada na maternidade ou encontrada no jardim da praça. A verdade é que ela está viva e necessita continuar viva para poder realizar sua vocação. A burocracia institucional inicia seu trabalho perverso. Sua habilidade é a demora; tudo leva muito tempo na burocracia da instituição. E a criança conseguiu melhorar a saúde e vai crescendo, mas continua institucionalizada. Ela sempre pede para a *tia* arrumar um pai e uma mãe para ela, mas a *tia* não tem tempo ou não sabe explicar-lhe por que é tão difícil encontrar uma família. O processo vai cumprindo seu papel, com muita demora e muitos carimbos. Chega um dia que a criança cresceu tanto que se transformou num adolescente... Ninguém percebeu a mudança. Conclusão: aquela criança poderia ter sido colocada numa família e ser criada num ambiente nemos frio e insensível. Perdeu a oportunidade de ser adotada. Agora, as famílias já não a querem mais porque é muito grande, de difícil adaptação, cheia de problemas, não respeita ninguém. Por ter crescido e atingido a idade limite deve deixar a instituição e procurar trabalho; deve cuidar de sua vida como se tivesse experiência em viver.

Comprovadamente, a institucionalização não é a melhor saída para o amparo de crianças e adolescentes em situação de risco.

Entretanto, deve-se também analisar a instituição por um outro aspecto: aquele que proporciona abrigo a crianças vítimas de maus-tratos, principalmente dos pais. Para onde levar essas crianças a não ser para um abrigo? Nessa situação, a criança não ficaria mais protegida numa instituição? Nesse caso, a instituição não estaria cumprindo seu papel social de maneira satisfatória?

As respostas não são fáceis. Contudo, deve-se enfrentar o problema com os olhos voltados para o futuro. A institucionalização resolveria, emergencialmente, alguns casos, como por exemplo, a situação de uma criança que é espancada ou abusada sexualmente pelos pais, que deve reclamar uma atitude rápida que impeça a continuação da violência. A partir daí, a tarefa dos técnicos sociais é localizar lares substitutos ou alternativos para que essa criança possa encontrar, nessa nova família, acolhida e carinho.

Manter uma criança por tempo indeterminado num abrigo é condená-la a viver só por toda a vida. A instituição deve servir apenas como uma passagem rápida e transitória da criança que se encontra numa situação de abandono ou que foi vítima de violência. Perpetuar a criança na instituição é enterrar-lhe o futuro, é sufocar-lhe o desejo de descortinar horizontes.

O fato de a criança estar institucionalizada, pode, portanto, ser um indicativo de que ela está "apta a ser adotada".

A princípio, como vimos, o lugar da criança é na família, seja na sua ou em outra que a substitua. Menos na instituição. Instuição e rua nao são lugares de permanência de crianças. É por isso que a quase-totalidade das legislações e convenções internacionais sobre adoção impõem a premissa de que "lugar de criança é em casa, junto à sua família e, de preferência, com a família de origem". Tal posicionamento traduz um direito da criança e não um direito da família substituta que quer ter um filho.

Analisando o fenômeno institucional, o Prof. B. Tizard coloca a nível de questão fundamental o "como" ou *o modus operandi* de uma casa de crianças e a sua necessidade de adequá-la para acompanhar o crescimento das crianças alí internas. Em suas anotações, B. Tizard assenta a necessidade de resolver a complexidade do problema institucional, explicando que "cuidar de crianças apresenta problemas, que são diferentes e mais complexos do que cuidar de adultos. As crianças são mais vulneráveis do que os adultos, tanto no que diz respeito a traumas físicos como mentais, cujos efeitos têm probabilidades de ser mais duradouros e mesmo irreversíveis. Têm menos defesas do que os adultos, pobres testemunhas num tribunal e totalmente dependentes dos adultos quanto a ajuda e proteção. As crianças são também criaturas em *desenvolvimento*, cujas necessidades mudam rapidamente com a idade, e variam de acordo com a sua história genética e ambiental. Uma discussão acerca dos efeitos da educação em instituições para crianças tem, portanto, que levar em consideração a sua idade, suas dificuldades e a duração da estadia da criança na instituição, o tipo e a qualidade dos cuidados aí dispensados, as alternativas realmente existentes ou em princípio disponíveis para as crianças, que não podem ser educadas nas suas casas e, sobretudo, as conseqüências, para a criança e para a família, de manter a criança em casa".

Continua o Prof. Tizard: "Os estudos de Bowlby apresentaram um número considerável de dados como suporte da sua tese de que a educação em instituições quase sempre levava a tristes conseqüências. Era claro que, quando privadas dos cuidados maternos, o desenvolvimento infantil é quase sempre retardado – física, intelectual e socialmente – e que podem surgir sintomas de doenças mentais e físicas (...) estudos retrospectivos, e na seqüência, tornam claro que algumas crianças ficam gravemente prejudicadas por toda a vida. Isto é uma conclusão sombria que deve ser encarada como estabelecida".[7]

A instituição somente deve exercer sua função nas emergências sociais, nunca para manter idefinidamente uma criança, ou substituir os pais. Uma criança institucionalizada significa uma criança a menos em uma família. A institucionalização sempre deve ser a exceção; a regra é a permanência no seu lar; na impossibilidade, colocá-la em uma família substituta. A criança necessita de uma família e não da instituição.

---

7. "A instituição como ambiente para o desenvolvimento da criança", in *Abandono e Adoção. Contribuições para uma Cultura da Adoção I*, p. 47.

6
COMISSÃO ESTADUAL JUDICIÁRIA DE ADOÇÃO INTERNACIONAL – CEJAI

6.1 Conceito e finalidade. 6.2 Composição e atribuições. 6.3 Cadastro de estrangeiros interessados na adoção. 6.4 Cadastro de crianças em condição jurídica de serem adotadas. 6.5 Cadastro de instituições ou agências internacionais. 6.6 O representante dos interessados. 6.7 Arquivo das legislações estrangeiras sobre adoção. 6.8 Gratuidade e sigilo no processamento das informações. 6.9 Laudo de habilitação.

6.1 Conceito e finalidade

A preocupação com os diversos desvios de finalidade da adoção, principalmente a transnacional, exigiu que algumas modificações fossem feitas na legislação brasileira para impedir os abusos.

Sob essa perspectiva, o legislador estatutário inscreveu no art. 52 que:

"A adoção internacional poderá ser condicionada a estudo prévio e análise de uma Comissão estadual judiciária de adoção, que fornecerá o respectivo laudo de habilitação para instruir o processo competente.

"Parágrafo único: Competirá à comissão manter registro centralizado de interessados estrangeiros em adoção."

Como órgão auxiliar da Justiça, a Comissão foi instituída, primeiramente, no Estado do Paraná, pelo Decreto Judiciário 21/89, amparada pelo disposto no art. 227 da Constituição Federal.

Originariamente, a Comissão tinha como missão e finalidade colocar a salvo as crianças disponíveis para a adoção internacional, como forma de evitar-lhes a negligência, a discriminação, a exploração, a violência, a crueldade e opressão.

Além de perseguir os superiores interesses da criança, a Comissão procura manter intercâmbio com outros órgãos e instituições internacionais de apoio à adoção, estabelecendo com elas um sistema de controle e acompanhamento dos casos apresentados e divulgando suas atividades. Com isso, a Comissão busca diminuir o tráfico internacional de crianças, impedindo que os estrangeiros adotem e saiam do País irregularmente e decumprindo os mandamentos legais.

No Estado do Paraná, onde a CEJAI teve seu berço, considera-se a Comissão como uma política estadual para a adoção internacional, voltada para o atendimento da criança e adolescente abandonado, através da colocação familiar estrangeira, de forma organizada, consciente e segura, com o objetivo de servir ao adotante, amparar a criança e não permitir que fiquem, adotantes e adotandos, à mercê de atravessadores e intermediários inescrupulosos.

Ao apresentar significativa exposição no Seminário Latino Americano de Derecho de Menores, em Rosário, na Argentina, a assistente social Jane Prestes, integrante da CEJAI paranaense, anotou: "a percepção da presença de fenômenos, cujos indicadores sinalizavam intensamente a um movimento, pejorativamente denominado adoção internacional, mas o qual na realidade configura-se – semelhante ao ocorrido entre países do primeiro e terceiro mundo, em que pessoas nacionais de potências *com alta taxa de desenvolvimento e baixa taxa de natalidade* buscavam, em países *com baixa taxa de desenvolvimento, mas com alta taxa de natalidade*, suas soluções de adoção – com segmentos conscientes, e liderados pelo Poder Judiciário paranaense, a necessidade de intervir em todos os níveis e a formular uma Política de Adoção Internacional".

Com esse clima e significado, trabalhou-se sua inclusão no art. 52 na Lei 8.069/90, que dispôs sobre o Estatuto da Criança e do Adolescente.

A discussão sobre a obrigatoriedade da instalação e funcionamento das CEJAIS perdeu seu significado, a partir do momento em que foi editado o Decreto 3.174, de 16.9.1999, que designa as Autoridades Centrais encarregadas de dar cumprimento às obrigações impostas pela Convenção Relativa à Proteção das Crianças e à Cooperação em Matéria de Adoção Internacional, institui o Programa Nacional de Cooperação em Adoção Internacional e cria o Conselho das Autoridades Centrais Administrativas Brasileiras.

Dispõe o art. 4º do referido Decreto que "ficam designados como Autoridades Centrais no âmbito dos Estados federados e do Distrito Federal, as Comissões Estaduais Judiciárias de Adoção, previstas no art. 52 da Lei 8.069, de 13 de julho de 1990, ou os órgãos análogos com distinta nomenclatura, aos quais compete exercer as atribuições operacionais e procedimentos que não se incluam naquelas de natureza administrativa, a cargo da Autoridade Central Federal, respeitadas as determinações das respectivas leis de organização judiciária e normas locais que a instituíram. Parágrafo único. As competências das

Autoridades Centrais dos Estados federados e do Distrito Federal serão exercidas pela Autoridade Central Federal, quando no respectivo ente federado inexistir Comissão Estadual Judiciária de Adoção ou órgão com atribuições análogas".

Nesse sentido, a CEJAI agora é órgão de existência obrigatória, com vinculação administrativa perante o Poder Judiciário Estadual, composto por membros da magistratura e por técnicos, que emitem pareceres, de natureza consultiva e opinativa nos processos de habilitação de adoção por estrangeiros, e de caráter não vinculante ao Juiz da Infância e da Juventude.

A CEJAI desenvolverá suas atividades no âmbito de cada Estado e dentro do contexto da organização judiciária estadual. Apesar de deixar a instalação das Comissões a critério dos Estados, o Estatuto, através de seu conjunto de artigos, leva-nos a crer que sua atuação é imprescindível para um legítimo processo de adoção.

É bom lembrar que essas Comissões, que instituíram uma política de adoção internacional nos Estados, têm feito um trabalho excelente em relação à preparação do interessado estrangeiro para a adoção. Além do estudo prévio das condições sociais e psicológicas e análise da estabilidade conjugal, a CEJAI imprime *autoridade, idoneidade* e *seriedade* no processamento das informações referentes aos interessados na adoção.

Sua atividade, seu conteúdo técnico e programático baseiam-se nos postulados firmados pelo Serviço Social Internacional, que se preocupam com a melhoria da proteção legal e social de todas as crianças dos países envolvidos, no que diz respeito aos fenômenos sociais e, principalmente, à adoção.

Além disso, a Comissão acaba de vez com os boatos e fantasias maliciosas sobre a adoção por estrangeiros. Ao impor seriedade no trabalho, a CEJAI *autentica* o procedimento de adoção internacional, *avaliando* a idoneidade do interessado. Após a expedição do certificado, o interessado estará habilitado, ou seja, estará preparado e apto para requerer a adoção.

A Comissão trouxe para o ordenamento jurídico uma novidade: uma pessoa estrangeira interessada em adotar uma criança brasileira deverá *habilitar-se* perante pessoas da mais alta confiabilidade na comunidade. Elas decidirão se o interessado tem condições ou não para adotar; tanto podem expedir um laudo permissivo quanto impeditivo à adoção.

Na verdade, o Estatuto instituiu uma *condição de procedibilidade*, ou seja, criou para o estrangeiro um mecanismo que o habilite a ter *legitimidade* para ingressar em juízo pleiteando a adoção.

O estrangeiro interessado em adotar não poderá dirigir-se diretamente ao Juiz da Infância e da Juventude. Deverá, primeiro, habilitar-se perante a CEJAI e, após ser considerado apto, poderá iniciar o processo judicial de adoção.

A atuação das Comissões tem sido de grande utilidade na preparação dos candidatos estrangeiros à adoção. A tendência é não admitir as adoções feitas diretamente ao Juízo Especializado. O trabalho realizado pela CEJAI oferece a garantia da segurança ao magistrado que apreciará e julgará o pedido. Essa garantia estende-se ao estrangeiro que quer ver sua adoção processada sem sobressaltos e de maneira legal.

A CEJAI é mais um órgão auxiliar do Juiz na distribuição da prestação jurisdicional. A maioria dos Estados tem chegado à conclusão de que o trabalho desenvolvido pela Comissão, além de facilitar o serviço do magistrado, empresta idoneidade aos processos de adoção por estrangeiros. Se a adoção for processada através da Comissão, com certeza, não haverá fraude ou qualquer outra irregularidade.

6.2 Composição e atribuições

A CEJAI, atuando como órgão consultivo, é composta por desembargadores e juízes de direito, procuradores e promotores de justiça, psicólogos, sociólogos, pedagogos, assistentes sociais, advogados, médicos e outros. Os serviços prestados por esses profissionais à Comissão não são remunerados, porque são considerados de natureza pública relevante.

Sua constituição e seu funcionamento não são rígidos. A administração superior do Poder Judiciário, a quem incumbe a organização da Comissão, nomeará os membros de sua instituição e aqueles indicados pelos demais órgãos e profissionais liberais acima mencionados. A quantidade de membros, mandato, funcionamento e modo de votação dos processos serão fixados no regimento interno.

A princípio, integram a Comissão personalidades da Justiça e do Ministério Público, que fazem a análise jurídica e formação processual do pedido de inscrição; os técnicos sociais, que serão chamados a verificar os aspectos sociais, psicológicos, de saúde, de estabilidade financeira e conjugal e de convivência familiar e comunitária dos interessados.

São atribuições das Comissões Estaduais Judiciárias de Adoção Internacional: I – organizar, no âmbito do Estado, cadastros centralizados de: a) pretendentes estrangeiros, domiciliados no Brasil ou no exterior, à adoção de crianças brasileiras; b) crianças declaradas em situação de risco pessoal ou social, passíveis de adoção, que não encontrem colocação em lar substituto em nosso País; II – manter intercâmbio com órgãos e instituições especializadas internacionais, públicas ou privadas, de reconhecida idoneidade, a fim de ajustar sistemas de controle e acompanhamento de estágio de convivência no exterior; III – trabalhar em conjunto com entidades nacionais, de reconhecida idoneidade e recomendadas pelo Juiz da Infância e da Juventude da Comarca: IV – divulgar trabalhos e projetos de adoção, onde sejam esclarecidas suas finalidades, velando para que o instituto seja usado somente em função dos interesse dos adotandos; V – realizar trabalho junto aos casais cadastrados, visando favorecer a superação de preconceitos existentes em relação às crianças adotáveis; VI – propor às autoridades competentes medidas adequadas, destinadas a assegurar o perfeito desenvolvimento e devido processamento das adoções internacionais no Estado, para que todos possam agir em colaboração, visando prevenir abusos e distorções quanto ao uso da instituto da adocão internacional; VII – expedir o Laudo ou Certificado de Habilitação, com validade em todo o territótio estadual, aos pretendentes estrangeiros e nacionais à adoção, que tenham sido acolhidos pela Comissão; VIII – comunicar à Autoridade Central Administrativa Federal a habilitação do estrangeiro interessado na adoção; IX – colaborar com a Autoridade Central Administrativa Federal ou outras autoridades públicas, para a concretização de medidas apropriadas para prevenir benefícios materiais induzidos por ocasião de uma adoção e para impedir quaisquer práticas contrárias aos objetivos da Convenção de Haia.

Existe uma tendência muito forte em delegar à CEJAI o controle e análise dos documentos e pedidos de inscrição, feitos por nacionais ou estrangeiros aqui residentes, do mesmo modo que atua em relação aos estrangeiros que não residem no território nacional. A iniciativa é louvável e seria uma forma de centralizar todos os pedidos de adoção na Comissão – o que, diga-se de passagem, não é má idéia. Ocorrendo isso, para processar o feito de adoção, o Juiz da Infância e da Juventude somente necessitará do Laudo ou Certificado de Habilitação da CEJAI, da identificação pessoal dos requerentes e da criança e do laudo conclusivo do estágio de convivência.

Acatando a sugestão, a Comissão, além de funcionar como um órgão centralizador de todos os pedidos de adoção, passaria, também, a controlar e analisar o aspecto social e psicológico que envolve o pedido e os requerentes, deixando para o magistrado a tarefa de exercer a função jurisdicional, julgando o pedido de adoção.

A idéia é tentadora. Mas, por enquanto, não vemos condições operacionais para essas Comissões, a curto prazo. Para colocar em prática essa outra atribuição, a CEJAI terá que capacitar-se técnica e materialmente. É preferível, no momento, delegar às Comissões somente os casos de estrangeiros.

Com o tempo e com a experiência no processamento das informações, ela poderá exercer, em plenitude, todas as atribuições relacionadas à preparação de interessados em adoção, sejam eles nacionais ou estrangeiros.

Poderá, também, criar ou aprimorar bancos de dados de adotantes e adotandos, possibilitando aos Juízes, principalmente aqueles das comarcas mais distantes do interior do Estado, maior rapidez na adequação da nova família para o adotando. Uma conseqüência louvável, que deriva da criação dos bancos de dados, permite que o adotando permaneça o menor tempo possível numa entidade de atendimento.

Dentro da nova assertiva internacional, proposta pela Convenção de Haia sobre a adoção internacional, que intensificou a necessidade de instituir as Autoridades Centrais, pelos países signatários, vemos com singular oportunidade, que as nossas Comissões Estaduais Judiciárias de Adoção Internacional poderão assumir aquela tarefa. Nossa sugestão encontrou guarida com a publicação do Decreto 3.174/99, que dispôs, no art. 4º, que as CEJAIS seriam designadas Autoridades Centrais no âmbito dos Estados federados e do Distrito Federal, conforme previa o art. 52 da Lei 8.069/90, com atribuições operacionais e procedimentais, que não se incluíam naquelas de natureza administrativa da Autoridade Central Federal, respeitadas as determinações das respectivas leis de organização judiciária e normas locais que a instituíram.

Tal sugestão coincide com o disposto na mencionada Convenção, que trata, no Capítulo III, sobre as autoridades centrais e órgãos credenciados. O art. 6º é mais específico: "1. Todo Estado contratante designará una Autoridad Central encargada de dar cumplimiento a las obligaciones que el Convenio le impone. 2. Un Estado Federal, un Estado en el que están en vigor diversos sistemas jurídicos o un Estado con unidades territoriales autónomas puede designar más de una Autoridad Central y especificar la extensión territorial o personal de sus funciones. El Estado que haga uso de esta facultad designará la Autoridad Central a la que puede dirigirse toda comunicación para su transmisión a la Autoridad Central competente dentro de ese Estado".

Os arts. 7º, 8º e 9º tratam das atribuições das Autoridades Centrais, que, comparadas com as das Comissões, percebe-se verdadeira identidade de propósitos:

"Art. 7º: 1. Las Autoridades Centrales deberán cooperar entre ellas y promover una colaboración entre las autoridades competentes de sus respectivos Estados para asegurar la protección de los niños y alcanzar los demás objetivos del Convenio. 2. Tomarán directamente todas las medidas adecuadas para: a) proporcionar información sobre la legislación de sus Estados en materia de adopción y otras informaciones generales, tales como estadísticas y formularios; b) informarse mutuamente sobre el funcionamiento del Convenio y, en la medida de lo posible, suprimir los obstáculos para su aplicación.

"Art. 8º: Las Autoridades Centrales tomarán, directamente o con la cooperación de autoridades públicas, todas las medidas apropiadas para prevenir beneficios materiales indebidos en relación a una adopción y para impedir toda práctica contraria a los objetivos del Convenio.

"Art. 9º: Las Autoridades Centrales tomarán, ya sea directamente o con la cooperación de autoridades públicas o de otros organismos debidamente acreditados en su Estado, todas las medidas apropiadas, en especial para: a) reunir, conservar e intercambiar información relativa a la situación del niño y de los futuros padres adoptivos en la medida necesaria para realizar la adopción; b) facilitar, seguir y activar el procedimiento de adopción; c) promover, en sus respectivos Estados, el desarrollo de servicios de asesoramiento en materia de adopción y para el seguimiento de las adopciones; d) intercambiar informes generales de evaluación sobre las experiencias en materia de adopción internacional; e) responder, en la medida en que lo permita la ley de su Estado, a las solicitudes de información motivadas respecto a una situación particular de adopción formuladas por otras Autoridades Centrales o por autoridades públicas."

Com a prática de centralizar informações sobre os interessados estrangeiros em adoção, a CEJAI surge como uma esperança para os adotantes, que terão um órgão idôneo e seguro para administrar seus interesses frente à adoção desejada.

6.3 Cadastro de estrangeiros interessados na adoção

Além de fazer a verificação e análise social do interessado, compete à Comissão Estadual Judiciária de Adoção Internacional "manter registro centralizado de interessados estrangeiros em adoção". Essa disposição vem gravada no parágrafo único do art. 52 do Estatuto.

Por meio do art. 50 e parágrafos, o Estatuto disciplina, genericamente, a criação do registro centralizado de interessados em adoção e de crianças e adolescentes em condições de serem adotados.

O art. 50 foi taxativo: "A autoridade judiciária manterá, em cada comarca ou foro regional, um registro de crianças e adolescentes em condições de serem adotados e outro de pessoas interessadas na adoção".

Para o deferimento da inscrição deverão se manifestar os técnicos do Juizado e o Ministério Público, conforme dispõe o § 1º do art. 50.

No § 2º do citado artigo há a imposição de condições para o deferimento da inscrição: a) os interessados deverão satisfazer os requisitos legais sobre a adoção; b) os interessados deverão ser considerados pessoas compatíveis com a natureza da adoção e c) oferecer ambiente familiar adequado.

As exigências elencadas no artigo 50 e seus parágrafos destinam-se a todos os interessados em adoção, sejam eles nacionais ou estrangeiros.

O registro centralizado oportunizará à comunidade estadual o recurso à Comissão quando uma criança estiver apta para ser adotada e não encontrar pretendentes nacionais.

Quando se fala em registro centralizado entenda-se aquele *administrado* pela Comissão, que reunirá todos os estrangeiros interessados em adotar uma criança ou adolescente naquele Estado, pois de outra forma não teria sentido outorgar essa tarefa à Comissão.

Assim, todos os estrangeiros que demonstrarem interesse em adotar num determinado Estado deverão inscrever-se, perante a Comissão, para possibilitar sua preparação e habilitação para propor a ação de adoção.

Na verdade, essa *inscrição* ou *registro* confunde-se com a própria *habilitação*, porque tanto uma quanto outra são estágios do mesmo procedimento, que culmina com a confirmação ou não do interessado em proceder à adoção.

Dissertando sobre o tema, Maria Josefina Becker alinhou que "o cadastro a que se refere o *caput* do art. 50 do Estatuto da Criança e do Adolescente é de grande importância, pois, além de prevenir demoras injustificadas na adoção de crianças com sua situação legal já definida, permite que se proceda ao intercâmbio de informações entre comarcas e regiões, bem como entre as próprias unidades da Federação. Esses dados, preferentemente informatizados, serão de muita utilidade para viabilizar a colocação das crianças em condições de ser adotadas no próprio País, atendendo, assim, ao que determina a Convenção dos Direitos da Criança em seu art. 21, 'b'".[1]

---

1. In ob. cit., p. 156.

Cada Comissão deverá providenciar uma maneira de cadastrar e armazenar os documentos enviados para registro. Poderá ser feita na forma de processo individual, que é a mais comum, como poderão ser reunidos em pastas ou fichários, sistemas de computador etc.

É possível que alguma Agência Especializada em Adoção Internacional também queira fazer seu registro perante a CEJAI. Atualmente, esse procedimento tem sido comum e incentivado pelas Comissões, com o aval das Convenções Internacionais sobre adoção. As agências têm obrigação legal de se cadastrar perante a Autoridade Central Administrativa Federal, que verificará a regularidade de seu funcionamento.

Se o candidato estiver sendo representado por uma Agência Internacional de Adoção, esta deverá, também, ter sua pasta com os documentos de sua constituição, com indicação de seus representantes no País e/ou Estado.

A inscrição do candidato à adoção internacional, perante a Comissão, deverá conter os seguintes requisitos: a) endereçamento: o pedido deverá ser dirigido ao presidente da Comissão; b) qualificação do requerente: nome, estado civil, profissão, endereço; c) fundamentação legal: artigo e lei correspondente da adoção; d) pedido: o requerimento de inscrição e habilitação para a adoção de crianças nacionais; e) data e assinatura.

Exemplo:

EXCELENTÍSSIMO SENHOR PRESIDENTE DA COMISSÃO ESTADUAL JUDICIÁRIA DE ADOÇÃO INTERNACIONAL

(espaço destinado para o despacho do Presidente)

....
(nome do requerente)

de nacionalidade ...., estado civil ...., natural de ...., profissão............................. residente e domiciliado (endereço) ...., portador do documento n. .... (n. do passaporte), (se os requerentes formarem um casal, fazer a identificação do outro cônjuge) vem, perante Vossa Excelência, com fundamento no art. 52 e parágrafo único da Lei 8.069/90 (Estatuto da Criança e do Adolescente), requerer sua inscrição nesta E. Comissão, como candidato(s) à adoção de uma criança (ou adolescente) brasileira em condições jurídicas de ser colocada em família substituta.

Requer, também, que ao final do processamento da inscrição e estudo prévio pela equipe interprofissional, seja expedido o Laudo de Habilitação.
Nestes termos, juntando a documentação exigida por esta E. Comissão,
Pede Deferimento.

(data e assinatura)

Com o requerimento, os interessados estrangeiros deverão juntar os seguintes documentos: a) certidão de casamento ou certidão de nascimento; b) passaporte; c) atestado de sanidade física e mental expedido pelo órgão de vigilância de saúde do país de origem; d) comprovação de esterilidade ou infertilidade de un dos cônjuges, se for o caso; e) atestado de antecedentes criminais; f) estudo psicossocial elaborado por agência especializada e credenciada no país de origem; g) comprovante de habilitação para a adoção de criança estrangeira, expedido pela autoridade competente do seu domicílio; h) fotografia do requerente e do lugar onde habita; i) declaração de rendimentos; j) declaração de que concorda com os termos da adoção e de que o seu processamento é gratuito; k) a legislação sobre a adoção do país de origem acompanhada de declaração consular de sua vigência; l) declaração quanto à expectativa do interessado em relação às características e faixa etária da criança.

Se o interessado estiver sendo representado por advogado ou por outro representante, deverá juntar o instrumento procuratório hábil.

Além dos documentos acima mencionados, que deverão ser providenciados pelo interessado estrangeiro, a CEJAI determinará que um de seus técnicos elabore um estudo social, e juntará um parecer abordando as condições sociais referentes à convivência familiar do interessado e suas perspectivas em relação à adoção.

Após esse procedimento, todas as informações autuadas irão para o Ministério Público, que proferirá parecer sobre o pedido.

Todos os documentos apresentados em língua estrangeira, tanto dos interessados quanto das associações, deverão estar traduzidos por tradutor público juramentado. Esses documentos poderão ser apresentados em cópias, desde que estejam autenticadas pela autoridade consular brasileira com sede no país de origem do interessado ou associação.

Nesse sentido, além do disposto no § 3º, do art. 51 do Estatuto, que determina as providências acima referidas, o art. 157 do Código de Processo Civil endossa suas diretrizes, no sentido de que "só poderá ser junto aos autos documento redigido em língua estrangeira, quando acompanhado de versão em vernáculo, firmada por tradutor juramentado".

Contudo, já existem exceções a esse respeito, no que se refere à língua espanhola: "Dispensa-se a tradução, se o documento for em língua espanhola" (*JTA* 112/176).[2]

E se houver dúvidas, ou não for possível proceder à tradução por tradutor juramentado, pelo fato de inexistir na comarca, a Comissão (ou o Juiz) poderá nomear intérprete ou tradutor *ad hoc* (CPC, art. 151, I). Nesse caso, a tradução a ser feita deverá obedecer aos critérios que presidem a realização dos exames periciais.

O procedimento que analisa as informações do interessado estrangeiro em adoção culminará com a expedição do Laudo de Habilitação. Se a Comissão entender que o interessado não está apto para adotar uma criança brasileira, expedirá Laudo negativo (v. item 6.1 deste Livro I). Se o interessado não ficar satisfeito com a decisão da CEJAI, poderá utilizar-se de remédio recursal, encaminhado para a Câmara Especial do Tribunal de Justiça. Se positivo, o Laudo permitirá que o interessado inicie o processo de adoção.

A tendência de nossos Tribunais é transferir para as Comissões a tarefa de cadastrar e registrar, também, os interessados nacionais em adoção, fazendo um cadastro único no Estado. É uma boa idéia. Entretanto, para realizar esse tipo de trabalho, seguramente, as Comissões terão que funcionar com outro tipo de estrutura, vez que, do modo como funcionam atualmente, não conseguiriam satisfazer a demanda.

6.4 Cadastro de crianças em condição jurídica de serem adotadas

A Comissão Estadual Judiciária de Adoção Internacional também poderá implantar e coordenar um registro de crianças ou adolescentes em condição de serem adotados, conforme inteligência do artigo 50 do Estatuto.

Esse registro ou cadastramento poderá abranger as crianças e adolescentes institucionalizados e aqueles em situação de risco pessoal atendidos pelo serviço técnico do Juizado da Infância e da Juventude, que estão aptos a ser inseridos num contexto familiar alternativo.

---

2. E. D. Moniz de Aragão, em seus *Comentários ao Código de Processo Civil*, p. 28, não concorda com esse julgado, preferindo aduzir que "o dever de traduzir previamente o documento não pode ser dispensado mesmo que se trate de idioma conhecido de todos a quantos interesse (p. ex.: documento redigido em Espanhol nas cidades limítrofes com o Paraguai, a Argentina ou o Uruguai)".

A idéia de se constituir um banco de dados com o cadastramento de crianças e adolescentes vem ao encontro da necessidade, surgida nas comarcas do interior do Estado, de encontrar interessados em adoção.

Por outro lado, essa reunião de informações a respeito das crianças e adolescentes adotáveis possibilita a adequação entre as características e idade do adotando com a expectativa do adotante.

Com o cadastro em funcionamento, os adotantes de todas as partes terão a oportunidade e a facilidade de encontrar a criança ou adolescente que pretendem adotar.

Esse cadastramento deverá conter os dados pessoais da criança, as características físicas, a idade, a fotografia, o histórico de saúde, o histórico da perda dos vínculos familiares, o histórico da entidade de atendimento que a abrigou e, enfim, outros elementos que constituem a vida social e afetiva da criança ou adolescente.

Por esse método de cadastrar crianças e adolescentes destinados à adoção não se pode concluir que se trata de uma "prateleira", onde se pode encontrar todos os tipos de crianças, de todas as cores e raças, deficientes físicas ou não.

As informações processadas são necessárias para a criança futuramente — quando quiser conhecer sua história — e para o adotante, que poderá prevenir uma série de surpresas na área de saúde, no aspecto afetivo e na convivência comportamental familiar.

O banco de dados, com o cadastramento de crianças e adolescentes, existente na Comissão, possibilitará a reunião e centralização de todas as informações sobre crianças em condição jurídica de serem adotadas, em todo o território do Estado. Quiçá, um dia, essas informações poderão ser utilizadas por todas as Comissões e Juizados de todo o território nacional, operando num intercâmbio de dados, inclusive pelo sistema *on line*.

Com o advento do Decreto 3.174/99, a Autoridade Central Administrativa Federal ficou incumbida de gerenciar banco de dados, para análise e decisão quanto: a) aos nomes dos pretendentes estrangeiros habilitados; b) aos nomes dos pretendentes estrangeiros considerados inidôneos pelas Autoridades Centrais dos Estados federados e do Distrito Federal; c) aos nomes das crianças e dos adolescentes disponíveis para adoção por candidatos estrangeiros.

6.5 Cadastro de instituições ou agências internacionais

O credenciamento de organismos, que atuam em adoção internacional no Estado brasileiro, deverá ser efetuado pela Autoridade Central Administrativa Federal. Entretanto, os Estados, através de suas CEJAIS deverão conferir se o credenciamento operou-se regularmente, exigindo cópia do depósito do credenciamento no Bureau Permanente da Conferência da Haia de Direito Internacional Privado, como dispõe o inciso V, do art. 2º, do Decreto 3.174/99.

Outra importante tarefa da Comissão é registrar e cadastrar as instituições ou agências internacionais que preparam os interessados para adotar crianças em outros países.

O primeiro passo da Comissão é saber se a agência está legalmente habilitada para desenvolver o trabalho de preparação e ajuda aos interessados em adoção em seu país de origem. Geralmente, essas agências devem estar autorizadas pelo Ministério das Relações Exteriores, pelo Ministério da Justiça ou por órgão governamental indicado pelo seu país de origem.

Estando juridicamente apta a funcionar em seu país, a Comissão verificará se a agência tem autorização para funcionar em território nacional. É comum essas agências operarem em consórcio com alguma entidade nacional, ou estabelecer aqui uma filial da associação.

Para tanto, as agências, no momento do pedido de inscrição na Comissão, deverão juntar os seguintes documentos, além do requerimento inicial: a) atos constitutivos e/ou estatutos sociais com as alterações realizadas; b) ata de eleição da diretoria atual; c) comprovante de que a agência tem autorização, em seu país de origem, para exercer atividades relacionads à adoção internacional; d) comprovante de que a agência está legalmente habilitada e autorizada para exercer suas funções em território nacional; e) declaração de recursos financeiros da agência; f) declaração sobre projetos e/ou atividades da agência referente à preparação de pessoas interessadas em adoção de nacionais; g) comprovante de existência de equipe técnica para o preparo dos interessados; h) relatório de atividades inerentes à adoção internacional, exercidas no território nacional; i) legislação sobre adoção do país de origem da agência, acompanhada de declaração consular de sua vigência.

Como para os interessados, as agências ou instituições internacionais poderão ser representadas por advogado ou por outra pessoa indicada, desde que juntem o instrumento procuratório hábil.

Os documentos redigidos e apresentados em língua estrangeira deverão ser traduzidos por tradutor juramentado.

No processamento das informações sobre as agências, a Comissão designará um técnico para proceder à análise social, apresentando seu parecer.

Após a realização do estudo prévio feito pelo técnico social, os autos serão encaminhados ao Ministério Público para manifestação.

Geralmente, essas agências ou associações que se dedicam a preparar interessados em adotar crianças em outros países exercem um trabalho filantrópico, sem fins lucrativos, e se preocupam em fornecer à criança ou ao adolescente uma família onde possa ter toda assistência necessária ao seu desenvolvimento.

Como são credenciadas a trabalhar por órgão governamental de seu país, as agências devem seguir a legislação sobre adoção de seu país e firmar compromisso de respeitar as normas dos demais países com quem mantêm convênio.

A maioria dessas agências mantém como objetivo e finalidade a manutenção dos vínculos familiares da criança, em seu próprio país, com projetos de apadrinhamento, de adoção espiritual e colaboração às entidades de atendimento ou lares substitutos, através de associações de pais adotivos.

Outra diretiva dessas agências é a verificação de que a situação financeira da criança não poderá influir ou autorizar sua colocação em lar substituto estrangeiro, respeitando, desse modo, as normas estabelecidas em nosso território.

Na maioria dos casos, as agências não permitem que seus filiados promovam a *adoção privada*, ou seja, façam diretamente a adoção no país de origem da criança, para evitar complicações futuras com relação à documentação e problemas de envio ilegal de crianças para o exterior. Os interessados são submetidos a uma preparação, com assistentes sociais, psicólogos, médicos e outros profissionais, para estar realmente preparados para o grande ato da adoção.

O objetivo principal desses cursos de preparação é levar ao conhecimento do interessado a necessidade de enfrentar com serenidade e objetividade as diferentes realidades que, certamente, encontrará na criança, analisando os diferentes problemas e sanando as dúvidas que, inevitavelmente, tem sobre a adoção.

Esses encontros procuram abordar temas como o problema da adoção, as dificuldades encontradas por casais que não conseguem ter filhos biológicos, a paternidade e maternidade responsável, a experiência de outros interessados, as informações técnicas sobre o processamento da adoção e a necessidade de continuar o movimento de pais adotivos para ajudar crianças de outros países.

Além de preparar e orientar o interessado no procedimento da adoção, as agências continuam seu trabalho dando assistência aos pais adotivos, reunindo-os em movimentos e associações de pais adotivos, onde trocam experiências e resolvem suas dificuldades referentes à condução da paternidade.

Outro trabalho desenvolvido por agências internacionais de adoção é o acompanhamento social, que é realizado com a criança e seus pais adotivos, durante um determinado tempo, com a remessa de relatório ou laudo social para o juízo processante da adoção.

No aspecto de obtenção de recursos financeiros para o exercício de suas atividaddes, existem agências que operam gratuitamente para o interessado, recebendo, contudo, subvenções governamentais. Outras fixam um valor, que é cobrado do interessado, para as despesas com o processamento dos documentos nos Consulados, para a divulgação de seu trabalho, para a manutenção de reuniões periódicas com os interessados, com a preparação de cursos etc.

Importante colaboração de agências especializadas em adoção internacional será a realização ou manutenção de convênios celebrados com as Comissões. Esses convênios possibilitarão não só a concretização da adoção em si, mas um intercâmbio e ajuda financeira para suprir as necessidades de famílias em situação de pobreza e de crianças que podem entrar em situação de risco, em face de suas carências afetivas e de assistência material. Convênios outros poderão ser celebrados para a capacitação de técnicos que trabalham com famílias e crianças em situação de perigo social.

As agências ou associações que medeiam a necessidade do interessado e o juízo processante da adoção são uma realidade irreversível. A cada dia que passa a adoção transnacional recebe seu devido reconhecimento, no combate às falcatruas e irregularidades.

Essas entidades, por seu trabalho sério, contribuem para que o tráfico de crianças seja eliminado do contexto da história. Chegará o dia em que as Comissões Estaduais Judiciárias de Adoção Internacional não permitirão mais a adoção privada, ou seja, aquela feita diretamente pelo interessado, sem o auxílio das agências, porque verão nelas um grande aliado para a solução dos problemas de crianças que não têm família.

A Convenção de Haia consagrou nos artigos 10 a 13, as diretrizes de funcionamento das agências credenciadas:

"Art. 10. Somente poderão obter e conservar o credenciamento os organismos que demonstrarem sua aptidão para cumprir corretamente as tarefas que lhe possam ser confiadas.

"Art. 11. Um organismo credenciado deverá: a) perseguir unicamente fins não lucrativos, nas condições e dentro dos limites fixados pelas autoridades competentes do Estado que o tiver credenciado; b) ser dirigido e administrado por pessoas qualificadas por sua integridade moral e por sua formação ou experiência para atuar na área de adoção internacional; c) estar submetido à supervisão das autoridades competentes do referido Estado, no que tange à sua composição, funcionamento e situação financeira.

"Art. 12. Um organismo credenciado em um Estado-Contratante somente poderá atuar em outro Estado-Contratante se tiver sido autorizado pelas autoridades competentes de ambos os Estados.

"Art. 13. A designação das Autoridades Centrais e, quando for o caso, o âmbito de suas funções, assim como os nomes e endereços dos organismos credenciados devem ser comunicados por cada Estado-Contratante ao Bureau Permanente da Conferência da Haia de Direito Internacional Privado."

6.6 O representante dos interessados

O pedido de inscrição e habilitação do interessado, perante a Comissão Estadual Judiciária de Adoção Internacional, poderá ser apresentado através de advogado, ou por outra pessoa por ele indicada.

A legislação brasileira não disciplinou essa matéria. Essa tarefa estará, portanto, cingida ao ordenamento do regimento interno da CEJAI.

Torna-se necessária a presença do representante em face da dificuldade de o interessado fazer o pedido de inscrição pessoalmente, vez que reside em país distante.

Torna-se óbvio que, sendo o pedido feito por representante, este deverá juntar seu documento de identidade e o documento que comprova ser ele o representante indicado, com os demais documentos do interessado estrangeiro.

Reforça-se a necessidade da instituição de representante para o interessado estrangeiro em adoção pelo simples fato de que ele – o interessado – não está requerendo a adoção, mas, tão-somente, sua habilitação que o tornará apto a iniciar o processo, quando a oportunidade ocorrer.

No mais, a figura do representante terá a singela missão de protocolar, na CEJAI, os documentos enviados pelo interessado estrangeiro, podendo agir somente no acompanhamento do processo de habilitação, sendo-lhe vedado interferir, manifestar-se ou retirar o processo da Comissão. Tal proibição, sem dúvida, não se ajusta ao trabalho profissional do advogado.

O representante será chamado, também, quando algum documento, imprescindível ao processamento do pedido, não foi juntado pelo interessado. O representante será notificado a preencher o requisito faltante.

6.7 Arquivo das legislações estrangeiras sobre adoção

O banco de dados da CEJAI poderá incluir uma coletânea de leis estrangeiras sobre adoção. Essa providência, de atribuição do interessado em adotar, poderá, também, ser exercida pela Comissão.

Esse trabalho se justifica tendo em vista que a Comissão estará, permanentemente, utilizando a legislação alienígena nas consultas e nos pareceres dos técnicos sociais, do Ministério Público e de todos aqueles que necessitam das informações sobre a legislação do país do interessado.

Com essa providência adotada, a Comissão não interromperá o processamento do feito se o interessado, por um motivo ou outro, deixou de juntar a legislação de seu país.

Além da legislação estrangeira, redigida na língua original, é necessário que a Comissão tenha em seus arquivos sua tradução, feita por tradutor credenciado.

A CEJAI, de posse da lei estrangeira, com sua respectiva tradução oficial, poderá providenciar para que ela esteja sempre atualizada, através da certidão consular de sua vigência.

6.8 Gratuidade e sigilo no processamento das informações

Uma das primeiras características da Comissão, que o interessado estrangeiro em adoção deve saber, é que os serviços por ela prestados são gratuitos.

Em hipótese alguma a Comissão poderá fixar custas ou emolumentos relacionados com o processamento do pedido de inscrição e habilitação do interessado em adotar.

Gravado no parágrafo único do art. 141 do Estatuto – que dispõe que "as ações judiciais da competência da Justiça da Infância e da Juventude são isentas de custas e emolumentos, ressalvada a hipótese de litigância de má-fé" –, o princípio da gratuidade alonga seus efeitos para abranger o trabalho desenvolvido pela CEJAI.

Em alguns Estados existe, inclusive, a obrigatoriedade de o interessado apresentar uma declaração de conhecimento de que os serviços prestados pela CEJAI, no processamento do pedido de habilitação, são gratuitos. Essa prática reforça a seriedade, a honestidade e idoneidade dos serviços prestados pela Comissão.

Tal providência vem acabar com aqueles intermediários inescrupulosos que cobravam honorários altíssimos dos estrangeiros para ingressarem com o pedido de habilitação.

Por outro lado, além de gratuito, o trabalho desenvolvido pela Comissão reveste-se do sigilo próprio daqueles procedimentos afetos à criança e ao adolescente.

O dever de sigilo vem exposto no art. 155, II, do Código de Processo Civil, *verbis*: "Art. 155. Os atos processuais são públicos. Correm, todavia, em segredo de justiça os processos: (...) II – que dizem respeito a casamento, *filiação*, separação dos cônjuges, conversão desta em divórcio, alimentos e *guarda de menores*".

Ora, o procedimento de habilitação de estrangeiro à adoção está intimamente ligado à filiação e à guarda de menores. Nesse caso, o princípio da publicidade dos atos judiciais, que é a regra no direito pátrio, firmado no *caput* do artigo citado, não prevalecerá, vez que a lei excetuou uma série de hipóteses, gravada no mesmo artigo.

Por isso, simples e precisa é a lição de E. D. Moniz de Aragão, que afirma que "praticam-se a portas fechadas todos os atos processuais, que passam a não ser acessíveis ao público, e não se permite a consulta aos autos nem a expedição de cópias ou certidões".[3]

O dever de sigilo, evidentemente, não se aplica ao advogado ou representante do interessado, pela própria disposição do parágrafo único do citado artigo.

6.9 Laudo de habilitação

O Laudo de Habilitação é o documento, expedido pela Comissão Estadual Judiciária de Adoção Internacional, que autoriza o interessado estrangeiro a requerer a adoção.

O Laudo, em si, exige somente uma forma sacramental que é a declaração de aptidão do candidato à adoção. Se o Laudo não contiver essa fórmula, não tem valor algum.

Como a Comissão é formada por várias pessoas, o Presidente pode nomear um de seus membros para relatar o processo, que será apreciado e julgado por todos, em sessão plenária, cada um proferindo seu voto.

A decisão de autorizar o candidato é de todos os membros da Comissão, mas somente o Presidente assinará o Laudo de Habilitação.

---

3. Ob. cit., p. 24.

O Laudo, obrigatoriamente, terá prazo de validade certo e definido. A fixação desse prazo, que poderá ser de um, dois ou três anos, será definida pelo Regimento Interno das Comissões.

Com o Laudo de Habilitação, o interessado estará apto a requerer a adoção em qualquer cidade do Estado. Uma preocupação crescente entre as Comissões é a discussão sobre a extensão de validade do documento. Uns entendem que o Laudo deve ter ser valor circunscrito aos limites do território estadual; outros, que demonstram ser a maioria, querem que o Laudo de Habilitação tenha validade em todo o território nacional.

A segunda posição é a mais correta. Se há interação entre o trabalho das Comissões dos diversos Estados, é justo que o resultado — ou seja, a análise e estudo prévio das informações do candidato, com a conseqüente expedição do Laudo — seja igualmente respeitado e aceito por todos.

Se as Comissões trabalham sob a égide dos princípios da idoneidade, honestidade e seriedade, não há impedimento algum de um Estado aceitar como válido o Laudo expedido por outro.

Vale como sugestão o seguinte exemplo de Laudo de Habilitação:

PODER JUDICIÁRIO

COMISSÃO ESTADUAL JUDICIÁRIA DE ADOÇÃO INTERNACIONAL

LAUDO DE HABILITAÇÃO E QUALIFICAÇÃO
PARA ADOÇÃO NO ESTADO DE ....

NÚMERO: ....
VALIDADE ATÉ:........................

A COMISSÃO ESTADUAL JUDICIÁRIA DE ADOÇÃO INTERNACIONAL – CEJAI, no uso de suas atribuições regimentais e, tendo em vista o decidido na reunião plenária, realizada aos .... dias do mês de.................. de 20..., CONFERE a ....(qualificação completa dos interessados), registrado(s) sob o número ...., no Livro de Pedidos de Adoção Internacional, o presente LAUDO, pelo qual o(s) declara habilitado(s) e qualificado(s) para, em qualquer comarca do Estado de ...., requerer(em) a adoção de ..... (quantidade) criança(s) e/ou adolescente(s), na faixa etária de ...... anos de idade, guardados, para efeito de atendimento do pedido, a ordem de preferência prevista na legislação regimental e o preenchimento dos demais requisitos legais.

A CEJAI esclarece, ainda, que o processo judicial de adoção é inteiramente gratuito e sigiloso, nos termos da Lei.

(local, data e assinatura do Presidente da CEJAI)

O Laudo de Habilitação não é exclusividade da legislação brasileira. Em outros países existem documentos semelhantes, expedidos por órgãos da Justiça ou do Governo, que, embora com outra denominação, atingem a mesma finalidade.

Na Suécia, o art. 25 da Lei 620/1980, reguladora dos Serviços suecos de Assistência Social, dispõe que "não é permitido acolher menor, sem *autorização* da Comissão Social (...)".

A lei de Adoções de Menores Estrangeiros da Holanda, prescreve, no art. 2º, que "o acolhimento nos Países Baixos dum menor adotivo estrangeiro é permitido apenas após o recebimento duma comunicação escrita do Ministro, dando sua *autorização provisória* para aquele acolhimento".

O art. 176, 2º, do Código Civil espanhol dispõe que: "para iniciar el expediente de adopción es necesaria la propuesta previa de la entidad pública".

Na França, a Direção Departamental das Questões Sanitárias e Sociais (*Direction Départementale des Affaires Sanitaires et Sociales*), é organismo do Ministério das Questões Sociais e da Solidariedade (*Ministère des Affaires Sociales et de la Solidarité*) francês. Este organismo, dentre outros, ocupa-se das questões da adoção. Estando a França dividida em Departamentos, cada um deles é dotado de um estabelecimento da D.D.A.S.S. Somente após passar por uma enquête detalhada (feita por assistentes sociais), junto à D.D.A.S.S do Departamento do domicílio do candidato – enquête essa, relacionada às condições sócio-econômicas e de saúde –, é que um cidadão francês poderá considerar-se apto à adoção, sendo-lhe expedido um Atestado Regulamentar (*Attestation Règlementaire ou Agrément*), documento-chave que funcionará junto aos Juizados da Infância e da Juventude brasileiros para a aceitação do processo de adoção. Sem aquele documento a Justiça brasileira não concederá a adoção e a República Francesa não deferirá um visto de permanência definitiva para o adotado.

A Noruega define que a perspectiva dos futuros pais adotivos deve ser submetida à aprovação prévia do Conselho Governamental de Adoção.

Na Dinamarca, o Ministério da Justiça poderá autorizar uma ou mais organizações privadas a estabelecer e manter serviço de adoção, em relação à adoção de crianças que não são naturais daquele país.

O art. 268a do Código Civil suíço exige que o candidato à adoção submeta-se a uma *investigação*: "1. A adoção não poderá ser proferida antes que uma investigação tenha sido feita relativamente a todas as circunstâncias essenciais, se necessário, com a assistência de peritos. 2. A investigação deverá ter por objeto principalmente a personalidade e a saúde dos pais adotivos e da criança, a conveniência mútua, a capacidade dos pais adotivos de educarem a criança, a situação econômica dos mesmos, suas motivações e a situação familiar de ambos, bem como as perspectivas de evolução da capacidade de manter o sustento".

Na Bélgica, o art. 1º do Decreto de 19 de julho de 1991, dispõe: "Les personnes morales visées à l'article 50 du décret du 4 mars 1991 relatif à l'aide à le jeunesse doivent, en vue d'obtenir leur agrément en tant qu'organisme d'adoption, introduire une demande auprès du Ministre qui a l'aide à la jeunesse et la protection de le jeunesse dans ses attributions".

No Chile, pelo disposto no art. 41, "d", da Lei 18.703, 26 de abril de 1988, que regula as normas referentes à adoção, os adotantes estrangeiros devem juntar "informes sociales emitidos por organismos oficiales competentes o por entidades privadas autorizadas por el Gobierno del país donde residan, que incluyan antecedentes de salud física y mental de los solicitantes, expedidos por profesionales competentes. En el caso de entidades privadas la autorización correspondiente deberá ser acreditada". Na letra "f" do mesmo artigo vem gravada a ordem de juntar "certificados expedidos por los cónsules chilenos de profesión en que conste que los solicitantes cumplen con los requisitos para adoptar, según la ley de su país de residencia".

A *Legge n. 184*, que regula as adoções na Itália, fixou no art. 30, que "os cônjuges que tencionem adotar um menor estrangeiro deverão requerer ao tribunal de menores do distrito a *declaração de idoneidade* para a adoção".

Comentando a lei italiana, o magistrado Paolo Vercellone considera imprescindível a obtenção da declaração de idoneidade pelo candidato à adoção: "Los Estados extrangeros han sido avisados de que no concedan niños de su pais a ciudadanos italianos si estos no van provistos del certifcado de idoneidad, y, si lo hacen, sepan que estos niños jamás podrán ser adoptados validamente en Italia. Es, por lo tanto, muy dificil que vaya donde vaya una pareja italiana no declarada idónea por el Tribunal de Menores pueda obtener un niño. La Policia de Fronteras tiene la orden de devolver inmediatamente al país de origen los niños que llegan a Italia para ser adoptados, si no estan acompañados de súbditos italianos que posean dicho certificado".[4]

---

4. "Evolución del régimen jurídico de la adopción in Italia", in *Aspectos Jurídicos de la Protección a la Infancia*, p. 158.

Percebe-se pela análise das diversas leis de proteção à infância, que o candidato à adoção necessita, primeiro, habilitar-se no seu país de origem para, depois, buscar a possibilidade de adoção em outro país.

Esse procedimento reforça ainda mais a garantia do processamento, da veracidade e idoneidade das informações que chegam à Comissão Estadual Judiciária de Adoção Internacional.

Quando a Comissão expede o Laudo de Habilitação, está amparada, também, nos procedimentos preparatórios que o interessado estrangeiro realizou em seu país de origem.

Após a expedição do Laudo, a CEJAI deverá comunicar o fato à Autoridade Central Administrativa Federal, conforme dispõe o art. 2º, inciso VI, letra "a", do Decreto 3.174/99, que dispõe: "Art. 2º . Compete à Autoridade Central Federal: (...) VI – gerenciar banco de dados, para análise e decisão quanto: a) aos nomes dos pretendentes estrangeiros habilitados; (...)".

7
O PROCESSO DE ADOÇÃO

7.1 Considerações gerais. 7.2 Requisitos processuais. 7.3 Procedimento contraditório. 7.4 A entrega da criança ao adotante antes do término do processo. "Guarda provisória". 7.5 O consentimento do adotando maior de 12 anos de idade. 7.6 O estágio de convivência. 7.7 Relatório social. 7.8 A manifestação do Ministério Público. 7.9 A sentença judicial nas ações de adoção: 7.9.1 Classificação e efeitos – 7.9.2 Extinção do poder familiar – 7.9.3 O registro de nascimento – 7.9.4 O novo nome do adotado – 7.9.5 Autorização para viajar e expedição de passaporte.

7.1 Considerações gerais

Antes de iniciar o processo de adoção propriamente dito, algumas considerações deverão ser analisadas, referentes ao lapso temporal entre o pedido de adoção, a seleção da criança e sua efetiva entrega ao interessado.

O Laudo de Habilitação não confere ao adotante a adoção imediata. Isso somente será possível se houver crianças disponíveis para adoção.

A adoção somente será possível ao estrangeiro se houver criança ou adolescente apto para a entrega. Ou seja, são necessárias a verificação do estado de abandono da criança ou do adolescente, a anterior destituição do poder familiar, a impossibilidade da colocação dessas crianças em lares de seus familiares. Enfim, quando a criança ou o adolescente estiverem cadastrados e relacionados pela Justiça da Infância como aptos a serem adotados.

Não existe criança ou adolescente para ser escolhido, como numa prateleira de supermercado: de olhos, pele e cabelos claros, sem doenças ou enfermidades permanentes, de pouca idade etc. Essa prática foge completamente do espírito da adoção. Como vimos acima, a adoção tem que resolver o problema da criança e não do adotante.

O intercâmbio entre os técnicos do Juizado e o interessado estrangeiro em adoção é de fundamental importância nesse momento. É através do técnico social, auxiliar do juiz, que o interessado será comunicado de que existe esta ou aquela criança ou adolescente preparada para ser colocada em família substituta.

É, igualmente, por meio dos técnicos sociais que o interessado estrangeiro conhecerá o adotando e, particularmente, as intercorrências de sua vida e de sua história.

Portanto, mesmo estando concluída a fase de habilitação perante a CEJAI, o interessado estrangeiro somente poderá requerer a adoção se houver crianças ou adolescentes preparados para esse fim. Se, ao contrário, inexistirem crianças dispostas para adoção, o interessado deverá aguardar a ocorrência da possibilidade.

É claro que a habilitação positiva encerra maiores chances de o interessado adotar mais rapidamente, vez que seu pedido e situação social já foram analisados pela Comissão.

7.2 Requisitos processuais

Pronto para iniciar o processo de adoção, o adotante deverá protocolar seu requerimento perante a Vara da Infância e da Juventude ou "perante o Juiz que exerce essa função, na forma da Lei de Organização Judiciária local" (ECA, art. 146).

Aliado ao dispositivo legal acima, o inciso III do art. 148 do Estatuto estabelece que "a Justiça da Infância e da Juventude é competente para: (...) conhecer de pedidos de adoção e seus incidentes".

A prática processual mais próxima da idealização pretendida pelo Estatuto da Criança e do Adolescente, para o início da ação de adoção, desenvolve sua estrutura sob o procedimento instalado na Comissão Estadual Judiciária de Adoção Internacional. Na verdade, considera a inscrição do interessado na CEJAI como pré-requisito do processo principal, que é o de adoção.

Assim, considerando o objetivo traçado pelo Estatuto, acompanhamos sua diretiva para, neste momento, analisar o procedimento do interessado estrangeiro em adoção que promoveu sua habilitação perante a Comissão, estando, pois, apto para requerer a adoção no Juízo Especializado.

O pedido inicial, que requer a adoção, deve conter os requisitos exigidos pelos arts. 165 do Estatuto e 282 do Código de Processo Civil e outros que são específicos da adoção. São eles: I – o Juiz ou Tribunal a que é dirigido; II – qualificação completa do requerente e de eventual cônjuge, ou companheiro, com expressa anuência deste; III – qualificação completa da criança ou adolescente e de seus pais, se conhecidos; IV – indicação do cartório onde foi inscrito o nascimento, anexando, se possível, uma cópia da respectiva certidão; V – o pedido de adoção da criança indicada com os fundamentos jurídicos; VI – o pedido de procedência da ação; VII – data e assinatura.

Com o requerimento inicial e preenchidos os requisitos acima mencionados, o adotante deverá juntar o Laudo de Habilitação, expedido pela CEJAI, seus documentos de identificação pessoal e os da criança.

A declaração de anuência dos pais do adotando, se forem conhecidos, será providenciada pela própria Justiça, prestada perante a autoridade judiciária e o representante do Ministério Público, conforme disciplina o parágrafo único do art. 166 do Estatuto. O laudo social, comprovante do estágio de convivência, será juntado pelo próprio Juizado.

No momento da propositura da ação de adoção, os pais biológicos da criança já deverão estar destituídos do poder familiar em procedimento próprio e respeitado o contraditório. Entretanto, se por algum motivo isso não ocorreu, os genitores da criança deverão ser citados, conforme rege a lei processual.

Persistindo a ausência dos genitores, o juiz nomeará curador especial para efetuar a proteção de seus interesses e promover sua defesa.

O processo é gratuito; não existem custas ou emolumentos a serem recolhidos, em virtude da disposição legal exarada no § 2º, do art. 141 do Estatuto, *verbis:* "As ações judiciais da competência da Justiça da Infância e da Juventude são isentas de custas e emolumentos, ressalvada a hipótese de litigância de má-fé".

7.3 Procedimento contraditório

O procedimento contraditório será instalado sempre que houver resistência de uma das partes. Neste caso, a ação de adoção seguirá o rito ordinário previsto no Código de Processo Civil, arts. 282 a 475.

É possível encontrar situações onde o pedido de adoção está cumulado com o de extinção do poder familiar. O procedimento também será contraditório quando os genitores do adotando: a) estiverem vivos; b) na regência do poder familiar: c) não concordarem com a adoção

A *ausência* dos genitores requer, igualmente, a instalação do contraditório, caso em que o juiz nomeará curador especial para a proteção de seus interesses. Nessas hipóteses, a assistência de advogado é indispensável.

A *contrario sensu*, se não ocorrerem essas situações, a presença de advogado no processo de adoção, tanto de interessados nacionais quanto de estrangeiros, é opcional.

O fundamento de tal assertiva verifica-se no enunciado do art. 166 e parágrafo único do Estatuto, que lecionam:

"Art. 166. Se os pais forem falecidos ou suspensos do pátrio poder, ou houverem aderido expressamente ao pedido de colocação em família substituta, *este poderá ser formulado diretamente em cartório, em petição assinada pelos próprios requerentes.*

"Parágrafo único. Na hipótese de concordância dos pais, eles serão ouvidos pela autoridade judiciária e pelo representante do Ministério Público, tomando-se por termo as declarações."

A posição assumida pelo Estatuto de prescindir da assistência de advogado nas ações de colocação de criança ou adolescente em família substituta, nacional ou estrangeira, em *procedimentos não contraditórios*, decorre da necessidade imperiosa de conceder a prestação jurisdicional com a maior brevidade possível, vez que tais ações representam relações afetivas e são revestidas de cunho eminentemente social.

Isso não representa, absolutamente, ingerência na função profissional do advogado, como forma de diminuir o preceito constitucional de que sua função "é indispensável à administração da justiça" (CF, art. 133). Esse direito é inegociável.

O fato é que a lei prescreve que naqueles casos, acima citados, a parte poderá, pessoalmente, formular seu pedido diretamente em cartório, vez que antecipadamente houve um acordo de vontades.

A autoridade judiciária, após determinar um estudo social da situação, atenderá à vontade das partes, proferindo sentença, que tem caráter constitutivo, atacável pelo recurso de apelação.

Configura-se, também, indispensável o contraditório em virtude de sua conseqüência máxima gerada pela sentença judicial: a extinção do poder familiar (ECA, art. 168).

A adoção exige, como pressuposto, a extinção do poder familiar (CC, art. 1.635, IV), da constituição judicial de seu vínculo e sua irrevogabilidade (ECA, arts. 47 e 48; CC, art. 1.623). Não basta o decreto judicial de *suspensão* do poder familiar, medida que é reversível, como, por exemplo, nos casos de tutela (ECA, art. 36, parágrafo único, e CC, arts. 1.735 e 1.766).

Relacionada ao tipo de procedimento em que deverá ter curso a ação de adoção, a anuência dos genitores do adotando é fator determinante: se houver a concordância, o procedimento será de jurisdição voluntária e regido pelos arts. 165 a 170 do Estatuto; se inexistente a manifestação positiva de vontade dos genitores, o procedimento será caracterizado pela pretensão resistida veiculada pelo contraditório, disciplinado pelos arts. 282 a 475 do Código de Processo Civil e complementado pelas peculiaridades dos arts. 167, 168 e 170 do Estatuto.

7.4 A entrega da criança ao adotante antes do término do processo. "Guarda provisória"

Ao protocolar o pedido inicial de adoção, o interessado já conheceu a criança, objeto da ação. Inicia os preparativos de reconhecimento e celebra o "amor à primeira vista".

Para iniciar o estágio de convivência, o juiz deverá proferir despacho no ato da inicial. É salutar para o interessado e também para a Justiça que o estágio de convivência tenha início imediatamente após o ingresso da ação.

Se o juiz demarca o estágio do adotante com a criança, nos parâmetros do art. 46 do Estatuto, certamente permitirá que esta fique na companhia de seu futuro "genitor", para mútuo conhecimento – tal é o objetivo daquele período de convivência.

E, se o magistrado permite tal procedimento, seguramente deverá autorizar, *por escrito*, que aquela criança fique sob a responsabilidade do adotante.

Se o juiz não autoriza o convívio de ambos, não tem sentido o namoro paterno-filial, porque não tem cabimento que a criança permaneça na instituição e o adotante no hotel, ou onde estiver hospedado. Durante o dia, a criança sai para passear com o adotante, diverte-se, emociona-se e à noite volta para a instituição – que para a criança, é sinônimo de prisão e frustração. O congraçamento deve ser total entre adotante e adotando.

A experiência é mútua e pretende ser o início de uma relação familiar amparada na confiança e no respeito.

Os mais legalistas poderão argumentar: a lei proíbe a entrega de criança brasileira ao adotante estrangeiro, mediante guarda, como regulamenta o art. 31 do Estatuto.

De fato, dispõe o citado artigo: "A colocação em família substituta estrangeira constitui medida excepcional, somente admissível na modalidade de adoção".

E não é somente o art. 31 que impede a concessão da guarda aos estrangeiros. O § 1º do art. 33 é mais incisivo: "A guarda destina-se a regularizar a posse de fato, podendo ser deferida, liminar ou incidentalmente, nos procedimentos de tutela e adoção, *exceto no de adoção por estrangeiros*". Ou seja, quando o estrangeiro requer a adoção, é vedado ao juiz conceder a guarda liminar ou incidentalmente.

Por outro lado, não se pode perder de vista que a guarda é *incidental* nos processos de tutela e adoção, justamente para proteger aquele período em que a criança fica sem a proteção do poder familiar e sem a definição judicial. Enquanto o juiz analisa o processo, a criança ficará, provisoriamente, coberta pelo instituto da guarda justamente para possibilitar melhor compreensão do problema apresentado para decisão.

Portanto, quem ficará responsável pela criança, que está em vias de ser adotada, a não ser o requerente-adotante? Não seria melhor que o juiz concedesse uma "guarda provisória" ao adotante enquanto tramitasse o processo?

A medida proibitiva dos arts. 31 e 33 do Estatuto vislumbrou, apenas, a hipótese de o adotante sair do país com a criança, sem a devida conclusão do processo de adoção, o que, aliás, repete a disposição prevista no § 4º do art. 51 do mesmo diploma, medida, essa, plenamente justificável.

O Estatuto não deu muita liberdade ao magistrado neste aspecto. São duas as hipóteses mais viáveis: 1) concede a "guarda provisória" ao interessado estrangeiro e procede a uma monitoração estreita no estágio de convivência, ao arrepio dos dispositivos legais já citados; ou 2) não concede a guarda ou autorização (por escrito) e permite que o estágio de convivência seja distante da realidade, podendo provocar, inclusive, rejeição da criança em relação ao adotante, tornando inviável aquela adoção.

Se concedida a guarda ou autorização, esta deverá ter *validade limitada e circunscrita à comarca processante, não tendo valor como autorização de viagem ou saída da criança do país*.

Comunga desse raciocínio o eminente magistrado Samuel Alves de Melo Junior, para quem:

"Não se pode conceber estágio de convivência sem que a criança ou adolescente fique na companhia dos pretendentes à adoção pelo prazo fixado, e, consequentemente, sem que os mesmos detenham a guarda provisória do mesmo.

"Paradoxalmente, porém, o Estatuto, ao mesmo tempo em que torna obrigatória a realização de estágio, especificando, inclusive, os prazos mínimos no § 1º do art. 33, parece vedar a concessão de guarda nos casos de adoção por estrangeiro.

"Não pode a autoridade judiciária, evidentemente, entregar a criança ou adolescente aos pretendentes à adoção, sem qualquer formalidade. A lei não prevê, além disso, outra figura, senão a guarda, como forma de resguardar o próprio adotando durante o processamento da adoção, pelo que se depreende do mesmo § 1º do art. 33.

"Qualquer documento que a autoridade judiciária forneça aos pretendentes, sob que rótulo for, e tal será sempre necessário, caracterizará, no fundo, a outorga de uma guarda provisória.

"Há, por isso mesmo, que se interpretar o mencionado § 1º do art. 33 apenas como proibição de concessão da guarda sem que tenham sido tomadas as providências previstas no art. 167."[1]

Por outra perspectiva — e com razão os legalistas —, a guarda não pode ser deferida como forma *autônoma* de colocação de criança ou adolescente em família substituta estrangeira. Isso ficou claro nos dispositivos acima transcritos.

Por outro lado, como ensinou o citado magistrado, o juiz terá que, de alguma forma, conceder a guarda e autorizar que a criança fique sob a responsabilidade do adotante, durante o estágio de convivência, para que um conheça o outro e transmita-lhe o amor e o carinho paterno-filial.

7.5 O consentimento do adotando maior de 12 anos de idade

Para o sucesso da adoção de adolescente maior de 12 anos o Estatuto exige o pressuposto fundamental do seu consentimento à pretensão do adotante.

O pré-requisito é necessário e obrigatório, eivando de nulidade o processo em que inexiste tal formalidade.

Essa exigência está configurada no § 2º do art. 45 do Estatuto: "Em se tratando de adotando maior de doze anos de idade, será também necessário o seu consentimento".

O *caput* do art. 1.621 do novo Código Civil consagra a necessidade do consentimento dos pais ou do representante legal do adotando, de quem se deseja adotar e da concordância deste, se contar com mais de 12 anos. O parágrafo primeiro dispõe que o consentimento será dispensado em relação à criança ou adolescente cujos pais sejam desconhecidos ou tenham sido destituídos do poder familiar. O parágrafo segundo completa que o consentimento previsto no *caput* é revogável até a publicação da sentença constitutiva de adoção.

Convém lembrar, que a citada lei não se esqueceu de contemplar a necessidade de ouvir a criança e o adolescente sobre sua adoção, como já previa o § 1º do art. 28 do Estatuto. Assim, para os maiores de 12 anos é necessária sua expressa concordância na adoção.

---

1. In *Comentários ao Estatuto da Criança e do Adolescente*, p. 168.

A novidade trazida pelo novo Código Civil refere-se à possibilidade de revogação do consentimento dos pais ou responsável legal da criança e do adolescente antes da publicação da sentença constitutiva da adoção.

O consentimento do adotando adolescente no processo de adoção, seja ele requerido por nacional ou estrangeiro, é uma exigência comum em diversos países.[2]

Em Portugal, por exemplo, o Código Civil disciplina, no art. 1.981: "1. É necessário para a adoção o consentimento: a) do adotando maior de quatorze anos".

Na Espanha, o art. 177 do Código Civil preceitua que: "1. Habrán de consentir la adopción, en presencia del Juez, el adoptante o adoptantes y el adoptando mayor de doce años".

O Código sueco da Tutela do Poder Paternal inscreve no art. 5º que "um menor que tenha completado 12 anos de idade não pode ser adotado sem o seu consentimento".

Com projeção mais ampla, o art. 265, 2 do Código Civil suíço disciplina que "se a criança for capaz de discernimento, a adoção só poderá ocorrer com o seu consentimento".

Na Itália a situação não é diferente. A *Legge n. 184* inscreveu no art. 7º que "o menor que já completou catorze anos de idade não poderá ser adotado se não der, pessoalmente, o próprio consentimento (...)".

A Alemanha e o México também fixam em 14 anos a idade para o adotando manifestar-se sobre sua adoção; a Argentina, para o maior de 10 anos, se o juiz entender conveniente; a Bélgica, para os maiores de 15 anos; Dinamarca, Noruega e Venezuela estabelecem em 12 anos; o Reino Unido, se o adotando for capaz de discernir o ato que está sendo realizado; a Colômbia, quando o menor for púbere.

A preocupação dos legisladores em exigir o consentimento do adotando adolescente à pretensão dos adotantes circunda-se, principalmente, na dificuldade de adaptação aos costumes, à língua, à vida no país estrangeiro.

Mas essas dificuldades não representam, por si sós, um empecilho à adoção, tendo em vista a crescente globalização e interação dos povos. Divergências de comportamento familiar e comunitário e discriminações de todos os tipos são entraves maiores de serem superados pelo adotando que se vê num lugar estranho.

---

2. Cf. item 3.7 deste Livro I.

No mais, essa medida representa um avanço do procedimento judicial, que percebeu a necessidade de ouvir o maior interessado na adoção, que é o adolescente.

É verdade, também, que o adotando já terá condições psicológicas de exprimir seus desejos e manifestar sua opinião a respeito de sua nova forma de vida.

7.6 O estágio de convivência

O Estatuto da Criança e do Adolescente registra, no artigo 46 e parágrafos, a necessidade do estágio de convivência dos interessados em adotar.

Dispõe o citado artigo:

"A adoção será precedida de estágio de convivência com a criança ou adolescente, pelo prazo que a autoridade judiciária fixar, observadas as peculiaridades do caso.

"§ 1º. O estágio de convivência poderá ser dispensado se o adotando não tiver mais de um ano de idade ou se, qualquer que seja a sua idade, já estiver na companhia do adotante durante tempo suficiente para se poder avaliar a conveniência da constituição do vínculo.

"§ 2º. Em caso de adoção por estrangeiro residente ou domiciliado fora do País, o estágio de convivência, cumprido no território nacional, será de no mínimo quinze dias para crianças de até dois anos de idade, e de no mínimo trinta dias quando se tratar de adotando acima de dois anos de idade."

Mais adiante, no art. 167, o Estatuto confere ao juiz o poder de decidir e avaliar as conclusões do estágio de convivência, através do laudo técnico da equipe interprofissional.

Para o nosso estudo, ressalta-se a importância do *caput* do art. 46 e seu § 2º, que trata, justamente, do estágio de convivência do adotante estrangeiro com o adotando nacional.

Contudo, convém percorrer o caminho feito pelo legislador estatutário ao disciplinar o estágio de convivência entre adotantes e adotados.

No *caput*, o legislador afirma, com certa rigidez, que é necessário o cumprimento daquele período de mútuo conhecimento. Entretanto, a necessidade da prática do estágio recebe, no § 1º, duas exceções, destinadas aos adotantes nacionais. São elas: a) se a criança não tiver mais de um ano de idade e b) se a criança já estiver na companhia do adotante por tempo suficiente que se possa avaliar o liame afetivo constituído pela convivência.

Em outras palavras, verificando-se uma das hipóteses acima, o adotante nacional poderá ser dispensado do cumprimento do estágio de convivência.

Como existe expressa referência ao adotante estrangeiro no § 2º, supõe-se que aquelas exceções sugeridas acima aproveitam somente aos adotantes nacionais. Os adotantes estrangeiros que quiserem adotar crianças ou adolescentes nacionais deverão cumprir o estágio de convivência conforme determina o § 2º do art. 46 do Estatuto. O novo Código Civil foi silente a respeito do estágio de convivência para os estrangeiros interessados na adoção. Valem, portanto, as recomendações sobre o tema constantes do Estatuto da criança e do Adolescente.

Como se vê, o legislador preferiu conferir aos estrangeiros condições diferenciadas das dos nacionais quando o assunto é adoção. Nesse particular, a lei tratou desigualmente pessoas com as mesmas intenções, ou seja, considerou o adotante nacional pessoa mais confiável, vez que desincumbiu-o da tarefa de cumprir o estágio de convivência, nas hipóteses acima referidas.

O adotante estrangeiro já não teve a mesma sorte: é obrigado a preencher aquele requisito, sob pena de não ver atendido seu pedido.

O estágio de convivência é necessário e tem a mesma importância e função quer para o interessado nacional, quer para o estrangeiro. O direito à adoção, no Brasil, é igual para todos, não importando a nacionalidade do interessado. A diferença entre um e outro, exigida pela lei, reside na quantidade de documentos que o estrangeiro tem que apresentar ao juiz.

Na verdade, o estágio de convivência com uma criança com menos de um ano de idade, realizado por nacionais ou por estrangeiros, não poderá servir de parâmetro para o juiz avaliar se aquele relacionamento foi bom ou não. A troca de experiências entre um casal e uma criança (de poucos meses de idade) aproveita mais ao casal do que à criança. Quando a criança tem mais de dois anos, época em que já consegue diferenciar as pessoas da família e já se exprime através da comunicação falada, a adaptação é mais demorada e exige maior esforço do casal adotante.

Para que, então, fazer o estágio com uma criança recém-nascida? Que transformação de comportamento ou de afetividade terá essa criança com o casal interessado? Qual a possibilidade de não ser possível a adaptação? Uma criança recém-nascida somente recebe o alimento, os cuidados com a saúde, o carinho e o afeto dos adotantes e das pessoas que a cercam. Ela não pode dar nada em troca. Qual o critério, seja o psicológico ou o jurídico, para descobrir se a criança está aceitando ou não aquele casal? No mundo da pesquisa científica podem até existir métodos para essa aferição; mas, na prática, não é possível detectar a rejeição nem a aceitação. E o fato de o casal adotante ser nacional ou estrangeiro não tem a menor importância.

Se o adotante nacional goza da prerrogativa de ver dispensado o estágio de convivência quando a criança tem menos de um ano de idade, por que não estender o benefício ao adotante estrangeiro?

Por outro lado, o estágio de convivência com crianças mais crescidas, de dois ou três anos ou acima, representa medida salutar e necessária que aproveita ao adotante e à criança. Aqui, é mais fácil perceber a diferença entre esses dois tipos de estágios: a criança ou o adolescente tem mais condições para discernir, julgar, aceitar ou recusar uma situação que lhe pode ser favorável ou não. Neste caso, o estágio servirá como um campo de prova, um exercício de mútuo conhecimento, um *laboratório de família*.

Se a experiência não foi frutífera de um dos lados, é possível reverter a situação e não concretizar a adoção. Por outro lado, se ambas as partes (adotante e adotando) preferirem ampliar o prazo fixado para o estágio, tendo em vista a necessidade de mais tempo para o convívio, podem requerer ao juiz.

O estágio de convivência, como já foi dito, é importante, sedimenta as relações afetivas e reforça a convicção do juiz de que a criança que foi entregue ao adotante estrangeiro está percorrendo um processo de adaptação que, seguramente, será benéfico para sua vida futura. E, na expressão de Maria Josefina Becker, "permite uma observação do modo como se estabelece o vínculo com os pais adotivos".

Esse período de adaptação e aprendizado, exigido do adotante, que deve ser cumprido em território nacional, impede que pessoas inescrupulosas possam tirar proveito ou interferir no andamento do processo.

Existem pessoas que querem ver o prazo do estágio ampliado. Contrários à adoção transnacional, quando admitem-na em seus Tribunais, fixam prazos de 60, 90 ou até mesmo de 120 dias para o cumprimento do convívio. Embora a lei fixe os prazos mínimos, deixando ao arbítrio do juiz o termo final, não é justo que o adotante estrangeiro tenha que passar por diversas dificuldades e discriminação para ver um direito seu atendido por nossos Tribunais, em virtude de interpretações essas ou aquelas sobre a adoção.

7.7 Relatório social

A equipe interprofissional de técnicos ou auxiliares do juiz exerce função de suma importância no acompanhamento e na avaliação do estágio de convivência.

A manifestação técnica, principalmente na área da assistência social, da pedagogia, da medicina psiquiátrica e da psicologia, conduz a decisão judicial para caminho mais próximo da realidade vivida entre adotante e adotando.

Tal é a importância desse trabalho que o art. 167 do Estatuto fincou sua diretriz no sentido de que "a autoridade judiciária, de ofício ou a requerimento das partes ou do Ministério Público, determinará a realização de estudo social ou, se possível, perícia por equipe interprofissional, decidindo sobre a concessão de guarda provisória, bem como, no caso de adoção, sobre o estágio de convivência".

De maneira genérica, o art. 151 da mesma lei reporta-se às atribuições da equipe interprofissional, *verbis*: "Compete à equipe interprofissional, dentre outras atribuições que lhe forem reservadas pela legislação local, fornecer subsídios por escrito, mediante laudos, ou verbalmente, na audiência, e bem assim desenvolver trabalhos de aconselhamento, orientação, encaminhamento, prevenção e outros, tudo sob a imediata subordinação à autoridade judiciária, assegurada a livre manifestação do ponto de vista técnico".

Além do mais, as *Regras Mínimas das Nações Unidas para a Administração da Justiça* (*Regras de Beijing*) determinam que seja "efetuada uma investigação completa sobre o meio social e as circunstâncias de vida do menor (...)". E acrescentam, no n. 1.6, que os serviços técnicos "da Justiça de Menores deverão ser desenvolvidos e coordenados sistematicamente com vista ao aprimoramento e manutenção da competência do pessoal envolvido nesses serviços, inclusive seus métodos, perspectivas e atitudes".

O laudo social, apesar de sua importância – e, para nós é imprescindível –, não é documento obrigatório que deva ser juntado no processo de adoção, sob pena de nulidade. Apesar disso, o citado artigo delegou ao próprio juiz, às partes e ao Ministério Público a possibilidade de trazê-lo para os autos.

O técnico poderá, também, ser chamado a manifestar verbalmente, na audiência, sua opinião sobre o caso.

O trabalho da equipe interprofissional será trazer subsídios e informações referentes às circunstâncias do convívio entre adotante e adotando, sendo que, ao proferir a decisão, "o juiz não está adstrito ao laudo pericial, podendo formar a sua convicção com outros elementos ou fatos provados nos autos", conforme dispõe o art. 436 do Código de Processo Civil.

Mas essa é uma questão que já está vencida. O laudo social representa na prática, o alicerce da sentença judicial. Nem o juiz nem o promotor de justiça têm condições de fazer o acompanhamento do estágio de convivência. Esse mister, embora não vinculante legalmente ao convencimento do magistrado e do membro do Ministério Público, é documento de que estes não podem prescindir para manifestar sua decisão e parecer.

Para verificar a relação de convívio entre o futuro pai adotivo e a criança, os técnicos deverão "conviver" com eles, acompanhar todas as intercorrências de comportamento e, por fim, avaliar o resultado daquele período.

São os técnicos sociais que verificarão a possibilidade ou não da permanência da criança ou adolescente na família substituta, fornecendo opinião adequada sobre suas condições para assumir os deveres paternais em relação à criança. Na verdade, perseguem as recomendações dos arts. 28 a 32 do Estatuto, que são o parâmetro de seu trabalho social.

É necessário, portanto, que o técnico social, que trabalha com a adoção, seja pessoa preparada cultural e psicologicamente, pois o sucesso da colocação da criança em família substituta dependerá, em grande parte, de seu desempenho.

7.8 A manifestação do Ministério Público

Dispõe o art. 168 do Estatuto: "Apresentado o relatório social ou o laudo pericial, e ouvida, sempre que possível, a criança ou o adolescente, dar-se-á vista dos autos ao Ministério Público, pelo prazo de cinco dias, decidindo a autoridade judiciária em igual prazo".

Ao receber o processo de adoção, o promotor de justiça, que atuará como *custos legis*, verificará sua regularidade processual e formal antes de proferir seu parecer final.

Além da fiscalização dos atos e documentos necessários à formação dos autos, o promotor de justiça poderá requerer a realização de estudo social da situação, providência, essa, permitida pelo art. 167, já mencionado.

A prática recomenda que não se pode prescindir da opinião da equipe interprofissional referente ao estágio de convivência entre adotante e adotando.

É pelo trabalho realizado por aquela equipe que o juiz e o promotor de justiça poderão aferir o estabelecimento do vínculo paternofilial.

Nota-se, também, que, ainda neste momento processual, a lei determina a oitiva da criança ou do adolescente, para que possa ele expressar sua opinião e vontade sobre a adoção que se opera. Essa audiência, como vimos, é obrigatória e indispensável, pois colherá o consentimento pessoal do adotando. Se tal providência ainda não foi cumprida, compete ao promotor de justiça requerê-la.

Não se deve esquecer, entretanto, que, "nos processos e procedimentos em que não for parte, atuará obrigatoriamente o Ministério Público na defesa dos direitos e interesses de que cuida esta lei, hipótese em que terá vista dos autos depois das partes, podendo juntar documentos e requerer diligências, usando os recursos cabíveis" (ECA, art. 202).

Comentando esse artigo, o Procurador de Justiça de São Paulo Antônio Araldo Ferraz Dal Pozzo explica que:

"Para dar-se a intervenção obrigatória do Ministério Público em procedimento ou processo regulado pelo Estatuto não se exige do *Parquet* o interesse processual que, de ordinário, se reclama da parte.

"Para a parte privada comum, o interesse processual é sempre um *posterius* com relação à legitimidade para a causa. Primeiro, a parte precisa ser titular, ou afirmar-se titular, de relação jurídica de Direito Material (parte no contrato, titular de direito à indenização, filho para pleitear alimentos do pai etc.); somente depois que se verifica ser ela *parte legítima* para agir em juízo é que se poderá aferir se possui ou não interesse de pedir a tutela jurisdicional, ou seja, o interesse processual (resolução do contrato por inadimplemento, ato ilícito que provocou dano, necessidade de pensão e possibilidade de o pai pagar, nos exemplos citados).

"Relativamente ao Ministério Público ocorre fenômeno diverso. A razão de ser sua participação no processo civil, quer como autor da ação civil pública (art. 81 do CPC), quer como *custos legis* (art. 82 do CPC) é sempre o *interesse público* (...) Por isso, o interesse processual para ele é sempre um *prius* em relação à legitimidade para a causa."[3]

No mesmo diapasão, o art. 204 da citada lei determina que "a falta de intervenção do Ministério Público acarreta a nulidade do feito, que será declarada de ofício pelo juiz ou a requerimento de qualquer interessado".

Na legislação adjetiva civil encontramos disposição semelhente, em dois momentos: a) art. 84: "Quando a lei considerar obrigatória a intervenção do Ministério Público, a parte promover-lhe-á a intimação sob pena de nulidade do processo"; b) art. 246: "É nulo o processo, quando o Ministério Público não for intimado a acompanhar o feito em que deva intervir".

---

3. In *Estatuto da Criança e do Adolescente Comentado*, p. 636.

Além do mais, todas as "manifestações processuais do representante do Ministério Público deverão ser fundamentadas" (ECA, art. 205 e CF, art. 129, VIII). A fundamentação dos pareceres ministeriais pressupõe atento exame do processo, levando-se em consideração os fatos colocados para análise.

7.9 A sentença judicial nas ações de adoção

7.9.1 Classificação e efeitos

A certeza da segurança e da regularidade processual nas ações de adoção fundamenta-se na *sentença definitiva*, atividade da autoridade judiciária que resolve o conflito de interesses ou homologa a vontade das partes.

A *sentença definitiva* é aquela que decide o mérito, que resolve a contenda colocada perante o juiz para o exercício da prestação jurisdicional. E, na expressão de Liebman, "é definitiva a sentença que *define o juízo*, concluindo-o e exaurindo-o na instância ou grau de jurisdição em que foi proferida. Ela é, portanto, a sentença final de primeiro grau que resolve o litígio".[4]

É através da sentença judicial que se constitui o vínculo da adoção (ECA, art. 47 e CC, arts. 1.621, § 2º, e 1.623). A partir de então, esgotadas as possibilidades recursais, a adoção torna-se irrevogável (ECA, art. 48), não sendo possível o restabelecimento do vínculo paternal dos pais naturais (ECA, art. 49), a não ser que o promovam por nova adoção.

Somente através de sentença judicial opera-se a adoção. O Estatuto da Criança e do Adolescente aboliu a possibilidade da constituição do vínculo da adoção através de escritura pública. Essa prática não existe mais no Direito brasileiro. A partir da Lei 8.069/90, as adoções somente se convalidam através de sentença *constitutiva*, que produz o efeito de criar, modificar ou extinguir uma relação jurídica. O novo Código Civil estampou nos artigos 1.621, § 2º, e 1.623 a obrigatoriedade da adoção ser processada judicialmente e, conseqüentemente, ser definida através de uma sentença constitutiva.

Na legislação alienígena encontramos disposição semelhante. No Código Civil espanhol, art. 176: "La adopción se constitue por resolución judicial, que tendrá en cuenta siempre el interés del adoptando".

Na Itália, a *Legge n. 184* contempla, no art. 25 que "o Tribunal de Menores que declarou o estado de adotabilidade (...) certifica-se da exis-

---

4. *Corso di Diritto Processuale Civile*, 1951, p. 196.

tência de todas as condições previstas pela presente parte e, sem outra formalidade de processo, providencia a adoção com sentença arrazoada, em reunião do conselho, decidindo conceder ou não a adoção".

Na Suécia, o Código sueco da Tutela do Poder Paternal alinha a questão, com outras palavras, no art. 6º: "O Tribunal deve examinar a questão da conveniência da criação do vínculo adotivo".

A Lei 18.703, de 10.5.88, que dispõe sobre a adoção de menores no Chile, ressalta, no art. 9º, que: "La adopción se otorgará por sentencia judicial, la que deberá cumplir los requisitos establecidos en el artículo 170 del Código de Procedimiento Civil. El juez verificará el cumplimiento de los requisitos legales y decretará, de oficio o a petición de parte, las diligencias para comprobar los hechos y circunstancias que motiven y justifiquen la adopción, en especial los beneficios que reporte al adoptado".

Não é diferente a posição do Código Civil português quando afirma, no art. 1.973 que: "1. O vínculo da adoção constitui-se por sentença judicial".

No Código Civil francês a disposição está contida no art. 353: "A adoção é pronunciada a pedido do adotante pelo Tribunal de Grande Instância, que verificará se as condições da lei são preenchidas e se a adoção está conforme os interesses da criança".

A Argentina fixou no art. 1º da Lei de Adoção que: "La adopción de menores no emancipados podrá tener lugar por resolución judicial, a instancia del adoptante".

O art. 96 do *Codigo del Menor* da Colômbia prescreve que: "La adopción requiere sentencia judicial".

De igual teor são os dispositivos legais das leis de adoção da Venezuela e do Chile.

É pertinente o ensinamento do Prof. Moacyr Amaral Santos sobre as sentenças constitutivas: "Essas sentenças, como as demais, contêm uma declaração de certeza de relação ou situação jurídica preexistente, mas a isso, como conseqüência, acrescentam um *quid*, consistente na criação de nova relação, ou modificação ou extinção da mesma relação ou situação jurídica. Há nelas uma declaração de certeza do direito preexistente, das condições necessárias e determinadas em lei para se criar nova relação, ou alterar a relação existente, e aí se manifesta a função declaratória, comum a todas as sentenças; e acrescentam a criação, a modificação ou extinção da relação jurídica, como decorrência daquela declaração, e nisso consiste o seu efeito específico, que as caracteriza – *efeito constitutivo*".[5]

5. *Primeiras Linhas de Direito Processual Civil*, v. III/31.

Embora as sentenças constitutivas possam ter seus efeitos operados em momentos diversos (CC, arts. 147, 158 e 452), nas ações de adoção elas têm efeito *ex nunc*, ou seja, para o futuro. Seus efeitos produzem-se a partir da sentença transitada em julgado, com exceção da hipótese verificada no § 5º do art. 42 do Estatuto, caso em que terão força retroativa à data do óbito (ECA, art. 47, § 6º).

Após a verificação do trânsito em julgado da sentença, esta "será inscrita no registro civil mediante mandado do qual não se fornacerá certidão" (ECA, art. 47).

Tornando-se irrecorrível a sentença, extingue-se a relação jurídica anterior, constituindo ou criando uma nova situação jurídica perfeita. No exato instante em que a sentença transita em julgado, a adoção torna-se irrevogável, não sendo passível de reforma através do caminho recursal.

No momento em que "todas as provas carreadas para o interior dos autos buscam convencer o juiz de que a pretensão é benéfica ao adotando, e que atende às exigências da lei. Não se perquire se o adotante tem direito ao que pede, mas se ele reúne a soma das condições para bem educar e criar o menor, se há efetivamente reais vantagens para ele, e se os seus interesses são atingidos em sua plenitude. A tarefa do juiz é muito elástica e importante, no caso, vez que ele não se limita a homologar o pedido da inicial. Cumpre-lhe examinar com acuidade todas as circunstâncias, todos os prós e contras, que cercam o caso concreto, de forma clara e objetiva, e apontar no *decisum* essas vantagens, benefícios e interesses, em prol do adotando".[6]

A. Capelo de Sousa, civilista português, ao analisar o tema, assim se manifestou: "O papel do juiz na sentença desdobra-se em dois aspectos. Por um lado, deve proferir um juízo de legalidade, ao verificar se os requisitos legais imperativos da adoção se encontram preenchidos. Nesta parte, a intervenção do juiz é estritamente vinculada às normas da lei. Mas, por outro lado, o juiz profere também um verdadeiro juízo de oportunidade, ao considerar se a adoção trará ou não reais vantagens para o menor. Neste pormenor, a intervenção do juiz reveste um aspecto nitidamente discricionário".[7]

7.9.2 Extinção do poder familiar

Quando a autoridade judiciária prolata a sentença de adoção opera-se, simultaneamente, a extinção do pátrio poder. Tal efeito está pro-

---

6. Arnaldo Marmitt, ob. cit., p. 60.
7. Ob. cit., p. 151.

tegido pela norma do art. 1.635 do Código Civil, *verbis*: "Extingue-se o poder familiar: (...) IV – pela adoção".

Esse efeito se concretiza na ação de adoção se, anteriormente, não foi verificado em ação autônoma de destituição do poder familiar.

Pela destituição, todas as relações afetivas com a família natural são extintas, criando-se, em conseqüência da adoção, uma nova e definitiva relação familiar, atribuindo "a condição de filho ao adotado, com os mesmos direitos e deveres, inclusive sucessórios, desligando-o de qualquer vínculo com os pais e parentes, salvo os impedimentos matrimoniais" (ECA, art. 41).

O Prof. Sílvio Rodrigues ensina que "a adoção, em rigor, não põe termo ao pátrio poder, pois o menor apenas sai da esfera de ingerência do pai natural, para transferir-se para o poder do pai adotivo. Mas, como o pátrio poder se extingue na pessoa do pai natural, o legislador incluiu esta hipótese entre as de extinção referida no art. 392 do Código Civil" (novo CC, art. 1.635).[8]

Nesse caso, e com razão o professor, observa-se que a sentença final, ao mesmo tempo em que é constitutiva do novo vínculo, opera desconstitutivamente em relação ao poder familiar perdido pelos pais naturais.

A destituição do poder familiar constitui, na verdade, sanção aplicada aos pais biológicos (ou adotivos) pelo fato de terem desprezado o dever de criar, assistir e educar seus filhos, conforme determina a lei.

Tal dever é precípuo de todos os pais, que devem zelar pela formação moral e intelectual de seus filhos, sob pena de incorrer nos crimes previstos nos arts. 244 e 246 do Código Penal brasileiro.

Afirma-se, no entanto, que "a falta ou a carência de recursos materiais não constitui motivo suficiente para a perda ou a suspensão do pátrio poder" (ECA, art. 23; *suspensão e extinção do poder familiar* – cf. novo CC).

Ao configurar uma sanção ao poder familiar, o ato destitutório representa a proteção dos superiores interesses da criança e do adolescente. Tal assertiva fundamenta-se no princípio fundamental de que "aos pais incumbe o dever de sustento, guarda e educação dos filhos menores" (ECA, art. 22) e de que "toda criança ou adolescente tem direito a ser criado e educado no seio de sua família e, excepcionalmente em família substituta (...)" (ECA, art. 19).

---

8. Ob. cit., v. 6/377.

Na maioria das legislações estrangeiras sobre adoção, a partir do momento em que a autoridade judiciária proclama a decisão, opera-se a destituição do poder familiar, vinculando, naquele instante, o adotado à nova família, que está sendo constituída pela vontade legal.

7.9.3 O registro de nascimento

A autoridade judiciária determinará, através de mandado, a inscrição da sentença no registro civil. Com fundamento nesta sentença, será inscrita a nova filiação do adotado, bem como o nome dos ascendentes do adotante.

O novo Código Civil não disciplinou a inscrição da sentença constitutiva de adoção no registro civil. O comando legal dessa providência está gravado no art. 47, § 1º do Estatuto:

"O vínculo da adoção constitui-se por sentença judicial, que será inscrita no registro civil mediante mandado do qual não se fornecerá certidão.

"§ 1º: A inscrição consignará o nome dos adotantes como pais, bem como o nome de seus ascendentes."

O registro de nascimento, com os novos dados, será concretizado a partir das indicações constantes na sentença, que é a fonte formal do novel vínculo paternal nascido com a adoção.

O mandado judicial não terá, portanto, a função de requisitar a expedição da certidão de nascimento. Esta poderá ser requisitada por meio de simples ofício assinado pelo juiz. A função do mandado é inscrever a sentença, de modo que os demais atos judiciais e cartoriais decorram daquilo que contiver a sentença. Ou seja, a sentença será a base fundamental para a expedição de qualquer ato decorrente da adoção decretada, inclusive a nova certidão de nascimento do adotado.

Como o adotante é o autor da ação que pede ao juiz a prestação jurisdicional da adoção, sendo julgada procedente, a autoridade judiciária determinará, na sentença, que o autor (ou autores) seja consignado como pai e seus ascendentes como avós do adotado.

Essa determinação legal apenas verificou a ocorrência do óbvio, pois, pela sentença os adotantes, recebendo o pátrio poder, estabelecerão o vínculo de filiação e serão guindados à qualidade de pais. Não é diferente a determinação do art. 41 do Estatuto que leciona que "a adoção atribui a condição de filho ao adotado (...)".

O mesmo "mandado judicial, que será arquivado, cancelará o registro original do adotado" (ECA, art. 47, § 2º).

Estando o adotado inscrito no registro civil, o mandado judicial determinará seu cancelamento. Pode acontecer, entretanto, que o adotado não esteja inscrito no registro civil, ou seja, não tenha certidão de nascimento. Nesse caso, o mandado judicial deverá possibilitar a realização da inscrição do assento de nascimento do adotado, com seus dados primitivos da família natural e somente após isso proceder ao seu cancelamento. Cancelada a inscrição com os dados da família natural, o oficial inscreverá os novos dados da filiação do adotado, como determina a sentença.

No que diz respeito ao cancelamento dos assentos de nascimento, grande dificuldade tem surgido quando essas inscrições foram feitas em comarcas ou Estados diversos daqueles onde tramitou o processo de adoção.

Invariavelmente, os oficiais de cartório não estão preocupados com a agilidade requerida pela adoção, principalmente a transnacional, demorando sobremaneira a efetivação das alterações determinadas na sentença.

A situação fica mais grave quando o mandado deve ser enviado para comarcas longínquas, com dificuldade de meios de comunicação e transporte. Nesse caso, o mandado que contém a determinação do cancelamento da inscrição pode ser remetido à outra comarca sem prejuízo da tramitação cartorial na comarca processante da adoção.

O problema que surge dessa demora obriga o adotante estrangeiro a permanecer mais tempo em solo nacional, vez que necessita da certidão de nascimento (a original e aquela decorrente da adoção) para poder regularizar a adoção em seu país.

A determinação do cancelamento do registro anterior não significa que serão arrancadas páginas ou apagado o texto dos livros cartoriais onde constam as informações sobre a filiação do adotado que se deseja cancelar. Nenhuma página será arrancada do livro de registro, tampouco serão apagados os textos e documentos que se referem à vida civil do adotado.

No livro correspondente ao do registro civil de pessoas naturais, o oficial do cartório anotará, ao lado do registro original, o termo de cancelamento. "Sempre que o oficial fizer algum registro ou averbação, deverá, no prazo de cinco dias, anotá-lo nos atos anteriores, com remissões recíprocas, se lançados em seu cartório, ou fará comunicação, com resumo do assento, ao oficial em cujo cartório estiverem os registros primitivos, obedecendo-se à forma prescrita no art. 98" (Lei 6.015, de 31.12.73, art. 106).

O art. 99 da lei acima citada dispõe que "a averbação será feita mediante a indicação minuciosa da sentença ou ato que a determinar".

No § 3º do art. 47, o Estatuto determina que "nenhuma observação sobre a origem do ato poderá constar nas certidões do registro". A salvaguarda do sigilo é preponderante: nenhuma observação sobre filiação, parentesco, origem, processo, poderá ser feita na certidão de nascimento do adotado.

Outra não poderia ser a opinião de Piero Cenci, Procurador da República, em ofício no Tribunal de Menores de Perugia, Itália: "I pubblici registri saranno debitamente conservati e, in ogni caso, il loro contenuto verrà riprodotto in modo tale da impedire alle persone che non abbiano un interesse legittimo di venire a conoscenza del fatto che una persona è stata adottata, o, qualora il fatto sia di dominio pubblico, di conoscere dei genitori naturali".[9]

Não seria de bom alvitre, nem produziria efeitos benéficos, a inserção de dados referentes à adoção na certidão de nascimento da criança.

7.9.4 O novo nome do adotado

O *nome* da criança ou do adolescente constitui um direito seu, gravado no 3º Princípio da Declaração dos Direitos da Criança: "Desde o nascimento, toda criança terá o direito a um nome e a uma nacionalidade".

No ítem antecedente tivemos a oportunidade de analisar as intercorrências e conseqüências da inscrição da sentença de adoção no registro civil de pessoas naturais.

Em virtude da inscrição da sentença, os nomes dos adotantes figurarão, na certidão de nascimento do adotado como pais, e seus ascendentes, como avós.

Até aí não despontam problemas insolúveis, vez que é efeito natural da adoção a mudança da filiação. Podem aparecer, no entanto, dificuldades em relação ao novo *prenome* do adotado.

Prenome é o nome que antecede o de família: por ele cada membro da família recebe identificação diversa, antepondo-o ao patronímico.

No pedido inicial de adoção, o adotante declina o prenome que deseja ter seu filho. Não há limite para sugestões de diferentes prenomes, vez que no país de acolhimento muitos nomes são para nós desconhecidos, podendo significar algo importante para o adotante.

Seguramente, essas divagações sobre a escolha do prenome devem respeitar a opinião do adotando, se ele já possui idade suficiente para compreender a importância de sua identificação e ser reconheci-

9. L'*Affidamento e L'Adozione dei Minori – nella Dottrina e nella Giurisprudenza*, p. 180.

do pelo seu prenome original; ou se seu prenome está enraizado em sua personalidade e em seu comportamento, o melhor caminho é mantê-lo no original na nova certidão de nascimento.

Sabemos que o prenome, no Brasil, é imutável, conforme dispõe o art. 58 da Lei 6.015/73. Essa imutabilidade, no entanto, não é absoluta; sua modificação, está prevista no parágrafo único deste mesmo enunciado legal e pode ser efetuada se constar da sentença judicial.

É o que acontece com o Estatuto, que gravou no § 5º do art. 47 que "a sentença conferirá ao adotado o nome do adotante e, a pedido deste, poderá determinar a modificação do prenome". Ou seja, se o adotante preferir a mudança do prenome do adotando, deverá requerer ao juiz. Se, por algum motivo, não provocar a autoridade judiciária neste particular, o adotando permanecerá com o prenome de origem acrescido do nome de família do adotante. O novo Código Civil, no art. 1.627, conferiu ao adotado a possibilidade de acrescer ao seu o sobrenome do adotante, podendo determinar, também, a modificação de seu prenome, se menor, a pedido do adotante ou do adotado.

A transmissão do nome de família (*cognome,* para os italianos, *apellidos,* para os espanhóis) é o primeiro efeito que surge com a decretação da adoção; quando o adotando adquire o *status* de filho legítimo do adotante, assume e transmite o nome de família.

A orientação do Código Civil italiano não é diferente: "Art. 299. L'adottado assume il cognome dell'adottante e lo antepone al proprio". A *Legge n. 184* dispõe no art. 27 que "l'adottato acquista lo stato di figlio legittimo degli adottanti, dei quali assume e trasmette il cognome".

A legislação positiva civil espanhola segue a mesma disposição: "Art. 109. La filiación determina los apellidos con arreglo a lo dispuesto en la ley (...)".

O Código Civil português, ao disciplinar o tema, grava no art. 1.988, que: "1. O adotado perde os seus apelidos de origem, sendo o seu novo nome constituido, com as necessárias adaptações, nos termos do art. 1.875. 2. A pedido do adotante, pode o tribunal, excepcionalmente, modificar o nome próprio do menor, se a modificação salvaguardar o seu interesse, nomeadamente o direito à identidade pessoal, e favorecer a integração na família".

O art. 267, item 3, do Código Civil suíço, também dispõe sobre a modificação do prenome do adotado: "Um novo prenome poderá ser dado à criança, quando da adoção".

O art. 357 do Código Civil francês dispõe: "A adoção confere à criança o nome do adotante e, em caso de adoção por dois esposos, o nome do marido. A pedido do ou dos adotantes, o tribunal pode modificar os prenomes da criança".

Dispõe o art. 395 do Código Civil do México que "El adoptante podrá darle nombre y apellidos al adoptado, haciéndose las anotaciones correspondientes en el acta de adopción".

O art. 51 da Lei de Adoção da Venezuela dispõe que "El adoptado llevará el apellido del adoptante (...)".

O § 1.757 do Código Civil alemão anota que "a criança recebe como nome de nascimento o nome de família do adotante (...)".

O Código de Menores da Colômbia instituiu, no art. 97, que "El adoptivo llevará como apellidos los del adoptante. En cuanto al nombre, sólo podrá ser modificado cuando el adoptado sea menor de tres años, o consienta en ello, o el juez encontrar justificadas las razones de su cambio".

A Lei de Adoções da Argentina trilhou pelo mesmo caminho: "Art. 17. El hijo adoptivo llevará el primer apellido del adoptante, o su apellido compuesto si éste solicita su agregación (...)".

O art. 358, § 1º do Código Civil belga prescreve: "A adoção confere ao adotado, substituindo-o ao seu, o nome do adotante, ou, em caso de adoção por dois esposos, o nome do marido".

Pelos exemplos apresentados, conclui-se, com certeza, que, pelo menos nos países do lado ocidental, a transmissão do nome de família e mudança do prenome do adotado decorrem do efeito principal da adoção, que é a constituição do vínculo de filiação paterno-filial. Ou seja, o adotado torna-se filho legítimo do adotante, e este seu pai, por desejo da lei.

7.9.5 Autorização para viajar e expedição de passaporte

O Estatuto da Criança e do Adolescente insculpiu diversos artigos em seu texto com a finalidade de impedir que o estrangeiro aqui não residente pudesse sair do País levando consigo criança ou adolescente nacional, em desacordo com as formalidades legais.

Assim é o art. 85, que disciplina que "Sem prévia autorização judicial, nenhuma criança ou adolescente nascido em território nacional poderá sair do País em companhia de estrangeiro residente ou domiciliado no exterior".

Essa proibição está estreitamente ligada ao § 4º, do art. 51 que dispõe que "antes de consumada a adoção não será permitida a saída do adotando do território nacional".

A vedação legal é pertinente e necessária, vez que a legislação pátria consagrou o princípio da perfeita regularidade e idoneidade na prática da adoção, através de um procedimento transparente e vinculado, internacionalmente, às diretrizes da Organização das Nações Unidas. De modo que o adotante estrangeiro estará muito mais seguro repeitando e seguindo as regras impostas para o procedimento da adoção transnacional.

Seguindo as orientações corretas do processamento da adoção, iniciado pela inscrição na CEJAI, com habilitação positiva e, posteriormente, com a apresentação de requerimento de adoção à autoridade judiciária, com o transcurso do estágio de convivência e, por fim, a sentença judicial, o adotante estrangeiro estará certo de que seu processo foi realizado dentro da lei.

Toda essa maratona processual, com exceção do processo de inscrição e habilitação na CEJAI, pode ser definida, no máximo, em cinquenta ou sessenta dias. Embora possa parecer um período curto para administrar o processo, para o adotante estrangeiro, que não veio ao País para fazer turismo, é um período longo, porque está longe de seu *habitat* natural, enfrentando uma série de dificuldades.

Mas, para quem está seguindo os passos da lei, tal observação não surte efeito algum. Com certeza, o adotante aguardará o desfecho do processo para voltar ao seu país de origem, levando consigo a criança ou adolescente que adotou.

A proibição do art. 85 visa, sobretudo, àquela pessoa inescrupulosa que aporta em nosso território com a intenção de praticar um ato ilícito: o tráfico de crianças para adoção ilegal em outros países, a possível remoção de órgãos ou, até mesmo, o rapto.

Para essas pessoas desprovidas da intenção de proteger os mais dignos interesses e direitos da criança, o art. 85 desponta como uma bandeira de aviso: a clandestinidade do processamento da adoção prejudica o adotante estrangeiro e favorece a criminalidade.

O adotante estrangeiro que pretende a adoção de uma criança brasileira aqui poderá vir sem medo e sem preconceito, com o espírito aberto e desejoso de amparar uma criança sem família. Para isso, deverá procurar as autoridades legais que têm competência para o processamento do feito. Não pode permitir que intermediários desmoronem seu ideal de paternidade.

O uso de mediadores somente é permitido se o representante for uma agência, associação ou instituição credenciada pela CEJAI e pela Autoridade Central Administrativa Federal e autorizada a funcionar no país de origem do interessado e em território nacional. Mas, de qualquer forma, sua atuação somente será permitida perante a Comissão Estadual Judiciária de Adoção Internacional, no momento da inscrição e habilitação do interessado.

Posto isto, o adotante estrangeiro somente poderá sair do território nacional em companhia de criança ou adolescente brasileiro se na sentença judicial o juiz expressamente o autorizar.

Isto significa, portanto, que a *expressa autorização* para a saída do País deve constar, obrigatoriamente, na sentença que defere o pedido de adoção. Além dessa autorização, a autoridade judiciária deverá consignar na decisão a permissão para a emissão do passaporte do adotado.

Tal exigência baseia-se no mandamento do § 2º, do art. 19 do Decreto 637, de 24.8.92, que dispõe:

"São condições gerais para a obtenção do passaporte comum: (...) § 2º. Quando se tratar de menor de 18 anos, não emancipado, será exigida autorização dos pais ou do responsável legal, ou do juiz competente."

8
OS EFEITOS DA ADOÇÃO

8.1 A constituição do vínculo de filiação. 8.2 Relação parental com os familiares do adotante. 8.3 A representação legal. 8.4 A obrigação alimentar. 8.5 Direitos sucessórios. 8.6 Irrevogabilidade da adoção. 8.7 Legislação do país de origem do adotante. 8.8 Nacionalidade e cidadania.

8.1 A constituição do vínculo de filiação

O Estatuto da Criança e do Adolescente dispõe, no art. 47, que "o vínculo da adoção constitui-se por sentença judicial (...)". O novo Código Civil contemplou, nos arts. 1.621, § 2º, e 1.623, a obrigatoriedade da constituição do vínculo da adoção por sentença judicial.

Não poderia ser outra a atitude do legislador: a modificação da filiação, a constituição de nova família para o adotado e uma nova relação de parentesco somente poderiam ser concretizados através de sentença proferida pela autoridade judiciária.

O principal efeito da sentença que confere a adoção é, justamente, o rompimento do vínculo de parentesco do adotando com sua família natural e, ao mesmo tempo, a constituição de novo vínculo de filiação, agora, com os pais adotivos.

Esse efeito ocorre no exato momento em que a sentença judicial transita em julgado.[1] Ou seja, a partir do momento que não é mais possível a utilização de recurso para a modificação da sentença, opera-se o efeito da extinção do vínculo, com a conseqüente transferência do pátrio poder para os adotantes (CPC, art. 467).

Em razão disso, nem mesmo a morte dos adotantes permite restabelecer o poder familiar dos pais naturais (ECA, art. 49), tampouco ressuscita a vinculação de parentesco anterior rompida pela decretação judicial. Tanto é que, ocorrendo a morte ou extinção do poder familiar do pai adotivo, o natural somente poderá pleitear a formação do vínculo de filiação através de nova adoção.

---

1. "A coisa julgada é formal quando não mais se pode discutir no processo o que se decidiu. A coisa julgada material é a que impede discutir-se, noutro processo, o que se decidiu" (Pontes de Miranda, in *RTJ* 123/569).

Com a inovação trazida pela Constituição Federal de 1988, estabelecendo, no § 6º, do art. 227, que "os filhos havidos ou não da relação do casamento, ou por adoção, terão os mesmos direitos e qualificações, proibidas quaisquer designações discriminatórias relativas à filiação", a filiação decorrente da adoção equiparou-se, em todos os seus aspectos, à natural e legítima, estabelecendo impedimentos somente em relação ao matrimônio.

O art. 1.626 do novo Código Civil dispõe que a adoção atribui a situação de filho ao adotado, desligando-o de qualquer vínculo com os pais e parentes consangüíneos – salvo quanto aos impedimentos para o casamento. No caso de um dos cônjuges ou companheiros adotar o filho do outro, mantêm-se os vínculos de filiação entre o adotado e o cônjuge ou companheiro do adotante e os respectivos parentes.

O art. 1.628 do mesmo Código reforça que as relações de parentesco, que são estabelecidas não só entre o adotante e o adotado, como, também, entre aquele e os descendentes deste e entre o adotado e todos os parentes do adotante.

Se a lei atribui a condição de *filho* ao adotado, equiparando-o em tudo ao filho natural, nenhuma discriminação ou dúvida pode haver em relação à legitimidade da filiação originada pela adoção. Tratando-se de adoção, que produz efeitos *plenos,* ou seja, que não são restritos, a filiação dela originada imita aquela filiação gerada na constância do casamento.

Além dos artigos acima citados, o Estatuto contém outro que sedimenta o espírito igualitário referente à filiação: "Art. 20. Os filhos, havidos ou não da relação do casamento, ou por adoção, terão os mesmos direitos e qualificações, proibidas quaisquer designações discriminatórias relativas à filiação". Como se vê, este artigo foi literalmente copiado do § 6º, do art. 227 da Constituição Federal, acima transcrito.

Além do Estatuto, legislações de outros países consagram o mesmo princípio. No Chile, por exemplo, o art. 36, da Lei 18.703, de 10.5.88, que dita normas e dispõe sobre adoção de menores, enuncia: "La adopción plena hace caducar los vínculos de la filiación de origen del adoptado en todos sus efectos civiles, con la salvedad de que subsistirán los impedimentos para contraer matrimonio, establecidos en el art. 5º de la Ley de Matrimonio Civil".

O art. 8º, do Código sueco da Tutela do Poder Paternal dispõe: "Quando da aplicação de disposições legais ou administrativas que confiram valor jurídico ao parentesco ou à afinidade, o adotado deve considerar-se filho do adotante e não dos pais em sentido biológico".

No mesmo sentido o art. 267, 1 e 2, do Código Civil suíço: "1. A criança adquire a qualidade jurídica de filho de seus pais adotivos. 2. Os vínculos de filiação anteriores são rompidos, salvo com relação ao cônjuge do adotante".

Na França, os arts. 356 e 358 esclarecem: "Art. 356. L'adoption confère à l'enfant une filiation qui se substitue à sa filiation d'origine: l'adopté cesse d'appartenir à sa famille par le sang, sous réserve des prohibitions au mariage visées aux arts. 161 à 164". "Art. 358. L'adopté a, dans la famille de l'adoptant, les mêmes droits et les mêmes obligations qu'un enfant légitime".

Em Portugal, os efeitos da adoção plena em relação à extinção da filiação natural são consagrados no art. 1.986 do Código Civil, *verbis*: "1. Pela adoção plena o adotado adquire a situação de filho do adotante e integra-se com os seus descendentes na família deste, extinguindo-se as relações familiares entre o adotado e os seus descendentes e colaterais naturais, sem prejuízo do disposto quanto a impedimentos matrimoniais nos arts. 1.602 a 1.604".

No Direito italiano, os efeitos produzidos pela adoção, em relação à filiação, emergem do art. 27 da *Legge 184/83*, que dispõe: "Con l'adozione cessano i rapporti dell'adotato verso la famiglia d'origine, salvo i divieti matrimoniali".

Comentando o citado artigo da lei italiana, Francesca Ichino e Mario Zevola assinalam que: "Due sono gli effetti che derivano dall'adozione: 1) il minore acquista lo stato di figlio legittimo degli adottanti, come se fosse nato da loro; stringe perciò rapporti di parentela con tutti i parenti dei genitori adottivi; 2) egli perde ogni rapporto con tutta la famiglia di origine, compresi eventuali fratelli e sorelle, come se questa non fosse mai esistita, fatti salvi i divieti matrimoniali (come nel caso, piuttosto romanzesco, in cui l'adottato conosca e voglia sposare una ragazza che si riveli, in realtà, sua sorella di sangue)".[2]

O Código Civil espanhol também consagra aquele efeito, no art. 178: "1. La adopción produce la extinción de los vínculos jurídicos entre el adoptado y su familia anterior. (...) 3. Lo establecido en los apartados anteriores se entiende sin perjuicio de lo dispuesto sobre impedimentos matrimoniales".

A Lei de Adoção da Venezuela instituiu, a partir do art. 54, os efeitos da adoção plena e, do art. 58, os da adoção simples. Por ser a mais importante, anotamos que os efeitos da adoção plena conferem ao adotado a condição de filho, criam o parentesco entre o adotante e

---

2. Ob. cit., p. 166.

o adotado e com os membros de sua família. Em conseqüência disso, a adoção plena faz com que o adotado encerre suas relações de filiação e parentesco com sua família de origem.

No México a situação é um pouco diferente. Os efeitos produzidos pela adoção são restritos. Assim, somente entre o adotante e o adotado se estabelece o parentesco; as relações do adotado com sua família biológica permanecem válidas, com exceção do exercício do pátrio poder.

O art. 14 da Lei de Adoção argentina inscreveu que "a adoção plena confere ao adotado uma filiação que substitui a de origem. O adotado deixa de pertencer à sua família de sangue e se extingue o parentesco com seus integrantes, assim como todos seus efeitos jurídicos, com a exceção de que subsistem os impedimentos matrimoniais. O adotado tem, na família do adotante, os mesmos direitos e obrigações de um filho legítimo".

O § 1.755 do Código Civil alemão trata dos efeitos produzidos pela adoção: "Com a adoção cessa a situação de parentesco da criança e de seus descendentes em relação aos atuais parentes e os direitos e obrigações dele resultantes (...)".

O histórico dessas leis de adoção indica, cristalinamente, que a adoção deve produzir efeitos que assegurem à criança uma condição de legitimidade e semelhança da natureza. Ou seja, que esses efeitos permitam que o adotado seja, de fato, considerado um filho legítimo, com todos os direitos e obrigações e sem discriminações, como se fosse nascido da mãe adotiva. Desse modo, a adoção estará imitando a natureza.

8.2 Relação parental com os familiares do adotante

Após considerada definitiva e irrevogável a adoção, o adotado deixa de pertencer à família natural. Os laços de sangue, mantidos com a família de origem, são rompidos pela decisão judicial que constituiu a adoção.

A adoção desliga o adotado de qualquer vínculo com os pais naturais e parentes, subsistindo apenas os impedimentos matrimoniais.

Entretanto, o Estatuto impõe uma exceção: se, por acaso, um dos cônjuges ou companheiros adota o filho do outro, mantêm-se os vínculos de filiação entre o adotado e o cônjuge ou companheiro do adotante e os respectivos parentes (ECA, art. 41, § 1º). Neste caso, ocorre dupla relação de parentesco: a antiga, através do pai (ou mãe) natural, e a nova, através do adotante.

A subsistência do vínculo de parentesco quando um dos cônjuges ou concubino adota o filho do outro está presente em várias legislações alienígenas. Dentre elas: art. 356 do Código Civil francês; art. 267, 2, do Código Civil suíço; art. 8º do Código sueco da Tutela do Poder Paternal; art. 36 da Lei 18.703, de 10.5.88, do Chile; art. 1986, n. 2, do Código Civil português; art. 178, n. 2, § 1º, do Código Civil espanhol; art. 180 do Código Civil da Áustria; art. 345 do Código Civil da Bélgica; art. 51 do Código de Família da Bulgária; art. 44, "b", da Lei 184/83, da Itália.

As exceções verificadas acima, pelo fato de manterem a vinculação do adotado (nome, direitos, herança) em relação a um de seus pais naturais, servem para reforçar a idéia da paternidade biológica. Ademais, compreende-se que, em tais casos, a relação entre ambos os pais (natural e adotivo) não suscita problemas, porque a relação filial é estabelecida dentro de um casamento regular e, também, por existir um mútuo acordo entre ambos.

Nova filiação irá surgir com a adoção; o adotado passa a ser filho legítimo dos adotantes. Em conseqüência disso, os familiares do adotante tornam-se, também, os do adotado. A adoção integra totalmente o adotado na família do adotante.

O adágio segundo o qual a "adoção imita a natureza" justifica que as relações criadas entre o adotado e seus pais adotivos devam ser o mais semelhantes possível às de uma famíla unida por laços biológicos.

Com a vigência da Carta Magna, em 1988, houve mudança significativa e radical em relação à filiação, na direção do ideal do ditado popular citado. O § 6º, do art. 227 trouxe à baila a recuperação da completa cidadania infanto-juvenil no que diz respeito ao alcance dos efeitos gerados pela adoção referentes à filiação.

Convém lembrar, novamente, o citado parágrafo: "Os filhos, havidos ou não da relação do casamento, ou por adoção, terão os mesmos direitos e qualificações, proibidas quaisquer designações discriminatórias relativas à filiação". Praticamente, o Estatuto transcreveu o mandamento constitucional no art. 20.

O novo Código Civil, nos arts. 1.626, parágrafo único, e 1.628, consagra as novas relações de parentesco advindas da filiação jurídica da adoção.

A legislação anterior (CC de 1916, art. 376) não ampliava os efeitos da adoção, referentes à filiação, aos parentes dos adotantes. Limitava-os, apenas, ao adotante e adotado. Pela nova ordem constitucional e estatutária, a vinculação parental entre adotado e adotante foi além do imaginado pelo vetusto legislador.

Agora, a extensão do vínculo de parentesco do adotado com a família do adotante tem a mesma amplitude e abrangência como se o vínculo fosse biológico. Inclusive, quando o Estatuto trata dos direitos sucessórios do filho adotivo, estabelece que o chamamento é recíproco entre o adotado, seus descendentes, o adotante, seus ascendentes, descendentes, e colaterais até o quarto grau, observada a ordem de vocação hereditária, conforme reza o § 2º, do art. 41 do Estatuto.

A integração do adotado na nova família que o acolhe em adoção é total, garantindo-se-lhe os mesmos direitos e qualificações, como se fosse gerado biologicamente pelos pais adotivos.

O mandamento constitucional é a garantia legal que impede discriminações, referentes à filiação do adotado, com os demais parentes do adotante. Entretanto, não basta somente a certeza da proteção legal. O adotado deve ser respeitado pela família do adotante, que, agora, é a sua família.

8.3 A representação legal

Pela nova ordem constitucional e estatutária, aos adotados é atribuída a condição jurídica de filhos, com os mesmos direitos e deveres dos filhos biológicos. A condição filial surge do efeito originado pela sentença concessiva da adoção, no momento exato de seu trânsito em julgado.

Não havendo mais a distinção entre as várias formas de constituição do vínculo de filiação, em virtude do disposto no § 6º, do art. 227 da Constituição Federal, o art. 1.630 do novo Código Civil deve ser entendido como: "Os filhos estão sujeitos ao poder familiar, enquanto menores". Tal enunciado aproxima-se do mandamento do art. 1.877 do Código Civil português, que dispõe: "Os filhos estão sujeitos ao poder paternal até a maioridade ou emancipação".

Além do mais, o art. 229 da Lei Maior dispõe que "os pais têm o dever de assistir, criar e educar os filhos menores (...)", ampliando as orientações do art. 1.634 de nossa lei positiva civil, que prescreve: "Compete aos pais, quanto à pessoa dos filhos menores: I – dirigir-lhes a criação e educação". A infringência deste dever torna-os incursos nos crimes previstos nos arts. 244 a 246 do Código Penal.

Por outro lado, o dever familiar em relação aos filhos menores inclui outras obrigações, que estão alinhadas na seqüência do art. 1.634 acima mencionado: "II – tê-los em sua companhia e guarda; III – conceder-lhes, ou negar-lhes consentimento para casarem; IV – nomear-lhes tutor, por testamento ou documento autêntico, se o outro dos pais lhe não sobreviver, ou o sobrevivo não puder exercer o poder familiar;

V – representá-los, até aos 16 anos, nos atos da vida civil, e assisti-los, após essa idade, nos atos em que forem partes, suprindo-lhes o consentimento; VI – reclamá-los de quem ilegalmente os detenha; VII – exigir que lhes prestem obediência, respeito e os serviços próprios de sua idade e condição".

Como se viu no inciso V, o pai tem o dever de representar (até os 16 anos) e assistir (dos 16 aos 18 anos) os filhos menores (CC, arts. 4º e 5º). A proteção legal conferida aos incapazes proibe os menores de idade de atuarem desacompanhados de seus representantes. Essa proteção visa impedir que eles pratiquem atos que os prejudiquem. Desta forma, a lei os coloca sob a proteção de pessoa capaz que os represente ou assista nos atos da vida civil.

A representação do poder familiar, como bem definida no art. 1.881 do Código Civil português, "compreende o exercício de todos os direitos e o cumprimento de todas as obrigações do filho, excetuados os atos puramente pessoais, aqueles que o menor tem o direito de praticar pessoal e livremente e os atos respeitantes a bens cuja administração não pertença aos pais".

Com identidade de propósitos, o Princípio VI da Declaração dos Direitos da Criança consigna: "A criança, para o desenvolvimento harmonioso da sua personalidade, tem necessidade de amor e compreensão. Deve tanto quanto possível crescer sob a proteção dos pais e em qualquer caso numa atmosfera de afeto e de segurança moral e material (...)".

O Comitê de Ministros do Conselho da Europa, reunido em 28.2.84, por ocasião da 367ª reunião de Delegados Ministeriais orienta seus filiados sobre a importância dos deveres paternais em relação a seus filhos menores: "a) responsabilidades parentais são o conjunto dos poderes e deveres destinados a assegurar o bem-estar moral e material do filho, designadamente tomando conta da pessoa do filho, mantendo relações pessoais com ele, assegurando a sua educação, o seu sustento, a sua representação legal e a administração dos seus bens".

Mais adiante, recomenda que o "objetivo é convidar as legislações nacionais a considerarem os menores já não como 'sujeitos' protegidos pelo Direito, mas como titulares de direitos juridicamente reconhecidos. Assim, a tônica é colocada no desenvolvimento da personalidade da criança e no seu bem-estar material e moral, numa situação jurídica de plena igualdade entre os pais. Os progenitores exercem poderes para desempenharem deveres no interesse do filho e não em virtude de uma autoridade que lhes seria conferida no seu próprio interesse".

Tendo sido investidos judicialmente na condição de titulares do poder familiar, os pais adotivos estão, automaticamente, obrigados ao cumprimento dos deveres paternais, independentemente de sua vontade.

Na lição de Rui Epifânio e António Farinha, "o poder paternal é preenchido por um complexo de poderes-deveres, poderes funcionais atribuídos legalmente aos progenitores para a prossecução dos interesses pessoais e patrimoniais de que o filho menor não emancipado é titular. Do caráter funcional do poder paternal deriva que o exercício dos poderes que o integram, não tendo a ver com a realização de interesses próprios dos progenitores, encontra-se vinculado à salvaguarda, promoção e realização do interesse do menor".[3]

Em suma, a representação legal exercida pelos pais adotivos tem seu fundamento legal na sentença constitutiva da adoção, que gera os mesmos direitos e deveres dos filhos biológicos em relação aos adotivos. Não há, pois, diferença em ser pai biológico ou adotivo, filho nascido na constância do casamento, união estável ou por adoção. O pai é pai, o filho é filho. Ambos entendidos em sua totalidade. Não se pode mais distinguir a filiação, seja ela qual for.

8.4 A obrigação alimentar

A obrigação de prestar alimentos decorre da constituição do vínculo paterno-filial gerado pela sentença de adoção. Portanto, a obrigação alimentar resulta diretamente da lei (*ex dispositione iuris*). E, como legítima, a obrigação aos alimentos, no nosso Direito, é aquela que se deve por direito de sangue (*ex iure sanguinis*), por um vínculo de parentesco ou relação de natureza familiar, ou em decorrência do matrimônio ou da união estável.

No Direito pátrio não existe mais a distinção se o filho ou o pai é adotivo ou biológico. A partir do momento em que as diretrizes constitucionais previstas nos arts. 227, § 6º e art. 229 entraram em vigor, essa distinção ficou à margem da história jurídica de nosso País.

Através do art. 41 do Estatuto, a normativa constitucional foi regulamentada, ampliando os efeitos do vínculo de parentesco do adotado, seus descendentes, o adotante, seus ascendentes, descendentes e colaterais até o quarto grau, observada a vocação hereditária.

Determinou, ainda, que essa relação sucessória fosse recíproca, ou seja, do adotante para com o adotado e vice-versa, o que não deixa

---

3. Ob. cit., p. 301.

de completar a orientação gravada no art. 1.696 do Código Civil brasileiro, *verbis*: "O direito à prestação de alimentos é recíproco entre pais e filhos, e extensivo a todos os ascendentes, recaindo a obrigação nos mais próximos em grau, uns em falta de outros". O art. 1.698, do citado Código, contempla que: "Se o parente, que deve alimentos em primeiro lugar, não estiver em condições de suportar totalmente o encargo, serão chamados a concorrer os de grau imediato; sendo várias as pessoas obrigadas a prestar alimentos, todas devem concorrer na proporção dos respectivos recursos, e, intentada ação contra uma delas, poderão as demais ser chamadas a integrar a lide".

Em conseqüência disso, o adotado pode pleitear alimentos do pai adotivo e dos membros de sua família adotiva, se assim o necessitar (CC, art. 1.694); de igual forma, o pai adotivo pode socorrer-se do filho adotivo quando necessitar de meios para sua subsistência. Não há mais distinção: os alimentos são devidos reciprocamente, entre adotante e adotado, no mesmo grau de obrigatoriedade, como se fossem pai e filho biológicos.

O Código Civil brasileiro não fornece a definição de alimentos. Mas é certo que "por alimentos entende-se tudo o que é indispensável ao sustento, habitação e vestuário; os alimentos compreendem também a instrução e educação do alimentado no caso de este ser menor" – como prevê o art. 2.003 do Código Civil português.

Quando se fala em alimentos não se deve entender somente a comida, mas, como define a lei lusitana, o conceito de sustento é mais amplo, englobando a satisfação de outras necessidades vitais, como a saúde, segurança, transportes etc.

Com abrangência maior, a obrigação alimentar visa tutelar o direito à vida e à integridade física do alimentando, sendo certo que o direito alimentar é um direito estruturalmente obrigacional e funcionalmente familiar.

Aliás, outra não é a posição de Yussef Said Cahali quando ensina que "o ser humano, por natureza, é carente desde a sua concepção; como tal, segue o seu fadário até o momento que lhe foi reservado como derradeiro; nessa dilação temporal – mais ou menos prolongada – a sua dependência dos alimentos é uma constante, posta como condição de vida. Daí a expressividade da palavra 'alimentos' no seu significado vulgar: tudo aquilo que é necessário à conservação do ser humano com vida; ou, no dizer de Pontes de Miranda, 'o que serve à subsistência animal'. Em linguagem técnica, bastaria acrescentar a esse conceito a idéia de *obrigação* que é imposta a alguém, em função de uma causa jurídica prevista em lei, de prestá-los a quem deles necessite. Adotada no direito para designar o *conteúdo* de uma pretensão ou de uma obrigação, a palavra 'alimentos' vem a significar tudo o que é necessário para satisfazer aos reclamos da vida, são as prestações com as quais podem ser satisfeitas as necessidades vitais de quem não pode prové-las por si; mais amplamente, é a contribuição periódica assegurada a alguém, por um título de direito, para exigi-la de outrem, como necessário à sua manutenção".[4]

Neste sentido, a obrigação alimentar solidificou seu significado no plano jurídico, abrangendo uma acepção plúrima, aceita em coro por diversos estudiosos, como, Domenico Barbero, Estevam de Almeida, Martinho Garcez Filho Josserand, Lopes da Costa, Demolombe, Trabuchi, Corrêa Telles, Coelho da Cunha e outros.

É por isso que o direito a alimentos pode deixar de ser exercido, mas é irrenunciável, insuscetível de cessão, compensação ou penhora (CC, art. 1.707), pelo fato de ser direito personalíssimo. Aceitam a tese da irrenunciabilidade do direito de alimentos o art. 374 do Código Civil da Argentina, o § 1.614 do BGB alemão, o art. 321 do Código Civil do México e o art. 2.008 do Código Civil de Portugal.

Justificando a irrenunciabilidade dos alimentos, Orlando Gomes dizia que "não se admite a renúncia porque predomina na relação o interesse público, o qual exige que a pessoa indigente seja sustentada e não consente que agravemos encargos das instituições de beneficência pública".[5]

Jefferson Daibert segue o mesmo posicionamento acima: "porque el sustento de la persona no es un simple derecho individual sujeto a la libre disposición del particular, y sí un interés protegido en vista de un interés público y aun contra la voluntad de su titular".[6]

O certo, no entanto, é dizer com Clóvis Beviláqua que "a irrenunciabilidade consubstancia uma conseqüência natural do seu conceito, pois o direito de pedir alimentos representa uma das manifestações imediatas, ou modalidade do direito à vida".[7]

Tal a preocupação de alguns países[8] em proteger crianças e adolescentes que foi firmada em 24.10.56, na cidade de Haia, a Convenção Relativa à Lei Aplicável em Matéria de Prestação de Alimentos a Menores, onde acordaram as seguintes disposições:

"Art. 1º. A lei da residência habitual do menor determina se, em que medida e a quem ele pode reclamar a prestação de alimentos. No

---

4. *Dos Alimentos*, p. 13.
5. *Direito de Família*, n. 209, p. 328.
6. *Direito de Família*, p. 353.
7. *Código Civil...*, v. II/307.
8. Estados-Partes: Áustria, Bélgica, Espanha, França, Holanda, Itália, Japão, Liechtenstein, Luxemburgo, Portugal, República Federal da Alemanha, Suiça, Turquia.

caso de mudança da residência habitual do menor, a lei da nova residência habitual é aplicável a partir do momento em que a mudança se efetuou. A referida lei regula também a questão de saber quem é admitido a intentar a ação de prestação de alimentos e quais os prazos em que o pode fazer. Pelo termo 'menor' entende-se, para os fins da presente Convenção, todo o indivíduo filho legítimo, ilegítimo ou adotivo que, sem ter ainda completado 21 anos, não esteja casado.

"Art. 2º. Por derrogação às disposições do art. 1º, qualquer dos Estados contratantes pode declarar aplicável a sua própria lei, nos casos em que:

"a) o pedido seja apresentado a uma autoridade desse Estado;

"b) tanto a pessoa a quem seja reclamada a prestação de alimentos como o menor tenham nacionalidade desse Estado; e

"c) a pessoa a quem a prestação de alimentos seja reclamada tenha residência habitual nesse Estado.

"Art. 3º. No caso de a lei da residência habitual do menor lhe recusar qualquer direito a obter prestação de alimentos, será aplicada, contrariamente às disposições que antecedem a lei resultante das regras nacionais de conflitos da autoridade requerida.

"Art. 4º. A lei declarada aplicável pela presente Convenção só pode ser afastada em caso de manifesta incompatibilidade com a ordem pública do Estado a que pertence a autoridade requerida.

"Art. 5º. A presente Convenção não se aplica às relações da prestação de alimentos entre colaterais. Regula apenas os conflitos de leis em matéria de obrigação de prestação de alimentos. As decisões proferidas em aplicação da presente Convenção não podem pronunciar-se sobre questões de filiação e relações de família entre o devedor e o credor (...)."

No Direito pátrio, além de outros, Pontes de Miranda, com seu magistério, consigna que "há duas obrigações de alimentos entre o adotante e adotado: a) o adotante, como titular do pátrio poder, tem o dever alimentar, inerente a esse direito; os filhos adotivos podem exigir alimentos ao pai civil até a maioridade ou a suplementação; com a adoção, o pátrio poder cessa ao pai natural e nasce ao adotivo, de modo que a obrigação de sustentar o filho-famílias passa igualmente de um a outro; enquanto dura o vínculo da adoção e o adotado não se suplemente, ou atinge a maioridade, fica o pai adotivo obrigado a promover à mantença do adotado, ainda que ele possua bens e rendas; como o pátrio poder é uno, o pai natural não tem tal obrigação absoluta, assente no pátrio poder; b) do adotante, como parente em linha reta do adotado, pode esse, em qualquer idade, reclamar alimentos, quando não tem bens, nem pode prover, por seu trabalho, à própria mantença; é obrigação inerente ao parentesco em linha reta, e não ao pátrio poder".[9]

A obrigação de prestar alimentos é universal, porque decorre da própria sobrevivência. Entre as legislações civis sobre o tema, encontramos os arts. 142 e 143 do Código Civil espanhol, que prescrevem: "Art. 142. Se entiende por alimentos todo lo que es indispensable para el sustento, habitación, vestido y asistencia médica. Los alimentos comprenden también la educación e instrucción del alimentista mientras sea menor de edad y aun después cuando no haya terminado su formación por causa que no le sea imputable. Entre los alimentos se incluirán los gastos de embarazo y parto, en cuanto no estén cubiertos de otro modo"; "Art. 143. Están obligados recíprocamente a darse alimentos en toda la extención que señala el artículo precedente: 1. los cónyuges; 2. los ascendientes y descendientes. Los hermanos sólo se deben los auxilios necesarios para la vida, cuando los necesiten por cualquier causa que no sea imputable al alimentista, y se extenderán en su caso a los que precisen para su educación".

O art. 2.009, complementando o art. 2.003, do Código Civil português declara: "1. Estão vinculados à prestação de alimentos, pela ordem indicada: a) o cônjuge ou ex-cônjuge; b) os descendentes; c) os ascendentes; d) os irmãos; e) os tios, durante a menoridade do alimentando; f) o padrasto e a madrasta, relativamente a enteados menores que estejam, ou estivessem no momento da morte do cônjuge, a cargo deste. 2. Entre as pessoas designadas nas alíneas 'b' e 'c' do número anterior, a obrigação defere-se segundo a ordem da sucessão legítima. 3. Se algum dos vinculados não puder prestar os alimentos ou não puder saldar integralmente a sua responsabilidade, o encargo recai sobre os onerados subseqüentes".

Na Itália, o art. 433 do Código Civil dispõe: "All'obbligo di prestare gli alimenti sono tenuti, nell'ordine: 1) il coniuge; 2) i figli legittimi o legittimati o naturali o adottivi e, in loro mancanza, i discendenti prossimi, anche naturali; 3) i genitori e, in loro mancanza, gli ascendenti prossimi, anche naturali; gli adottanti; 4) i generi e le nuore; 5) il suocero e la suocera; 6) i fratelli e le sorelle germani o unilaterali, con precedenza dei germani sugli unilaterali". Mais adiante, o art. 436 do mesmo diploma consigna que "L'adottante deve gli alimenti al figlio adottivo con precedenza sui genitori legittimi o naturali di lui".

Na Suíça, o art. 328, 1, do Código Civil consigna: "Chacun est tenu de fournir des aliments à ses parents en ligne directe ascendante

9. *Tratado de Direito Privado*, t. IX/612, § 1.005.

et descendante, ainsi qu'à ses frères et soeurs, lorsqu'à défaut de cette assistance ils tomberaient dans le besoin".

Além dos artigos acima transcritos, anotamos o art. 1.766 do BGB alemão, o art. 307 do Código Civil do México e o § 183 do Código Civil da Áustria.

É, pois, efeito universal da adoção a prestação recíproca de alimentos entre adotante e adotado e, na falta destes, a lei chama os demais parentes, conforme dispõe o art. 1.698 do novo Código Civil.

A relação alimentícia é obrigacional e estende-se à família biológica do adotante, seguindo o chamamento de compor a obrigação nos mais próximos em grau, uns na falta dos outros.

Os valores devidos a título de alimentos "devem ser fixados na proporção das necessidades do reclamante e dos recursos da pessoa obrigada" (CC, art. 1.694, § 1º). Estão incluídas neste valor todas as despesas financeiras decorrentes da obrigação constitucional dos pais de "assistir, criar e educar os filhos menores" (CF, art. 229). Ou, como ensinou o Código Civil português, acima mencionado, "tudo o que é indispensável para o *sustento* da criança e do adolescente.

Apesar de o termo "alimentos" referir-se a mautenção biológica, vestuário, atendimento médico, segurança, transporte, lazer etc. do adotado, outro sentido, de maior profundidade, pode circundar e completar seu significado: de nada adianta o adotante oferecer toda essa satisfação biológica ao seu filho adotivo se não lhe proporciona o alimento do *respeito*, da *solidariedade*, da *compreensão*, da *presença*, do *afago*, do *carinho*, da *honestidade*, da *retidão*, do *companheirismo*, do *amor*. Esses são os alimentos que, realmente, sustentam e dão vida às pessoas.

8.5 Direitos sucessórios

Com a decretação da adoção, o adotado integra a família do adotante como filho, com todos os direitos e deveres, inclusive os sucessórios.

Em vista disto, o § 2º do art. 41 do Estatuto impõe: "É recíproco o direito sucessório entre o adotado, seus descendentes, o adotante, seus ascendentes, descendentes e colaterais até o quarto grau, observada a ordem da vocação hereditária".

Em relação à aquisição do direito do adotado em susceder o adotante, não existe mais dúvida: a) "os filhos, havidos ou não da relação do casamento, da união estável ou por adoção, terão os mesmos direitos" (CF, art. 227, § 6º e art. 20 do Estatuto); b) "a adoção atribui a condição de filho ao adotado, com os mesmos direitos e deveres, inclusive sucessórios (...)" (ECA, art. 41 e CC, arts. 1.621, § 2º, e 1.623); c) "o vínculo da adoção constitui-se por sentença judicial (...)" (ECA, art. 47); d) "a adoção é irrevogável" (ECA, art. 48); e e) "a sucessão legítima defere-se na ordem seguinte: I – aos descendentes (...) II – aos ascendentes (...)" (CC, art. 1.829, I e II).

Com a evolução constitucional, que concedeu a todos os filhos os mesmos direitos e deveres, desprezando a origem da filiação, a discussão do tema ficou mais simples, vez que toda restrição ao filho adotivo foi suprimida. Agora, o filho adotivo está legitimado a receber o mesmo quinhão dos demais filhos, sem qualquer discriminação.

Observa-se, no entanto, que, ocorrendo a hipótese prevista no § 1º do art. 41 do ECA e art. 1.626, parágrafo único, do novo Código Civil, onde um dos cônjuges ou companheiro adota o filho do outro, persistindo os vínculos de filiação entre o adotado e o cônjuge ou concubino do adotante e seus respectivos parentes, o adotado será chamado à vocação hereditária de ambas as partes, quando um ou outro falecer. É o caso, por exemplo, de uma mulher que tem um filho e se casa ou vive em concubinato com um homem; este resolve adotar o filho de sua esposa ou concubina. O adotado mantém os vínculos de filiação e parentesco com sua mãe biológica e, ao mesmo tempo, está vinculado ao adotante e seus parentes pela adoção.

Na legislação pátria, Darcy Arruda Miranda explica a nomenclatura jurídica utilizada para a identificação da sucessão: "Diz-se *sucessão legítima* aquela que decorre da lei, no caso do *de cujus* falecer sem deixar testamento e de acordo com a ordem estabelecida no art. 1603 (novo CC, art. 1.829). Chama-se *ordem da vocação hereditária* a distribuição feita pelo legislador em classes de herdeiros sucessíveis, em que os mais próximos preferem a outros na devolução da herança conforme o grau de parentesco com o *de cujus*. *Linha* ou *ordem* de parentesco é a série de pessoas oriundas de um tronco ancestral comum; tanto pode a mesma ser anterior como posterior ao nascimento do *de cujus*: é *ascendente*, no primeiro caso, quando se sobe para os geradores; *descendente*, no segundo, quando se desce para os gerados; a primeira recua até o indivíduo de que todos provêm; toma a segunda rumo oposto, vai de uma pessoa aos que da mesma procedem. A linha também se classifica em *reta*, que abrange as duas séries ou denominações acima, e *transversal,* formada pelos parentes *colaterais*; estende-se aquela diretamente de procriadores e procriados, ou vice-versa; esta é a que se conta para os lados, isto é, quando se comparam as pessoas oriundas do mesmo antepassado mas que não provêm diretamente uma das outras. *Grau* é o elemento componente da *linha*, a distância de uma a outra geração. Para o fixar, na linha *reta* contam-se as gerações; na *transversal*, sobe-se de um indivíduo ao primeiro tronco ancestral comum e desce-se pela outra ramificação até o outro indivíduo; são tantos os graus quantas as pessoas colocadas sucessivamente nas duas séries, com exceção do tronco, que não se conta. Assim, na *linha reta*, o filho é parente do pai em primeiro grau; o avô ou neto, em segundo grau; o bisavô ou o bisneto, em terceiro grau, e assim por diante, até o infinito".[10]

Na preocupação de identificar a sucessão legítima, da qual o adotado faz parte, Carlos Maximiliano alega que ela "tem suas raízes na preocupação social com a unidade e a solidariedade da família; o direito de suceder prolonga-se até onde se estende a consciência daquela unidade e a presunção da existência da solidariedade".[11]

Em outros povos encontramos o mesmo referencial. Na França, o art. 358 do Código Civil dispõe: "L'adopté a, dans la famille de l'adoptant, les mêmes droits e les mêmes obligations qu'un enfant légitime".

Na Espanha, o art. 108 do Código Civil estalelece que "La filiación matrimonial y la no matrimonial, así como la adoptiva plena, surten los mismos efectos, conforme las disposiciones de este Código". Mais adiante, no art. 658 consagra o princípio da sucessão legítima: "La sucesión se defiere por la voluntad del hombre manifestada en testamento, y, a falta de éste, por disposición de la ley. La primera se llama testamentaria, y la segunda legítima (...)". No art. 807, entretanto, estipula a vocação hereditária: "Son herederos forzosos: 1. Los hijos y descendientes respecto de sus padres y ascendientes. 2. A falta de los anteriores, los padres y ascendientes respectivamente de sus hijos y descendientes".

Em Portugal a situação não é diferente. Como já vimos, o art. 1.986, n. 1, do Código Civil aponta o principal efeito gerado pela adoção: "Pela adoção plena o adotado adquire a situação de filho do adotante e integra-se com os seus descendentes na família deste (...)". Mais adiante, ao tratar da sucessão legítima, o art. 2.131 do mesmo diploma consigna que: "Se o falecido não tiver disposto válida e eficazmente, no todo ou em parte, dos bens de que podia dispor para depois da morte, são chamados à sucessão desses bens os seus herdeiros legítimos". A classe de sucessíveis está alinhada no art. 2.133, n. 1: "A ordem por que são chamados os herdeiros, sem prejuízo do disposto no título da adoção, é a seguinte: a) cônjuge e descendentes; b) cônjuge e ascendentes; c) irmãos e seus descendentes (...)".

---

10. *Anotações ao Código Civil Brasileiro*, v. III/658 e 660.
11. *Direito das Sucessões*, v. III, n. 112.

Na verdade, por existirem dois tipos de adoção em Portugal – a plena e a restrita –, o art. 1.999 demarca a extensão da participação do adotado na adoção restrita: "1. O adotado não é herdeiro legitimário do adotante, nem este daquele. 2. O adotado e, por direito de representação, os seus descendentes são chamados à sucessão como herdeiros legítimos do adotante, na falta de cônjuge, descendentes ou ascendentes. 3. O adotante é chamado à sucessão como herdeiro legítimo do adotado ou de seus descendentes, na falta do cônjuge, descendentes, ascendentes, irmãos e sobrinhos do falecido".

O art. 536 do Código Civil italiano também evoca o direito sucessório dos adotados: "Le persone a favore delle quali la legge riserva una quota di eredità o altri diritti nella sucessione sono: il coniuge, i figli legittimi, i figli naturali, gli ascendenti legittimi. Ai figli legittimi sono equiparati i legittimati e gli adottivi".

O Código Civil suíço alinha, no art. 267, 1, a situação jurídica do filho adotivo: "L'enfant acquiert le statut juridique d'un enfant de ses parents adoptifs". Mais adiante, o art. 457, 1 apregoa: "Les héritiers les plus proches sont les descendants".

Percebe-se, claramente, que na maioria das legislações do mundo ocidental o vínculo da adoção – que é constituído por sentença judicial –, produz o efeito de integrar o adotado na família do adotante, outorgando-lhe o *status* jurídico de *filho*, com todos os direitos e deveres, inclusive o sucessório.

8.6 Irrevogabilidade da adoção

Efeito de importante grandeza, que sedimenta as relações paterno-filiais entre adotante e adotado, é a certeza de que a adoção é *irrevogável*.

A partir da impossibilidade processual de recorrer da sentença que constituiu a adoção, ou seja, após a constatação de seu trânsito em julgado, o vínculo da adoção torna-se irrevogável, como determina o art. 48 do Estatuto.

Convém precisar o alcance dessa afirmação, que pode ser interpretada erroneamente, dando lugar a que os interessados formem uma idéia equivocada de seu significado.

A primeira observação que se faz a respeito da irrevogabilidade da adoção é básica: é necessário buscar o fundamento da irrevogabilidade na equiparação que a lei estabelece entre os efeitos da filiação biológica e a adotiva. Se aquela é irrenunciável, a adotiva tem a mesma característica. A defesa da estabilidade do laços familiares impõe-se sobre os interesses particulares dos envolvidos.

Aqui, mais uma vez, percebe-se a validade do ditado popular latino segundo o qual "a adoção imita a natureza", considerando que as relações constituídas entre adotante e adotado devem corresponder ao de uma família unida pelos laços de sangue.

Ao considerar irrevogável a adoção, não se presume que ela seja inextingüível, ou que, uma vez constituída, permaneça inalterável para sempre.

Como vimos, o vínculo da adoção constitui-se através de sentença judicial (ECA, art. 47 e CC, arts. 1.621, § 2º, e 1.623) terminativa e constitutiva. Através dela, o juiz responde ao pedido feito pelo autor, resolvendo a questão apresentada para análise. É importante verificar a correta nomenclatura e classificação da sentença constitutiva da adoção em razão da aferição da coisa julgada. Ao julgar a ação de adoção, a decisão resolve o problema entre as partes, atingindo-lhe o mérito e assegurado-lhe seus efeitos.

Sendo considerada de *mérito* a sentença que define a adoção, sua modificação opera-se pelo recurso de *apelação* (CPC, art. 513), se ainda não transitou em julgado, ou através da *ação rescisória* (CPC, art. 485), dentro do lapso temporal de dois anos após a incidência do trânsito em julgado (CPC, art. 495), nas hipóteses previstas naquele artigo. Após esse período, não há mais a possibilidade de rescindir a sentença de adoção, embora possa estar eivada de nulidade absoluta.

Como menciona o art. 495 do CPC, "o direito de propor a ação rescisória se extingue em dois anos, contados do trânsito em julgado da decisão".

Já se tornou pacífico o entendimento de que "o prazo para a propositura da ação rescisória é de decadência e não se suspende, nem se interrompe, mesmo havendo menor interessado" (*RTFR* 116/3, *RT* 471/148 e 509/123, *JTA* 31/209, *Bol. AASP* 1.000/24). E que "o direito de propor ação rescisória nasce com o trânsito em julgado da sentença ou acórdão rescindendos" (*RT* 636/167).

Interessante e esclarecedora explicação é feita por Ernane Fidélis dos Santos: "A sentença de mérito põe fim ao litígio. Pode ser ela jurisdicional e não jurisdicional. Ambas encerram o processo, mas, enquanto a primeira é comando estatal que se expede na regulamentação do caso concreto, solucionando o litígio, a lide entre as partes, a sentença não jurisdicional, ou sentença de jurisdição voluntária, simplesmente confirma a validade formal de ato de disponibilidade material das partes, encerrando o processo. Mesmo sendo ato judicial que simplesmente confirma a validade de outro ato processual, com ou sem reparos, a sentença homologatória é jurisdicional, quando o juiz, de modo definitivo e determinado, decide a controvérsia que pode ser apenas eventual. Embora discordância, às vezes, não haja, sem acordo formalizado, há jurisdicionalidade na decisão. As sentenças homologatórias não jurisdicionais são as que a lei chama de sentenças meramente homologatórias (art. 486). As sentenças jurisdicionais são rescindíveis por ação rescisória (art. 485), quando transitam em julgado, tanto as comuns como as homologatórias. As meramente homologatórias se rescindem como os atos jurídicos em geral, nos termos da lei civil (art. 486), inclusive sem o exíguo prazo da ação rescisória (art. 495), exatamente porque não é a sentença que se rescinde, mas o ato jurídico do qual aquela se limitou a confirmar a validade formal e de seus requisitos fundamentais".[12]

O Prof. Barbosa Moreira adverte: "Sentença *rescindível* não se confunde com sentença *nula* nem, *a fortiori*, com sentença *inexistente*. Os vícios da sentença podem gerar conseqüências diversas, em gradação que depende da respectiva gravidade. A sentença desprovida de elemento essencial, como o dispositivo, ou proferida em 'processo' a que falte pressuposto de existência, como seria o instaurado perante órgão não investido de jurisdição, é sentença *inexistente*, e será declarada tal por qualquer juiz, sempre que alguém a invoque, sem necessidade (e até sem possibilidade) de providência tendente a desconstituí-la: não se desconstitui o que não existe. Mas a sentença pode existir e ser *nula, v.g.*, se julgou *ultra petita*. Em regra, após o trânsito em julgado (que, aqui, de modo algum se preexclui), a nulidade converte-se em simples *rescindibilidade*. O defeito, argüível *em recurso* como motivo de nulidade, caso subsista, não impede que a decisão, uma vez preclusas as vias recursais, surta efeitos até que seja *desconstituída*, mediante *rescisão*".[13]

A noção da irrevogabilidade definida e proposta pelo Estatuto da Criança e do Adolescente orienta no sentido de que os efeitos produzidos pela adoção não podem ser desfeitos ou anulados pela vontade dos interessados, como se fosse um simples contrato.

Esta assertiva fundamenta-se no fato de que o adotante, insatisfeito com seu filho adotivo – e este com aquele –, não pode renunciar unilateralmente à adoção já constituída pela sentença definitiva. Tampouco pode fazê-lo se o adotado praticar aqueles atos que autori-

---

12. *Manual de Direito Processual Civil*, v. 1/207.
13. *Comentários ao Código de Processo Civil*, v. V/130.

zam a deserdação (CC, arts. 1.961 a 1.963), ou incorrer nos motivos que o desautorizam a sucedê-lo (CC, arts. 1.814 a 1.816).

Os motivos que levam o filho adotivo a ser excluído da sucessão hereditária, ou que o impede de ser chamado a suceder, não podem ser invocados para a desconstituição da adoção. Ou seja, o pai adotivo pode deserdar o filho adotivo, como deserda o biológico, mas não pode renunciá-lo.

De igual modo, a adoção não pode ser desconstituída por mútuo acordo entre adotante e adotado. Tampouco o adotante pode resconstituir a filiação do adotado com seus pais biológicos, que pretendem seu filho de volta.

Uma vez constituída a adoção por sentença judicial definitiva, existirá ela autonomamente, independentemente da vontade ou mudança de opinião dos interessados, por mais justificados que sejam seus motivos.

Impondo a lei a irrevogabilidade da adoção, outro caminho não há senão fazer coro com Omar Gama Ben Kauss quando afirma que "a irrevogabilidade é a solução lógica e ilógica seria a revogação depois de toda a transformação operada".[14]

Na legislação estrangeira encontramos posição idêntica à nacional: na Espanha, o art. 180 do Código Civil; no Chile, o art. 38 da Lei 18.703, de 10.5.88; na França, o art. 359 do Código Civil; na Argentina, os arts. 17 a 19 da Lei 19.134, de 30.6.71; em Portugal, o art. 1.989 do Código Civil; no Uruguai, a Lei 10.674/45.

Na Itália, após tornada definitiva a adoção chamada *legittimante*, não se permite qualquer forma de revogação; nas adoções *in casi particolari e dei maggiorenni*, existem as possibilidades de revogação da adoção previstas nos arts. 51, da *Legge n. 184/83* e 305 e seguintes do Código Civil, respectivamente.

Na Venezuela, entretanto, os arts. 258 e 259 do Código Civil não atribuem o efeito da irrevogabilidade à sentença constitutiva do vínculo de adoção.

Na Suíça, após proferida a sentença que defere a adoção, esta torna-se definitiva, apesar de o Código Civil não mencionar, expressamente, sua irrevogabilidade.

Ipso facto, é de reconhecer, entretanto, que nas citadas legislações existem mecanismos idênticos aos nossos para a modificação da sentença constitutiva do vínculo de adoção, através de recursos ou ações anulatórias.

14. Ob. cit., p. 59.

8.7 Legislação do país de origem do adotante

Integram-se no rol de efeitos produzidos pela constituição do vínculo da adoção a adequação e eficácia da sentença brasileira no país de origem do adotante.

É necessário, inicialmente, solidificar a posição de que a sentença proferida por Juiz nacional a interessado estrangeiro, referente à adoção, é completa e acabada, tendo a autoridade judiciária esgotado sua jurisdição.

De modo que a sentença terminativa e constitutiva de mérito que concede a adoção para adotante estrangeiro concentra todas as características de validade como se fosse proferida para um adotante nacional.

No solo pátrio, a adoção deferida é perfeita, exaurindo a jurisdição e provocando os efeitos próprios da constituição do vínculo da filiação.

O adotante estrangeiro, ao ser informado de que a sentença transitou em julgado, torna-se, pela vontade da lei, o detentor do poder familiar em relação ao adotado, com todas as suas conseqüências, inclusive de ser considerado o pai da criança adotada.

Tal é o efeito que a sentença provoca na mudança de filiação que a lei não distinguirá mais se o vínculo originou-se pela via biológica ou se foi constituído pela adoção: a filiação, agora, é uma só, sem rótulos ou classificações.

A importância desse fato deve estar sempre presente, tendo em vista que nem sempre, nos países de origem do adotante, a sentença prolatada em nosso país recebe, de imediato, a guarida desejada, ou produz os efeitos que aqui são verificados.

Preocupada com esse fato, a "autoridade judiciária, de ofício ou a requerimento do Ministério Público, poderá determinar a apresentação do texto pertinente à legislação estrangeira, acompanhado de prova da respectiva vigência", como determina o § 2º do art. 51 do Estatuto.

A apresentação, no processo, da lei de adoção do país de origem do adotante pode evitar aborrecimentos futuros, vez que, verificando-se que naquele país a adoção não produzirá os efeitos completos da constituição do vínculo, melhor será que esses vínculos aqui não se estabeleçam. Não se pode admitir que, no solo pátrio, a criança tenha todas as garantias, sobretudo as constitucionais, e no país do adotante não se verifiquem aqueles direitos. Se a adoção aqui decretada não puder ser confirmada no país do adotante, ou se produzir efeitos que resultem em prejuízo para o adotando, é melhor que não se defira a adoção, pois esta pressupõe a satisfação dos superiores interesses do adotando.

Essa constatação, sem dúvida, faz parte da preocupação dos países de acolhimento, que determinam certas providências para a validação das sentenças estrangeiras, mormente as que constituem a adoção. Assim é, por exemplo, na Suécia, que editou a Lei 796/1971, sobre as relações jurídicas internacionais decorrentes da adoção, cujo teor revela aquela preocupação:

"Art. 1º. A apresentação do requerimento de adoção cabe a um tribunal sueco, se o requerente tiver a nacionalidade sueca ou o seu domicílio neste país, ou se o Rei consentir na apreciação do pedido.

"Art. 2º. O requerimento de adoção é apreciado de acordo com a lei sueca. Quando o requerimento disser respeito a menor, de idade inferior a 18 anos, deve tomar-se em consideração a possibilidade da adoção vir a não ser válida em país estrangeiro e daí resultar manifesto prejuízo para o menor, em virtude de haver uma conexão com esse país, devida à existência de laços de cidadania ou outros, mantidos quer pelo requerente quer pelo menor.

"Art. 3º. As sentenças sobre adoção proferidas em país estrangeiro são válidas neste país, se o requerente ou requerentes forem nacionais do país estrangeiro onde a decisão foi proferida ou se aí tiverem o seu domicílio, ou ainda, caso o adotado tenha a nacionalidade sueca ou o seu domicílio na Suécia, se a adoção for confirmada pelo Rei ou por entidade por ele designada. O Rei, ou entidade por ele designada, pode decretar, mesmo em casos diferentes do anterior, a validade neste país de uma decisão sobre adoção proferida em país estrangeiro.

"Art. 4º. Sempre que uma decisão sobre adoção proferida em país estrangeiro tiver validade neste país, o adotado deve considerar-se filho do adotante na constância do seu matrimônio, no que respeita ao poder paternal, tutela e dever de alimentos. O direito de sucessão na relação entre adotante e adotado é regulado pelas disposições gerais que indicam qual a lei aplicável em matéria de direito sucessório, independentemente da lei que tenha sido aplicada quando da constituição do vínculo adotivo. Se este, porém, tiver sido constituído neste país, equipara-se sempre o vínculo adotivo ao da filiação natural na constância do matrimônio. Nos casos em que o filho adotivo não tenha o direito de suceder ao adotante, pode determinar-se a adjudicação no remanescente da herança jacente do adotante, uma vez satisfeito o passivo, de um subsídio a título de alimentos, no montante que se considerar razoável.

"Art. 5º. O Rei, ou entidade por ele designada, tem competência para regulamentar a atividade relativa a inquéritos a realizar sobre as matérias contempladas nesta lei.

"Art. 6º. Não deve conferir-se validade a uma decisão proferida em país estrangeiro sobre adoção, se tal decisão for manifestamente incompatível com os princípios gerais do direito deste país.

"Art. 7º. Na medida do necessário para assegurar o cumprimento das obrigações internacionalmente assumidas por meio de tratado com Estado estrangeiro, o Rei possui a faculdade de emitir normas que derroguem as contidas nesta lei."

Outro exemplo é apresentado pelas disposições da *Legge* n. 184/83, que regulamenta a adoção na Itália. Entre as disposições contidas na referida lei, destacamos:

"Art. 31. O ingresso no país, com finalidade de adoção, de estrangeiros menores de catorze anos é permitido, quando houver sentença de adoção ou de entrega pré-adotiva do menor emitida pela autoridade estrangeira a favor de cidadãos residentes na Itália ou no país estrangeiro, ou outro provimento em matéria de tutela e dos outros institutos de proteção de menores. A autoridade consular do local onde a sentença haja sido emitida deve declarar que ela está conforme a legislação daquele país. O ingresso no país, com finalidades de adoção, de estrangeiros menores de catorze anos é também consentido quando exista o *nula obsta*, emitido pelo Ministério dos Negócios Exteriores, de comum acordo com o do Interior.

"Art. 32. O tribunal de menores declara a eficácia, no país, dos provimentos citados no primeiro parágrafo do artigo precedente, quando constatar:

"a) que foi decretada, com precedência, a declaração de idoneidade dos cônjuges adotantes, nas normas do art. 30;

"b) que a sentença estrangeira se acha conforme à legislação do país que a emitiu;

"c) que a sentença estrangeira não é contrária aos princípios fundamentais que regulam no país o direito de família e de menores.

"A declaração de eficácia é emitida em reunião de conselho com sentença justificada, ouvido o Ministério Público. Se contrária a decisão do tribunal, é admitido recurso de cassação.

"Art. 33. A sentença emitida por uma autoridade estrangeira não pode ser declarada eficaz, com efeitos de adoção, se não for comprovada a existência de um período de entrega pré-adotiva de, pelo menos, um ano. Quando a sentença não prevê a entrega pré-adotiva, ou, de qualquer forma, ela não haja sido efetuada, a sentença será declarada eficaz como entrega pré-adotiva. Em tal caso, após um ano de permanência do menor na Itália, ao lado dos adotantes, o Tribunal de Menores competente pronunciará a sentença citada no art. 25. Caso a entrega pré-adotiva não dê resultado positivo, ou em outros casos nos quais a sentença estrangeira não possa ser declarada eficaz para os efeitos da adoção, o tribunal aplicará o art. 37, comunicando o fato, através do Ministério dos Negócios Exteriores, ao país ao qual pertence o menor."

A declaração de eficácia da sentença brasileira na Itália, como vimos acima, segue um procedimento próprio. Os magistrados italianos Francesca Ichino e Mario Zevola assinalaram quais os passos que o adotante italiano deve dar ao receber a sentença de adoção em país estrangeiro:

"Para que a sentença de adoção, de guarda pré-adotiva, de tutela, ou de proteção ao menor, emitida pela autoridade de seu país a favor de cônjuges italianos, seja válida também na Itália, é necessária a 'declaração de eficácia' por parte do Tribunal de Menores do lugar da residência dos cônjuges. Estes deverão, portanto, informar o tribunal da chegada do menor estrangeiro e depositar a documentação (traduzida e legalizada) que consentiu seu ingresso na Itália.

"O tribunal procederá em seguida a uma série de verificações: a) se já está decretada a declaração de idoneidade dos cônjuges à adoção internacional; b) se a sentença estrangeira está conforme à legislação do país que a emitiu; c) se a sentença estrangeira não é contrária aos princípios fundamentais que regulam na Itália o Direito de Família e de Menores.

"Verificado isso, o tribunal declarará eficaz ou não eficaz a sentença estrangeira. Contra o decreto é possível somente o recurso de Cassação, por parte dos cônjuges, do Ministério Público e do tutor eventualmente nomeado para o menor no exterior.

"A lei italiana considera como condição necessária para consentir na adoção o decurso do período de, pelo menos, um ano de convivência do menor com os cônjuges que querem adotá-lo. A condição vale também para a adoção de menor estrangeiro. É por esta razão que a sentença emitida no exterior não pode ser declarada eficaz como adoção, se não resulta ter cumprido um período de guarda pré-adotiva de, pelo menos, um ano.

"Se a sentença estrangeira não prevê a guarda pré-adotiva ou se não está comprovado que a guarda seja contada, a sentença estrangeira será declarada somente como guarda pré-adotiva.

"Proceder-se-á, em seguida, à nomeação de um tutor para o menor na Itália que se disporá à vigilância do bom andamento da guarda. O início do ano de convivência vai datado no momento do ingresso do menor na Itália junto com o casal ou, se puder ser provado, também no momento do início, no exterior da convivência do menor com os cônjuges, logo depois da sentença da autoridade estrangeira. Somente depois de decorrido o ano e se a guarda tiver obtido êxito, o Tribunal de Menores poderá pronunciar o decreto autorizando a adoção.

"Após a expedição do decreto que declara eficaz com os efeitos da adoção, a sentença estrangeira ou o decreto com o qual resultou em êxito da guarda pré-adotiva, autoriza-se a adoção; o menor estrangeiro torna-se filho legítimo dos cônjuges que o adotaram e os efeitos são os mesmos que se produzem quando o adotado é um menor italiano."[15]

No Reino da Noruega encontramos o § 18, do Ato n. 8, de 29 de fevereiro de 1986, do Departamento Governamental de Adoção, que assinala: "O requerimento deve ser decidido de acordo com a lei norueguesa. Se o pedido é feito para a adoção de uma criança com idade abaixo de dezoito anos, na decisão a importância do pedido deve ser vinculada à questão se a adoção será também válida em qualquer outro Estado estrangeiro com o qual o pedido de adoção ou a criança estiver vinculada, tal como residência, nacionalidade, ou de qualquer outra forma que acarretasse consideravelmente em desvantagens para a criança se a adoção não fosse válida no Estado em questão". No § 20 o mesmo ato declara que: "Uma adoção estrangeira não será válida neste Reino se a mesma for de encontro aos princípios legais da Noruega (ordem pública)".

O interesse internacional em propiciar ao adotante a segurança desejada na adoção fez com que os Estados Membros signatários da Convenção Relativa à Proteção da Criança e à Cooperação em Matéria de Adoção Internacional, realizada em Haia, em 29 de maio de 1993, firmassem no art. 1º, seu objetivo: "a) establecer garantías para que las adopciones internacionales tengan lugar en consideración al interés superior del niño y al respeto a los derechos fundamentales que le reconoce el Derecho internacional; b) instaurar un sistema de cooperación entre los Estados contratantes que asegure el respeto a dichas garantías y, en consecuencia, prevenga la sustracción, la venta o el tráfico de niños; c) asegurar el reconocimiento en los Estados contratantes de las adopciones realizadas de acuerdo con el Convenio".

Mais adiante, a Convenção de Haia estabelece, no n. 2 do art. 2º, que: "El Convenio sólo se refiere a las adopciones que establecen un vínculo de adopción".

O superior interesse da criança adotada é o fato que regerá as adoções transnacionais. Qualquer país que não observe esse princípio estará dando valor relativo à adoção; estará discriminando o adotando e outorgando-lhe uma condição de subcidadania e de abandono

15. Ob. cit., pp. 221-223.

social, que poderá ser mais cruel que a situação anteriormente vivida pela criança antes da adoção.

8.8 Nacionalidade e cidadania

Embora não seja exatamente efeito produzido pela sentença constitutiva de adoção, a aquisição da nacionalidade e cidadania pelo adotado é fator muito importante que reflete em sua vida particular e na de sua família adotiva.

Ao ser concedida a adoção, o adotado não passa a ser, automaticamente, da mesma nacionalidade do adotante; tampouco adquire a cidadania estrangeira. Essa "aquisição", como veremos, acontece, plenamente ou não, a partir do momento em que o adotante retorna para sua terra natal e providencia o requerimento especial ao serviço de imigração ou na própria justiça especializada, para dar eficácia à sentença brasileira.

É fato, porém, que os conceitos de *nacionalidade* e *cidadania* podem ser confundidos, ou compreendidos de maneira diferente. Algumas considerações sobre esses direitos são necessárias, antes de adequá-los ao contexto da adoção internacional.

Na época do Império, Pimenta Bueno definia direitos políticos como prerrogativas, atributos, faculdades, ou poder de intervenção dos cidadãos ativos no governo de seu país, intervenção direta ou indireta, mais ou menos ampla, segundo a intensidade do gozo desses direitos. São o *jus civitatis*, os direitos cívicos, que se referem ao Poder Público, que autorizam o cidadão ativo a participar na formação ou exercício da autoridade nacional, a exercer o direito de vontade ou eleitor, os direitos de deputado ou senador, a ocupar cargos políticos e a manifestar suas opiniões sobre o governo do Estado.[16]

Como bem lembrou José Afonso da Silva:

"Pimenta Bueno (...) falava em *cidadão ativo* para diferenciar do cidadão, em geral, que, então, se confundia com o nacional (...). Cidadão ativo era o titular dos direitos políticos, que a referida Constituição também concebia em sentido estrito (...). As constituições subseqüentes misturaram ainda mais os conceitos. A de 1937 começou a distinção que as de 1967/1969 completaram, abrindo capítulos separados para a *nacionalidade* (...) e para os *direitos políticos* (...), deixando de fora os *partidos políticos* (...). Hoje, é desnecessária a terminologia empregada por Pimenta Bueno, para distinguir o nacional do cida-

---

16. *Direito Público Brasileiro e Análise da Constituição do Império*, p. 458.

dão, pois não mais se confundem nacionalidade e cidadania. Aquela é vínculo ao território estatal por nascimento ou naturalização; esta é um *status* ligado ao regime político. *Cidadania*, já vimos, qualifica os participantes da vida do Estado, é atributo das pessoas integradas na sociedade estatal, atributo político decorrente do direito de participar no governo e direito de ser ouvido pela representação política. *Cidadão*, no direito brasileiro, é o indivíduo que seja titular dos direitos políticos de votar e ser votado e suas conseqüências. *Nacionalidade* é conceito mais amplo do que cidadania, e é pressuposto desta, uma vez que só o titular da nacionalidade brasileira pode ser cidadão".[17]

Na página seguinte, José Afonso da Silva relata como se adquire a cidadania: "Os direitos de cidadania adquirem-se mediante *alistamento eleitoral* na forma da lei. O alistamento se faz mediante a qualificação e inscrição da pessoa como eleitor perante a Justiça Eleitoral".

No mesmo diapasão, ensina Celso Ribeiro Bastos que "o nacional não deve ser confundido com o cidadão. A condição de nacional é um pressuposto para a de cidadão. Em outras palavras, todo cidadão é um nacional, mas o inverso não é verdadeiro: nem todo nacional é cidadão. O que confere esta última qualificação é o gozo dos direitos políticos. Cidadão, pois, é todo nacional na fruição dos seus direitos cívicos. Se por qualquer motivo não os tenha ainda adquirido (p.ex., em razão da idade) ou já os tendo um dia possuído, veio a perdê-los, o nacional não é cidadão, na acepção técnico-jurídica do termo".[18]

Embora prefira utilizar a palavra *povo* para designar aquela coletividade humana, ao invés de *nação*, Marcello Caetano propõe seu conceito: "é uma comunidade de base cultural. Pertencem à mesma nação todos quantos nascem num certo ambiente cultural feito de tradições e costumes, geralmente expresso numa língua comum, atualizado num idêntico conceito de vida e dinamizado pelas mesmas aspirações de futuro e os mesmos ideais coletivos".[19]

Outro posicionamento é colocado pelo Procurador de Justiça do Estado de São Paulo, Paulo Afonso Garrido de Paula: "Pertencer a uma *nação* significa, antes de qualquer definição jurídica, a possibilidade de interação com aqueles igualmente ligados pela mesma origem, história, tradições e lembranças, cultura, interesses e aspirações. Os nacionais estão ligados pela origem, porquanto têm a mesma procedência: são filhos de quem já tinha aquela qualidade (*jus sanguinis*), ou porque nasceram em um mesmo território (*jus soli*). Estão ligados

---

17. *Curso de Direito Constitucional Positivo*, pp. 330-331.
18. *Curso de Direito Constitucional*, p. 237.
19. *Direito Constitucional*, v. I/159.

pela história, uma vez que fazem parte de um povo, de cujo processo de evolução participaram inclusive seus ancestrais, constituindo uma nação. Ligam-se pela tradição na medida em que adquiriram conhecimentos de fatos ou lendas marcantes de um mesmo povo, através da transmissão feita de geração em geração, trazendo à memória semelhantes visões de um passado comum. Ligam-se pela cultura porquanto lhe são familiares os padrões de comportamento, as crenças, as instituições e os valores materiais e espirituais que caracterizam uma sociedade. Acabam os nacionais ligados pelas mesmas aspirações, porquanto suas pretensões originam-se das críticas ao mesmo pretérito, comum a todo povo de uma mesma nação. No nosso caso, ligam-se ainda pelo fato de terem a mesma língua e o mesmo território".[20]

No que se refere, portanto, à adoção internacional, a aquisição da cidadania e da nacionalidade depende, exclusivamente, dos mandamentos constitucionais e jurídicos do país de acolhimento, dentro do contexto da organização política do Estado. "A manutenção ou modificação da nacionalidade do adotado é efeito que depende do direito público, considerando que a concessão da nacionalidade integra o poder discricionário dos Estados".[21]

A grande preocupação dos povos em conferir a nacionalidade à criança resultou na inscrição do 3º Princípio da Declaração Universal dos Direitos da Criança, que dispõe: "Desde o nascimento, toda criança terá o direito a um nome e a uma nacionalidade".

Várias legislações referentes à adoção consagram o princípio de que a criança adotada adquire a cidadania dos pais adotivos. É o exemplo do art. 267a (2) do Código Civil suíço: "A criança menor adquire a cidadania dos pais adotivos, em lugar e em substituição do local de seu direito de cidadania anterior".

A *Legge n. 184/83* prescreve, no art. 39 que "o menor de nacionalidade estrangeira adotado por casais de cidadania italiana adquire o direito a tal cidadania".

Comentando esse artigo, Ichino e Zevola asseveram que: "Quanto alla cittadinanza l'adottato assume di diritto la cittadinanza italiana. Questa può aggiungersi a quella originaria, se la legge del paese di provenienza del minore non prevede la perdita della cittadinanza in caso di acquisto di quella di un altro paese. L'adottato potrebbe avere allora una doppia cittadinanza; situazione di recente riconosciuta pienamente dalla legge italiana (Legge n. 91 del 5.2.1992), mentre prima l'adottato doveva optare per una sola cittadinanza".[22]

20. *Temas de Direito do Menor*, p. 205.
21. Vera Maria Barreira Jutahy, in ob. cit., p. 197.
22. Ob. cit., p. 223.

Na Suécia, a Lei n. 382/1950, que dispõe sobre a modificação da cidadania, recebeu, em 1.7.92, um novo parágrafo: "Uma criança que não tenha completado doze anos de idade e for adotada por cidadão sueco será, com a adoção, cidadão sueco, se: a) a criança for adotada em Suécia, Dinamarca, Finlândia, Islândia ou Noruega; b) a criança for adotada através de uma decisão sobre a adoção tomada num país estrangeiro, que é aprovada em Suécia conforme a Lei n. 796/1971 sobre as relações legais internacionais que tratam de adoção".

Na Espanha, o art. 19 do Código Civil dispõe que: "1. El extranjero menor de dieciocho años adoptado por un español adquiere, desde la adopción, la nacionalidad española de origen. 2. Si el adoptado es mayor de dieciocho años, podrá optar por la nacionalidad española de origen en plazo de dos años a partir de la constitución de la adopción".

Em sentido oposto, o Ato n. 8, de 28.2.86, que regula a adoção na Noruega, prescreve, no art. 14, que "a nacionalidade do adotado não será alterada na adoção" (The nationality of the adopted child will not be altered on adoption).[23]

"Em algumas legislações há dispositivos expressos que determinam a não modificação da nacionalidade pela adoção (Alemanha, Romênia). Outras dispõem no sentido de conferir ao adotado a nacionalidade do adotante (China, Irlanda, Japão, Polônia). Na França, o Código da Nacionalidade (Lei 7.342, de 9.1.73) distingue entre a adoção plena, pela qual o adotado adquire de pleno direito a nacionalidade francesa, e a adoção simples que confere a faculdade de requerer a nacionalidade francesa.

"O Instituto de Direito Internacional, na sessão de Roma, em 1973, dispondo sobre os efeitos da adoção internacional, determinou: "Considerando que a diferença de nacionalidade entre adotado e adotantes pode comprometer a unidade no seio da família adotiva recomenda que as autoridades competentes em cada Estado estabeleçam regras, procedimentos e práticas que permitam atribuir ao adotado menor, em curto prazo, a nacionalidade dos adotantes" (*Revue Critique* 1974, LXIII, p. 181)".[24]

Por esses exemplos, pode-se perceber que as legislações ora falam em cidadania ora em nacionalidade, para indicar que a criança adotada terá garantidos seus direitos em relação à nova pátria que abraçou em virtude da adoção.

---

23. O Ato 3, de 8.12.50, relativo à nacionalidade, prescreve que a criança terá sua nacionalidade garantida nos casos em que sua mãe ou pai tiverem a nacionalidade norueguesa.
24. Vera Maria Barreira Jutahy, in ob. cit., pp. 197 e 198.

Na realidade, a cidadania, como expressão dos direitos políticos, e a nacionalidade são asseguradas pela maioria dos países, vez que, uma vez constituída a filiação, esta equipara-se à legítima para todos os efeitos legais, como se estivesse imitando a própria natureza – característica intrínseca da adoção.

O Prof. Antônio Chaves, citando os ensinamentos de Rocco, justifica a possibilidade, pelo menos potencialmente, da modificação da nacionalidade, "sob alegação de que a intimidade dos vínculos, freqüentemente a comunhão do mesmo domicílio, tornaria mais do que insuportável a desconformidade das nacionalidades, que poderia até mesmo traduzir-se em contradição: os direitos e deveres políticos do pai, por pertencer a país diferente do filho, não somente poderiam não ser os mesmos, mas ficar em contraste, a ponto de originar colisão entre a assimilação e homogeneidade da vida privada e a disparidade e heterogeneidade da vida política".[25]

De qualquer forma, não se pode dizer que a adoção seja meio de aquisição da cidadania ou da nacionalidade. Estas somente podem ser conquistadas ou adquiridas mediante as formas estabelecidas pela lei do país dos adotantes, em virtude de serem normas de direito público, integrantes do poder discricionário dos países.

Sempre é bom recordar que a análise da legislação do País dos adotantes – medida salutar e obrigatória – possibilita a identificação daqueles países que colocam obstáculos na aquisição da cidadania e da nacionalidade do adotando.

---

25. *Adoção, Adoção Simples e Adoção Plena*, p. 214.

9
CRIMES EM MATÉRIA DE ADOÇÃO INTERNACIONAL

9.1 O envio ilegal de crianças e adolescentes para o exterior. 9.2 A intermediação pecuniária e criminosa na adoção. 9.3 O falso registro de nascimento feito pelo adotante.

9.1 O envio ilegal de crianças e adolescentes para o exterior

A crescente procura de crianças ou adolescentes por casais estrangeiros sem filhos, nas duas últimas décadas, provocou uma demanda inusitada de adoções transnacionais. Pessoas da Europa Ocidental e dos Estados Unidos aportavam nos países da América Latina, África e Ásia, em grande quantidade, em busca de uma criança.

Na maioria dos casos, revelam as pesquisas, essas pessoas realmente estavam imbuídas de bons propósitos, respeitavam as leis do país de origem da criança e aguardavam o final do trâmite processual para regressarem ao seu país.

Nem todas, porém, guardavam o nobre desejo de ver sua criança adotada sob a égide da lei; importavam-se apenas com a obtenção da criança, que, em seu poder, era levada para o país estrangeiro sem qualquer procedimento legal.

Muitas vezes, esses futuros pais contavam com a ajuda de instituições clandestinas ou pessoas inescrupulosas, que cobravam muitos dólares por uma criança e forneciam os "papéis" e hospedagem para os interessados.

Com a dificuldade e demora em proceder a uma adoção em seu próprio país, os interessados sujeitavam-se às ações desses "picaretas" que denegriam a imagem do país de origem da criança.

No Brasil essa situação sofreu um revés com a instalação das Comissões Estaduais Judiciárias de Adoção Internacional (CEJAI). A adoção tornou-se rápida e sem muita burocracia, dando maior ênfase à preparação dos interessados. O envio de crianças e adolescentes para o exterior sofreu significativa baixa com o estabelecimento do sistema de Autoridades Centrais, previsto na Convenção de Haia. Pelo referido sistema, as Autoridades Centrais dos Estados-Contratantes assumem papel controlador e fiscalizador, impondo mais uma ferramenta operacional no combate ao tráfico internacional de crianças.

Além disso, a ação criminosa relacionada com a adoção transnacional recebeu, no art. 239 do Estatuto da Criança e do Adolescente, um tratamento rigoroso. Dispõe a norma legal: "Promover ou auxiliar a efetivação de ato destinado ao envio de criança ou adolescente para o exterior com a inobservância das formalidades legais ou com o fito de obter lucro: Pena – reclusão de quatro a seis anos, e multa".

Em nossos *Comentários ao Estatuto da Criança e do Adolescente*, analisando o citado dispositivo, observamos:

"*Objetividade jurídica*: o objetivo jurídico da norma é, justamente, em evitar que crianças ou adolescentes sejam enviados ao Exterior em desacordo com as normas brasileiras.

"*Sujeito ativo:* é todo aquele que promove ou auxilia a efetivação de ato destinado ao envio da criança ou adolescente para o Exterior sem atenção às normas vigentes no País, com a finalidade de obter lucro.

"*Sujeito passivo:* a vítima desse crime é toda criança ou adolescente que é enviado ao exterior.

"*Tipo objetivo:* é representado pelos verbos 'promover' ou 'auxiliar'. 'Promover', aqui, está colocado no sentido de 'fazer', de 'realizar' algum ato, sem observância das normas específicas, com a finalidade de enviar para o Exterior criança ou adolescente, visando a lucro pecuniário. Também, na forma de 'auxiliar', significando 'ajudar' ou 'prestar auxílio' na realização do ato irregular.

"*Tipo subjetivo:* é caracterizado pela vontade de, irregularmente, enviar criança ou adolescente para o Exterior com ou sem a obtenção de lucro pecuniário. Quando o crime se consumar mediante recebimento de dinheiro, configura-se o dolo específico.

"*Consumação e tentativa*: tanto na ação de promover quanto na de auxiliar, o crime consuma-se com a verificação do resultado, ou seja, com o envio de criança ou adolescente para o Exterior. Admite-se a tentativa, tendo em vista que a conduta reclama um resultado, que só não se verifica por circunstâncias alheias à vontade do agente".[1]

A vontade legal não admite que o adotante deixe o solo brasileiro antes de consumar a adoção, determinação essa que está gravada no § 4º do art. 51 do Estatuto, *verbis:* "Antes de consumada a adoção não será permitida a saída do adotando do território nacional".

1. Ob. cit., p. 213.

O tráfico de crianças, principalmente as de pouca idade, tem sido uma preocupação constante para as Nações. Na Itália, por exemplo, o art. 71 da *Legge n. 184/83*, dispõe que: "Qualquer um, em violação às normas de lei em matéria de adoção, que confiar a terceiros em caráter definitivo um menor, ou o encaminhe ao exterior para que seja definitivamente entregue em confiança (guarda), é punido com pena de reclusão de um a três anos".

De qualquer forma, o envio ilegal de crianças para o exterior não se identifica com a adoção; aquela é conduta criminosa; esta é atitude adequada aos princípios legais. Pode haver confusão entre um e outro; não são todos os interessados que vêm ao nosso território para adotar que se utilizam dessa prática.

O tráfico de crianças ou adolescentes que se verifica atualmente relaciona-se, sobretudo, com a exploração da prostituição infanto-juvenil. Organizações criminosas buscam nos países menos desenvolvidos crianças e jovens para serem utilizados em trabalhos forçados, em produções pornográficas e prostituição.

A Organização das Nações Unidas demonstrou essa preocupação quando realizou a Convenção dos Direitos da Criança, instituindo no seu art. 34 que "Os Estados-Partes se obrigam a proteger a criança contra todas as formas de exploração sexual e violência sexual".

O tráfico, com essas características, busca na população infanto-juvenil sua expansão, tendo em vista que as crianças e os jovens são presas fáceis para esses criminosos. E, geralmente, essas crianças são pobres, indefesas, oriundas de famílias desorganizadas.

Anima Basak, analisando o assunto, comenta que "Les enfants constituent le groupe le plus facilement exploitable de toute la société humaine. Impressionnés par la taille et la force physique, ils craignent de s'opposer aux actions des adultes, aussi cruelles et désagréables qu'elles puissent être (...). Aussi loin qu'on remonte dans l'histoire de l'humanité, les enfants ont toujours constitué une proie facile. On les a abandonnés, vendus, battus, privés des soins, traumatisés; on les a soumis à des sévices sexuels et parfois même tués, au gré de la fantaisie des adultes".[2]

A preocupação com essa atividade deve atingir as instâncias nacionais e internacionais, que, em primeiro lugar, devem crer que, em todo o mundo, existem milhões de crianças e adolescentes sendo explorados sexualmente por adultos; em segundo, instituir procedimen-

---

2. "La prostitution des enfants dans le monde", in *Revue Internationale de Police Criminelle – Interpol*, 428/6.

tos aeroportuários que inibam o ingresso desses jovens desacompanhados de seus pais, ou sem os documentos expedidos pela autoridade judiciária.

9.2 A intermediação pecuniária e criminosa na adoção

O tipo penal descrito no art. 239 do Estatuto da Criança e do Adolescente tem como sujeito ativo a figura conhecida por "mediador", ou seja, aquele que se coloca entre a família do adotante e a família da criança de que se pretende a adoção. Invariavelmente, esse mediador recebe recompensa pecuniária pelo "serviço" que pratica.

A finalidade de sua intervenção decorre, exclusivamente, da oportunidade de receber dinheiro daqueles que não desejam enfrentar o trâmite processual da adoção. Também age de outra forma, conscientemente, comercializando a criança com casais de pretendentes estrangeiros.

A ação desses intermediários – que também atuam em organizações ou em forma de agências de adoção – encontrou barreira sólida na legislação brasileira que instituiu a *gratuidade* no seu processamento. O interessado estrangeiro que pretende adotar uma criança ou adolescente brasileiros *não irá desembolsar nenhum valor*, como honorários ou emolumentos, para concretizar seu desejo.

Na Itália, o último parágrafo do art. 71, da Lei n. 184/83 condensou a mesma preocupação brasileira, *verbis:* "A pena estabelecida no primeiro parágrafo do presente artigo aplica-se também àqueles que, entregando ou prometendo dinheiro ou outra utilidade a terceiros, acolhem menores em situação ilícita de entrega em confiança (guarda), com caráter de permanência. A condenação comporta a inidoneidade para obter a entrega em confiança (guarda) familiar ou adoção e a incapacidade para o encargo tutelar. Qualquer pessoa que servir de intermediário a fim de objetivar a entrega em confiança (guarda), como citado no primeiro parágrafo, é punido com reclusão de até um ano e com multa de até 2.000 liras".

A situação que se apresenta hoje, no Brasil, em relação ao "tráfico de crianças", como já foi mencionado acima, está controlada dentro dos limites da possibilidade. Sabemos que o fato criminoso existe, embora se manifeste obscuramente. Às vezes, os jornais noticiam um caso aqui, outro acolá. Poucos, porém, são comprovados.

Atualmente, a leitura que se faz desses fatos conduz-nos a indagar, com sinceridade, sobre os riscos a que estão sujeitos os interessados estrangeiros quando preferem a clandestinidade do ato criminoso à segurança e simplicidade do procedimento de adoção.

Daí, surge, para o interessado estrangeiro, a necessidade de buscar um "intermediário" que o auxilie na sua pretensão. Estará cometendo um erro ao entregar seus sentimentos e seu desejo de adotar nas mãos de pessoas ou agências inescrupulosas que só querem seu dinheiro.

Explica-se melhor o fato pelo desconhecimento que o adotante tem da lei e do procedimento que é adotado em relação à tramitação do pedido.

Há que se pensar, no entanto, que esse fato poderia ser "descoberto" quando o interessado regressasse ao seu país de origem, carregando o novo membro da família. A fiscalização alfandegária é rigorosa em quase todos os pontos; não se permite o ingresso, no território nacional, de estrangeiros nem de pessoas sem documentos. Se acaso, o interessado conseguir ludibriar a fiscalização, não passará desapercebido pelos vizinhos, amigos e parentes. Todos saberão que aquele casal tem um novo filho e que não nasceu naquela família. Para regularizar a permanência da criança naquele país, os futuros pais têm que procurar o serviço de imigração ou a Justiça. Não será possível que as diversidades físicas e étnicas da criança passem ao largo da percepção de assistentes sociais, psicólogos, magistrados e do Ministério Público.

Aos poucos, esse crime, que é considerado internacionalmente, vai cedendo à regularização e à confiança das autoridades, que instrumentalizam seus procedimentos, buscando sempre a severa punição desses criminosos.

9.3 O falso registro de nascimento feito pelo adotante

A Lei 6.898, de 30.1.81, inseriu no art. 242 do Código Penal brasileiro o tipo delituoso do *parto suposto, supressão ou alteração de direito inerente ao estado civil de recém-nascido,* dentro do capítulo dos crimes contra o estado de filiação, fornecendo uma distinção especial com a falsidade ideológica, prevista no art. 299 do mesmo diploma legal.

Dispõe o art. 242: "Dar parto alheio como próprio; registrar como seu o filho de outrem; ocultar recém-nascido ou substituí-lo, suprimindo ou alterando direito inerente ao estado civil. Pena – reclusão, de dois a seis anos".

Na verdade, a legislação penal trouxe uma definição criminal mais específica da prática daquela conduta, conhecida popularmente como "adoção à brasileira". Antes da inovação trazida pela lei acima mencionada, a conduta criminosa de registrar filho alheio como se fosse seu era, reconhecidamente, um crime de falsidade ideológica.

Na abordagem da adoção, o fato que mais nos interessa é reconhecer que muitos adotantes têm "pressa" para voltar ao seu país com uma criança. Às vezes, com intermediários sedentos por dinheiro, o adotante incorre nessa prática criminosa: em vez de adotar regularmente uma criança, prefere registrá-la como sendo filho biológico. Ou seja, o interessado declara-se pai ou mãe de uma determinada criança que, de fato, não é seu filho. Existe um nascimento; existe a criança, mas sua filiação não é aquela que está sendo declarada.

Quando isso ocorre, o agente, interessado na "aquisição" da criança, age com vontade consciente e livre de registrar aquela criança como se ela fosse realmente seu filho.

Essa conduta criminosa depõe contra o interessado estrangeiro em adoção, pois revela que seu desejo de adotar ultrapassa os limites impostos pela legalidade; transforma-o em delinqüente, colocando-o contra a lei.

Apesar da freqüente prática de se registrar filho de outro como se fosse próprio — inclusive entre os nacionais —, os futuros adotantes não precisam utilizar esse mecanismo para terem seu filho adotivo.

A segurança oferecida aos adotantes pelas Comissões Estaduais Judiciárias de Adoção Internacional e pelos Juizados da Infância e da Juventude tem a missão de proporcionar processo idôneo, com as garantias de que, ao retornarem ao seu país, possam, também, com toda segurança e tranqüilidade, iniciar o processo de validação da sentença brasileira.

Se a adoção for processada de outro modo que não o amparado pela lei, os pais terão que enfrentar traumas e ansiedades na condução da educação e do desenvolvimento da criança; sempre estarão preocupados porque fizeram algo errado, gerando conseqüências que trarão sofrimento para aquela família e, principalmente, para o "adotado".

Como irão proceder esses pais quando a criança souber que eles o adotaram de forma irregular? Ou, talvez, que foi raptada, ou comprada? A criança, que já poderá ter certos problemas com sua adaptação num país estrangeiro, deverá, ainda, digerir essa nova notícia de que sua adoção não seguiu os trâmites legais. A situação dos pais ficará ainda mais delicada. Esse fato não oferece justificativa alguma que possa ser compreensível.

Realmente, não compensa cometer esse crime; mesmo que o interessado tenha um motivo de reconhecida nobreza, como institui a atenuante prevista no parágrafo único do art. 242 acima citado.

Os relevantes efeitos que, à primeira vista, pode ter essa atitude sucumbem diante da incoerência e da nobreza do ato de adotar. A adoção não permite a realização de um ato que é considerado criminoso.

LIVRO II

1
ASPECTOS SOCIAIS
E PSICOLÓGICOS DOS ADOTANTES

1.1 Quem são os pais adotivos? 1.2 O trabalho de acompanhamento com o psicólogo e a assistente social. 1.3 Pais adotivos: não são pais naturais, mas têm uma sensibilidade especial. 1.4 A família como núcleo de afeto. 1.5 A mãe como guardiã dos sentimentos. 1.6 O evento "adoção" no sistema familiar. 1.7 A expectativa e o temor dos pais, gerados pela adoção. 1.8 Querer um filho: o limite do desejo. 1.9 Adoção como solução para os conflitos do casal? 1.10 Que tipo de criança adotar? Menino ou menina? Deve-se contar à criança que ela é adotada?

1.1 Quem são os pais adotivos?

Por meio da adoção, dois universos psíquicos diferentes se encontram: o dos adotantes e o dos adotados. O primeiro constitui-se da expectativa e da fantasia de conseguir uma paternidade; o segundo, da esperança, da fantasia e da angústia de uma experiência de abandono, ou seja, da recusa, da negação do valor de si mesmo, da ruína do sentido da própria identidade.

Uns acham que a adoção é difícil e arriscada; outros a abraçam, aceitando qualquer conseqüência advinda da novel relação. Em qualquer relacionamento humano existem riscos a serem enfrentados, inclusive na relação parental das famílias. Com a adoção não é diferente: por imitar uma relação natural, passa pelos mesmos e difíceis caminhos da relação pessoal.

Uma pesquisa realizada por um instituto italiano, em 1987, procurou saber as razões, entre casais, da escolha de ter ou não ter um filho. Em resposta à pergunta "por que querem ter um filho?", foram apresentadas as seguintes razões, em ordem decrescente: a) por amor à criança; b) para criar uma verdadeira família; c) por amor ao cônjuge; d) para dar um sentido à vida.

À pergunta negativa "por que não querem ter filhos?", responderam: a) por medo do desemprego; b) pela insuficiência dos meios econômicos; c) pelo o temor de perder a própria liberdade; d) por medo de que uma criança abalasse a estabilidade conjugal.

A busca da paternidade e da maternidade reflete muitas preocupações, que se revelaram na pesquisa acima mencionada. O desejo de "completar" a família, com a chegada de um novo filho, transforma o comportamento do casal.

A decisão de adotar – que sempre deve ser longamente meditada – não traz soluções para os problemas do casal. Os adotantes, por vezes, têm dificuldade para se livrar daquela impressão de que a paternidade e a maternidade adotiva são "inferiores" à biológica.

Apesar de tudo, os pais adotivos ficam preocupados com o fato de que aquela criança adotada ainda pertença aos pais naturais e que tudo o que farão por ela poderá ser em vão, pelo medo que têm de a verem devolvida aos genitores biológicos.

Esse ponto de vista, embora distante da realidade jurídica de nosso País, é acolhido por Annamaria Dell'Antonio quando lembra que: "La stessa decisione di adottare, anche se a lungo meditata, come spesso succede, non è indice di risoluzione dei problemi che si erano presentati in precedenza. Essere giunti a considerare che non vi sia alcuna differenza tra l'allevare un figlio proprio e uno adottivo non presume per esempio una sicurezza di fondo sulla veridicità di tale affermazione. Rimane spesso nei coniugi, a livelli inconsapevoli o scarsamente consapevoli, la sensazione che la paternità e la maternità adottive siano 'inferiori' a quelle naturali. Rimane cioè spesso la sensazione che il bambino, nonostante tutto, appartenga agli altri genitori e che le cose che verranno fatte per lui non saranno mai sufficienti a rendere i genitori adottivi 'uguali' a quelli naturali".[1]

Muitas vezes, esse temor de não conseguir manter a igualdade entre os filhos gera nos pais adotivos a insegurança e o medo de perdê-los. Esse sentimento pode ser reflexo de uma concepção tradicional de família, composta de pai, mãe e filho, oriundos da relação matrimonial. Quando faltar um desses componentes, supõe-se que falta alguma coisa para completar aquela definição de "família".

É comum o entendimento de certas mulheres que consideram insubstituível, para sua realização pessoal, serem mães, ou assumirem a capacidade de terem filhos. Esse ideal é obstruído, não poucas vezes, pela esterilidade que suportam, chegando, inclusive, a sentir vergonha por isso.

Esse fato carrega outro: faz com que a mulher – e o casal considerado num todo – vivencie uma condição de inferioridade em relação às outras mulheres e outros casais.

---

1. *Cambiare Genitori – Le Problematiche Psicologiche dell'Adozione*, p. 38.

Não se pode negar que a esterilidade conjugal seja um dos motivos que mais atraem casais para a adoção. Numa expressão bastante forte, mas real e atual, B. Steck considera a esterilidade uma ferida fundamental para o casal, chegando a dizer que ela representa um luto que deve ser vencido pelos pais adotivos antes de adotar uma criança: "O trabalho de luto que os pais adotivos devem fazer antes de adotar uma criança é essencialmente um trabalho relacionado à sua perda: perda de suas funções reprodutoras e perda de sua criança biológica. Tendo resolvido seu próprio sentimento de perda, eles estarão mais aptos a ajudar sua criança adotada a enfrentar a sua própria perda".[2]

É fato, também, que a adoção de uma criança não irá resolver totalmente esse problema, mas, ao recebê-la, o casal poderá transfigurar-se, principalmente no campo emocional. É comum a verificação de mulheres que sentem bloqueios emocionais e não conseguem engravidar. Podemos encontrar exemplos de casais que estavam impossibilitados de ter filhos naturalmente e que, após a adoção, a mulher engravidara.

Além da esterilidade, outros motivos são cotejados para justificar a adoção. Há casais que podem gerar um filho, mas preferem não fazê-lo; às vezes, já possuem filhos biológicos e desejam experimentar a adoção. Esses são impelidos por motivações ideológicas, mas temem que poderiam gerar um filho com doenças incuráveis. Outros buscam na adoção a substituição de um filho que faleceu. Outros, ainda, sadios e jovens, procuram a inseminação artificial como método indolor para realizarem seu sonho de paternidade e maternidade.

Neste particular, é muito apropriado o resumo que B. Steck fez das dificuldades que os pais adotivos podem encontrar: "a) sentimento de privação devido ao fato de não poder procriar; b) pouca experiência com outras situações familiares que possam servir de modelo; c) inexistência da gravidez que serve de preocupação emocional, e de apoio de amigos e de familiares com relação ao seu futuro papel de pais; d) estado de dependência face às determinações legais; e) pais adotivos são, geralmente, mais velhos e viveram muitos anos sem crianças; f) o período de espera cria sentimentos de incerteza e de insegurança; g) inexistência de cerimônia tradicional ou religiosa que distingue a chegada de um novo membro da família; h) os pais e a família do casal adotivo assim como a comunidade nem sempre dão o apoio necessário e podem mostrar-se pouco compreensivos e, às vezes, cruéis nessa situação; i) a revelação da adoção à criança é difícil para a maio-

---

2. "Os pais adotivos. Aspectos psicológicos", in *Abandono e Adoção – Contribuições para uma Cultura da Adoção I*, p. 130.

ria dos pais adotivos; j) as circunstâncias de um nascimento ilegítimo da criança podem representar um conflito para as atitudes morais, assim como para a educação da sexualidade e da reprodução que os pais darão à sua criança; l) as lembranças dos pais biológicos por parte da criança são sentidas como ameaçadoras pelos pais adotivos".[3]

Nos dias de hoje, a palavra "maternidade" engloba muitos aspectos: o biológico, o educativo, o afetivo e o social. Seu significado está arraigado no contexto no qual é expressada. A maternidade engloba, também, aquele significado derivado não só da pessoa que gera mas também, da pessoa que cuida da criança. Contempla, aqui, uma extensão desse conceito: toda paternidade deriva do amor à criança e de participar de seu desenvolvimento.

São muitos os motivos, aceitáveis ou não, delineados pelos pais adotivos. O fato é que o casal deve reconhecer, dentro de seu desejo honesto de ter um filho, que a adoção não é um gesto de solidariedade nem a resposta para a satisfação da vontade de pessoas adultas.

Os pais adotivos fazem milhões de perguntas a si mesmos sobre a adoção, e geralmente ficam apreensivos. O que mais os preocupa, no entanto, é a insegurança na correspondência do afeto da criança para com eles e o temor de não conseguir administrar o papel de pais.

A criança, quando de pouca idade, é extremamente adaptável às circunstâncias familiares; o problema pode ser maior quando o adotado tem mais idade, já um adolescente, com suas características e com seu modo de vida demarcado pelos seus ideais. A convivência harmoniosa e equilibrada dos pais adotivos com eles é determinante para a satisfação de todas as suas necessidades.

O desempenho do papel de "pai" inicia-se pela dicotomia angústia-esperança. Todo futuro pai procura imaginar como será o aspecto físico ou o "temperamento" do filho que está por vir. Muitos, porém, são impelidos a fantasiar essas características, as qualidades, as atitudes que tomarão, os gestos, baseando-se na experiência de comportamentos já vividos em sua própria família, junto aos seus parentes.

Quem procura um filho adotivo certamente é levado a transferir para ele sua própria imagem; procura refletir, naquela criança que está chegando, seus anseios, suas esperanças, sua satisfação – enfim, sua realização como pai.

Após os questionamentos de praxe sobre a criança, a respeito de sua origem, seus genitores, sua família, sua saúde, sua aparência física, o pai adotivo conclui que a imagem da criança que vai se delinean-

3. In ob. cit., pp. 132 e 133.

do corresponde muito mais às suas expectativas que a realidade propriamente dita.

Além disso, aquele que fica à espera de uma criança adotiva preocupa-se com sua atitude: como se comportará com ela, que coisa fará por ela e o que poderá dizer-lhe.

Tudo isso não pode ser considerado fantasia, mas uma atitude consciente que se tornará concreta com a chegada da criança, que irá se tornando, pouco a pouco, parte de sua existência e de suas preocupações.

De certa forma, esse comportamento pode ser positivo e até benéfico para a criança quando esses anseios e esperanças estão voltados para a edificação de uma educação sadia e integrada na comunidade familiar.

Enquanto o casal permanece cercado pelo seu próprio desejo, não tem capacidade de perceber a extensão do compromisso que um filho – biológico ou adotivo – traz para a família.

O casal deverá preparar-se para superar aquela urgência de ter um substituto para aquele filho que não gerou. Deve, também, sentir a alegria imensa de poder criar uma criança que nasceu de outras pessoas. Somente assim estará no ponto para assumir um projeto de adoção, baseado na realidade, onde seu desejo amadurecido poderá cruzar-se com a história de uma criança que necessita de uma família. Criança, essa, que incorporará não só os desejos dos pais adotivos, mas terá um lugar somente seu, onde exercerá sua condição de filho.

1.2 O trabalho de acompanhamento com o psicólogo e a assistente social

A preparação dos interessados em adoção é essencial. Aqueles que optaram pela adoção devem ser esclarecidos e preparados por técnicos na área da psicologia e da assistência social.

Esse trabalho permitirá que os interessados desfaçam várias fantasias e sonhos referentes à criança que pretendem adotar.

Não raras vezes, os psicólogos e assistentes sociais se deparam com aquelas pessoas envolvidas emocionalmente com seus desejos frustrados em virtude da esterilidade ou de bloqueios emocionais que dificultam sua realização pessoal, em virtude da ausência de filhos.

A maioria desses casais absorve uma expectativa de que aquele filho esperado é capaz de resolver ou realizar todas as suas aspirações, refletindo-as numa criança bonita e saudável, que poderá alegrá-los com sua inteligência na escola, mascarando ou complementando a imagem social de seus pais.

As características físicas da criança, desejadas pelos futuros pais, exercem sobre eles uma pressão, gerando expectativa maléfica, que impede que os interessados tenham uma visão clara, lúcida e compromissada, exigida pela realidade da adoção.

Essa preocupação é acrescida de outra, relacionada à hereditariedade da criança que está por vir. Muitos questionamentos são feitos pelos futuros pais sobre a origem biológica daquela criança. Nessa ocasião, sobretudo, o trabalho assistencial dos técnicos sociais é de verdadeira ajuda; conduz o casal para o eixo principal do seu desejo: a motivação de construir uma verdadeira família, recebendo a criança como ela é, sem fantasias e sem impor-lhe seus próprios sonhos, enfim, de recebê-la com sua própria individualidade.

Não será suficiente, apenas, que o trabalhador social "assessore" o casal interessado em adotar uma criança, no que diz respeito às explicações legais do processo de adoção, da realização do laudo social, da análise da história do casal. Isso somente não basta. A resposta às determinações da lei não é suficiente, e, como diriam Silvana Bosi e Donatella Guidi, "verificare se i coniugi sono in grado di diventare genitori adottivi significa condurre la coppia dal bisogno di un figlio al desiderio di accogliere un bambino che effettivamente esiste, con la sua storia, le sue caratteristiche e i suoi problemi".[4]

E, continuando, aquelas técnicas afirmam que o trabalho da equipe interprofissional transformará a angústia em esperança. E, pouco a pouco, aquela ausência, provocada pela ânsia do desejo, será substituída e preenchida pela chegada da criança tão esperada.

O apoio dado pela equipe de técnicos sociais aos casais interessados em adotar uma criança será, de certa forma, a base da decisão judicial. A atuação do assistente social e do psicólogo se converterá num diagnóstico das intenções dos futuros pais adotivos. Esse diagnóstico, materializado num relatório, fornecerá à autoridade judiciária os elementos próprios para seu convencimento, culminando na decisão.

Geralmente, os interessados em adotar convivem com crises emocionais, reveladoras de instabilidade volitiva, geradas por diversos motivos. O papel desses técnicos é, justamente, sintonizar e direcionar as emoções positivas em direção da realização e cumprimento dos interesses da criança.

Essa preparação não tem um prazo certo para terminar. A partir do momento em que os técnicos percebem que os interessados assimi-

4. *Guida all'Adozione*, p. 21.

laram os verdadeiros motivos da adoção e que, antes de materializarem um desejo seu, optaram pela realização do interesse da criança em ter uma família, podem considerá-los prontos para iniciar a trajetória processual da adoção.

Todo esse esforço em preparar os casais para a adoção reflete a preocupação, hoje crescente, no sentido de impedir que adoções transnacionais sejam frustradas pela inabilidade dos adotantes de serem os condutores dos destinos do seu filho.

Neste particular, Rui Epifânio e António Farinha, acertadamente, revelaram que "a seleção do adotante ou casal adotivo é, necessariamente, um processo a ser realizado por técnicos competentes (psicólogos, psiquiatras, juristas, assistentes sociais), traduzido em exames, entrevistas e visitas domiciliares com o objetivo de conhecer a respectiva identidade, a sua situação social, econômica e jurídica, as suas condições de saúde, as profundas motivações da sua pretensão, a sua situação familiar e conjugal, as suas condições habitacionais, a adesão da respectiva família ao projeto de adoção, a sua capacidade educativa etc. Neste campo, salienta-se a importância fundamental do conhecimento das reais motivações da pretensão dos adotantes na medida em que assim se garante a diminuição do risco de adoções indesejáveis ou insucedidas".[5]

Quando uma adoção internacional se concretiza e os pais voltam com a criança para seu país de origem, pode ocorrer uma mudança no seu comportamento que prejudique a criança, favorecendo, até mesmo, seu abandono em terra estrangeira. Isso é possível, seguramente, quando os interessados apresentam problemas emocionais, ou distúrbios psíquicos que passaram desapercebidos dos técnicos.

Esses aspectos foram abordados pelo civilista português Capelo de Souza, que consignou: "As motivações que estão na base da adoção devem ser convenientemente detectadas de modo a evitar adoções nas quais o desejo de adotar se funda *v.g.* em neuroses, em frustrações derivadas de uma esterilidade encarada com apreensão e angústia ou em desequilíbrios afetivos muito correntes em celibatários dominados pela solidão e ansiedade".[6]

Os agentes sociais devem ser, sobretudo, estudiosos da área comportamental; sempre devem estar preocupados em aprender as técnicas de abordagem desses problemas, apresentando soluções práticas e buscando ajuda de técnicos de outras áreas, se for necessário.

5. *Organização Tutelar de Menores. Contributo para uma Visão Interdiciplinar do Direito de Menores e de Família*, p. 257.
6. *A Adopção – Constituição da Relação Adoptiva*, p. 145.

Não restam dúvidas, portanto, de que o acompanhamento dos futuros pais adotivos, pela equipe pluridisciplinar, deve ser realizado com todo o rigor possível, com exames ponderados de cada situação, tanto em seu país de origem – quando requer a declaração de idoneidade ou autorização para adotar em terras estrangeiras – quanto no país onde buscam a adoção.

1.3 Pais adotivos:
não são pais naturais, mas têm uma sensibilidade especial

O caminho a ser percorrido pelos pais adotivos, até concretizarem seu sonho de integrar uma criança em sua família, passa, seguramente, por incontáveis lutas interiores, oriundas de questionamentos.

Quando a adoção se tornou a meta a ser atingida, o casal descobre que algo novo e diferente está acontecendo em sua vida, cuja importância se verifica na evolução de seu desejo: torna-se um casal especial, porque somente ele pode desejar e aceitar uma criança gerada por outras pessoas, portadora de suas deficiências emotivas, de sua hereditariedade, de uma história desconhecida, de uma individualidade própria e diferente da deles.

O caráter especial dos adotantes não significa que são superiores aos pais biológicos; suas características são diferentes da dos pais naturais, porque construídas pela inteligência do desejo, necessidade de compartilhar o amor e constituir uma família. Os pais adotivos são pais por escolha própria e, como diria Bouriscot, "os pais adotivos não são superpais, senão que, especialmente, sua responsabilidade é muito grande implicando uma longa reflexão de sua parte e uma escolha da parte de quem lhe confia a criança".

É conhecido o ditado popular que diz que "pai e mãe não são somente aqueles que geraram, mas aqueles que criaram a criança". É fácil gerar um filho, porém é difícil assisti-lo, criá-lo, educá-lo. A maternidade biológica materializa-se dentro do útero da mulher; mas só o fato de gerar uma criança não transforma uma mulher e um homem em pais. A responsabilidade da maternidade e da paternidade é mais que a simples geração biológica; corresponde à geração da vida de um ser que terá uma história e que participará de uma comunidade familiar.

Por outro lado, a paternidade advinda da adoção parece ser uma conquista mais difícil, que envolve maior aceitação de ambas as partes e maior flexibilidade dos anseios pessoais. Isso faz com que a escolha adotiva não possa ser confundida com uma ação social ou humanitária, ou considerada um instrumento para salvar crianças pobres.

É também verdade que não existe um modelo de pai adotivo; o desenvolvimento da paternidade, quer a adotiva ou a biológica, é regido pelas normas da natureza. A especialidade estampada na vocação da paternidade adotiva reflete, no casal, uma vontade maior na escolha da formação da família, vez que não a tem completa.

Desde que a criança passa a integrar a família, a paternidade não recebe mais adjetivos, mas será elevada à capacidade de restituir a vida comunitária ao filho, que vai descobrindo, com o passar do tempo, sua própria individualidade e sua própria identidade pessoal.

A capacidade de ser pai, por sua vez, deve perquirir os anseios do filho, seus desejos e realizações, anotando e observando a transformação que se opera na realidade filial, aceitando a normal evolução de sua autonomia e separação do mundo dos adultos.

Além do mais, a adoção pode demonstrar momentos críticos, como acontece em qualquer família. Mas a aquisição da paternidade adotiva não pode ser considerada como um ato instantâneo e automático; ela é o resultado de um processo de restruturação das identidades pessoais dos cônjuges, de seu relacionamento de pessoas unidas pelo casamento, das relações com os outros parentes, num contexto de vida social e comunitária.

Na adoção não cabe o sentimentalismo. Ela é real e traz muitas dificuldades tanto para os adotantes quanto para os adotados. Em sua acepção *lato sensu*, a adoção configura-se por duas situações que se completam: uma da parte dos adotantes que desejam se tornar pais, e outra, do direito da criança de ter uma família. Com a união desses objetivos, os pais adotivos tornam concretos aqueles sonhos de ter um filho, e a criança ganha uma família de verdade, que está totalmente voltada para o compromisso de dar-lhe um lar e de respeitar sua identidade pessoal e sua liberdade.

1.4 A família como núcleo de afeto

No momento sublime da adoção, a família recebe mais um integrante, que, de há muito tempo, era esperado e amado, mesmo antes de nela chegar.

Apesar da alegria e satisfação que acompanham a adoção, a família encontra momentos cruciais, deparando-se com uma verdadeira encruzilhada: de um lado, procura encontrar sua nova modalidade de agir e de interação entre as pessoas, seu crescimento e desenvolvimento, acrescidos dos infinitos descobrimentos de anseios pessoais até então inexplorados; de outro, o encontro com uma realidade já vivida e experimentada e que, certamente, não foi agradável, ou a estagnação ou não desenvolvimento dos sentimentos esperados.

A família é um universo insondável. Ou, como diria, de outra forma, a psicóloga italiana Rosa Rosnati, *"la famiglia però è qualche cosa di diverso dalla somma delle sue parti"*.[7] E, do ponto de vista psicológico, a família não pode ser circunscrita somente aos genitores e filhos. Este conceito de núcleo familiar, de fato muito abrangente, poderia ser considerado como puramente sociológico, pois, psicologicamente, ela seria sempre aquela mesma família, composta de pelo menos três gerações.

A família adotiva é diferente, porque é inserida nesse novo contexto social, muito amplo e complexo, composto de grupos informais de pessoas, de associações, de escolas, e outros, com os quais a família adotiva interage diariamente.

Essa interação social gerada pela adoção não pode estar apenas circunscrita a um ato jurídico que lhe deu legalidade; seus fundamentos e bases estão solidamente fincados, muito antes desse momento acontecer, a partir daquele instante em que o casal desejou um filho. E, continuando o pensamento de Rosa Rosnati, a continuidade desse momento será revelada no dia-a-dia, no nem sempre fácil caminho dos adotantes de reconhecer aquela criança como seu próprio filho, ou da criança em assumir como pais aquele casal.

A adoção, pelo seu modo de ser e de se materializar, encontra numa singular família a acolhida para seu desenvolvimento. Isso significa, também, que essa família conviverá com situações que não poderá alterar, a não ser pelo sentimento. Essas situações referem-se à consideração de que aquela criança está inscrita em sua família como seu próprio filho, ao reconhecimento de sua individualidade e de sua história, à aceitação do fato de ter sido gerado por outra pessoa.

É por isso que toda família encontra sua legitimidade na função afetiva, dela derivando o equilíbrio psicológico e emocional. De certo modo, o termo "família" congrega as funções da maternidade e da paternidade, nelas encerrando e exercendo a necessária afetividade, cujos beneficiários diretos serão os filhos.

O afeto distingue a família de outras organizações comunitárias ou sociais; a entrega na relação paterno-filial é extremamente radical e, ao mesmo tempo, generosa ao dar um retorno gratificante. Existe, também, o comprometimento: na relação familiar um se compromete com o outro e todos representam um só desejo – a realização da finalidade humana.

---

7. "Aspetti psicologici – Le famiglie adottive tra bisogno di genitorialità ed espressione di una solidarietà internazionale", in *Adozione Internazionale, Le Due Culture: Scontro-Incontro?*, p. 15.

É difícil imaginar uma família onde não existe afeto. Sem ele, a família perde sua essência, permanecendo apenas uma comunidade com uma reunião de pessoas. Pelo afeto, o comprometimento e a entrega dos pais e filhos são intensos e interagem, tornando seus componentes unidos por um respeitável laço, porém com um nó górdio.

Essa relação entre o filho adotivo e os pais adotivos pode parecer, de um lado, muito complicada, cercada de segredos e cuidados extraordinários, surgindo indagações sobre a origem do novo filho, o modo de abordar o assunto de sua adoção etc.; de outro, o próprio sentido da paternidade desfaz os mistérios do "processo da adoção", colocando sua posição de pai acima de qualquer obstáculo ou dificuldade.

A afetividade é algo indescritível; contudo, é sentida. Sua sensação é extraordinária, ao mesmo tempo em que é benéfica para a sedimentação da relação paterno-filial. Sem ela, a família não passa de uma porção de pessoas juntas, às vezes até reunidas com o mesmo objetivo. Somente receberá o título de família quando essas pessoas, ligadas pelo amor, interagirem umas nas outras, como o fermento leveda a massa. Fora disso, não existe família.

Na bem-colocada expressão de Don Carlo Grammatica, "la famiglia che dovrebbe prepararsi per essere 'accogliente' e questo in generale vale per tutti coloro che aspirano a diventare famiglie, le due metà dell'umanità che si uniscono per proseguire, per concludere, per attuare un cammino di grande soddisfazione, di grande esortazione che può essere quello dell'aggregazione, dell'amore coniugale. Famiglia accogliente significa qualche cosa che si deve produrre, un divenire di qualche cosa che si deve desiderare, si deve attuare, non è un dato di fatto, non è qualche cosa di magico, di miracolistico, di deterministico. Un uomo e una donna si mettono insieme e non sempre sono una famiglia, se 'vogliono' possono diventare una famiglia. Non si diventa mai 'famiglia accogliente' senza una considerazione adeguata come questa: 'siamo persone e come tali siamo chiamate a porre delle relazioni, a metterci in rapporto con altre persone'".[8]

Na família não há contratos para o desenvolvimento do afeto; o amor é gratuito, não existe a relação de conveniência, sistemática ou puramente legal. O relacionamento é de doação recíproca e de maneira gratuita.

Na Encíclica *Familiaris Consortio*, o Papa João Paulo II descreveu como se deve amar a família: amar a família significa saber estimar os valores e as possibilidades, promovê-la sempre; amar a família signi-

---

8. "La famiglia accogliente", in *Adozione Internazionale, Le Due Culture: Scontro-Incontro?*, p. 140.

fica identificar os perigos, os males que a ameaçam para que se possa superá-los; amar a família significa esforçar-se para criar nela um ambiente que favoreça o seu desenvolvimento.

Vê-se, pela exortação papal, que o afeto ocupa lugar preponderante no contexto familiar. É verdade, entretanto, que a família moderna está mais tentada a exercer sua função de modo mais individualizado, desprezando aqueles regimes patriarcais, matriarcais ou coletivos, fazendo com que cada componente consiga sobreviver ou desenvolver suas características sozinho.

Não deixa de ser uma grande agonia verificar que as famílias estão com mais dificuldades e mais angustiadas na resolução de seus problemas, principalmente aquelas que não encontram na solidariedade e no amor fraterno o esteio e o combustível para seu desenvolvimento.

O amor que existe na família é o motor que faz o casal libertar-se do egoísmo e ir ao encontro de outra pessoa, que pode ser seu filho. O amor que une os pais deve ser transmitido aos filhos na prática. A partilha desse sentimento não deve ser individual, somente da mãe ou do pai. É necessária a união dos dois; não basta uma paternidade extremamente especial ou uma maternidade atenta a ponto de ser possessiva. O relacionamento educativo e emocional dos filhos se realiza na união dos pais.

1.5 A mãe como guardiã dos sentimentos

Historicamente, a maternidade guarda estreito relacionamento com os sentimentos. Mesmo que tenha recebido, nos dias de hoje, uma nova roupagem, a maternidade continua sendo a detentora dos sentimentos, principalmente dos filhos.

A expressão popular "coração de mãe" consagrou essa dedicação. No coração de mãe cabem todos os sentimentos, como se ela recebesse energias diferenciadas dos homens para suportar melhor e com mais coragem as dificuldades. O coração de mãe é grande; o do pai também é, mas de uma forma diferente. A mãe, pela própria natureza, tem uma sensibilidade mais apurada que o homem, como se tivesse sempre uma sintonia fina para a captação dos sentimentos. Parece, até, que ela tem um sexto sentido.

Sempre ouvimos dizer que a mãe é a responsável pela criança e que o papel materno está arraigado nos nossos costumes, o que não deixa de ser uma bela atitude. Por outro lado, a dependência infantil e a posição da mãe são socialmente e historicamente construídas juntas, de maneira forte e interdependente, seja no campo material, seja no afetivo.

Mesmo recebendo distintas obrigações, a família moderna tem a responsabilidade de proteger os "sentimentos" e a "educação" de seus componentes. Nesse ponto, a mãe ocupa papel importante, pois o filho cresce ao seu lado e se desenvolve tendo-a como referência. Quando a criança tem pouca idade, mais importante é a tarefa materna, pois a atenção que lhe dispensará será de tal maneira acentuada que se tornará um testemunho da realização daquele ser humano quando atingir sua fase adulta.

É verdade que um novo tipo de família vem-se desenvolvendo nos últimos decênios; pai e mãe assumem responsabilidades que antes eram destinadas somente à mãe ou somente ao pai. A mãe, antes doméstica, agora necessita sair de casa para ajudar o pai no sustento da família, atitude essa imperdoável há alguns anos atrás.

O fato novo, surgido neste século, que obrigou a mulher a trabalhar fora de casa, não pode ser considerado motivo para desvincular ou permitir que a mãe seja destituída de sua posição de tutora dos sentimentos.

Porém, a insistência em ter um filho, natural ou adotivo, apesar de todos os obstáculos, persiste como uma necessidade quase que primária da mulher: ser mãe. Esse valor, aliado ao afeto que lhe foi ofertado gratuitamente pela natureza, é reconhecidamente insubstituível no mundo feminino. Quando surge o fantasma da esterilidade, a mulher "se envergonha" como se o fato representasse uma mutilação ou, na melhor das hipóteses, uma condição de inferioridade em relação às outras mulheres.

Pela adoção a mulher se torna mãe; o homem, pai. Uma relação afetiva surgirá da interação desses componentes. Com a chegada da criança adotada, a comunidade familiar ficará completa e assumirá seu sentido e sua função na sociedade; a criança, agora, é o filho, que, mesmo antes de integrar aquela família, já era esperado, querido e amado.

1.6 O evento "adoção" no sistema familiar

A global consideração sobre a comunidade "família" passa, também, pelo não menos universal conceito de sociedade microcósmica, expressado por Gaetano Barletta na proporção de que "a família como um sistema, significa considerá-la não como a simples soma de duas ou mais pessoas, mas como um microcosmo composto de indivíduos, de suas características pessoais e das relações que intercorrem entre eles. Qualquer mudança futura em um dos sujeitos – parte do sistema – comporta uma variação em todas as outras partes e em todo o sistema, com a recuperação do equilíbrio para outro nível".[9]

A família passa por uma contínua adaptação, que proporciona seu equilíbrio e encerra uma dinâmica que está sempre em restruturação e redefinição, fazendo com que os papéis desempenhados por seus membros contribuam para a solução dos conflitos comunitários.

As relações interpessoais influenciam o comportamento dos indivíduos da comunidade familiar. Essa influência atinge outro sujeito da relação familiar, que influencia o outro e assim por diante, numa seqüência de interferências nos comportamentos dos membros da família. Como resposta a essa influência, os integrantes da comunidade familiar terão suas relações entrelaçadas.

Nesse contexto de encontros e desencontros emocionais, em clima de cordialidade ou de agressão, acontece o inserimento da criança adotiva na família. Para manter uma estável e recíproca adaptação, a família deve modificar seu modo de trabalhar os relacionamentos de seu próprio sistema comunitário, bem como de outros, com ela relacionados.

Quando a criança integra a família adotiva, realiza um acontecimento *sui generis*, proporcionando um momento de mudança e, conseqüentemente, de adaptação às novas regras de comportamento daquele sistema comunitário, que deverá observar. Nessa perspectiva, a inserção de um novo membro provoca na família um desequilíbrio – mesmo que momentâneo – que deverá ser ajustado com o decorrer do tempo.

Também ocorrem crises emocionais, provocadas pela inadaptação do convívio entre a criança e os adotantes, que, inabilitados, podem restabelecer os parâmetros daquele sistema familiar embasado numa dinâmica inadequada para aquela relação.

Mas a descoberta do diálogo fortifica e sedimenta a experiência do "nós", modelada numa atmosfera de confiança recíproca. Com esse estado de ânimo, os componentes dessa sociedade exprimem a capacidade de abrir suas guardas para um relacionamento mais comprometedor, inclusive com outras pessoas que não fazem parte desse sistema.

A propósito, Gaetano Barletta já descrevia que "a possibilidade de adaptação e de maturidade da criança no núcleo adotivo é estreitamente ligada à capacidade efetiva dos genitores de estarem disponíveis para a mudança da dinâmica da relação familiar em função da

---

9. *L'Adozione, Cosa Sapere, Cosa Fare*, p. 22.

exigência da criança e também da reelaboração da própria expectativa e prospectiva por si mesmo e pelos outros".[10]

O casal, antes sem filhos, agora está prestes a receber um novo integrante na família; seu relacionamento é, de certa forma, egoístico no que diz respeito à partilha da afetividade, que é compartilhada apenas entre o casal. Agora, essa situação deve ser mudada; uma nova modalidade de relacionamento familiar vai ser instaurada e o caminho mais natural e adequado é a adaptação e a consolidação de uma nova postura diante da recém chegada criança.

Quando isso ocorre, os relacionamentos adquiridos pela criança (quando ela não é recém-nascida) e os relacionamentos dos pais adotivos são confrontados, surgindo daí uma nova concepção de unidade familiar, onde filho e pais estabelecem novos parâmetros de convivência. Agora, os adotantes são os pais e aquela criança, que antes estava abandonada numa instituição, é o filho; todos podem exercer, sem preconceitos, seus papéis naquela família. Entre eles haverá, desde o ingresso da criança, uma nova referência que os interligará com os laços do afeto.

Com o evento adotivo, o casal realizará aquela condição que almejava antes da chegada da criança; alcançará uma confiança recíproca suficiente para conduzir os destinos da nova família. Isso não quer dizer, absolutamente, que o casal deverá perder ou abolir aqueles vínculos afetivos e individuais que existiam entre eles antes da adoção. A necessidade de manter aquele espaço autônomo, a intimidade e a individualidade de cada um dos cônjuges contribuirá para reforçar o equilíbrio do sistema familiar, agora integrado pelo vínculo adotivo.

A bagagem individual dos cônjuges aliada aos papéis que ocupam individualmente no sistema familiar poderão servir de suporte para o advento da paternidade presente na adoção.

Sob uma outra ótica, a adoção operará na nova família uma mudança de comportamento caracterizada pela reestruturação das relações afetivas e o compromisso de seus integrantes de assumirem seus novos papéis.

Como a adoção incorpora na família um novo membro, há que se considerar que por família não se deve entender somente o pai, a mãe e o filho. Os avós também fazem parte dela. Eles, de uma forma ou de outra, interferem nas relações afetivas entre o filho recém-chegado e os pais, até mesmo porque a participação dos avós na convivência familiar é preponderante. "Os avós são os segundos pais", diz o ditado popular.

10. Ob. cit., p. 24.

A participação dos avós na construção dos sentimentos e comportamentos da criança e dos pais pode favorecer um conflito de interesses pela sua própria característica e maneira de ser. Mas isso não quer dizer que haverá um descompasso na maneira de educar o filho. A educação e a maneira que os avós foram criados são diferentes daquela que os pais, geralmente, pretendem para seus filhos, evidentemente com a manutenção dos principais valores que sedimentam nossos comportamentos.

Assim como os avós, os outros filhos do casal, os tios, os primos e demais membros da grande família compartilharão as vicissitudes e alegrias do evento adotivo.

Considerando que todo nascimento é uma aventura única e que essa aventura é produto de uma expectativa da própria sociedade da qual a família participa, a chegada de uma criança, seja pelo caminho biológico, seja pela adoção, é considerada natural. Não é só sua família que espera aquela criança; toda a comunidade que a circunda ficará na expectativa pela chegada e recepção daquele novo membro.

Na imensa maioria das adoções, as famílias aceitam plenamente o evento como uma benção, como um complemento de uma comunidade ou como a possibilidade de compartilhar o afeto com mais alguém, estranho a elas.

Há, sem dúvida, as experiências negativas. Famílias que não souberam compartilhar as relações afetivas derivadas da filiação. Nesse caso, os pais contribuem com uma grande parcela de responsabilidade pela inaptidão e inabilidade de compartilhar a convivência filial; ou emprestaram à adoção uma daquelas finalidades, mencionadas acima, que extrapolam sua eficácia, tais como a transferência de afetividade de um filho falecido, para fazer companhia para outro filho, como remédio psicológico para equilibrar as relações conjugais etc.

A adoção deve ser fruto do amor e, mais precisamente, da partilha daquele amor do casal que está transbordando. Ou seja, os cônjuges amam-se tanto que necessitam – até por uma questão da essência do próprio ser humano – de extravasar e compartilhar aquele sentimento. Dessa forma, não existe erro: a adoção vai alcançar o problema da criança e resolvê-lo, porque realizada sob a ótica da necessidade da criança.

1.7 A expectativa e o temor dos pais, gerados pela adoção

Muitas são as expectativas e os temores que surgem na mente dos casais que desejam a adoção. Tornar-se pai e mãe de um filho que foi gerado por outra pessoa pode ser um obstáculo emocional e psicológico.

Muitas interrogações são colocadas na base do desejo de adotar; os futuros pais adotivos somente terão sucesso com a adoção se ela for fundada no afeto recíproco. Se a criança é recém-nascida, o temor e a expectativa tomam direções diferentes, que abrangem sua hereditariedade, sua formação genética, os costumes dos pais naturais, sua saúde, etc.

Se a criança é maior, e já compreende alguma coisa, os pais adotivos importam-se, sobremaneira, com seu passado e com a bagagem histórica trazida por ela.

Embora existam tais fantasias, é bom fazer um parênteses aqui para afirmar que essas preocupações não são bem-vindas na adoção, porque, como repetimos várias vezes, a adoção é *partilha de afeto* e para o êxito desse sentimento não existem meio termo nem condições. Ou se adota e se faz uma plena entrega ou não se adota. Fazer uma adoção pensando na história, no passado, na saúde, nas características físicas da criança é desvirtuar a finalidade da adoção.

Talvez fosse mais prudente e interessante analisar esses temores como simples "expectativas", comuns aos pais, como ocorre por ocasião do nascimento de seus filhos. São expectativas benéficas e salutares, como se fossem para ilustrar a figura da criança que está por vir. É a demonstração antecipada do afeto paterno.

Outra interrogação que surge é o fato de o adotante ficar apreensivo em relação à continuidade do relacionamento dos genitores biológicos com a criança. Isso não tem fundamento. Para tornar possível a concretização da adoção é necessária a destituição do pátrio poder, que gera o perdimento do vínculo de filiação entre a criança e os pais naturais.

Após a decretação da perda do poder familiar dos pais biológicos, estes não estão mais autorizados a dirigir os destinos de seus filhos. Portanto, ao ser declarada a adoção podem os pais adotivos, nacionais ou estrangeiros, ficar tranqüilos e cientes de sua irrevogabilidade, como, aliás, já vimos acima.

É possível, entretanto, alinhar uma espécie de temor paterno que ocorre naturalmente nas famílias e não é exclusiva ou decorrente da adoção: a falta de reciprocidade de afeto por parte da criança.

Sobre esse tema dissertou muito bem Annamaria Dell'Antonio: "Il timore che il bambino non si affezioni e non riesca quindi a diventare 'figlio' porta così i futuri genitori a prospettarsi un legame intenso e quasi esclusivo con lui. Molti inoltre non riescono ad allontanare la paura che il bambino si attachi ad altri come e più che a loro e questa preoccupazione impedisce spesso di riconoscergli la necessità di intrattenere relazioni al di fuori della famiglia, soprattutto con coetanei. Altri temono invece che egli possa essere mal giudicato e che questo giudizio negativo si rifletta anche su di loro e sulla loro scelta. Così molto si progetta sulla futura vita familiare ma assai poco sui rapporti futuri con gli altri e non poche volte si pensa di interrompere conoscenze ed abitudini per dedicarsi al bambino ed assicurarsi, quasi come inevitabile compenso a tanta dedicazione, il suo amore".[11]

A falta de reciprocidade no afeto entre os filhos adotivos e seus pais é própria daqueles casos onde a adoção foi realizada com crianças já bem crescidas ou com adolescentes. Estes trazem consigo uma bagagem de sentimentos profundamente arraigados em suas vidas. Às vezes, foram tão maltratados por seus pais biológicos que se fecharam para a partilha do afeto que lhes foi oferecido; outras vezes, esqueceram ou perderam a noção do que significa o amor, temendo, fugindo ou negando-se a assumir uma nova relação. Por esse motivo, é possível ouvir que uma adoção transnacional não obteve êxito ou que gerou conflitos emocionais, que culminaram com o ingresso daquela criança ou adolescente numa nova situação de risco.

Muitos pensam que na adoção assume-se um grande risco de receber a criança e, depois, "não dar certo". Em tudo e para tudo existe o risco, embora, sob alguns aspectos, esse risco possa ser previsto, podendo suas conseqüências ser diminuídas. A própria vida é um grande desafio!

Na adoção esse risco é diferente; o casal vem, há muito tempo, sendo preparado, psicológica e materialmente, para receber um novo membro em sua família. É uma espera feliz, mas que gera uma certa ansiedade. Sendo assim, a ansiedade, o temor ou as expectativas enfrentadas pelos futuros pais são incorporadas na vida do casal como um fato corriqueiro e natural.

Mesmo que haja essa preocupação, a configuração que é dada à adoção não permite sobressaltos e surpresas. Na adoção, o temor, a expectativa, a preocupação e todos os sentimentos a ela relacionados devem fundar-se no afeto. É através do afeto que o futuro pai vai receber seu filho, integrá-lo em sua nova comunidade, partilhar com ele suas preocupações, alegrias e tristezas, doar-lhe uma parte de sua própria vida. Não existe limite na partilha desse afeto. O amor paterno-filial é abrangente e completa o ser humano na sua realização como ser vivente, racional e integrado em uma comunidade, que é a família.

11. Ob. cit., p. 44.

Não pode existir o medo na adoção; esta foi instituída para solucionar os problemas da criança e não do casal. Quando a adoção é perseguida para corrigir algum erro na programação da família ou no interesse pessoal dos adotantes, certamente, ela poderá gerar conflitos negativos. Quando ela decorre de um profundo amadurecimento dos adotantes, transforma-se no mais puro e agradável relacionamento, dando sentido à comunidade familiar, porque fundado no amor.

1.8 Querer um filho: o limite do desejo

A adoção pode ser uma resposta ao pretendente que se propõe a partilhar seu afeto com uma criança sem lar. Por outro lado, perquire-se se esse desejo de adotar é resultado de uma carência emocional, ou de alguém repleto de amor que deseja compartilhá-lo.

A resposta não é simples. Se alguém está carente de algum afeto e procura uma criança através da adoção para satisfazê-lo, está com problemas; aquele que busca na adoção uma forma de compensação ou sublimação de sentimentos não encontrará respostas para suas indagações existenciais.

Na maioria das vezes, a inexistência de afeto é a primeira sensação que é sentida pelo casal. Quando isso ocorre, busca-se a adoção como forma de suplementar ou preencher um vazio emocional, gerado por algum problema, que pode ser a esterilidade, a transferência de afetividade de um filho falecido etc. E quando o desejo, com essas características, não é satisfeito, transforma-se em dor e obsessão, podendo, inclusive, prejudicar ou colocar bloqueios em uma nova tentativa de adotar.

Entretanto, não se pode atribuir somente à carência afetiva de filhos a decisão de adotar. Ou, como responderia Françoise Champenois Laroche "Non è piuttosto il frutto dell'osmosi profonda con il proprio *partner*, in cui l'amore provoca desideri di creazione, di apertura, di dinamismo e di disponibilità che sfociano nel figlio come terza persona, prodotto dall'amore dei due? Il desiderio di una nuova vita è un fatto individuale o è il progetto comune di due esseri che vi sono implicati e che con il loro rapporto danno origine alla vita? Oppure è la forza formidabile di questo stesso desiderio a provocare la vita, che è il dono di un altro e che proviene da altrove? Mistero delle origini!".[12]

O desejo de ter um filho está intimamente ligado com a própria natureza do ser humano. A falta de filhos ou a descontinuidade da

---

12. *Vorrei un Figlio (Adozione e Procreazione Artificiale)*, p. 44.

geração é fato que desequilibra emocionalmente e influencia o casal. Essa carência, às vezes, não é a única responsável; ao contrário, quando o casal se relaciona num verdadeiro afeto, o desejo de se ter um novo membro na família abre-se para a disponibilidade e resulta na geração do filho, como uma pessoa autônoma, independente e única, criado por duas pessoas.

É o mistério da origem: a criança será o produto de duas pessoas e, ao mesmo tempo, um indivíduo totalmente diverso, porque se apresenta como um ser único. Ele é a vontade resultante de um esforço comum; o casal coloca-se na posição de disponibilidade para fazer nascer um outro homem. Com esse nascimento, o casal oferece ao filho a mesma oportunidade que anima e realiza a pessoa: aquela de amar e ser amado.

Os pais são, na verdade, artesãos de uma obra que está muito próxima da criação. Essa obra, talvez, supera a própria criação, porque é gerada pelo amor. Na adoção não é diferente. Quando a criança aporta naquela nova família ela é recebida, de imediato, com sua característica única que a identifica: sua diversidade (foi gerada por outras pessoas) que a acompanhará para sempre. Com essa perspectiva, é garantido o sucesso da adoção, considerando, todavia, a aceitação da criança como o próprio filho e, ao mesmo tempo, reconhecendo nela sua radical diferença.

O desejo de ter um filho pode, também, advir da plenitude de amor que o casal tem para oferecer a uma criança que está em situação de risco pessoal. Esse posicionamento traduz-se na regularidade emocional apresentada pelos adotantes, que denota a disponibilidade na partilha.

O simples fato de não existir um filho naquela família não significa que ela não tenha desejo de tê-lo. Desejar uma criança é um ato muito natural nas famílias, apesar de que uma recente pesquisa realizada na região metropolitana de São Paulo detectou significativa rejeição a filhos demonstrada por casais. Em 1990 as famílias sem filhos representavam 21,8% e em 1994 esse índice subiu para 24,5%.

Como justificativa da queda do número de famílias com filhos, a pesquisa mostrou que *o medo de perder a liberdade, a falta de dinheiro e a insegurança em relação ao futuro* constituem os motivos mais evidentes.

O percentual acima citado representa que, atualmente, naquela região – que é a mais desenvolvida do Brasil –, um quarto dos casais não têm filhos.[13]

---

13. Pesquisa de Condições de Vida realizada pela Fundação SEADE, publicada no jornal *Folha de S.Paulo* no dia 21.4.95, Caderno 3, p. 1.

O fenômeno da rejeição a filhos, ou o fenômeno de não desejar *ter* filhos, ou ainda, o de *evitar* ter uma família numerosa, são recentes no Brasil, mas já existem há algum tempo na Europa e nos Estados Unidos. No Brasil, o número de filhos por família caiu de 3,9 em 1990 para 3,7 em 1994. Nas famílias que têm entre três a quatro filhos, com uma renda *per capita* acima de R$ 140,00, que residem em casas com mais de três cômodos, têm primeiro grau completo e emprego estável, a porcentagem caiu em 50%. A grande maioria dessas famílias (62%) está optando por ter no máximo dois filhos.

A pesquisa também mostrou que a redução do tamanho das famílias atingiu todas as classes sociais – as ricas, as intermediárias e as pobres –, constatando que nas classes intermediárias o aumento do número de casais sem filhos foi ainda maior.

Surgiu até uma expressão, criada pelos norte-americanos, utilizada para identificar aqueles casais sem filhos, onde o homem e a mulher trabalham fora de casa: *dinks*, abreviação de *double income, no kids*, ou seja, "dois salários, sem crianças".

Até onde vai o limite do desejo de ter um filho? O que significa ter um filho a todo e qualquer custo? Saber analisar o próprio desejo vale dizer impor um limite, e perquirir-se se pode querer gerar uma criança sem realmente desejá-lo. Naturalmente, o simples fato de procriar detecta o bom funcionamento do próprio corpo, enquanto que a criança é apenas o "álibi" dessa verificação.

A análise do próprio desejo passa, obrigatoriamente, pela certeza de que ele não vai se realizar como estava previsto. Podem surgir situações adversas que impedem a completa realização do desejo, como por exemplo, o aparecimento de uma doença incurável.

É necessário fixar seus próprios limites, principalmente quando se está equilibrado, em todos os sentidos; os limites do casal e de cada um individualmente. Se aparecem pontos negativos nessa análise, estes indicam um limite que deve ser superado.

Françoise Champenois Laroche exemplificou alguns pontos referenciais dos limites do desejo: "a) Lo squilibrio che si instaura nella coppia: nella ricerca del bambino è evidente che non ci si trova sempre in armonia e che il desiderio si può esprimere in modo diverso nell'uno e nell'altra. Soltanto la vigilanza farà evitare lo scoglio di una rottura, che viene innescata da uno squilibrio troppo profondo tra i partner. b) L'ossessione della voglia di avere un bambino, con la conseguenza di non pensare che a questo, disinteressandosi di ogni altro problema: si tratta di un pericolo che esiste per la coppia e soprattutto per il bambino, che può sopraggiungere contro ogni previsione. c) Un altro segnale inequivocabile è rappresentato dal rifiuto di dialogare con coloro che la pensano in modo diverso. Certi interventi particolarmente motivati, che arrivano dal corpo medico o da altre parti, esprimono con chiarezza l'estrema difficoltà di poter perseguire con successo la ricerca del bambino. Bisogna però essere in condizione di poterli ascoltare. E: d) In positivo occore saper ascoltare i ritmi e la sapienza della natura: non si può esigere dal corpo qualsiasi prodezza".[14]

De qualquer forma, a renúncia ao desejo pessoal de ser pai não representa evitar sofrimentos. A opção pela paternidade, seja ela biológica ou adotiva, encerra riscos, que devem ser, antes de tudo, queridos, analisados e aceitos como um grande desafio que a natureza oferece ao ser humano, como um dom gratuito.

1.9 Adoção como solução para os conflitos do casal?

Se classificarmos as ações em boas ou más, não teríamos dificuldade em declarar que a adoção está relacionada entre as ações boas. Mas transformar a adoção em uma "boa ação", em relação à criança... Alguma coisa está errada! Geralmente, é a visão ou entendimento que se tem da adoção.

Como vimos acima, a criança adotada não é remédio para curar as feridas afetivas dos adotantes. Tampouco presta-se para substituir a afetividade deixada pelo filho que faleceu. Inúmeros são os motivos que podem surgir para justificar a ação daquele casal que pretende adotar.

Na maioria dos casos, os casais adotivos estrangeiros estão impedidos de ter seu próprio filho pela via natural. Por isso, resolvem optar pela adoção e, invariavelmente, aquela criança se torna o filho único.

Nessa condição, a criança adotada recebe um tratamento hiperprotetivo; seus pais cobrem-na de excessivas atenções e cuidados, exagerando na proteção em relação à contração de doenças etc.

De certa forma, isso pode representar o final da experiência adotiva, detectando a ausência de um real e idoneo apoio dos pais, no confronto com seu filho, que poderá demonstrar insegurança, frágil autoestima, grave manifestação de inibição em seu relacionamento com as outras pessoas, na escola, no clube, enfim, até na fase adulta, quando se relaciona no trabalho.

A superproteção que os pais, às vezes até inconscientemente, impõem aos seus filhos, tende ao perfeccionismo, que culmina com um elevado nível de expectativa em relação às ações da criança. Exigem

---

14. Ob. cit., p. 49.

resultados brilhantes na escola, no esporte, no relacionamento com a família e com os demais amigos.

Essa exigência resulta da própria expectativa dos pais que projetam todas as suas aspirações naquela criança, que um dia não foram capazes de realizá-las e, também, desejam parecer aos olhos dos outros que são pessoas realizadas emocionalmente. A transferência dessa expectativa paternal pode determinar, na criança, o aparecimento do fracasso, do insucesso e da dependência, prejudicando seu desenvolvimento.

Além disso, é comum perceber que os sentimentos do casal estão sendo colocados a prova pelos integrantes de seu meio. Seus amigos, vizinhos e parentes olham os pais sem filhos como pessoas incompletas emocionalmente ou com problemas de saúde, geralmente impostos pela esterilidade. Com essa pressão, o casal passa a expressar sentimentos de vergonha, de angústia e até de culpa, quando é impelido pela comunidade a "ter" uma criança. Nessa condição – que mais se assemelha a uma obsessão –, o casal deseja ter um filho a qualquer custo, utilizando a adoção para equilibrar e aplacar esse sentimento.

Todavia, a adoção não vai resolver o problema da esterilidade do casal, nem seu desequilíbrio emocional. Nessas condições, tampouco irá proporcionar o estabelecimento de uma *família*.

A adoção não foi instituída para resolver os conflitos conjugais ou familiares; à unanimidade, pessoas simples, cientistas da psicologia e muitos outros estudiosos já concluíram que a adoção presta-se a resolver o problema da criança que não tem lar nem família.

B. Steck alinha inúmeras motivações, conscientes ou inconscientes que podem ser dadas à criança adotada como solução para os conflitos do casal: "substituto de uma criança falecida, criança-terapêutica, criança-compensação, criança-remédio, criança-refúgio, criança-prova, criança-valorização, esperança, criança-exibição, criança-prova de anti-racismo, criança como manifestação humanitária, criança como companhia de um filho único, criança como *status* social, criança instrumento, criança salvação do casamento".

O problema psicológico apresentado por casais na adaptação ou adequação da nova postura recém-assumida na adoção pode parecer simples. Na verdade, é complicado e difícil. Trabalhar os sentimentos paternos em relação à aceitação ou rejeição de filhos e de filhos em relação a seus pais é tarefa que foge de nossa alçada.

O que é certo e já foi comprovado no dia a dia é considerar a adoção como um meio de partilhar o amor que existe dentro de cada um; se esse amor já é compartilhado com o companheiro, ele irá transbordar e exigirá um receptáculo onde possa aconchegar-se. Lá está a criança, repleta de problemas e carências, aguardando ser inundada por aquele afeto que sobra no casal pretendente. E aqui, mais uma vez, percebe-se que a nacionalidade dos adotantes é insignificante para a criança necessitada. Ela almeja, simplesmente, um lar e uma família, não importa onde. Precisa somente de alguém que compartilhe suas necessidades e lhe ofereça afeto.

Não existe outra explicação. Se um casal procurar a adoção como panacéia para seus problemas e conflitos emocionais terá uma surpresa desagradável e, certamente, não conseguirá resolver seus traumas e, além do mais, complicará a situação emocional da criança, que sentirá que está sendo usada para aplacar os conflitos de seus pais adotivos.

**1.10 Que tipo de criança adotar? Menino ou menina?
Deve-se contar à criança que ela é adotada?**

Invariavelmente, quando os casais percebem que não podem ter filhos, indagam a si mesmos se aquele "vazio" não poderia ser preenchido pela adoção. Essa decisão, que somente pode ser tomada depois de muita reflexão, não pode, entretanto, ter como motivação principal para o desejo da adoção o preenchimento daquele espaço que ocuparia um filho.

O desejo de adotar passa pelo transbordamento do afeto que o casal tem para oferecer à criança sem lar e sem família. Nem se pode concluir que o casal apenas vai oferecer o afeto que "sobra" na relação conjugal; o afeto a ser compartilhado com a criança deve ser integral e oriundo do amor entre os cônjuges, como forma de expandir aquele afeto que lhes é transbordante. A criança que aporta numa família não pode ser considerada como um "tapa buraco" afetivo.

Como diria o psicólogo João Seabra Diniz, "se marido e mulher se sentem suficientemente seguros e felizes um com o outro para poder pensar que será bom partilhar a vida com mais alguém, que vai ser bom ver esse alguém desenvolver-se, crescer, tornar-se progressivamente independente, então, sim, é provável que adotar um filho seja uma uma coisa boa para todos".[15]

Essas considerações culminam com a percepção de quão importante é para um casal ter ou não ter um filho. Além do mais, na impossibilidade da geração biológica do filho, como partilhar o afeto com uma criança que foi gerada por outras pessoas?

---

15. "Aspectos sociais e psicológicos da adoção", in *Abandono e Adoção – Contribuições para uma Cultura da Adoção II*, p. 106.

O fato de pensar que seria um erro adotar uma criança ou que um casal sem filhos nunca atingirá a realização pessoal ou a felicidade se não conseguir, a todo custo, a adoção de uma criança torna o casal escravo de uma obrigação, e não de uma opção.

Existem muitas formas de se encontrar a felicidade; cada um, com suas características, terá condições de adaptar-se à vida que escolheu para sua família. A adoção pode, perfeitamente, integrar essa opção.

Quando o casal está preparado para assumir uma adoção, surge um pequeno problema: onde conseguir uma criança? O Serviço Especializado de Colocação Familiar dos Juizados da Infância e da Juventude é o endereço certo. Lá, as assistentes sociais e psicólogas orientam os casais que desejam adotar. Geralmente, nos Juizados existe uma relação de crianças que tiveram sua situação jurídica definida e estão disponíveis para adoção.

Mas o casal, de acordo com sua afetividade, pode preferir que a criança venha a ser menino ou menina, recém-nascida ou com poucos anos de idade. Pela via natural é impossível escolher, antes da concepção, o sexo, as características físicas ou mentais do filho. Esse desejo está fora do alcance dos pais.

Mas na adoção é diferente. Na adoção, o casal pode escolher o sexo. E essa escolha, completa João Seabra Diniz, "é feita, em geral, ao mesmo tempo que amadurece a decisão de adotar, de modo que o desejo, quando se manifesta, já é formulado completamente: 'queríamos adotar menina', ou 'queríamos adotar um menino'. O caso mais freqüente é o desejo de adotar uma menina; o caso mais raro é aquele em que não se faz uma escolha, no desejo de se estar o mais próximo possível da filiação natural – 'tanto faz, porque, se fosse nosso, não poderíamos escolher'.

"Também esta parece ser a situação mais favorável mas seria um erro exigir aos futuros adotantes que se apresentem sem desejos nem preferências. Se o desejo existe, é bom que se manifeste, para que se possa falar dele e das razões de uma escolha, se pode ser livre perante a decisão, e aqui é muito importante que a decisão seja tomada com verdade e com liberdade.

"A atitude correta será a de encorajar os candidatos a adotantes a falarem com franqueza e a manifestarem as razões de suas preferências. E sempre que a preferência existir e se baseia numa razão legítima, ela deve ser satisfeita na medida do possível. Mas é também indispensável ajudar a superar perspectivas demasiado estreitas, ou a corrigir pontos de vista que não parecem corretos."[16]

16. In ob. cit., p. 111.

Além da escolha do sexo da criança, o casal adotante pode ficar apreensivo quanto ao seu futuro. A expectativa gerada pela falta de filhos na família, ou por qualquer outro motivo, pode contribuir para dificultar a comunicação entre pais e filhos. Essa comunicação falha ou ausência de comunicação pode apresentar problemas maiores quando o assunto é esclarecer ao filho a sua origem.

Contar a verdade é o caminho mais correto. Dizer para a criança que ela é adotada é também dizer a ela que seus pais são honestos e não estão escondendo um fato importante de sua vida.

Porém, para alguns pais fazer essa comunicação é muito difícil. Esperam o tempo passar e aguardam, temerosamente, que ninguém façam essa revelação. Enquanto isso, sofrem no silêncio; um sofrimento que pode ser evitado.

Frida Tonizzo e Donata Micucci revelam que: "Qualche volta i genitori adottivi di bimbi adottati piccolissimi hanno paura di far sapere al figlio che è stato adottato. L'adulto nega la realtà di avere un figlio biologicamente 'non suo' e racconta a se stesso prima che agli altri una bugia con cui dovrà convivere tutta la vita. Imposterà quindi tutta la sua vita su un 'imbroglio'. Questa negazione si fonderà sostanzialmente sul rifiuto, inconscio o non, di un figlio non biologico e quindi su una non accetazione profonda del figlio in quanto adottivo. Certamente questa verità di fondo non potrà essere dichiarata e quindi troverà delle giustificazioni, per esempio, nel 'bene del bambino'. Questi genitori dovranno sempre convivere con la paura che la 'verità' in qualche modo venga rivelata. É impossibile 'non dire'. Questo 'non detto' agirà in qualche modo a livello inconscio e trasmetterà messagi quanto meno ambigui che non gioveranno a creare rapporti sereni. Chi non informa il proprio figlio di essere un genitore adottivo si sentirà un 'genitore di serie b' o un 'genitore no vero'".[17]

Se é difícil falar para o filho que ele é adotado, os pais devem procurar auxílio com a equipe interprofissional dos Juizados ou com especialistas em comportamento. O que é mais prejudicial para ambos é a ocultação dessa verdade, que pode vir à tona na escola, no clube, com os vizinhos etc., deixando os pais numa situação embaraçosa.

Não há vergonha ou desmerecimento algum em ser pai "adotivo" ou filho "adotivo". A paternidade e a filiação resultantes da adoção são plenas e revestidas de legitimidade. O encontro da legalidade da adoção com o afeto oferecido pelos pais resultará na emancipação emocional da família.

---

17. *Adozione Perchè e Come*, p. 48.

É provável que a dificuldade do casal de revelar ao filho sua condição adotiva possa ter sua origem numa preparação inadequada ou inexistente antes da adoção; como pode, também, esconder traumas conjugais referentes à esterilidade, quando lembranças desagradáveis são trazidas à tona.

A condição de esconder os fatos da vida para o filho, como uma "atitude de avestruz", principalmente aqueles referentes à sua origem, certamente o conduzirá para uma conduta agressiva e vingativa, fundada numa base que não contém a honestidade.

A adoção não pode ser um tabu; não pode ser um assunto proibido. O ser humano é curioso por natureza; a criança, por sua própria característica de desenvolvimento, é mais curiosa: pergunta tudo sobre tudo. Inevitavelmente, uma hora chegará a vez de saber como nascem as pessoas e como ela mesma nasceu. A verdade deve ser dita, com amor. Se for revelada de maneira casual, a criança entenderá o fato da mesma maneira; se o assunto tiver conotações de arrependimento, angústia, ansiedade ou mentira, a criança vai perceber e adotará comportamento semelhante.

Ninguém é pós-graduado em adoção. Então, essa revelação deve ser feita aos poucos, com carinho, afeto e, sobretudo, com base na verdade. Diria, até com elegância, pois é impossível, mesmo aos pais biológicos, sustentar uma estória da "cegonha" e coisas do mesmo tipo para explicar o nascimento das crianças. É mesmo uma afronta à fantasia da criança.

É imperioso voltar aos ensinamentos do psicólogo João Seabra Diniz, que expressou de maneira clara e precisa o comportamento dos pais em relação aos seus filhos adotivos quando o assunto é a revelação da adoção:

"No caso da criança adotada, que como as outras procura e quer saber, por que não, do mesmo modo, ir respondendo no sentido de a encaminhar para a sua verdade? Ela teve pais, como todos os outros meninos. E os seus pais gostaram dela, como todos os outros pais. (Atenção! Não falar mal da família natural.) Mas por várias razões não a puderam conservar consigo (e quem pode julgar todas as razões que existiram?).

"É esta a altura dos pais adotivos: valorizarem de forma muito pessoal o amor que têm pelo filho, o desejo de o receberem, a alegria de o encontrarem, os cuidados que lhe prestaram, as atenções que lhe dedicaram, dia a dia, noite a noite... todas essas coisas que fizeram deles pais verdadeiros.

"A paternidade ou a maternidade têm primeiro um aspecto de geração física, gravidez, parto, que fica dramaticamente incompleto sem o aspecto do ser pai ou mãe, e 'criar' e 'amar'. É a este aspecto, forte, real, duradouro, que os pais adotivos se referem quando se dizem pais. É uma realidade forte e não uma piedosa mentira. Pode falar-se dele, sem vergonha!".[18]

A revelação do evento adotivo na adolescência é um pouco mais complicada. O fato de os pais esperarem para revelar "depois" pode ser mais doloroso para ambos, tendo em vista que naquela fase o jovem se torna, naturalmente, mais agressivo.

Para a abordagem da adoção com esses jovens, a receita continua a mesma: paciência, tolerância e muito afeto.

Tonizzo e Micucci, ao abordarem o assunto com os adolescentes, utilizam a expressão *congiura del silenzio*, ou conspiração do silêncio entre os pais e filhos sobre a adoção. A trama que se estabelece entre os atores dessa relação acontece, "altre volte, quando il figlio è già un po' più grandicello, il genitore non nasconde al figlio la avvenuta adozione, ma preferisce non parlarne o parlarne il meno possibile. Si può venire a formare allora una vera e propria 'coniura del silenzio' tra il bambino che ha sofferto e non vuole pensare alle sue sofferenze passate e l'adulto che teme 'il dolore del bambino' e preferisce non affrontarlo, giustificando il suo comportamento con la 'necessità di non farlo soffrire'. Questo atteggiamento, ben lontano da aiutare il bambino, lo lascia solo nell'affrontare le sue paure e gli dà la sensazione che chi dice di amarlo non è disposto ad aiutarlo".[19]

Essa "conspiração do silêncio", mencionada por Tonizzo e Micucci como exemplo de comportamento de pais que não querem enfrentar o problema da revelação, tende a ficar cada vez mais grave com o passar do tempo. Nesse caso, o tempo "não cura essa ferida...".

Há pais que adiam a revelação da notícia da adoção ao filho porque têm sempre presente o "fantasma" dos pais biológicos; não conseguem se livrar daquela possibilidade de um dia ficarem privados da companhia de seu filho pelo fato do aparecimento dos pais biológicos. Essa é, sem dúvida, uma preocupação que existe na mente dos pais adotivos. Mas sem fundamento.

A adoção é irrevogável e irreversível na maioria dos sistemas jurídicos. Os pais biológicos somente terão os filhos de volta se procederem à sua adoção. A adoção corta os vínculos de parentesco dos pais biológicos com a criança adotada. Se, por algum motivo, a criança

---

18. In ob. cit., p. 114.
19. Ob. cit., p. 49.

adotada ficar em situação de risco em um país estrangeiro, os pais biológicos podem concorrer, com os outros estrangeiros, para a sua adoção. Nesse caso, a criança já não estará mais na companhia dos pais adotivos.

Portanto, o temor dos pais adotivos de "perderem" o filho para os pais biológicos é impossível no Direito brasileiro e na grande maioria dos sistemas jurídicos. Isso somente ocorrerá se derem causa a situações que comprometam a vida, a saúde, a educação, a assistência da criança (consideradas aqui, situações de risco), previstas pela lei de seu país.

2

ASPECTOS SOCIAIS
E PSICOLÓGICOS DOS ADOTADOS

2.1 A relação com os pais adotivos. 2.2 O adotado: a conquista de sua identidade. 2.3 Quando o adotado já não é mais criança. 2.4 A inserção de uma criança na família adotiva. 2.5 A criança portadora de necessidades especiais ou grave doença.

2.1 A relação com os pais adotivos

Tem-se como regra geral que toda criança com experiência de abandono é portadora de problemas psicológicos. A grande maioria dos psicoterapeutas confirma isso. Esse contato perverso da criança, antes de ser adotada, com a negação do afeto representa, seguramente, uma grande dificuldade de comunicação com os pais adotivos.

O relacionamento e a comunicação entre um e outro completam-se na relação existente entre a família adotiva e a criança que nela aporta, considerando que os demais componentes dessa família (avós, tios, primos) participam dessa interação.

Quando a criança adotada é recém nascida, as dificuldades apresentadas são mais evidentes em relação aos adultos do que, propriamente, da criança. Se o adotado for um adolescente ou uma criança crescida, que conheceu seu passado e experimentou as dificuldades da fome, da doença, do abandono, da carência de afeto, a comunicação com os pais adotivos tem uma maneira diferente de se realizar.

Essas crianças ou jovens são portadores de experiências de descontinuidade e de manifesta insegurança no relacionamento com sua família, principalmente com a figura materna. Isso quando não ocorre uma real ruptura de relacionamento, pelo completo abandono da criança em lares substitutos ou instituições.

Com essas experiências negativas, a criança, que teve uma deformada interação com a figura materna e paterna, ou que sentiu uma total ausência do poder parental, encontra-se diante de uma situação que para ela é extremamente difícil: ter uma nova mãe e um novo pai.

O reatamento dos elos de ligação entre a criança e os novos pais é um processo doloroso para a criança, que, ao mesmo tempo, requer desdobrada paciência e tolerância dos pais.

Alguns estudos comprovam que essa deficiência no relacionamento mãe/filho pode ser a expressão de uma grande ausência da figura e dos cuidados maternos, principalmente para a criança com poucos anos, cujas conseqüências podem não ser tão graves, mas são duradouras e influem na sua vida futura.

Uma das mais expressivas deficiências que surgem nessa relação é, sem sobra de dúvida, a rejeição. Ela é considerada uma das mais graves atitudes emocionais e marca profundamente o desenvolvimento da criança; essa experiência de interação social com a mãe, em termos de laços afetivos, favorece a formação e a interação da criança com o mundo.

A psicoterapeuta familiar Letícia Felipim analisa essa situação e conclui que "é essencial para a saúde mental e orgânica do indivíduo o calor, a intimidade e a relação constante com a mãe ou sua substituta".

Por outro lado, repita-se, a família é o alicerce para o desenvolvimento desse processo emocional. A criança, muitas vezes, questiona o porquê das coisas, a razão de seus pais a rejeitarem, e se coloca diante de uma dúvida que vem sempre acompanhada de uma culpa: "se meus pais não me amam, quem neste mundo me amará e me aceitará?". Se a criança carrega esse tipo de sentimento em relação aos seus pais e à sua família, tal comportamento tende a se reproduzir, em sua vida futura, com a agravante de que não será capaz de amar-se a si mesma e muito menos os outros.

A rejeição experimentada pela criança é nefasta e destrói os valores recém-construídos. A família deve ficar atenta para detectar os tipos de rejeição existentes, observando e impedindo que seu mecanismo de destruição provoque danos no comportamento da criança.

A rejeição sentida pela criança surge por uma série de fatores, que podem ser exemplificados pela personalidade dos pais, a inter-relação entre eles e o próprio comportamento da criança. Mas, sem dúvida alguma, a rejeição manifesta-se em sua totalidade quando há o despreparo dos dois para o casamento, e da mulher para assumir e exercer seu papel de mãe. O medo do parto que sente a mãe, sua gravidez em situações não bem aceitas pela sociedade, como aquela antes do casamento, podem ser fontes e motivos suficientes que culminam com a rejeição.

Neste último exemplo, é comum verificar que um dos cônjuges culpa o outro por ter entrado no casamento por causa da gravidez; essa culpa é jogada sobre o filho, que começa a sentir-se rejeitado.

A rejeição pode manifestar-se, igualmente, quando um casal resolve ter ou adotar um filho para salvar o casamento. Essa experiência não resulta em proveito da criança; ao contrário, além de não resolver o problema do casal, a criança passa a ser rejeitada, porque, na verdade, os pais não pretendiam ter ou adotar um filho em si, mas salvar o casamento. O filho passou a ser um instrumento para manter a união do casal. Nesse caso, os cônjuges precisam de ajuda, e a decisão de ter um filho nessas circunstâncias representa um verdadeiro desastre emocional para ambas as partes.

Além da experiência negativa de relacionamento que foi oferecida ou imposta à criança pela rejeição, ela pode transformar seus sentimentos em frustração, que na expressão de Gaetano Barletta, "è l'incapacità di alleviare una tensione a causa di difficoltà nella realtà esterna o per colpa di un conflito interno".[1]

É verdade, entretanto, que o jovem, à medida que vai crescendo e descobrindo seu lugar na família e na sociedade, procura adaptar-se aos princípios de convivência dessa mesma sociedade, interagindo com os demais componentes de maneira natural. Dessa forma, seu desejo de viver como pessoa vai descobrindo seu "eu" individual e determina-se pela separação dos adultos.

De fato, é até natural, no contexto global em que vivemos, que o jovem adotado queira investigar, um dia, a sua origem e quem foram seus pais biológicos. A experiência tem demonstrado, todavia, que são muito poucos os jovens adotivos que desejam reconstruir seu passado, porque sentem que os pais adotivos ficariam tristes e preocupados com essa atitude e que, também, poderiam descobrir algo realmente muito desagradável nele.

Outros, com mais dificuldades de relacionamento, assumem um comportamento depressivo; outros, ainda, procuram uma saída mais imaginária e fantástica, tentando compensar suas frustrações com uma realidade ilusória.

O relacionamento dos adotados com seus pais adotivos é um movimento que começa no exato momento do despertar do desejo de adotar. A partir daí, o afeto deverá ser a mola propulsora da interação. Essa relação, para frutificar, deve iniciar seu desenvolvimento de dentro para fora, ou seja, a partir do transbordamento de carinho existente nos futuros pais, que atingirá, de maneira precisa e completa, a vida do novo filho.

A relação entre pai e filho adotivos é um romance. Um romance que, de certa forma, altera a base do conceito de "mãe" e "pai" da criança adotada. Esse tipo de relacionamento terá, para a criança, uma

---

1. Ob. cit., p. 51.

dupla referência de paternidade, quando chegou a conhecer seus pais biológicos.

Com essa posição Gaetano Barletta entendeu que o "significado que o romance familiar adquire na dinâmica da interação da família adotiva depende da qualidade do relacionamento afetivo e do grau de identificação existente entre os genitores e o adotado; de fato, se a situação apresenta relacionamento afetivo insuficiente e identificação insatisfeita, e se o adotado é objeto de excessiva e fantasiosa proteção da parte dos adotantes, então a posição do romance familiar terá caráter compensatório: isto significa que o adotado ficará constrangido em construir uma nova realidade, que lhe garanta a possibilidade de estabelecer relacionamentos afetivos válidos e de construir uma identidade satisfatória".[2]

O relacionamento dos membros da família é diferente de qualquer outro grupo, porque se fundamenta numa base de relações afetivas especiais e privilegiadas. Sua característica principal é a exclusividade do relacionamento: a união que o pai e a mãe estabelecem com o filho, que este estabelece com os pais, e que os pais estabelecem entre si enquanto genitores. Essa relação é diversa daquela que se pode instaurar com qualquer outra pessoa, por mais querida, mais simpática e mais amada que seja.

Não poderá haver um relacionamento sadio e harmonioso numa família adotiva ou biológica se não estiver fundamentado no afeto, no carinho, na honestidade, no respeito mútuo das diferenças particulares de cada um.

Todos têm oportunidade de se manifestar nesse relacionamento: desde o recém-nascido até o adulto. Cada um se manifesta de um modo, e, como diriam Silvana Bosi e Donatella Guidi, "o recém-nascido pode exprimir sua necessidade com irritação, choro, inapetência, insônia ou apatia. A criança maior percebe a diferença e com ela se confronta, mas não sabe como andam as coisas, hesitante entre o desejo de assimilar-se aos novos genitores e de manter sua própria identidade. Poderá reagir regredindo a um nível mais infantil recusando o alimento, adotando comportamentos provocatórios, para verificar a que ponto os genitores a aceitam, ou se sujeitando passivamente a tudo, como único meio de ser considerada 'boa', e, assim, acolhida. Qualquer coisa que aconteça, se os adultos estiverem apreensivos, a criança também ficará, e as dificuldades crescerão ao invés de desaparecerem".[3]

O impacto das diferenças de relacionamentos entre pais e filhos é comum entre as famílias, não importando se são biológicas ou adoti-

2. Ob. cit., p. 57.
3. Ob. cit., p. 85.

vas. Da família adotiva exige-se comportamento diverso daquele da biológica, o que impõe uma discriminação desde o início do relacionamento, o que não é correto.

2.2 O adotado: a conquista de sua identidade

A adaptação entre os adotantes e o filho adotivo deverá ser um caminho a ser percorrido juntos. Por mais natural que pretenda ser a adoção, ela proporciona nos protagonistas um comportamento *sui generis*.

O percurso para a conquista da identidade do filho adotado passa pela comunicação feita pelo e com os pais, respeitando sua inteligência e emoções. Essa atividade sempre caminhará paralelamente com o próprio desejo dos pais que querem ver assegurado o equilíbrio emocional de seu filho.

O filho deverá seguir o caminho inverso daquele sentido na época em que foi abandonado por sua família biológica: deverá recuperar o processo de sua individualidade. Gradativamente, desenvolverá sua individualidade sem estar preso a condicionamentos de outras pessoas, até sentir-se útil e auto-suficiente. Seus novos pais estarão presentes oferecendo a ajuda necessária a esse "descobrir-se" do filho.

A identidade do filho adotivo deverá ser construída sobre a base da verdade. O "dizer a verdade" para o filho, de sua condição adotiva, significa ajudá-lo a edificar sua própria personalidade, desenvolvendo sua individualidade dentro de parâmetros sólidos.

Dizer ao filho sobre sua origem e de que maneira ele integrou aquela família é o início de uma operação emocional que lhe proporcionará conciliar seu nascimento biológico com sua nova condição de adotado.

Esse procedimento, que é um marco na vida da criança, não acontece de uma hora para outra, de imediato. Vai se desenvolvendo ao longo da convivência com sua nova família, respeitando o natural desenvolvimento da criança e, mutuamente, ocorre a partilha da inteligência, da emoção e do afeto, em todas as fases de suas vidas.

Deve-se dizer a verdade para a criança; sua condição de "filha adotiva" deverá tornar-se, naturalmente, uma condição de "filha", sem adjetivos. A revelação do acontecimento "adoção" será construída no terreno da verdade, onde se vive o presente e prepara-se o futuro.

"A mentira tem pernas curtas", diz o ditado popular. Se os pais preferem ocultar ou mascarar a verdade sobre a origem de seu filho, estarão abrindo espaço para o fortalecimento daquele "medo" que, geralmente, persegue os pais adotivos: de um dia a criança ficar sabendo de sua origem através de outras pessoas.

Por outro lado, ao esconder o fato da criança, os pais correm o risco de estabelecer relações e sentimentos falsos com seus filhos, baseados no medo e na desconfiança; os filhos podem pensar que estão sendo traídos pelos pais, gerando uma angústia que, fatalmente, prejudicará o desenvolvimento emocional daquela criança.

Os pais adotivos estão legitimados a transmitir a verdadeira história de seu filho, não só pelo processo que lhes concedeu a adoção, mas também pela concretização do desejo de adotar traduzido pelo transbordamento de afeto destinado àquela criança.

A melhor forma de contar à criança a sua origem e proporcionar um direcionamento seguro para a conquista de sua identidade é a feita pelos pais de forma gradual, de acordo com a curiosidade e capacidade de compreensão da criança. Se existirem prejuízos emocionais em decorrência da revelação do acontecimento adotivo, estes serão insignificantes e permanecerão longe daquela criança que se sente aceita e feliz junto de sua família. Talvez esse fato nunca prejudique o desenvolvimento psicológico daquela criança, porque a família está direcionando sua atividade com base na verdade e em direção do futuro. A criança, aos poucos, reconhecerá e dará o devido valor a esse método, que não usurpa sua condição de ser humano com a finalidade de ser feliz.

A revelação dessa verdade não terá reservas, mesmo porque seus genitores biológicos renunciaram o direito de ser seus pais e de oferecer-lhe uma família. Isso não significa falar mal dos pais biológicos; aliás, esse é um procedimento que não se recomenda.

Não será difícil aos pais adotivos – que realmente se sentem plenos da paternidade – tomar a iniciativa da comunicação; essa tarefa, realizada na confiança, fará com que pais e filhos se sintam cada vez mais unidos no mesmo propósito, desprezando as dificuldades que porventura surgirem.

A comunicação e a formação da identidade da criança devem ser graduais; o tempo, o modo e os instrumentos dessa interação indicarão como a família vai desenvolver esse "dizer a verdade". Importa que tudo isso transcorra de maneira natural, aproveitando-se os fatos que vão acontecendo durante a convivência.

Como exemplo, Silvana Bosi e Donatella Guidi apresentam alguns instrumentos concretos e estratégias que podem ser utilizados pelos pais adotivos no sentido de fazer com que o filho receba válida e integralmente aquela mensagem: "1) não se envergonhar dos documentos e tudo quanto possa testemunhar a adoção, não destruir e não esconder nada; 2) conservar o próprio nome da criança. É este um modo de respeitar a sua integridade pessoal e suas origens, para não ter vergonha do passado. Naturalmente, se o nome de uma criança ainda muito pequena der motivo para interpretações engraçadas ou ofensivas (pode acontecer que a criança venha de um país de outro continente), deixa-se à sensibilidade dos pais trocar esse nome. Seria, ao contrário, um erro dar um novo nome à criança procurando torná-lo mais semelhante ao nome dos pais. Eventualmente, poder-se-á acrescentar ao nome da criança um segundo nome, assim como se costuma fazer com o nome dos avós; 3) tirar fotos retratando a si mesmo e à criança, sozinha e com os pais, os parentes, os amigos, os animais domésticos. As imagens são um testemunho direto da realidade e no dia de amanhã constituirão para a criança um ponto importante de referência e de segurança. Um álbum fotográfico, que respeita a sucessão dos eventos no tempo, poderá ajudar a criança a ter uma idéia mais exata da própria história: começará com as fotos da criança na instituição (se for o caso) e com as dos pais que a estão esperando (mas a mãe não tem barriga!), prosseguirá com as fotos dos primeiros momentos juntos, da festa que os pais organizaram para ela. A criança poderá ver e ler naquelas fotos, toda vez que quiser, a própria história. E tudo isso dará uma sensação de segurança; 4) para contar como chegou uma criança pequena, será conveniente usar a mesma expressão que no dia de amanhã será transmitida também a ele: 'foi no meu coração, não na minha barriga'. Assim esta frase entrará na linguagem familiar; 5) conversando com a criança sobre a sua origem, será oportuno não usar as expressões 'mamãe' e 'papai' — impregnadas de significado afetivo — para indicar os pais biológicos: não se trata de renegar os fatos mas de evitar confusões mentais na criança numa idade em que se faz necessário interpretar com clareza a realidade, e poupar traumas aos pais adotivos, num momento em que ficariam perturbados ouvindo chamar mamãe e papai outras pessoas; 6) a estória (fábula) é um instrumento muito valioso para tornar acessível à criança idéias abstratas. São protagonistas os pais que vão à procura da criança: tinham certeza de que existia em algum lugar mas não sabiam aonde; por isso começaram a procurar para cá e para lá por toda a Itália (ou no mundo inteiro, no caso de crianças estrangeiras). No entanto, a criança esperava, mas não sabia quais seriam seus pais nem quando chegariam. Procura e espera, espera e procura, até que enfim se encontram e foi para todos uma grande alegria. Depois será a fantasia e a sensibilidade dos pais a enriquecer a estorinha com todos os pormenores graciosos e engraçados, que efetivamente coroaram o primeiro encontro; 7) a pasta de documentos que acompanha o nascimento da criança adotada será outro instrumento chave. No início, a criança não entenderá o significado de tantos papéis e tantos carimbos, mas se formará igualmente a convicção de ter sido uma pessoa necessitada de proteção, mas ao mesmo tempo importante, tanto que alguém se preocupou por ela, uma vez que o homem e a mulher que a geraram não tiveram condições de assumi-la. Em seguida, lendo com a criança um documento após o outro, os pais a ajudarão a dar a cada 'ator' da adoção o papel que lhe pertence: a fotocópia do pedido de adoção escrita pelos pais demonstra claramente o desejo de ter um filho; a disposição da entrega pré-adotiva confirma que o mesmo tribunal de menores decidiu o encontro daquela criança com aquela família e depois acompanhou a legalidade do procedimento e o sucesso do relacionamento. Obviamente, esse tipo de discurso só poderá ser feito quando a adoção aconteceu num procedimento regular, conforme a legislação. A criança que não pode receber informações claras e seguras sobre sua origem e sobre sua adoção fica exposta a riscos no sentido psicológico, como se no seu passado tivesse 'maus antecedentes'; 8) se a criança quiser instrumentalizar as explicações recebidas para fazer pequenas chantagens ou para fazer birras, os pais deverão ser decisivos: fazer um corte preciso nas lembranças do passado e, tendo os pés solidamente fixos no presente, fazer prevalecer a própria tarefa educativa em termos realistas: agora os pais são eles e só eles; a criança não tem outros e a eles deve referir-se em todos os casos da vida; 9) facilmente a criança e o adolescente voltarão a fazer as mesmas perguntas mais vezes e os pais não deverão se cansar de repetir as mesmas coisas com as mesmas palavras sempre que for necessário. A criança não esqueceu o que foi dito em outras oportunidades, mas quer que seja repetido, porque tudo que é repetitivo e ritual tem o mágico efeito da segurança. O adolescente quer compreender melhor como aconteceram os fatos e ver contados os mínimos detalhes, ou procura verificar se os pais contam sempre exatamente as mesmas coisas; 10) alguma vez a criança rejeita a verdade sobre a adoção e 'decide' ter nascido da mãe e do pai adotivos. Se a verdade foi dita, é bom não insistir e esperar que seja ela a retornar ao assunto, ou retornar propositalmente no momento da sua evolução psicológica. O fato não deve assombrar: às vezes também os filhos biológicos criam fantasias por um certo tempo de ter sido adotados. Se, todavia, o filho adotado, crescendo, insistir em negar a verdade, poderá ser útil aos pais que consultem um psicólogo; 11) pode acontecer que um filho, adotado já grande, peça para rever os pais dos quais tem uma precisa recordação... Se o pedido for insistente é necessário entender o porquê, pedindo, talvez, a ajuda de um psicólogo. Todavia, não adianta mandar o adolescente ao especialista: serão os pais a consultá-lo para conhecer os problemas que surgiram com o relacionamento no âmbito familiar. A reação do adolescente é, de qualquer forma, um alerta que deve ser levado em consideração (...)".[4]

2.3 Quando o adotado já não é mais criança

A adoção de crianças que não são recém nascidas recebe uma abordagem diferente, talvez até mais dinâmica. Não que exista diversidade de essência: a adoção é uma só. Contudo, alguma coisa sofre modificação: é a maneira de preparação dos futuros pais adotivos.

As crianças de quatro anos de idade para cima não são o alvo especial dos pais adotivos. É conhecida como *adoção tardia*. Os pais adotivos preferem sempre o recém nascido, ou com até um ano. Essa maneira de externar o desejo adotivo muitas vezes defronta-se com a discriminação que é feita antes mesmo da concretização da adoção.

Os pais estipulam vários motivos para não aceitarem, em adoção, uma criança crescida; começando pela própria imitação da natureza, os pais querem trocar as primeiras fraldas, fazer as primeiras mamadeiras, sentir que podem ajudar aquela criança a construir sua vida desde o primeiro momento...

Às vezes, estabelecem obstáculos emocionais e os impõem à criança, sejam eles relacionados à origem biológica, à vivência que tiveram com os pais naturais ou em uma instituição, às seqüelas do abandono, dos maus costumes etc. Daí, vislumbram que, com aquelas características, seguramente, a criança não se adaptará à família.

É natural que os pais tenham esses temores; mas é perfeitamente compreensível que eles busquem ajuda profissional para poder vislumbrar a adoção com outros olhos. Se isso não for possível, é preferível que o casal não adote uma criança crescida.

A criança com uma certa vivência traz consigo, na bagagem emocional, muita tristeza e muito sofrimento. Geralmente, esses fatos são causados pelo abandono familiar ou institucional. Não é possível (nem justo!)pedir à criança que esqueça o seu passado, sua vida anterior, suas emoções negativas ou positivas. Os atos da vida são seqüenciais; não se pode apagar o passado; não se pode modificar a história da criança sob o argumento que que, agora, ela está em uma nova família e deverá ter uma nova vida e uma nova história.

De fato, na família adotiva, a criança terá uma nova maneira de viver, terá outros relacionamentos, outros hábitos, outras alegrias e

4. Ob. cit., p. 123.

outras tristezas. Mas sua história será a mesma; não será interrompida; receberá, no entanto, uma nova dimensão, um outro estímulo, uma nova maneira de visualizar a realidade.

Estará cercada de pessoas que a querem bem. Isso fará com que ela se abra para um novo relacionamento, para a criação de novos vínculos afetivos, justamente aqueles que perdurarão, pois agora, sua família adotiva é definitiva e para sempre. E esse relacionamento não só se manifesta duradouro como, também, irradia-se entre os outros componentes da família e entre os amigos.

A adoção tardia não é complicada; ou melhor, as dificuldades apresentadas numa adoção dessa natureza partem, sobretudo, dos pais, que às vezes não foram bem orientados, ou são fruto, mesmo, de sua inexperiência.

No primeiro momento em que a criança chega na família, ou até mesmo no primeiro ano de convivência, o relacionamento será um pouco difícil e estabelecerá parâmetros decisivos para o seu comportamento. Mas nada que não se possa suportar ou superar.

Essa ocasião é propícia para que os pais, ao perceberem essas dificuldades, recebam um reforço especial de orientação social e psicológica da equipe interprofissional encarregada da preparação de casais para a adoção.

Os primeiros contatos com a nova família, em sua nova casa, com seus novos vizinhos, parentes e amigos, serão álibis para a mudança. Essa mudança que é, ao mesmo tempo, interação e partilha, vai surgindo aos poucos e sendo assimilada e aceita pela criança.

Essa partilha de sentimentos não ocorre de imediato. O tempo será o auxiliar número um dos pais, que poderão, também, dissipar os temores de não corresponder à maternidade ou não ter meio ou capacidade suficientes para educar aquela criança. De certa forma, é comum os pais transmitirem essas preocupações aos filhos; estes, por sua vez, podem adotar condutas indesejadas pelos pais, causadas pela sua própria insegurança.

Nos primeiros contatos, revela a assistente social Martha Caselli de Ferreyra, "a criança poderá receber seus novos pais com mostras de exuberante afeto e alegria, ou, ao contrário, mostrar-se distante e esquiva, segundo seu temperamento e as experiências que tenha vivido. Mas, qualquer que seja sua reação, refletirá atitudes momentâneas que pouco terão a ver com seus sentimentos futuros. Nesses instantes, a criança verá apenas 'os pais que ele tanto esperava', isso pode trazer alegria e temor, mas ainda não são 'seus pais', isso virá depois. Não se pode exigir um amor filial, se antes não se adquire a segurança de saber que estes pais serão seus pais para sempre... O mais importante é saber que toda criança possui, potencialmente, uma grande capacidade de assimilação e adaptação, que, inegavelmente, necessitam ser positivamente estimuladas, e guiadas. Para que esse potencial seja desenvolvido, é preciso ter confiança... Muitas vezes é exigida da criança, recém-integrada, uma conduta mais correta do que a de qualquer outra criança, como se o fato de ter ganho uma família significasse a retribuição de uma automática docilidade, educação e bom comportamento. Qualquer manifestação que fuja desses modelos é interpretada como 'sinal de perigo'. Os adotantes se sentem obrigados a mostrar que 'não se enganaram: que o novo filho é lindo, bom, educado e inteligente', e, para consegui-lo, se esquecem do respeito que lhe devem, não aceitando as características próprias de sua personalidade, assim como suas naturais limitações. Esperam atitudes adequadas e resultados imediatos, submetendo a criança a exigências exageradas, que, não podendo ser correspondidas, acabam por produzir um total desajuste em sua conduta".[5]

A criança adotada não deve ter uma educação especial; deve receber a atenção que todos os filhos recebem naturalmente, e na mesma medida. Não poderá haver diferenças ou preferências porque aquele filho é adotivo. Os pais devem seguir o mesmo critério para a educação de todos os filhos.

Se o filho adotivo é o único na família, surge aquela dúvida na mente dos pais: "foram tão carentes que precisam de tudo". Errado. Os filhos precisam da atenção e do cuidado dos pais somente na medida de seu amor sincero e de sua disponibilidade. Os pais não podem ficar reféns da vontade dos filhos, mesmo porque nem eles conseguem atingir a extensão de seus próprios anseios. A imposição de limites é tarefa paterna que não pode ser subjugada pela intransigência do filho.

A função paterna é apontar um caminho ao filho. Evidentemente, esse caminho é aquele que o pai entende ser o mais adequado. Essa atividade — delegada primeiro aos pais — deve ser exercida com muita segurança e com muito amor. Os filhos devem acreditar que os pais "têm razão", e que essa indicação é feita espontaneamente, dentro de seu ciclo de aprendizado. A inexistência dessa indicação ou "orientação para a vida" pode proporcionar uma reflexão negativa nos filhos, podendo estes descobrir que seus pais não estabelecem referenciais de comportamento que sejam seguros e firmes.

5. "A adoção de crianças maiores", in *Abandono e Adoção – Contribuições para uma Cultura da Adoção II*, p. 144.

Os pais adotivos devem ter sempre presente o significado de sua relação com a criança, para poder orientar as várias possibilidades de evolução em direção ao futuro. Nessa configuração, compete aos pais reunir e analisar todos os desejos do filho, evitando, contudo, cometer erros por superproteção. Se houver superproteção, a criança crescerá passiva e dependente, ignorando sua individualidade.

À medida que a criança vai crescendo, o relacionamento com seus pais, parentes e amigos vai evoluindo. Antes de ingressar na adolescência, a criança já consegue interagir com as pessoas com uma boa desenvoltura.

Problemas podem surgir com a adaptação da criança: na escola, ela não se integra e não acompanha seus colegas; com os amigos, usa atitudes agressivas; em casa, "fantasia histórias", usando de mentiras para conseguir aquilo que deseja, além do ciúme entre os outros irmãos e parentes, a enurese etc.

A adoção tardia é a preferida daqueles que podem desde já contar com a criança; ao contrário daqueles que insistem em adotar recém nascidos, que permanecem em constante expectativa.

Existem casais que optam pela adoção de crianças maiores pelo fato de temerem que, adotando um recém nascido, não percebam que ele seja portador de alguma anomalia física ou mental grave. Outros, com idade um pouco avançada, não conseguiriam atender às exigências de um bebê, preferindo uma criança com mais idade. Há, ainda, casais estruturados, com filhos adolescentes, que desejariam adotar uma criança.

A maioria desses casos reclama a adoção de uma criança que esteja no final da primeira infância, proporcionando aos pais um rejuvenecimento nas relações com os filhos.

Quando a preferência do casal recai sobre adolescentes, acima de 12 anos, o núcleo familiar deve estar ciente de que ele trará consigo um processo já em fase adiantada de evolução, que requer uma particular compreensão do seu desenvolvimento individual.

O relacionamento paterno-filial, quer na família biológica, quer na adotiva, reveste-se de características próprias e singulares, que, mormente, geram conflitos.

A preparação dos casais para a adoção tardia é imprescindível, pela própria necessidade gerada pela situação. Os técnicos sociais e os interessados devem estar firmemente associados numa relação de confiança mútua que possibilite o enfrentamento do processo juntos.

Margarete Gil elenca os problemas mais freqüentes que surgiram após o acolhimento de crianças grandes numa família, revelados por pais adotivos: a dinâmica do ajustamento, o comportamento sintomático da criança grande, o conflito lealdade-deslealdade, o teste aos novos laços, o ajustamento do equilíbrio familiar, o ajustamento dos pais e as tensões do casal.

O ajustamento da criança grande com sua nova família passa por períodos do fim da "lua de mel" – cuja duração é pequena –, da convivência conflituosa com a nova família, onde a criança testa seus pais, e, ao final, aquele período de integração com os pais, onde a criança busca o apoio total e integral deles.

O comportamento sintomático da criança grande caracteriza-se pela inconstância em sua atitudes: não admite perder, nem aceita as regras do jogo, tem problemas de aprendizagem na escola, fica desatenta, quebra objetos é agressiva com outras crianças, tem problemas de saúde que são contínuos, mente, rouba. Faz tudo para chamar a atenção dos pais. Essa criança consegue manipular as pessoas pelo seu comportamento sedutor; exige todas as atenções, mas recusa o carinho espontâneo dos pais.

A criança grande tenta resolver o conflito entre a lealdade e a deslealdade, comparando sua família de origem e a nova família. À medida que vai angariando a simpatia e a confiança da família adotiva, seu passado vai tornando-se apenas um referencial. Seu presente é mais importante e fundamentado no apoio que recebe de sua nova família.

À medida que vai desenvolvendo seu relacionamento, a criança tende a proteger seus próprios sentimentos e a buscar na nova família o fortalecimento dos laços afetivos.

Com o ajuste do comportamento, a criança vai, aos poucos, sentindo que seu relacionamento com a família adotiva tem mais solidez e equilíbrio, a ponto de compartilhar novas maneiras de se relacionar.

Neste contexto, o ajustamento dos pais é essencial. A sensação de fracasso experimentada pelos pais que não conseguem compreender a criança, ou que não têm controle sobre ela, pode colocar tudo a perder. Muitos pais têm dúvidas de sua capacidade de conquistar e de amar aquela criança. Sempre têm a sensação que estão recuando e desistindo de levar adiante aquela relação.

Na conclusão, Margarete Gil aponta que "os pais devem controlar as suas expectativas em função das futuras transformações. Se eles esperarem grandes progressos em pouco tempo, e se eles tentarem moldar a criança ao seu jeito de ser, os pais e a criança serão decepcionados... É preciso aproveitar todas as ocasiões para aumentar o amor próprio da criança a fim de estabelecer relações sólidas e profundas...

Por mais difícil que possa ser, os pais não deveriam se sentir ameaçados quando a criança começar a contar as estórias referentes ao seu passado. Falando, e começando a elaborar suas relações passadas, a criança estará alcançando um nível emocional mais estável, e progredindo em sua integração na nova família".[6]

Em síntese, a adoção de crianças maiores não apresenta diferenças tão especiais daquela de recém nascidos. O núcleo do processo adotivo é o mesmo da família biológica: o conjunto de pessoas que interagem com o objetivo de formar uma comunidade familiar. Os sujeitos da adoção são os pais e os filhos; ao redor do núcleo familiar encontram-se os parentes e amigos com quem a criança vai, doravante, relacionar-se. Não existe *objeto* na adoção; somente *sujeitos* de uma relação paterno-filial. Aquilo que dá sentido e congrega a família é o afeto, sem o qual podemos dizer que a família não existe.

A criança pode ser grande ou pequena, negra, branca ou amarela, saudável ou doente; os futuros adotantes podem ser ricos ou pobres, de qualquer raça, cor ou religião; se não existir o amor nessa comunidade familiar, não existe a possibilidade de a adoção prosperar. Aliás, o amor deve vir antes do desejo de adotar. A adoção deve ser fruto do amadurecimento do afeto entre o casal; depois de realizado entre o casal, o amor transborda e necessita de alguém para recebê-lo, para partilhá-lo. Para receber esse amor não importa o sexo, a cor nem a idade da criança. Com certeza, a criança que receber esse transbordamento de afeto será feliz, e sua família também será feliz, e seus amigos perceberão que aquela família é feliz. Assim, a adoção atingiu sua finalidade!

2.4 A inserção de uma criança na família adotiva

Quando uma criança é adotada, traz consigo seu passado, com sua origem difícil marcada pelo abandono e seu desenvolvimento individual partido em muitos pedaços. Se mantiver laços afetivos fortes com os pais adotivos, a triste recordação de seu passado e sua história pessoal receberão nova luz.

Contudo, entre pais e filhos, o processo demanda comunicação e aceitação recíproca, de suas limitações, de seus acertos e erros e, também, de suas conquistas no campo emocional.

A família adotiva sempre será uma família adotiva, assim como os pais serão sempre adotivos e, igualmente, o filho. Essa verdade deve ser trabalhada de forma a permitir que nessa família não haja traumas.

---

6. "A adoção de crianças grandes – Os problemas encontrados", in *Abandono e Adoção – Contribuições para uma Cultura da Adoção I*, p. 139.

A diferença entre ser filho biológico e filho adotivo deverá ser "compensada" com uma pessoal, autêntica e aberta comunicação entre os protagonistas dessa família. Além de substituída, essa diferença deve ser aceita plenamente por todos, como fruto de um desprendimento afetivo equivalente àquele criado pela natureza.

Quando uma criança que foi abandonada é recebida em uma família adotiva, traz consigo a ausência de pontos referenciais de conduta. Na nova família será ajudada a reencontrar sua individualidade, reestruturar seu estilo de comportamento e superar aquele momento de profunda crise existencial.

Lembra Annamaria Dell'Antonio que a criança deve ser ajudada "não apenas a reencontrar a confiança em si, pela garantia de que é amada, mas também a ter um papel ativo na construção de si e das novas relações em que foi inserida. É então, uma criança que é aceita junto com sua história e que pode continuar essa história num ambiente novo que se tornará também seu, junto com seus pais adotivos. Quem adota deve saber tudo isso, e deve estar apto a ajudá-la a sair da sua crise. E para fazê-lo, por vezes, precisa de ajuda".[7]

A criança que é adotada é inserida num ambiente alternativo; para ela, tudo é novo. Essa novidade vem carregada de surpresas e dificuldades, a começar pela própria situação psicológica da criança gerada pelo abandono.

Outro fato gerador de insatisfações e problemas na inserção da criança em um lar substituto é aquele relacionado com sua idade. A família que acolhe a criança deverá estar sempre atenta para as mudanças de comportamento e de amadurecimento psicológico em decorrência da variação da idade cronológica.

A identificação da criança com os pais adotivos é um processo onde há a fixação da figura parental, que é necessária para seu desenvolvimento equilibrado.

Uma criança estrangeira pode apresentar mais problemas nesse aspecto, em virtude de suas diversidades somáticas em relação aos pais adotivos. O grau de dificuldade apresentado na resolução desse problema está intimamente ligado à idade da criança: se ela é recém nascida, será mais fácil a adaptação; se for um pouco crescida, esse processo será enfrentado com mais dificuldade.

As diferenças nos traços somáticos que caracterizam todo ser humano constituem sua própria personalidade, e isso representa para a criança a percepção de seu próprio corpo como instrumento de aquisição de sua individualidade.

7. Ob. cit., p. 137.

É a sua imagem que é diferente da dos pais adotivos; a aceitação dessa diversidade pela própria criança representa que sua inserção está acontecendo regularmente sem traumas, proporcionando a si mesma uma integração do seu passado com seu presente.

Também a informação sobre a realidade dos acontecimentos pode gerar algumas dificuldades no relacionamento de uma criança adotiva. Sempre os pais estarão às voltas, surpresos ou temerosos em responder às perguntas formuladas pelos filhos sobre sua origem e sobre seu passado. A verdade nunca deve ser escondida, mesmo porque, cedo ou tarde, a criança vai conhecer sua condição adotiva. E é melhor que esse fato seja desvendado, com toda a naturalidade, pelos próprios pais.

Giacomo Perico e Francesco Santanera apresentam alguns conselhos úteis sobre a informação que os filhos devem ter sobre sua origem, e que podem servir aos pais como um instrumento de comunicação: "1) a informação deve ser freqüentemente repetida no tempo, porque, contrariamente se pode pensar, à primeira vista, que a criança tende a esquecer e, dentro de dois ou três anos não dá importância particular ao fato de ser adotada, ao passo que, em seguida, fará uma reflexão mais profunda; 2) quando a criança crescer começará a pedir explicações mais completas, ocorre dizer-lhe quanto se pensa ou possa compreender através de sua inteligência, sua idade e sua personalidade. As crianças variam muito o grau de sua sensibilidade; 3) depois de esclarecer a situação com a criança é natural que se fale dela como seu próprio filho, sem fazer referência à adoção, caso não seja necessário; 4) quando uma criança faz uma pergunta difícil e embaraçosa, não se deve prometer a explicação para quando ela for mais crescida, mas se deve responder-lhe imediatamente com a máxima clareza, de modo compatível com a sua possibilidade de compreensão. A criança avisará se a resposta é dada com naturalidade, se é difícil, cheia de apreensão, ou se contém verdade ou falsidade".[8]

A base do novo relacionamento adotivo passa, seguramente, por uma informação clara e sem mitos sobre a condição da criança; a honestidade será uma das chaves desse relacionamento. Sem ela, será difícil os pais manterem essa adoção "escondida" por muito tempo.

2.5 *A criança portadora de necessidades especiais ou doença grave*

Toda criança tem o direito de viver em sua família de origem; se isso não é possível, o direito dela se estende à família substituta. O

---

8. *Adozione e Prassi Adozionale*, 1968.

direito de viver numa família independe de saber se a criança tem ou não problemas de saúde ou se é portadora de necessidades especiais.

Sob o mesmo aspecto, a criança tem o direito de receber afeto e cuidados para poder desenvolver-se, não importando se é portadora do vírus HIV ou de algum distúrbio físico ou psíquico.

Geralmente, as crianças que apresentam algum problema de saúde grave ou de deficiência são abandonadas pelas mães nas maternidades. Essa prática aumenta na medida em que a família da criança é pobre. O sentimento demonstrado por essas mães refere-se, comumente, à atribuição de culpa pela má formação intra-uterina da criança, à hereditariedade, ao consumo de substâncias entorpecentes e de alcóol etc.

Quando as mães não abandonam seus filhos deficientes no hospital, levam-nos para instituições, orfanatos, creches ou asilos para crianças. E lá, essas crianças permanecem sem a companhia de sua família, que, na maioria dos casos, tem "vergonha" da condição do filho e quer escondê-lo dos amigos, vizinhos e parentes.

Essa atitude é monstruosa! A criança já nasceu com problemas de saúde irreversíveis; mesmo assim, recebe de sua família uma negação de convivência. Na instituição ou hospital não será a mesma coisa; a convivência, ali, será somente com outras crianças doentes; somente podem partilhar a dor da recusa de sua família em aceitá-las.

A criança portadora de necessidades especiais ou de alguma moléstia grave sente o abandono no momento em que é deixada na instituição; mesmo doente, ela sente a recusa do amor, a negação da partilha da família.

Aos poucos, essa criança, que também convive com outras crianças em situação difícil, vai percebendo que suas coleguinhas vão saindo da instituição acompanhadas por famílias que desejam adotá-las. E ela vai ficando por último porque tem problemas mais sérios.

Essa criança, com esses problemas, também tem o direito de ter sua família. Há casais que, por algum motivo, desejam compartilhar sua vida familiar com crianças com essas particularidades.

Não há qualquer controvérsia na questão: a criança portadora de necessidades especiais ou doença grave e incurável necessita de cuidados especiais e redobrados daqueles que vão acolhê-las. Esse é o primeiro requisito do casal que pretende adotar uma criança deficiente: ter "mais" amor para dar.

Normalmente, a criança abandonada necessita de todo carinho e afeto de seus pais adotivos; se a criança é deficiente, os cuidados dispensados pela família substituta devem atender a todas as necessidades daquela criança.

Não existem regras fixas para que isso seja possível. Mas é certo que, primeiro, esse casal deve ter muito amor "sobrando" em seu relacionamento conjugal.

Ademais, tendo somente o afeto, o casal necessitará de ajuda profissional para atender às necessidades peculiares da criança. Às vezes, o casal entende que não precisa da ajuda dos técnicos, achando que o contato físico com as crianças deficientes e as constantes visitas aos institutos especializados bastariam para graduá-lo no atendimento aos filhos portadores de necessidades especiais.

Mas quem seriam essas pessoas tão abnegadas que aceitariam um desafio tão grande? Qual seria o perfil dessa família tão especial?

Rosalind Niblett relata que na Inglaterra foi realizada uma pesquisa para averiguar as características das famílias que adotam crianças com graves doenças mentais. As características mais frequentes dessas famílias são: "1) costumam ter experiência, adquirida anteriormente dentro de sua própria família, com deficiência mental. Sentem como algo familiar, que não lhes assusta; 2) estão centrados nos filhos; seus momentos felizes são os que passam com eles, e tendem a converter o seu lar no centro de suas vidas. Se viajam, de preferência, vão para lugares onde podem levar suas crianças; 3) não possuem habitualmente um nível educacional especialmente elevado. Têm empregos de tipo 'médio'. Muitas vezes, as esposas trabalham em tempo parcial, como enfermeiras, ou assistentes em casas para crianças, ou cuidando dos idosos e deficientes; 4) lutam pelos direitos de seus filhos. Sabem que não conseguirão muita coisa se não o fizerem. Algumas vezes mostram antagonismo e agressividade contra trabalhadores sociais e seus equivalentes, porque os vêem como obstáculos para obter o que necessitam; 5) dão provas de muita criatividade, abundantes recursos e capacidade de inovação para ajudar seus filhos deficientes a progredir; 6) procedem com freqüência de famílias numerosas, que vivem próximas, e recebem muito apoio delas, principalmente dos filhos e filhas maiores que têm crianças e moram na mesma região. Esses jovens costumam imprimir grande vigor, energia e criatividade no contato com as crianças e jovens deficientes; 7) não dão muita importância às mudanças das coisas, nem dedicam muito tempo a refletir sobre o futuro. Se alegram com as satisfações que lhes proporcionam os pequenos avanços que percebem nas conquistas e respostas de seus filhos; 8) não é fácil explicar por que querem adotar uma criança com uma deficiência grave. Para alguns, é porque sentem que seus próprios filhos começam a deixar o lar, ou que já não necessitam tanto deles como antes. Para outros, porque seguem um impulso religioso, ou porque isso faz parte de sua filosofia de vida, porque é algo para o qual podem dedicar sua existência, e que consideram útil e gratificante.

Querem, finalmente, assumir como filho alguém que precisa deles, alguém que ninguém mais, além deles, poderia assumir. Se consideram com uma idade que já não lhes permite grandes aventuras, mas sentem que podem aceitar esse desafio".[9]

O perfil das famílias inglesas que costumam adotar crianças com deficiências graves é o mais comum que podemos enumerar, não sendo diferente nos demais povos.

Uma coisa é certa: a preparação dessas famílias tem que ser especial. Elas não poderão ficar assustadas com as dificuldades e complicações que a própria natureza da deficiência lhes proporciona. Essas famílias necessitam de muitos recursos e estar sempre dispostas a lutar pelos direitos de seus filhos, ao mesmo tempo em que devem aceitar aquilo que não pode ser modificado. Necessitam, igualmente de apoio de profissionais especializados, de pessoas que as ajudem no trato afetivo e emocional dessas crianças. Além do mais, necessitam de recursos financeiros para suportar o tratamento e compra de equipamentos necessários.

A ajuda da equipe pluridisciplinar é indispensável para que um bom relacionamento entre a criança e o casal possa se estabelecer. Embora se reconheça que a ajuda de técnicos sociais é primordial, sabemos que são raras as instituições que mantêm esses serviços especializados.

O assistente social, o psicólogo, o psiquiatra, o fisioterapeuta e todos os outros técnicos que estão envolvidos com esse trabalho "devem colocar-se na pele das pessoas que a eles se dirigem para poder compreender e educar", comenta a psicanalista Ferretti Levi Montalcini: "não servem para nada as palavras difíceis, vindas do alto, ou diagnósticos complicados. Ajuda mais aquele que escuta e não pensa que já sabe tudo (...)".

Os pais adotivos dessas crianças deverão ter sempre em mente que, muitas vezes, a doença é incurável e deverão conviver com a criança doente por muito tempo, tendo, inclusive, que aceitar, previamente, seu precoce falecimento.

A paciência, a compreensão e o afeto e muita solidez no comportamento, serão imprescindíveis àquelas famílias para satisfazer as necessidades da criança por um período longo.

Com a preparação para o recebimento de uma criança com deficiência física ou mental, ou uma criança soropositiva, o casal será confron-

---

9. "A adoção de menores com necessidades especiais – Alguns aspectos da experiência inglesa", in *Abandono e Adoção – Contribuições para uma Cultura da Adoção II*, p. 157.

tado com uma realidade com a qual ele não está particularmente familiarizado e será investido de uma grande responsabilidade.

Encontrar um casal disposto a aceitar como filho uma criança portadora de deficiência física ou mental ou portadora do vírus HIV é tarefa difícil para os técnicos sociais.

A criança que traz consigo alguma deficiência vive num mundo muito particular, em si mesma, enclausurada na sua própria deficiência que a torna prisioneira de sua própria sorte, porque ela sozinha não consegue interagir com as outras pessoas.

Os pais adotivos serão mais ativos e terão bons resultados quando conseguirem perceber as dificuldades da criança além daquela diversidade de que ela é portadora.

Essa é a lição deixada por Tonizzo e Micucci ao analisarem a reação social e psicológica de uma pessoa que se cerca de uma criança deficiente ou portadora de grave doença: "Quando sentiamo la parola *handicap* scatta subito in noi un meccanismo mentale per cui a questa parola associamo immediatamente altri concetti che ci impediscono di vedere nell'handicappato il 'bambino' in tutta la sua interezza, con tutte le sue potenzialità". [10]

A própria deficiência apresentada na criança impede as pessoas de perceberem que ela é "aquela criança", com sua vida, com seus sentimentos, com sua história, com suas alegrias, tristezas e sofrimentos. Todo o contexto afetivo e emocional vivenciado por uma criança portadora de necessidades especiais é, indubitavelmente, diferente daquele de uma criança sadia e sem problemas físicos ou mentais.

Por conseguinte, a adoção deve acompanhar essa diversidade; não se pode realizar a adoção de uma criança portadora de necessidades especiais como sendo igual àquela de uma criança normal. É por isso que aos interessados numa adoção desse tipo não basta somente uma motivação que nasça do sentimento do dever ou da compaixão; é preciso que essas pessoas tenham um comprometimento que surge de uma análise interior e que lhes permita olhar além daquela deficiência ou doença.

É importante lembrar que, no momento de adotar, os pais que escolhem uma criança com deficiência ou portadora de doença grave estão cientes de que seu filho é um deficiente e que deverão dedicar-se a ele e ao seu problema com toda a intensidade e despender-lhe todo seu afeto.

Por outro lado, como lembra Gaetano Barletta, os adotantes "são pessoas que, perseguindo ideais elevados, estão extremamente dispo-

10. Ob. cit., p. 57.

níveis para a troca, seja no nível pessoal, seja no nível das relações, e, conseqüentemente, estão sempre prontos para instaurar com o adotado deficiente uma relação que o oriente positivamente para uma possível recuperação e amadurecimento de seus recursos pessoais e sociais".[11]

Para proporcionar uma melhor condição de vida às crianças portadoras de necessidades especiais ou de doenças graves, é preciso conscientizar os pais, os técnicos e o Poder Público, que deverão receber capacitação especial para essa tarefa. Aliada ao estudo e técnicas de aprendizado, haverá a necessidade de muito afeto e um grande interesse, por parte de todos em que esse problema seja amenizado.

11. Ob. cit., p. 112.

3
COMO ENFRENTAR A QUESTÃO: TER UM FILHO OU SER PAI?

3.1 A esterilidade como obstáculo para a realização do desejo de adotar. 3.2 Técnicas de reprodução assistida.

3.1 A esterilidade como obstáculo para a realização do desejo de adotar

A esterilidade impede a realização biológica do desejo de ser mãe. Contudo, ela não representa relevante percentual estatístico dentre as mulheres.

Desejar um filho é o início de um processo de concepção mental que vai, aos poucos, sendo assimilado pelo próprio corpo feminino, com a geração de hormônios. Mas é, também, sentir os limites da natureza. Às vezes, a impaciência e o desejo exacerbado de ter um filho provocam na mulher uma diminuição da fertilidade. Esse estado – muito sensível da mulher – pode, inclusive, ocasionar a separação do casal, quando não for bem cuidado.

Sendo constatada a esterilidade na mulher ou no homem, o primeiro momento é a preocupação psicológica que advirá do fato de não poder ter um filho, quando este está em seus planos. Aceitar essa carência é um grande passo para a realização de outro caminho que permitirá concretizar aquele desejo. Esse caminho poderá ser através da adoção ou da procriação assistida, quando for possível.

Contudo, não se pode separar a esterilidade de um sentimento profundamente angustiante e revoltante que impede o ser humano de reproduzir-se e continuar sua espécie.

Esse sentimento de impotência diante da natureza não pode ser absoluto e não se pode permitir que seja manipulado, para encontrar na adoção um paliativo para a perda da função procriadora.

A adoção não tem esse endereço; ela foi instituída para resolver o problema da criança, e não do casal infértil.

A partir de um bom tratamento psicológico e de um acompanhamento com os técnicos sociais, engajados no serviço de colocação familiar dos tribunais, é possível reverter aquele sentimento de frustração e perda pela impossibilidade de gerar um filho.

Percebe-se que a questão não é fácil de ser enfrentada, pois encontra muitos obstáculos patológicos, hereditários, psicológicos e de comportamento. De modo que a consideração que se faz pretende indicar que a esterilidade não deve ser o motivo preponderante que impulsiona o casal a desejar a adoção.

Sem dúvida alguma, os casais que encontram dificuldades em gerar um filho biológico sempre têm em mente uma de duas possibilidades: a procriação assistida ou a adoção, nesta ordem de preferência, segundo as pesquisas realizadas na Europa.

Há, entretanto, outro tipo de esterilidade que não é a natural; é aquela voluntária, desejada pela mulher (ligação das trompas) ou pelo homem (vasectomia), cuja intensidade causou preocupação na Organização Mundial de Saúde: 100 milhões de casos em 1980 e 150 milhões em 1986.

Essa preocupação atingiu, também, o Conselho da Europa, que, em 14.11.75, sugeriu: "a) fazer o controle das pessoas que desejam a esterilização para que sejam plenamente conscientes do estado atual e que tenham conhecimento de que a operação, em geral, causa efeitos irreversíveis; b) tornar acessível a esterilização por meio de intervenção cirúrgica, enquanto serviço médico".

A maternidade está sempre presente na criação do mundo e na criação do Homem. A esterilidade impede esse movimento criador, rompendo a estabilidade natural do mecanismo da vida.

Ao comprovar a impossibilidade de gerar um filho instalam-se a dor e o sofrimento na vida do casal e, mais precisamente, da mulher. É oportuna a lição de Françoise Champenois Laroche: "E este corpo que é o espaço no qual se exprime e que fala o silêncio; este corpo pleno de dor e marcado pela carência; este corpo que não produz e não transforma...; este corpo que sofre por não conhecer a dor do parto; este invólucro que não contém e não protege nada. Ventre achatado e silencioso que exprime, talvez, outros sofrimentos...".[1]

A descoberta do homem e da mulher, no íntimo de seu desejo paternal e a sua escolha pessoal de ter um filho buscam seu amparo no amor recíproco. A fecundidade é também a demonstração de um desejo que se partilha. É a própria diversidade e riqueza da natureza humana encerrada no homem e na mulher, que encerram sua perfeição dando a vida a uma criança, manifestação plena do dar e do receber, da reciprocidade do afeto.

1. Ob. cit., p. 63.

3.2 Técnicas de reprodução assistida

O filho participa da longa história de criação, de sofrimento, de amor entre os pais. Havendo um histórico de esterilidade no homem ou na mulher, estes buscam nas técnicas de reprodução assistida[2] a satisfação de seu desejo.

É verdade que a esterilidade, em si mesma, não é considerada uma doença, embora haja opiniões em contrário,[3] e que a fertilidade feminina se manifesta inversamente proporcional à idade da mulher. Ou seja, quanto mais jovem é a mulher mais possibilidade tem de procriar.

Várias são as técnicas científicas que permitem a fecundação artificial, relacionadas com cada tipo de esterilidade. Cada pedido de assistência na procriação será analisado de acordo com o tipo de esterilidade apresentado pela mulher.

Os métodos[4] mais conhecidos de ajuda na procriação são: a) AIH (*Artificial Insemination Husband or Homologous*): inseminação artificial homóloga, com o sêmen do companheiro (não busca sêmen de outra pessoa), caracterizada pela manipulação no âmbito familiar; b) AID (*Artificial Insemination Donor*): inseminação artificial heteróloga, com o sêmen de algum doador. É utilizada, geralmente, quando se verifica a esterilidade masculina; c) FIVET (*Fecondation In Vitro-Embryo-Transfer*): fecundação *in vitro* (no laboratório) e transferência de embriões. O óvulo e o esperma são colocados juntos na proveta onde se realiza a fecundação; após, é recolocado no útero materno para se desenvolver. Tanto o óvulo quanto o esperma podem ser do próprio casal ou de doadores; d) GIFT (*Gametes Intra Fallopian Transfer*): aspiração de gametas com técnica ecográfica e sua transferência para as trompas de Falópio, pela via laparoscópica, juntamente com os espermatozóides.

As técnicas de reprodução assistida, propostas pela comunidade científica internacional, têm a finalidade de auxiliar os problemas conjugais gerados pela infertilidade humana. Essas técnicas facilitam o processo de procriação quando outro tratamento se demonstrou ineficaz ou insuficiente para solucionar o problema da infertilidade.

Essas técnicas somente podem ser utilizadas se houver alguma probabilidade efetiva de sucesso e não incorrerem em risco grave de saúde para a mulher ou para a criança que será gerada.

---

2. Cf. Heloisa Helena Barboza. *A Filiação em face da Inseminação Artificial e da Fertilização "in Vitro"*, 1993.
3. Cf. Antônio de Pádua Leopoldo de Oliveira. *Estudos Jurídicos em Homenagem ao Prof. Caio Mário da Silva Pereira*, p. 578.
4. Essa terminologia foi adotada por S. Mancuso e E. Sgreccia, na obra *Trattamento della Sterilità Coniugale*, 1988.

As técnicas mais comuns e mais aceitas, que têm apresentado resultados mais promissores para os casais sem filhos, são aquelas identificadas pelas siglas AIH e FIVET. São essencialmente distintas no que se refere ao método e ao momento da fecundação; a primeira não implica a retirada do óvulo da mulher, sendo certo que a fecundação ocorre no seu próprio corpo; na segunda, o óvulo é retirado do corpo da mulher e unido ao esperma, no laboratório, onde se realiza a fecundação.

Os diversos métodos de reprodução assistida ainda não foram suficientemente aprovados pela comunidade jurídica, sendo que esse assunto continua a gerar conflitos de interesses entre os casais desejosos de serem pais, os cientistas que querem desenvolver suas técnicas e a comunidade religiosa que não permite a fecundação sem a relação sexual, gerando um conflito moral.

O novo Código Civil ao tratar da filiação no âmbito das relações conjugais, firmou, no art. 1.597, duas formas de filiação: a) aquelas havidas por fecundação *homóloga*, mesmo que falecido o marido; b) aquelas havidas por fecundação *heteróloga*, desde que tenha prévia autorização do marido.

Antes disso, porém, estudiosos de vários países,[5] reunidos em Perugia, Itália, em 5.9.87, no *XXXIV Corso di Studi*, sob o tema *Natura ed artificio nella filiazione*, firmaram o seguinte compromisso:

"Considerando que os problemas tratados tiveram em vista a fecundação e filiação em relação às novas tecnologias biológicas e médicas, com específica referência à inseminação artificial, fecundação *in vitro*, 'mãe-de-aluguel', manipulação genética, experimentação pós-concepcional, hibridações; que foi unanimemente aceito que as aplicações das novas técnicas devem ser reguladas pelo Direito, sobretudo se incidem sobre a vida humana, que deve ser respeitada desde a concepção:

"Observam: A) a fecundação artificial homóloga (entre pessoas do mesmo casal) parece admissível, desde que não arriscada para a incolumidade da mãe e do nascituro e determinada por necessidade terapêutica, como a esterilidade ou a gravidez 'de risco', sem cabimento de outra justificação (seleção, escolha de sexo etc.); avaliou-se a negatividade de mulher não casada ou viúva fecundada com sêmen do cônjuge após a morte deste, enquanto se daria vida a um 'órfão já antes da concepção'; B) a fecundação artificial heteróloga (doação de gametas por sujeito estranho ao casal) suscitou perplexidade de or-

---

5. Áustria, Bélgica, Brasil, França, Itália, Holanda e Estados Unidos da América.

dem moral e jurídica. Em particular, acentuou-se a situação de incerteza sobre a identidade do nascituro, a mera 'substituição' do cônjuge estéril sem terapia sobre a mesma, os riscos de desequilíbrio psicológico interno ao núcleo familiar; C) o contrato de 'gestação por conta de terceiros' despertou dúvidas relativamente à legitimidade e oportunidade do 'aluguel' de útero de outra mulher, sobretudo na expectativa de conhecer mais detalhadamente a natureza das relações psicofísicas que se estabelecem entre gestante e nascituro; D) o direito do concebido, em sintonia com princípios geralmente válidos, à vida, à família (com dupla figura de genitores), augurou-se que encontre explicitação num "Estatuto do Concebido", para impedir o uso de embriões em laboratório, destinados à supressão, pela pesquisa científica; a tal afirmação é corolário o princípio de que o direito à procriação com métodos não naturais coordena-se ao interesse do nascituro.

"Indicam como pressupostos irrenunciáveis à eventual admissão legislativa de métodos de fecundação artificial, mesmo heteróloga: 1) rigorosa e minudente normação quanto às condições de admissibilidade e modalidade de execução; 2) a necessidade de que as técnicas substitutivas do ato sexual só sejam admissíveis em presença de manifestações patológicas, entre as quais a esterilidade do casal; 3) a plena explicitação do consenso, preventivo, de todas as partes interessadas, direta e indiretamente (entre as quais o cônjuge da mulher comitente ou gestante), com prévia e exata informação das mesmas; 4) o respeito dos limites declarados para a intervenção artificial; 5) o controle de tais procedimentos pelo Estado, por meio da Autoridade Judicial, com particular referência à admissibilidade da verificação da correta execução; 6) a expressa declaração de responsabilidade dos 'genitores legais' frente ao nascituro, mesmo em caso de 'gestação por conta de terceiros', cujo resultado não seja conforme às suas expectativas.

"Consideram *ILÍCITOS* e eventualmente sancionáveis penalmente os seguintes atos: a) os atos de comércio de embrião e de feto; b) as intervenções efetuadas sem o consenso dos interessados e sem a relativa declaração de obrigar-se; c) as manipulações genéticas pré e pós-concepcionais não dirigidas a fins terapêuticos e não estritamente necessárias; d) toda forma de experimentação de embriões humanos não sujeita a controle público; e) a coleta, manipulação e conservação de sêmen humano e do que seja necessário às técnicas de procriação artificial, sem vigilância e controle de médicos e institutos para isso expressamente autorizados; f) toda tentativa de hibridação do sêmen humano com o de outros seres vivos, proibindo-se de maneira absoluta e peremptória, salvo se determinados por diagnósticos estritamente indispensáveis e controlados."

A Carta Encíclica *Humanae Vitae*, de 25.7.1968, do Papa Paulo VI, exorta os fiéis católicos sobre a regulação da natalidade, a "paternidade responsável" como o instrumento eficaz para a renovação da vida.

A doutrina funda-se na conexão inseparável que Deus quis e que o Homem não pode alterar por sua iniciativa, entre os dois significados do ato conjugal: o significado unitivo e o significado procriador. Pela sua estrutura íntima, o ato conjugal, ao mesmo tempo que une profundamente os esposos, torna-os aptos para a geração de novas vidas, segundo leis inscritas no próprio ser do homem e da mulher. Salvaguardando estes dois aspectos essenciais, unitivo e procriador, o ato conjugal conserva integralmente o sentido de amor mútuo e verdadeiro e a sua ordenação para a altíssima vocação do Homem para a paternidade.[6]

Por outro lado, a Igreja Católica não considera ilícito o recurso aos meios terapêuticos verdadeiramente necessários para curar doenças do organismo, ainda que daí venha a resultar um impedimento, mesmo previsto, à procriação, desde que tal impedimento não seja, por motivo nenhum, querido diretamente.[7]

Os métodos de regulação artificial da natalidade e de procriação são proscritos pelas orientações da Igreja Católica, que pretende conduzir o Homem a não desrespeitar seu corpo nem de sua esposa, orientando-o para a fidelidade conjugal e a proteção da moralidade.

Outro importante documento da Igreja Católica sobre o assunto é a Instrução *Donum Vitae,* de 22.7.1987, aprovada pelo Papa João Paulo II, que intensifica a preocupação pela valorização da dignidade da pessoa humana: o mesmo valor deve ser dado ao embrião e aos futuros pais, como também para a dignidade da procriação, na qual a técnica da intervenção médica não pode substituir a natureza.

Essa instrução permitiu a conclusão de que: a) deve-se respeito total ao embrião no momento em que é concebido. O embrião é considerado um ser desde o primeiro instante de sua existência; qualquer manipulação que possa alterar sua integralidade não é permitida; b) o dom da vida somente pode exprimir-se no contexto do matrimônio e não pode ser fruto de alguma dissociação entre sexualidade e fecundidade. O dom da vida deve realizar-se no matrimônio mediante os atos específicos e exclusivos dos cônjuges, segundo a lei ínsita em suas pessoas e em sua união.

As técnicas de reprodução assistida, para a *Donum Vitae*, "não devem ultrapassar os limites de um razoável domínio da natureza".

---

6. Encíclica *Humanae Vitae*, n. 12.
7. Encíclica *Humanae Vitae*, n. 15.

Aquilo que é tecnicamente possível não é, por isso, moralmente admissível.

A Igreja, através de seus documentos oficiais, não pretende opor-se, de modo algum, ao progresso da tecnologia e da medicina, mas quer, sobremaneira, defender a vida a todo custo. E, nessa defesa, olha com especial carinho para a vida da criança e utiliza um argumento importante: a natureza está a serviço do amor. Qualquer interferência artificial que apareça diversamente desse princípio, mesmo em nome do amor, será imediatamente repelida.

O filho será sempre a representação e fruto do amor entre um homem e uma mulher. Melhor ainda se essa criança fosse, também, fruto de uma escolha sincera, consciente e livre, para resultar numa decisão fortemente embasada no amor.

4
OS MEDIADORES NA ADOÇÃO INTERNACIONAL

O termo "intermediário", no Brasil, quase sempre tem uma conotação pejorativa, indicando aquela pessoa que faz algum trabalho para outrem, mediante retribuição pecuniária. Em geral, os "intermediários" não estão preocupados com a legalidade ou com a honestidade de propósitos de seus clientes; interessa-lhes, sobretudo, o lucro.

Esse tipo de mediador pode aparecer oferecendo seus serviços para interessados estrangeiros que desejam adotar uma criança brasileira.

Os serviços, mormente oferecidos por eles, abrangem desde a localização da criança, passando pela hospedagem dos interessados em hotéis ou locais especiais, até a confecção do requerimento de adoção perante os Juizados Especializados. Por esse "serviço" cobram valores absurdos, desvirtuando a finalidade do instituto.

Essa mediação não está prevista na lei brasileira; portanto, os interessados estrangeiros não estão obrigados a aceitar ajuda para adotar uma criança; poderão, sozinhos, buscar informações e realizar os procedimentos sem a intermediação de qualquer pessoa.

Como vimos acima, a adoção que tem como protagonista o interessado estrangeiro é totalmente gratuita, independente, inclusive, de advogado para sua concretização.

Com a instalação das Comissões Estaduais Judiciárias de Adoção Internacional, a adoção de crianças brasileiras por pretendentes estrangeiros tornou-se singela, mas resvestida de honestidade e segurança para aqueles que realizam o ato.

Essas Comissões, que funcionam de forma independente da Justiça da Infância e da Juventude – onde o requerimento de adoção é processado –, não exigem qualquer valor para instalar o processo de "habilitação" do candidato. Seu procedimento, bem como o do Juizado, é totalmente *gratuito*. As despesas que os candidatos deverão fazer serão aquelas referentes à tradução dos documentos necessários à verificação das condições pessoais e sociais dos interessados e aquelas referentes à sua hospedagem e alimentação.

Mas há outra forma de "mediação" que é saudável. É aquela desenvolvida pelas agências de adoção internacional. Essas agências ou organizações têm como objetivo principal a colocação de crianças em lares substitutos, sem objetivar lucro.

Muitas delas fazem excelente serviço de acompanhamento e preparação do interessado no seu próprio país, ajudando-o na análise de seu desejo de adotar, das conseqüências do ato adotivo, da nova relação parental e familiar etc.

Muitas delas, inclusive, após a realização da adoção, continuam a reunir os pais para confrontos de experiências, para troca de conhecimentos e confraternização.

Outras, ainda, ocupam-se de pais que já adotaram e que mantêm uma linha de ajuda financeira para as famílias pobres que têm filhos pequenos com dificuldades. São aquelas instituições que não visam à adoção em si mesma, mas contribuem na forma de "apadrinhamento" ou *sponsoring* para que a criança permaneça junto de sua família biológica.

Os mediadores, que se organizam em agências, deverão estar devidamente autorizados pelo país de origem a funcionar nessa atividade; no Brasil elas também deverão estar habilitadas. Esse procedimento demonstra a idoneidade das instituições, que, geralmente, são fiscalizados pelos Ministérios do Exterior ou da Justiça.

Além do mais, as agências ou organizações que preparam o interessado estrangeiro para a adoção dispõem, no seu quadro de pessoal – às vezes prestam serviços voluntários –, de técnicos sociais, habilitados em assistência social, psicologia, medicia, psiquiatria, pedagogia, direito e em muitas outras áreas das ciências do comportamento. Isso faz a diferença: a preocupação desses organismos está voltada para uma perfeita interação entre os futuros pais e a criança que será adotada.

Mas nem tudo transcorre bem mesmo entre agências especializadas e autorizadas a mediar a preparação de casais para adoção. Há instituições que, pela falta de informações corretas do país de origem da criança, transmitem ao adotante dados irreais, ou até mesmo grotescos sobre ele e sobre aqueles que nele vivem. É comum ouvir de pais adotivos que aportam na América Latina sobre as condições primitivas em que vivem seus habitantes, inclusive alegando que foram alertados para evitar epidemias que já foram erradicadas, ou precaver-se de animais selvagens que atacam pessoas etc.

Esse folclore é prejudicial ao ânimo do adotante. Sua preocupação primeira, de fato, não é essa; ele quer um filho e, às vezes, a agência frustra seu desejo com informações mesquinhas.

Conforme já exposto no item próprio, para onde remetemos o leitor, a Convenção de Haia chamou para si a disciplina dos organismos credenciados (v. acima, Livro I, Capítulo 6, item 6.5).

LIVRO III

1
CONVENÇÕES INTERNACIONAIS SOBRE A ADOÇÃO

1.1 Declaração dos Direitos da Criança. 1.2 Convenção Relativa à Competência das Autoridades e à Lei Aplicável em Matéria de Proteção de Menores (Haia, 5.10.61). 1.3 Convenção sobre os Aspectos Civis do Rapto Internacional de Crianças (Haia, 25.10.80). 1.4 Convenção Interamericana sobre Conflitos de Leis em Matéria de Adoção de Menores (La Paz, 24.5.84). 1.5 Convenção Interamericana sobre Restituição Internacional de Menores (Montevidéu, 15.7.89). 1.6 Convenção sobre os Direitos da Criança (Assembléia-Geral das Nações Unidas, 20.11.89 – O Brasil ratificou a Convenção, regulamentando-a através do Decreto 99.710/90). 1.7 Convenção Relativa à Proteção e à Cooperação em Matéria de Adoção Internacional (Haia, 29.5.93).

1.1 Declaração dos Direitos da Criança

Preâmbulo

Considerando que, na Carta, os povos das Nações Unidas proclamaram novamente sua fé nos direitos fundamentais do Homem e na dignidade do valor da pessoa humana e se declararam resolvidos a favorecer o progresso social e a instaurar melhores condições de vida humana numa liberdade maior;

Considerando que, na Declaração Universal dos Direitos do Homem, as Nações Unidas proclamaram que cada um pode prevalecer-se de todos os direitos e de todas as liberdades ali enunciados, sem distinção alguma, notadamente de raça, cor, sexo, língua, religião, opinião política ou qualquer outra opinião, origem nacional ou social, fortuna, nascimento ou qualquer outra situação;

Considerando que a criança, em razão de sua falta de maturidade física e intelectual, tem necessidade de proteção jurídica apropriada antes e depois do nascimento;

Considerando que a necessidade desta proteção especial foi enunciada na Declaração de Genebra de 1924 sobre os Direitos da Criança e reconhecida na Declaração Universal dos Direitos do Homem, assim como nos estatutos de instituições especializadas e das organizações internacionais que se consagram ao bem-estar da infância;

Considerando que a Humanidade deve dar à criança o melhor de seus esforços,

Assim, a Assembléia-Geral proclama a presente *Declaração dos Direitos da Criança*, a fim de que tenha uma infância feliz, e possa gozar, em seu próprio benefício e no da sociedade, os direitos e as liberdades aqui enunciados e apela a que os pais, os homens e as mulheres em sua qualidade de indivíduos, e as organizações voluntárias, as autoridades locais e os governos nacionais reconheçam esses direitos e se empenhem pela sua observância mediante medidas legislativas e de outra natureza, progressivamente instituídas, de conformidade com os seguintes princípios:

1º Princípio: A criança deve gozar de todos os direitos enunciados na presente Declaração. Esses direitos devem ser reconhecidos para todas as crianças, sem exceção alguma e sem distinção ou discriminação fundadas em raça, cor, sexo, língua, religião, opinião política ou outra, origem nacional ou social, fortuna, nascimento, ou outra situação, seja do próprio menino ou de sua família.

2º Princípio: A criança deve beneficiar-se de uma proteção especial e dispor de oportunidades e serviços por efeito de lei e de outros meios, para que possa desenvolver-se de maneira saudável e normal, nos planos físico, intelectual, assim como em condições de liberdade e de dignidade. Ao serem editadas leis para este fim, a consideração fundamental será o interesse superior da criança.

3º Princípio: A criança tem direito, desde o nascimento, a um nome e a uma nacionalidade.

4º Princípio: A criança deve beneficiar-se de seguridade social. Deve poder crescer e desenvolver-se de maneira saudável; para este fim, devem ser-lhe assegurados, como à sua mãe, proteção especial, notadamente cuidados pré-natais e pós-natais adequados. A criança tem direito a alimentação, habitação, recreação e serviços médicos adequados.

5º Princípio: A criança com problema físico, mental ou social deve receber tratamento, educação e cuidados especiais que necessite seu estado ou situação.

6º Princípio: A criança, para o desenvolvimento harmonioso de sua personalidade, necessita de amor e de compreensão. Deve, tanto quanto possível, crescer sob a salvaguarda e responsabilidade dos pais, e, em todo caso, numa atmosfera de afeição e de segurança moral e material. A criança de baixa idade não deve, salvo circunstâncias excepcionais, ser separada de sua mãe! A sociedade e os poderes públicos terão o dever de cuidar especialmente das crianças sem famílias ou dos que não têm os meios necessários à sua subsistência. É desejável que sejam concedidos à família numerosos subsídios do Estado ou outros para a manutenção das crianças.

7º Princípio: A criança tem direito a uma educação que deve ser gratuita e obrigatória, pelo menos nos níveis elementares. Deve se beneficiar de uma educação que contribua para sua cultura geral e lhe permita, em condições de igualdade e oportunidades, o desenvolvimento de suas faculdades, seu julgamento pessoal e seu senso de responsabilidade moral e social e de tornar-se um membro útil da sociedade.

O interesse superior da criança deve ser o guia daqueles que têm a responsabilidade de sua educação e orientação; esta responsabilidade incumbe prioritariamente aos pais.

A criança deve ter todas as possibilidades de se dedicar a jogos e atividades recreativas que devem ser orientados para fins visados pela educação. A sociedade e os poderes públicos devem se esforçar por favorecer o gozo deste direito.

8º Princípio: A criança deve, em todas as circunstâncias, ser entre os primeiros a receber proteção e socorro.

9º Princípio: A criança gozará proteção contra quaisquer formas de negligência, crueldade e exploração. Não deve ser submetida a escravidão sob qualquer forma que seja.

A criança não deve ser submetida a emprego antes de ter atingido a idade mínima apropriada, não deve em nenhum caso ser constrangida ou autorizada a dedicar-se a uma ocupação ou a um emprego que prejudique sua saúde, sua educação ou que entrave seu desenvolvimento físico, mental ou moral.

10º Princípio: A criança deve ser protegida contra as práticas que possam levar à discriminação racial, religiosa, ou qualquer outra forma de discriminação.

Deve ser educada num espírito de compreensão e tolerância, amizade entre os povos, paz, fraternidade universal, e no sentimento que lhe cabe consagrar sua energia e talento ao serviço de seus semelhantes.

1.2 Convenção Relativa à Competência das Autoridades e à Lei Aplicável em Matéria de Proteção de Menores (Haia, 5.10.61)

Os Estados signatários da presente Convenção,

Desejando estabelecer disposições comuns relativas à competência das autoridades e à lei aplicável em matéria de proteção de menores, resolveram celebrar uma Convenção com aquela finalidade e concordaram com as disposições seguintes:

Art. 1º. As autoridades, quer judiciais, quer administrativas, do Estado da residência habitual do menor, sob reserva das disposições dos artigos 3º, 4º e 5º, alínea III, da presente Convenção, são competentes para decretar medidas visando à proteção da sua pessoa ou dos seus bens.

Art. 2º. As autoridades competentes, nos termos do artigo 1º, decretam as medidas previstas pela respectiva lei interna.

Esta lei determina as condições de aplicação, modificação e cessação das citadas medidas, bem como regulamenta os seus efeitos, tanto no que respeita às relações entre o menor e as pessoas ou instituições que o têm a seu cargo como relativamente a terceiros.

Art. 3º. São reconhecidos em todos os Estados contratantes os regimes jurídicos que, nos termos da lei interna do Estado de que o menor é nacional, entrem em vigor de pleno direito.

Art. 4º. Se as autoridades do Estado donde o menor é nacional consideram que o interesse do mesmo assim o exige, podem, de pleno acordo com a respectiva lei interna e depois de terem informado as autoridades do Estado da residência habitual daquele, decretar medidas visando à proteção da sua pessoa ou dos seus bens.

Aquela lei determina as condições de aplicação, modificação e cessação das ditas medidas, bem como regulamenta os seus efeitos, tanto no que respeita às relações entre o menor e as pessoas ou instituições que o têm a seu cargo como relativamente a terceiros.

A aplicação das medidas tomadas é assegurada pelas autoridades do Estado de que o menor é nacional.

As medidas decretadas em virtude das alíneas precedentes do presente artigo substituem as medidas eventualmente tomadas pelas autoridades do Estado onde o menor tem a sua residência habitual.

Art. 5º. Se a residência habitual de um menor mudar de um Estado contratante para outro, as medidas tomadas pelas autoridades do Estado da antiga residência habitual continuam a vigorar enquanto as autoridades da nova residência não as levantem ou substituam.

As medidas decretadas pelas autoridades do Estado da antiga residência habitual do menor não são levantadas ou substituídas senão depois de um aviso prévio a essas autoridades.

No caso da mudança de residência de um menor que estava sob a proteção das autoridades do Estado de que o mesmo é nacional, as medidas tomadas por aquelas, de acordo com a respectiva lei interna, continuam a vigorar no Estado da nova residência habitual.

Art. 6º. As autoridades do Estado de que o menor é nacional podem, de acordo com as autoridades do Estado onde ele tem a sua residência habitual ou possui bens, confiar a estas a execução das medidas tomadas.

A mesma faculdade pertence às autoridades do Estado da residência habitual do menor relativamente às autoridades do Estado onde o menor possui bens.

Art. 7º. As medidas tomadas pelas autoridades competentes de acordo com os artigos precedentes da presente Convenção são reconhecidas em todos os Estados contratantes. Se, todavia, aquelas medidas implicam atos de execução num Estado diferente daquele onde foram tomadas, o reconhecimento e a execução das mesmas são regulados quer pelo Direito interno do Estado onde é pedida a execução, quer pelas convenções internacionais.

Art. 8º. Não obstante as disposições dos artigos 3º, 4º e 5º, alínea III, da presente Convenção, as autoridades do Estado da residência habitual do menor podem decretar medidas de proteção desde que o menor esteja ameaçado de um perigo sério na sua pessoa ou seus bens.

As autoridades dos outros Estados contratantes não são obrigadas a reconhecer aquelas medidas.

Art. 9º. Em todos os casos de urgência, as autoridades de cada Estado contratante em cujo território se encontra o menor ou bens que lhe pertençam tomam as medidas de proteção necessárias.

As medidas decretadas em obediência à alínea precedente cessam, sob reserva dos efeitos definitivos das mesmas, logo que as autoridades competentes, de acordo com a presente Convenção, tomarem as medidas exigidas pela situação.

Art. 10. Na medida do possível, a fim de assegurar a continuidade do regime aplicado ao menor, as autoridades de um Estado contratante não decretam medidas a respeito daquele senão depois de terem procedido a uma troca de impressões com as autoridades dos outros Estados contratantes cujas decisões estão ainda em vigor.

Art. 11. Todas as autoridades que decretaram medidas de acordo com as disposições da presente Convenção informarão sem demora as autoridades do Estado de que o menor é nacional e, sendo caso disso, as da sua residência habitual.

Cada Estado contratante designará as autoridades que podem dar e receber diretamente as informações a que se refere a alínea precedente e notificará aquela designação ao Ministério dos Negócios dos Países Baixos.

Art. 12. Para os fins da presente Convenção entende-se por "menor" toda pessoa que tem esta qualidade, quer segundo a lei interna do Estado de que a mesma é nacional, quer segundo a lei interna do Estado onde tem a sua residência habitual.

Art. 13. A presente Convenção aplica-se a todos os menores que têm a sua residência habitual num dos Estados contratantes.

Todavia, as competências atribuídas pela presente Convenção às autoridades do Estado de que o menor é nacional ficam reservadas aos Estados contratantes.

Cada Estado contratante pode reservar-se o direito de limitar a aplicação da presente Convenção aos menores que são nacionais de um dos Estados contratantes.

Art. 14. Para fins da presente Convenção, se a lei interna do Estado de que o menor é nacional consiste num sistema não unificado, entende-se por "lei interna do Estado de que o menor é nacional" e por "autoridades do Estado de que o menor é nacional" a lei e as autoridades determinadas pelas normas em vigor naquele sistema, e, na falta destas, pela ligação mais efetiva que o menor tem com uma das legislações que compõem aquele sistema.

Art. 15. Cada Estado contratante pode reservar a competência das suas autoridades, chamadas a decidir sobre um pedido de anulação ou dissolução de casamento ou de separação dos pais de um menor, para decretar medidas visando à proteção da sua pessoa ou dos seus bens.

As autoridades dos outros Estados contratantes não são obrigadas a reconhecer aquelas medidas.

Art. 16. As disposições da presente Convenção não podem ser afastadas nos Estados contratantes a não ser que a respectiva aplicação seja manifestamente incompatível com a ordem pública.

Art. 17. A presente Convenção apenas se aplica às medidas decretadas após a sua entrada em vigor.

São reconhecidos a partir do momento da entrada em vigor da Convenção os regimes jurídicos que, nos termos da lei interna do Estado de que o menor é nacional, entrem em vigor de pleno direito.

Art. 18. Nas relações entre os Estados contratantes a presente Convenção substitui a Convenção para Regulamentar a Tutela dos Menores, assinada em Haia, em 12 de junho de 1902.

A presente Convenção não derroga as disposições de outras Convenções que no momento da sua entrada em vigor obriguem outros Estados contratantes.

Art. 19. A presente Convenção fica aberta à assinatura dos Estados representados na 9ª sessão da Conferência de Haia de Direito Internacional Privado.

A Convenção será ratificada e os instrumentos da ratificação serão depositados no Ministério dos Negócios Estrangeiros dos Países Baixos.

Art. 20. A presente Convenção entrará em vigor no sexagésimo dia após o depósito do terceiro instrumento de ratificação previsto pelo artigo 19, alínea II.

A Convenção entrará em vigor para cada Estado signatário que a tenha ratificado posteriormente no sexagésimo dia após o depósito do respectivo instrumento de ratificação.

Art. 21. Qualquer Estado não representado na 9ª sessão da Conferência de Haia de Direito Internacional Privado poderá aderir à presente Convenção, após a sua entrada em vigor, nos termos do artigo 20, alínea I. O instrumento de adesão será depositado no Ministério dos Negócios Estrangeiros dos Países Baixos.

A adesão apenas produzirá efeito nas relações entre o Estado aderente e os Estados contratantes que tenham declarado aceitá-la. A aceitação será notificada ao Ministério dos Negócios Estrangeiros dos Países Baixos.

A Convenção entrará em vigor, entre o Estado aderente e o Estado que declarou aceitar a adesão, no sexagésimo dia após a notificação mencionada na alínea precedente.

Art. 22. Qualquer Estado no momento da assinatura da ratificação ou da adesão poderá declarar que a presente Convenção se aplicará ao conjunto dos territórios que ele represente no plano internacional ou a vários de entre eles. Esta declaração produzirá efeito a partir do momento da entrada em vigor da Convenção relativamente ao Estado em causa.

Mais tarde, toda comunicação desta natureza será comunicada ao Ministério dos Negócios Estrangeiros dos Países Baixos.

Quando a declaração de extensão for feita no momento da assinatura ou da ratificação, a Convenção entrará em vigor para os territórios visados por aquela, nos termos do disposto no artigo 20. Quando a declaração de extensão for feita no momento da adesão, a Convenção entrará em vigor relativamente aos territórios visados por aquela, nos termos do disposto no artigo 21.

Art. 23. Qualquer Estado poderá, o mais tardar no momento da ratificação ou da adesão, fazer as reservas previstas no artigo 13, alínea I, da presente Convenção. Nenhuma outra reserva será admitida.

Cada Estado contratante poderá igualmente, ao notificar uma extensão da Convenção, nos termos do artigo 22, fazer aquelas reservas com efeitos limitados aos territórios ou a certos territórios visados pela extensão.

Cada Estado contratante poderá em qualquer momento retirar uma reserva que tenha feito. O levantamento da reserva será notificado ao Ministério dos Negócios Estrangeiros dos Países Baixos.

O efeito da reserva cessará no sexagésimo dia após a notificação mencionada na alínea precedente.

Art. 24. A presente Convenção terá duração de cinco anos a partir da data da sua entrada em vigor, nos termos do artigo 20, alínea I, mesmo para os Estados que a tenham ratificado ou a ela tenham aderido posteriormente.

A Convenção considerar-se-á como prorrogada tacitamente por períodos de cinco anos, salvo denúncia.

A denúncia será notificada ao Ministério dos Negócios Estrangeiros dos Países Baixos pelo menos seis meses antes do termo do prazo de cinco anos acima referido. A denúncia poderá limitar-se a alguns territórios aos quais se aplica a Convenção.

A denúncia apenas produzirá efeitos relativamente ao Estado que tenha feito a respectiva notificação. A Convenção continuará em vigor relativamente aos restantes Estados contratantes.

Art. 25. O Ministério dos Negócios Estrangeiros dos Países Baixos notificará os Estados a que se refere o artigo 19 e, bem assim, os Estados que tenham aderido à presente Convenção, nos termos do artigo 21, do seguinte:

a) As notificações a que se refere o artigo 11, alínea II;

b) As assinaturas e as ratificações a que se refere o artigo 19;

c) A data a partir da qual a presente Convenção entrará em vigor, de acordo com o disposto no artigo 20, alínea I;

d) As adesões e aceitações a que se refere o artigo 21 e a data a partir da qual elas terão efeito;

e) As extensões a que se refere o artigo 22 e a data a partir da qual elas entrarão em vigor;

f) As reservas e o levantamento de reserva a que se refere o artigo 23;

g) As denúncias a que se refere o artigo 24, alínea III.

Estados Partes: Áustria, Espanha, França, Luxemburgo, Holanda, Portugal, República Federal da Alemanha, Suíça, Turquia (Estado aderente).

1.3 Convenção sobre os Aspectos Civis do Rapto Internacional de Crianças (Haia, 25.10.80)

Os Estados signatários da presente Convenção,

Firmemente convictos de que os interesses da criança são de primordial importância em todas as questões relativas à sua custódia;

Desejando proteger a criança, no plano internacional, dos efeitos prejudiciais resultantes de uma mudança de domicílio ou de uma retenção ilícita e estabelecer as formas que garantam o regresso imediato da criança ao Estado da sua residência habitual,

Decidiram concluir uma Convenção para esse efeito e acordaram nas seguintes disposições:

CAPÍTULO I — ÂMBITO DA CONVENÇÃO

Art. 1º. A presente Convenção tem por objeto:

a) Assegurar o regresso imediato das crianças ilicitamente transferidas para qualquer Estado contratante ou nele retidas indevidamente;

b) Fazer respeitar de maneira efetiva nos outros Estados contratantes os direitos de custódia e de visita existentes num Estado contratante.

Art. 2º. Os Estados contratantes deverão tomar todas as medidas convenientes que visem assegurar, nos respectivos territórios, a concretização dos objetivos da Convenção. Para o efeito, deverão recorrer a procedimentos de urgência.

Art. 3º. A deslocação ou a retenção de uma criança é considerada ilícita quando:

a) Tenha sido efetivada em violação de um direito de custódia atribuído a uma pessoa ou a uma instituição ou a qualquer outro organismo, individual ou conjuntamente, pela lei do Estado onde a criança tenha a sua residência habitual imediatamente antes da sua transferência ou da sua retenção; e

b) Este direito estiver a ser exercido de maneira efetiva, individualmente ou em conjunto, no momento da transferência ou da retenção, ou o devesse estar se tais acontecimentos não tivessem ocorrido.

O direito de custódia referido na alínea "a") pode designadamente resultar quer de uma atribuição de pleno direito, quer de uma decisão judicial ou administrativa, quer de um acordo vigente segundo o Direito deste Estado.

Art. 4º. A Convenção aplica-se a qualquer criança com residência habitual num Estado contratante, imediatamente antes da violação do direito de custódia ou de visita. A aplicação da Convenção cessa quando a criança atingir a idade de 16 anos.

Art. 5º. Nos termos da presente Convenção:

a) o "direito de custódia" inclui o direito relativo aos cuidados devidos à criança como pessoa, e, em particular, o direito de decidir sobre o lugar da sua residência;

b) O "direito de visita" compreende o direito de levar uma criança, por um período limitado de tempo, para um lugar diferente daquele onde ela habitualmente reside.

CAPÍTULO II — AUTORIDADES CENTRAIS

Art. 6º. Cada Estado contratante designará uma autoridade central encarregada de dar cumprimento às obrigações que lhe são impostas pela presente Convenção.

Os Estados federais, os Estados em que vigorem vários sistemas legais ou os Estados em que existam organizações territoriais autônomas terão a liberdade de designar mais de uma autoridade central e de especificar a extensão territorial dos poderes de cada uma delas. O Estado que utilize esta faculdade deverá designar a autoridade central à qual os pedidos poderão ser dirigidos para o efeito de virem a ser transmitidos à autoridade central competente desse Estado.

Art. 7º. As autoridades centrais devem cooperar entre si e promover a colaboração entre as autoridades competentes dos seus respectivos Estados, por forma a assegurar o regresso imediato das crianças e a realizar os outros objetivos da presente Convenção.

Em particular, deverão tomar, quer diretamente, quer através de um intermediário, todas as medidas apropriadas para:

a) Localizar uma criança deslocada ou retida ilicitamente;

b) Evitar novos danos à criança, ou prejuízos às partes interessadas, tomando ou fazendo tomar medidas provisórias;

c) Assegurar a reposição voluntária da criança ou facilitar uma solução amigável;

d) Proceder à troca de informações relativas à situação social da criança, se isso se considerar de utilidade;

e) Fornecer informações de caráter geral respeitantes ao Direito do seu Estado, relativas à aplicação da Convenção;

f) Introduzir ou favorecer a abertura de um procedimento judicial ou administrativo que vise ao regresso da criança ou, concretamente, que permita a organização ou o exercício efetivo do direito de visita;

g) Acordar ou facilitar, conforme as circunstâncias, a obtenção de assistência judiciária e jurídica, incluindo a participação de um advogado;

h) Assegurar no plano administrativo, se necessário e oportuno, o regresso sem perigo da criança;

i) Manterem-se mutuamente informados sobre o funcionamento da Convenção e, tanto quanto possível, eliminarem os obstáculos que eventualmente se oponham à aplicação desta.

CAPÍTULO III — REGRESSO DA CRIANÇA

Art. 8º. Qualquer pessoa, instituição ou organismo que julgue que uma criança tenha sido deslocada ou retirada em violação de um direito de custódia pode participar o fato à autoridade central da residência habitual da criança ou à autoridade central de qualquer outro Estado contratante, para que lhe seja prestada assistência por forma a assegurar o regresso da criança.

O pedido deve conter:

a) Informação sobre a identidade do requerente, da criança e da pessoa a quem se atribua a deslocação ou a retenção da criança;

b) Se possível, a data de nascimento da criança;

c) Os motivos em que o requerente se baseia para exigir o regresso da criança;

d) Todas as informações disponíveis relativamente à localização da criança e à identidade da pessoa com a qual se encontre presumivelmente a criança;

e) Uma cópia autenticada de qualquer decisão ou acordo considerado útil;

f) Um atestado ou uma declaração sob juramento, emitidos pela autoridade central, ou por qualquer outra entidade competente do Estado da residência habitual, ou por uma pessoa qualificada, relativa ao Direito desse Estado na matéria;

g) Qualquer outro documento considerado útil.

Art. 9º. Quando a autoridade central que tomou conhecimento do requerimento mencionado no artigo 8º tiver razões para acreditar que a criança se encontra num outro Estado contratante, deverá transmiti-lo diretamente e sem demora à autoridade central desse Estado contratante e disso informará a autoridade central requerente ou, se for caso disso, o requerente.

Art. 10. A autoridade central do Estado onde a criança se encontrar deverá tomar ou mandar tomar todas as medidas apropriadas para assegurar a reposição voluntária da mesma.

Art. 11. As autoridades judiciais ou administrativas dos Estados contratantes deverão adotar procedimentos de urgência com vista ao regresso da criança.

Se a respectiva autoridade judicial ou administrativa não tiver tomado uma decisão no prazo de 6 semanas a contar da data da participação, o requerente ou a autoridade central do Estado requerido, por sua própria iniciativa ou a solicitação da autoridade central do Estado requerente, pode pedir uma declaração sobre as razões da demora. Se for a autoridade central do Estado requerido a receber a resposta, esta autoridade deverá transmiti-la à autoridade central do Estado requerente ou, se for necessário, ao próprio requerente.

Art. 12. Quando uma criança tenha sido ilicitamente transferida ou retida nos termos do artigo 3º e tiver decorrido um período de menos de 1 ano da data da deslocação ou da retenção indevidas e a data do início do processo perante a autoridade judicial ou administrativa do Estado contratante onde a criança se encontrar, a autoridade respectiva deverá ordenar o regresso imediato da criança.

A autoridade judicial ou administrativa respectiva, mesmo após a expiração do período de 1 ano referido no parágrafo anterior, deve ordenar também o regresso da criança, salvo se for provado que a criança já se encontra integrada no seu novo ambiente.

Quando a autoridade judicial ou administrativa do Estado requerido tiver razões para crer que a criança tenha sido levada para um outro Estado, pode então suspender o processo ou rejeitar o pedido para o regresso da criança.

Art. 13. Sem prejuízo das disposições contidas no artigo anterior, a autoridade judicial ou administrativa do Estado requerido não é obrigada a ordenar o regresso da criança se a pessoa, instituição ou organismo que se opuser ao seu regresso provar:

a) Que a pessoa, instituição ou organismo que tinha a seu cuidado a pessoa da criança não exerça efetivamente o direito de custódia na época da transferência ou da retenção, ou que havia consentido ou concordado posteriormente com esta transferência; ou

b) Que existe um risco grave de a criança, no seu regresso, ficar sujeita a perigos de ordem física ou psíquica, ou, de qualquer outro modo, a ficar numa situação intolerável.

A autoridade judicial ou administrativa pode também recusar-se a ordenar o regresso da criança se verificar que esta se opõe a ele e que a criança atingiu já uma idade e um grau de maturidade tais que levem a tomar em consideração as suas opiniões sobre o assunto.

Ao apreciar as circunstâncias referidas neste artigo, as autoridades judiciais ou administrativas deverão ter em consideração as informações respeitantes à situação social da criança fornecidas pela autoridade central ou por qualquer outra autoridade competente do Estado da residência habitual da criança.

Art. 14. Para determinar a existência de uma transferência ou retenção ilícitas nos termos do artigo 3º, as autoridades judiciais ou administrativas do Estado requerido poderão tomar conhecimento direto do Direito e das decisões judiciais ou administrativas formalmente reconhecidas ou não no Estado da residência habitual da criança sem ter de recorrer a procedimentos específicos para prova dessa legislação ou para reconhecimento de decisões estrangeiras que seriam aplicáveis de modo diferente.

Art. 15. As autoridades judiciais ou administrativas de um Estado contratante podem, antes de ordenar o regresso da criança, solicitar a produção pelo requerente de uma decisão ou de um atestado passado pelas autoridades do Estado da residência habitual da criança comprovando a ilicitude da transferência ou da retenção nos termos do artigo 3º da Convenção, desde que esta decisão ou essa declaração possam ser obtidas no referido Estado.

As autoridades centrais dos Estados contratantes deverão, na medida do possível, auxiliar os requerentes a obter tal decisão ou atestado.

Art. 16. Depois de terem sido informadas da transferência ilícita ou da retenção de uma criança no contexto do artigo 3º, as autoridades judiciais ou administrativas do Estado contratante para onde a criança tenha sido levada ou onde esteja retida não poderão tomar decisões sobre o fundo do direito de custódia sem que seja provado não estarem reunidas as condições previstas na presente Convenção para o regresso da criança, ou sem que tiver decorrido um período razoável de tempo sem que haja sido apresentado qualquer requerimento em aplicação do prescrito pela presente Convenção.

Art. 17. O fato de ter sido tomada uma decisão relativa à custódia ou de a mesma ser passível de reconhecimento no Estado requerido não pode justificar a recusa de fazer regressar a criança nos termos desta Convenção; mas as autoridades judiciais ou administrativas do Estado requerido poderão tomar em consideração os motivos desta decisão no âmbito da aplicação da presente Convenção.

Art. 18. As disposições deste capítulo não limitam o poder das autoridades judiciais ou administrativas para ordenar o regresso da criança em qualquer momento.

Art. 19. Qualquer decisão sobre o regresso da criança, tomada ao abrigo da presente Convenção, não afeta os fundamentos do direito de custódia.

Art. 20. O regresso da criança de acordo com as disposições contidas no artigo 12 poderá ser recusado quando não for consentâneo com os princípios fundamentais do Estado requerido relativos à proteção dos direitos do Homem e das liberdades fundamentais.

CAPÍTULO IV — DIREITO DE VISITA

Art. 21. O pedido que vise à organização ou à proteção do exercício efetivo do direito de visita poderá ser dirigido à autoridade central de um Estado contratante nos mesmos moldes do pedido que vise ao regresso da criança.

Às autoridades centrais incumbe, de acordo com os deveres de cooperação previstos no artigo 7º, promover o exercício pacífico do direito de visita, bem como o preenchimento de todas as condições indispensáveis ao exercício deste direito. As autoridades centrais deverão providenciar no sentido de removerem, tanto quanto possível, todos os obstáculos ao exercício desse mesmo direito.

As autoridades centrais podem, quer diretamente, quer através de intermediários, encetar ou favorecer o processo legal que vise organizar ou proteger o direito de visita e as condições a que o exercício deste direito poderia ficar sujeito.

CAPÍTULO V — DISPOSIÇÕES GERAIS

Art. 22. Nenhuma caução ou depósito, qualquer que seja a sua denominação, poderão ser impostos para garantir o pagamento de custas e despesas relativas aos processos judiciais ou administrativos na presente Convenção.

Art. 23. Nenhuma legalização nem formalidade similar serão exigíveis no contexto da presente Convenção.

Art. 24. Os requerimentos, comunicações e outros documentos são enviados na língua original à autoridade central do Estado requerido e acompanhados de uma tradução na língua oficial ou numa das línguas oficiais deste Estado, ou, quando tal tradução for dificilmente realizável, de uma tradução em francês ou inglês.

No entanto, um Estado contratante poderá, ao fazer a reserva prevista no artigo 42, opor-se à utilização do francês ou inglês em qualquer requerimento, comunicação ou outro documento enviado à respectiva autoridade central.

Art. 25. Os nacionais de um Estado contratante e as pessoas que habitualmente residem nesse Estado terão direito, em tudo o que se relacione com a aplicação da presente Convenção, à assistência judiciária e jurídica em qualquer outro Estado contratante nas mesmas condições dos nacionais desse outro Estado e das pessoas que nele habitualmente residam.

Art. 26. Cada autoridade central deverá suportar os encargos que resultam da aplicação da Convenção.

A autoridade central e os outros serviços públicos dos Estados contratantes não deverão exigir o pagamento de quaisquer custas pela interposição de pedidos feitos ao abrigo da presente Convenção. Não poderão, especialmente, reclamar do requerente o pagamento de custas e de despesas efetuadas com o processo ou, eventualmente, com a participação de um advogado. Mas poderão exigir o pagamento das despesas ocasionadas pelo regresso da criança.

Todavia, qualquer Estado contratante poderá, ao fazer a reserva prevista no artigo 42, declarar que não se obriga ao pagamento dos encargos previstos no parágrafo anterior, referentes à participação de advogado ou de consultor jurídico, ou ao pagamento das custas judiciais, exceto se esses encargos puderem ser cobertos pelo seu sistema de assistência judiciária e jurídica.

Ao ordenar o regresso da criança ou ao regular o direito de visita no quadro da presente Convenção, as autoridades judiciais ou administrativas podem, se necessário, impor à pessoa que deslocou ou que haja retido a criança ou que tenha impedido o exercício do direito de visita o pagamento de todas as despesas necessárias efetuadas pelo requerente ou em seu nome, incluindo as despesas de viagem, as efetuadas com a representação judiciária do requerente e com o regresso da criança, bem como todas as custas e despesas feitas para localizar a criança.

Art. 27. Quando for manifesto que as condições exigidas pela presente Convenção não se encontram preenchidas ou que o pedido não tem fundamento, nenhuma autoridade central será obrigada a receber tal pedido. Em tal caso, a autoridade central informará de imediato o requerente das suas razões ou, se necessário, a autoridade central que haja remetido o pedido.

Art. 28. Qualquer autoridade central poderá exigir que o pedido seja acompanhado de uma autorização escrita dando-lhe poderes para agir em nome do requerente, ou para nomear um representante habilitado a agir em seu nome.

Art. 29. Esta Convenção não deverá impedir qualquer pessoa, instituição ou organismo que julgue ter havido violação do direito de custódia ou de visita, nos termos dos artigos 3º ou 21, de se dirigir diretamente às autoridades judiciais ou administrativas de qualquer dos Estados contratantes, ao abrigo ou não das disposições da presente Convenção.

Art. 30. Todo o pedido apresentado às autoridades centrais ou, diretamente, às autoridades judiciais ou administrativas de um Estado contratante ao abrigo da presente Convenção, bem como qualquer documento ou informação a ele anexado ou que seja fornecido por uma autoridade central, deverão ser recebidos pelos tribunais ou pelas autoridades administrativas dos Estados contratantes.

Art. 31. Em relação a um Estado que, em matéria de custódia de criança, possua dois ou mais sistemas de Direito aplicáveis em diferentes unidades territoriais:

a) Qualquer referência à residência habitual nesse Estado significa residência habitual numa unidade territorial desse Estado;

b) Qualquer referência à lei do Estado da residência habitual corresponde à lei da unidade territorial onde a criança tenha a sua residência habitual.

Art. 32. Em relação a um Estado que, em matéria de custódia de criança, possua dois ou vários sistemas de Direito aplicáveis a diferentes categorias de pessoas, qualquer referência à lei desse Estado corresponde a uma referência ao sistema legal definido pelo Direito desse Estado.

Art. 33. Um Estado cujas diferentes unidades territoriais tenham as suas próprias regras de Direito em matéria de custódia de crianças não será obrigado a aplicar a presente Convenção quando um outro Estado com um sistema de Direito unificado não se tenha obrigado a aplicá-la.

Art. 34. Nas matérias às quais se aplique a presente Convenção, esta prevalecerá sobre a Convenção de 5 de outubro de 1961 Relativa à Competência das Autoridades e à Lei Aplicável em Matéria de Proteção de Menores entre os Estados-Partes nas duas Convenções. Por outro lado, a presente Convenção não impedirá que outro instrumento internacional vigore entre o Estado de origem e o Estado requerido, nem que o Direito não convencional do Estado requerido seja invocado para obter o regresso de uma criança que tenha sido ilicitamente deslocada ou retida, ou para organizar o direito de visita.

Art. 35. Nos Estados contratantes, a presente Convenção apenas se aplica às transferências ou às retenções ilícitas que tenham ocorrido depois da sua entrada em vigor nesses Estados.

Se, em conformidade com os artigos 39 ou 40, tiver sido feita a declaração neles prevista, a referência a um Estado contratante feita no parágrafo anterior corresponde à referência à unidade ou às unidades territoriais às quais a Convenção se aplica.

Art. 36. Nada haverá na presente Convenção que possa impedir que dois ou vários Estados contratantes, para limitarem as restrições a que pode estar sujeito o regresso da criança, estabeleçam entre si um acordo para derrogarem as disposições que possam implicar tais restrições.

CAPÍTULO VI — CLÁUSULAS FINAIS

Art. 37. A Convenção é aberta à assinatura dos Estados que eram membros da Conferência de Haia de Direito Internacional Privado à data da sua 14ª sessão.

A Convenção será ratificada, aceite ou aprovada e os instrumentos de ratificação, de aceitação ou de aprovação serão depositados junto do Ministério dos Negócios Estrangeiros do Reino dos Países Baixos.

Art. 38. Qualquer outro Estado poderá aderir à Convenção.

O instrumento de adesão será depositado junto do Ministério dos Negócios Estrangeiros do Reino dos Países Baixos.

A Convenção entrará em vigor para o Estado aderente no primeiro dia do terceiro mês do calendário após o depósito do respectivo instrumento de adesão.

A adesão somente produzirá efeito nas relações entre o Estado aderente e os Estados contratantes que tenham declarado aceitar essa adesão. Esta declaração deverá ser igualmente feita por qualquer Estado-Membro que ratifique, aceite ou aprove a Convenção após tal adesão. Esta declaração será depositada junto do Ministério dos Negócios Estrangeiros do Reino dos Países Baixos, que, por via diplomática, enviará uma cópia autenticada a cada um dos Estados contratantes.

A Convenção entrará em vigor entre o Estado aderente e o Estado que tenha declarado aceitar essa adesão no primeiro dia do terceiro mês do calendário após o depósito da declaração de aceitação.

Art. 39. Qualquer Estado poderá, no momento da assinatura, da ratificação, da aceitação, da aprovação ou da adesão, declarar que a Convenção será extensiva ao conjunto de territórios que internacionalmente ele representa ou apenas a um ou a vários de entre eles.

Esta declaração produzirá efeito no momento em que a Convenção entrar em vigor para esse Estado.

A mesma declaração, bem como qualquer extensão posterior, será notificada ao Ministério dos Negócios Estrangeiros do Reino dos Países Baixos.

Art. 40. O Estado contratante que compreenda duas ou várias unidades territoriais onde se apliquem diferentes sistemas de Direito às matérias reguladas pela presente Convenção poderá declarar, no momento da assinatura, da ratificação, da aceitação, da aprovação ou da adesão, que a presente Convenção se aplicará a todas as suas unidades territoriais ou somente a uma ou a várias dentre elas, e poderá, em qualquer momento, modificar essa declaração apresentando outra em sua substituição.

Essas declarações serão notificadas ao Ministério dos Negócios Estrangeiros do Reino dos Países Baixos, mencionando expressamente as unidades territoriais às quais a Convenção se aplicará.

Art. 41. Quando um Estado contratante possuir um sistema de governo em virtude do qual os poderes Executivo, Judiciário e Legislativo são partilhados entre as autoridades centrais e outras autoridades desse Estado, a assinatura, a ratificação a aceitação ou a aprovação da Convenção, ou adesão a esta, ou a declaração feita nos termos do artigo 40, não trarão qualquer conseqüência quanto à partilha interna de poderes nesse Estado.

Art. 42. Qualquer Estado contratante poderá, até o momento da ratificação, da aceitação, da aprovação ou da adesão, ou até a data da declaração feita nos termos dos arts. 39 ou 40, fazer uma ou as duas reservas previstas nos artigos 24 e 26, terceiro parágrafo. Nenhuma outra reserva será admitida.

Qualquer Estado poderá, a todo o momento, retirar uma reserva que haja feito. Esta retirada será notificada ao Ministério dos Negócios Estrangeiros do Reino dos Países Baixos.

O efeito da reserva cessará no primeiro dia do terceiro mês do calendário após a notificação mencionada no parágrafo anterior.

Art. 43. A Convenção entrará em vigor no primeiro dia do terceiro mês do calendário após o depósito do terceiro instrumento de ratificação, aceitação, aprovação ou adesão previsto nos artigos 37 e 38.

Em seguida, a Convenção entrará em vigor:

1) Para cada Estado que a ratifique, aceite, aprove ou a ela adira posteriormente, no primeiro dia do terceiro mês do calendário após o depósito do respectivo instrumento de ratificação, aceitação, aprovação ou adesão.

2) Para os territórios ou unidades territoriais onde a Convenção tenha sido tornada extensiva nos termos dos artigos 39 ou 40, no primeiro dia do terceiro mês do calendário após a notificação prevista nestes artigos.

Art. 44. A Convenção terá uma duração de 5 anos a partir da data da sua entrada em vigor, em conformidade com o primeiro parágrafo do artigo 43, mesmo para os Estados que posteriormente a tenham ratificado, aceito, aprovado ou a ela aderido.

A Convenção será tacitamente renovada de 5 em 5 anos, salvo denúncia.

A denúncia será notificada ao Ministério dos Negócios Estrangeiros do Reino dos Países Baixos pelo menos 6 meses antes de ter expirado o período de 5 anos. A denúncia poderá limitar-se a certos territórios ou unidades territoriais onde a Convenção vigore.

A denúncia só produzirá efeito em relação ao Estado que a tenha notificado. A Convenção permanecerá em vigor em relação aos outros Estados contratantes.

Art. 45. O Ministério dos Negócios Estrangeiros do Reino dos Países Baixos notificará os membros da Conferência, bem como os Estados que tenham aderido, em conformidade com as disposições contidas no artigo 38:

1) Das assinaturas, ratificações, aceitações e aprovações previstas no artigo 37;

2) Das adesões previstas no artigo 38;

3) Da data em que a Convenção entrar em vigor, de acordo com o artigo 43;

4) Das extensões visadas pelo artigo 39;

5) Das declarações mencionadas nos artigos 38 e 40;

6) Das reservas previstas nos artigos 24 e 26, terceiro parágrafo, e da retirada das reservas previstas no artigo 42;

7) Das denúncias previstas no artigo 44.

Estados-Partes: Austrália, Canadá, Espanha, França, Hungria (adesão), Luxemburgo, Portugal, Reino Unido, Suíça.

1.4 Convenção Interamericana sobre Conflitos de Leis em Matéria de Adoção de Menores (La Paz, 24.5.84)

Os governos dos Estados-membros da Organização dos Estados Americanos, desejosos de estabelecer uma Convenção sobre Conflitos de Leis em Matéria de Adoção de Menores, acordam o seguinte:

Art. 1º. A presente Convenção se aplicará à adoção de menores sob as formas de adoção plena, legitimação adotiva e outras instituições afins, que equiparem o adotado à condição de filho cuja filiação esteja legalmente estabelecida, quando o adotante (ou adotantes) tenha seu domicílio em um Estado-Parte e o adotado tenha sua residência habitual em outro Estado-Parte.

Art. 2º. Qualquer Estado-Parte poderá declarar, no momento de assinar ou ratificar esta Convenção, ou de aderir a ela, que se estende sua aplicação a qualquer outra forma de adoção internacional de menores.

Art. 3º. A lei da residência habitual do menor regerá a capacidade, consentimento e demais requisitos para ser adotado, assim como quais são os procedimentos e formalidades extrínsecas necessárias para a constituição do vínculo.

Art. 4º. A lei do domicílio do adotante (ou adotantes) regerá:

a) A capacidade para ser adotante;

b) Os requisitos de idade e estado civil do adotante;

c) O consentimento do cônjuge do adotante, se for o caso; e

d) Os demais requisitos para ser adotante.

Na hipótese de que os requisitos da lei do adotante (ou adotantes) sejam manifestamente menos restritos aos assinalados pela lei da residência habitual do adotado, regerá a lei deste.

Art. 5º. As adoções que se adaptem à presente Convenção surtirão seus efeitos de pleno direito, nos Estados-Partes, sem que se possa invocar a exceção de instituição desconhecida.

Art. 6º. Os requisitos de publicidade e registro da adoção ficam submetidos à lei do Estado onde devem ser cumpridos.

No assento de registro, serão expressadas a modalidade e as características da adoção.

Art. 7º. Será garantido o sigilo da adoção quando couber. Não obstante, quando ele for possível, serão comunicados a quem legalmente proceda os antecedentes clínicos do menor e dos progenitores se forem conhecidos, sem mencionar seus nomes nem outros dados que permitam sua identificação.

Art. 8º. Nas adoções regidas por esta Convenção, as autoridades que outorgarem as adoções poderão exigir que o adotante (ou adotantes) credencie sua aptidão física, moral, psicológica e econômica, através de instituições públicas ou privadas cuja finalidade específica se relacione com a proteção do menor. Estas instituições deverão estar expressamente autorizadas por algum Estado ou organismo internacional.

As instituições que credenciam as aptidões referidas se comprometerão a informar à autoridade outorgante da adoção acerca das condições em que se desenvolveu a adoção, durante o período de um ano. Para este efeito a autoridade outorgante comunicará à instituição credenciada a concessão da adoção.

Art. 9º. Em caso de adoção plena, legitimação adotiva e figuras afins:

a) As relações entre adotante (ou adotantes) e adotado, inclusive as alimentares, e as do adotado com a família do adotante (ou adotantes), reger-se-ão pela mesma lei que rege as relações do adotante (ou adotantes) com sua família legítima;

b) Os vínculos do adotado com sua família de origem serão considerados dissolvidos. No entanto, subsistirão os impedimentos para contrair matrimônio.

Art. 10. Em caso de adoções distintas da adoção plena, legitimação adotiva e figuras afins, as relações entre adotante (ou adotantes) e adotado regem-se pela lei do domicílio do adotante (ou adotantes).

As relações do adotado com a família de origem regem-se pela lei de sua residência habitual no momento da adoção.

Art. 11. Os direitos sucessórios que correspondem ao adotado e adotante (ou adotantes) regem-se pelas normas aplicáveis às respectivas sucessões.

Na hipótese de adoção plena, legitimação adotiva e figuras afins, o adotado, o adotante (ou adotantes) e a família deste (ou destes) terão os mesmos direitos sucessórios que correspondem à filiação legítima.

Art. 12. As adoções referidas no artigo 1º serão irrevogáveis. A revogação das adoções a que se refere o artigo 2º regem-se pela lei da residência habitual do adotado no momento da adoção.

Art. 13. Quando for possível a conversão da adoção simples em adoção plena ou legitimação adotiva ou instituições afins, a conversão se regerá, por escolha do autor, pela lei da residência habitual do adotado, no momento da adoção, ou pela lei do Estado onde tenha seu domicílio o adotante (ou adotantes) no momento de pedir-se a conversão.

Se o adotado tiver mais de 14 anos de idade será necessário seu consentimento.

Art. 14. A anulação da adoção será regida pela lei de onde for outorgada. A anulação só será decretada judicialmente, velando-se pelos interesses do menor, de conformidade com o artigo 19 desta Convenção.

Art. 15. Serão competentes para a outorga das adoções a que se refere esta Convenção as autoridades do Estado da residência habitual do adotado.

Art. 16. Serão competentes para decidir sobre anulação ou revogação da adoção os juízes do Estado da residência habitual do adotado no momento da outorga da adoção.

Serão competentes para decidir a conversão da adoção simples em adoção plena, ou legitimação adotiva ou figuras afins, quando ela for possível, alternativamente e por escolha do autor, as autoridades do Estado da residência habitual do adotado no momento da adoção ou as do Estado onde tenha domicílio o adotante (ou adotantes), ou as do Estado onde tenha domicílio o adotado quando tenha domicílio próprio, no momento de pedir-se a conversão.

Art. 17. Serão competentes para decidir as questões relativas às relações entre adotado e adotante (ou adotantes) e a família deste e (ou destes) os juízes do Estado do adotante (ou adotantes) enquanto o adotado não constitua domicílio próprio.

A partir do momento em que o adotado tenha domicílio próprio será competente, à escolha do autor, o juiz do domicílio do adotado ou do adotante (ou adotantes).

Art. 18. As autoridades de cada Estado-Parte poderão recusar-se a aplicar a lei declarada competente por esta Convenção, quando referida lei seja manifestamente contrária à sua ordem pública.

Art. 19. Os termos da presente Convenção e as leis aplicáveis segundo ela serão interpretados harmonicamente, e em favor da validade da adoção e em benefício do adotado.

Art. 20. Qualquer Estado-Parte poderá, a qualquer momento, declarar que esta Convenção se aplica às adoções de menores com residência habitual nele por pessoas que também tenham residência habitual no mesmo Estado-Parte, quando, das circunstâncias do caso concreto, a juízo da autoridade interveniente, resulte que o adotante (ou adotantes) proponha-se a constituir domicílio em outro Estado-Parte depois de constituída a adoção.

Art. 21. A presente Convenção estará aberta para a assinatura dos Estados-Membros da Organização dos Estados Americanos.

Art. 22. A presente Convenção estará sujeita a ratificação. Os instrumentos de ratificação serão depositados na Secretaria-Geral da Organização dos Estados Americanos.

Art. 23. A presente Convenção ficará aberta à adesão de qualquer outro Estado. Os instrumentos de adesão serão depositados na Secretaria-Geral da Organização dos Estados Americanos.

Art. 24. Cada Estado poderá formular reservas na presente Convenção no momento da assinatura, ratificação ou de adesão a ela, sempre que a reserva verse sobre uma ou mais disposições específicas.

Art. 25. As adoções outorgadas conforme o Direito interno, quando o adotante (ou adotantes) e o adotado tenham domicílio ou residência habitual no mesmo Estado-Parte, surtirão efeitos de pleno direito nos demais Estados-Partes, sem prejuízo de que tais efeitos sejam regidos pela lei do novo domicílio do adotante (ou adotantes).

Art. 26. A presente Convenção entrará em vigor no trigésimo dia a partir da data que haja sido depositado o segundo instrumento de ratificação. Para cada Estado que ratifique a Convenção ou a ela tenha aderido, depois de haver sido depositado o segundo instrumento de ratificação, a Convenção entrará em vigor no trigésimo dia a partir do dia em que tal Estado haja depositado seu instrumento de ratificação ou adesão.

Art. 27. Os Estados-Partes que tenham duas ou mais unidades territoriais em que regem sistemas distintos jurídicos relacionados com as questões tratadas na presente Convenção poderão declarar, no momento da assinatura, ratificação ou adesão, que a Convenção se aplicará a todas as unidades territoriais ou somente a uma ou várias delas.

Tais declarações poderão ser modificadas mediante declarações ulteriores, que especificarão expressamente a ou as unidades territoriais a que se aplicará a presente Convenção. As referidas declarações ulteriores serão transmitidas à Secretaria-Geral da Organização dos Estados Americanos e surtirão efeito trinta dias após recebidas.

Art. 28. A presente Convenção regerá indefinidamente, pois qualquer dos Estados-Partes poderá denunciá-la. O instrumento de denúncia será depositado na Secretaria-Geral da Organização dos Estados Americanos. Transcorrido um ano, contado a partir da data do depósito do instrumento de denúncia, a Convenção cessará seus efeitos para o Estado denunciante, permanecendo válida para os demais Estados-Partes.

Art. 29. O instrumento original da presente Convenção, cujos textos em espanhol, francês, inglês e português são igualmente autênticos, será depositado na Secretaria-Geral da Organização dos Estados Americanos, que enviará cópia autenticada de seu texto à Secretaria das Nações Unidas, para seu registro e publicação, de conformidade com o artigo 102 de sua Carta Constitutiva. A Secretaria-Geral da Organização dos Estados Americanos notificará os Estados-Membros da referida Organização e os Estados que tenham aderido à Convenção as assinaturas, os depósitos de instrumentos de retificação, adesão e denúncia, assim como as reservas que houver. Também transmitirá as declarações previstas nos artigos 2º, 20 e 27 da presente Convenção.

Em fé do quê, os Plenipotenciários abaixo-assinados, devidamente autorizados por seus respectivos governos, assinam a presente Convenção.

Feita na cidade de La Paz, Bolívia, no dia vinte e quatro de maio de mil novecentos e oitenta e quatro.

1.5 Convenção Interamericana sobre Restituição Internacional de Menores (Montevidéu, 15.7.89)

ÂMBITO DE APLICAÇÃO

Art. 1º. A presente Convenção tem por objeto assegurar a pronta restituição de menores que tenham residência habitual em um dos Estados-Partes e hajam sido trasladados ilegalmente de qualquer Estado para um Estado-Parte ou que tendo sido trasladados legalmente foram retidos ilegalmente. É também objeto desta Convenção fazer respeitar o exercício do direito de visita e custódia ou guarda por parte de seus titulares.

Art. 2º. Para os efeitos desta Convenção se considera menor toda pessoa que não tenha completado dezesseis anos de idade.

Art. 3º. Para os efeitos desta Convenção:

a) O direito de custódia ou guarda compreende o direito relativo ao cuidado do menor e, em especial, o de decidir seu lugar de residência;

b) O direito de visita compreende a faculdade de levar o menor por um período limitado a um lugar diferente daquele de sua residência habitual.

Art. 4º. Considera-se ilegal o traslado e a retenção de um menor quando são realizados com violação dos direitos que exerciam, individual ou conjuntamente, os pais, tutores ou guardiães, ou qualquer instituição, imediatamente antes de ocorrer o fato, de conformidade com a lei da residência habitual do menor.

Art. 5º. Poderão instaurar o procedimento de restituição de menores, no exercício do direito de custódia ou de outro similar, as pessoas e instituições designadas no artigo 4º.

Art. 6º. São competentes para conhecer a solicitação de restituição de menores a que se refere esta Convenção as autoridades judiciais ou administrativas do Estado-Parte onde o menor tiver sua residência habitual imediatamente antes de seu traslado ou de sua retenção.

À opção do autor, e quando existam razões de urgência, poderá apresentar a solicitação de restituição perante as autoridades do Estado-Parte em cujo território encontrar-se ou supor-se encontrar o menor ilegalmente trasladado ou retido, no momento de efetuar-se a referida solicitação; igualmente, perante as autoridades do Estado-Parte onde tiver ocorrido o fato ilícito que deu motivo para a reclamação.

O fato de promover a solicitação sob as condições previstas no parágrafo anterior não sofre modificação das normas de competência internacional definidas no primeiro parágrafo deste artigo.

AUTORIDADE CENTRAL

Art. 7º. Para os efeitos desta Convenção cada Estado-Parte designará uma autoridade central encarregada do cumprimento das obrigações que estabelece esta Convenção, e comunicará a referida designação à Secretaria-Geral da Organização dos Estados Americanos.

Em especial, a autoridade central colaborará com os autores do procedimento e com as autoridades competentes dos respectivos Estados para obter a localização e a restituição do menor; assim mesmo, levará a cabo os acordos que facilitem o rápido regresso e o recebimento do menor, auxiliando os interessados na obtenção dos documentos necessários para o procedimento previsto nesta Convenção.

As autoridades centrais dos Estados-Partes cooperarão entre si e trocarão informações sobre o funcionamento da Convenção com o fim de garantir a restituição imediata dos menores e os outros objetivos desta Convenção.

PROCEDIMENTO PARA A RESTITUIÇÃO

Art. 8º. Os titulares do procedimento de restituição poderão exercitá-lo conforme o disposto no artigo 6º, da seguinte forma:

a) Através de Carta Rogatória; ou

b) Mediante solicitação à autoridade central; ou

c) Diretamente, ou pela via diplomática ou consular.

Art. 9º: 1. A solicitação ou processo a que se refere o artigo anterior deverá conter:

a) Os antecedentes ou fatos relativos ao traslado ou retenção, assim como a informação suficiente a respeito da identidade do solicitante, do menor subtraído ou retido e, se possível, da pessoa a quem se imputa o traslado ou retenção;

b) A informação pertinente relativa à provável localização do menor, as circunstâncias e datas em que se realizou o traslado para o estrangeiro ou o vencimento do prazo autorizado; e

c) Os fundamentos de direito em que se apóia a restituição do menor.

2. À solicitação ou processo devem estar acompanhados:

a) Cópia integral e autêntica de qualquer resolução judicial ou administrativa se existir, ou do acordo que o fundamente; a comprovação sumária da situação fática existente ou, conforme o caso, a alegação do Direito respectivo aplicável;

b) Documentação autêntica que credencie a legitimação processual do solicitante;

c) Certidão ou informação expedida pela autoridade central do Estado de residência habitual do menor ou de alguma outra autoridade competente do mesmo Estado, com relação ao Direito vigente na matéria no referido Estado;

d) Quando seja necessário, tradução para o idioma oficial do Estado requerido de todos os documentos a que se refere este artigo; e

e) Indicação das medidas indispensáveis para o efetivo retorno.

3. A autoridade competente poderá prescindir de algum dos requisitos ou da apresentação dos documentos exigidos neste artigo se, a seu juízo, justificar-se a restituição.

4. As Cartas Rogatórias, as solicitações e os documentos que as acompanharem não necessitarão de legalização quando forem transmitidos pela via diplomática ou consular, ou por instrumento da autoridade central.

Art. 10. O juiz deprecado, a autoridade central ou outras autoridades do Estado onde se encontra o menor, adotarão, de conformidade com seu Direito e quando seja pertinente, todas as medidas que sejam adequadas para a devolução voluntária do menor.

Se a devolução não ocorrer de forma voluntária, as autoridades judiciais ou administrativas, mediante prévia comprovação do cumprimento dos requisitos exigidos pelo artigo 9º e sem mais trâmite, tomarão conhecimento pessoal do menor, adotarão as medidas necessárias para assegurar sua custódia ou guarda provisória nas condições que recomendarem as circunstâncias e, se forem procedentes, ordenarão sem demora sua restituição. Neste caso, comunicar-se-á à instituição que, conforme seu Direito interno, incumba tutelar os direitos do menor.

Assim mesmo, enquanto se resolve a petição de restituição, as autoridades competentes adotarão as medidas necessárias para impedir a saída do menor do território de sua jurisdição.

Art. 11. A autoridade judicial ou administrativa do Estado requerido não estará obrigada a ordenar a restituição do menor, quando a pessoa ou a instituição que apresentar oposição demonstre:

a) Que os titulares da solicitação ou processo de restituição não exerciam efetivamente seu direito no momento do traslado ou da retenção, ou houverem consentido ou prestado sua anuência depois do traslado ou da retenção; ou

b) Que exista um risco grave de que a restituição do menor pode expô-lo a um perigo físico ou psíquico.

A autoridade deprecada pode também rejeitar a restituição do menor se comprovar que este se opõe a regressar, e, a juízo daquele, a idade e maturidade do menor justificarem levar em conta sua opinião.

Art. 12. A oposição fundamentada a que se refere o artigo anterior deverá ser apresentada dentro do término de oito dias úteis contados a partir do momento em que a autoridade tomar conhecimento pessoal do menor e souber quem o retém.

As autoridades judiciais ou administrativas avaliarão as circunstâncias e as provas que cheguem da parte opositora para fundamentar sua negativa. Deverão inteirar-se do Direito aplicável e dos precedentes jurisprudenciais ou administrativos existentes no Estado da residência habitual do menor, e requererão, se for necessário, a assistência das autoridades centrais, ou de agentes diplomáticos ou consulares dos Estados-Partes.

Dentro dos sessenta dias seguintes do recebimento da oposição, a autoridade judicial ou administrativa proferirá a resolução correspondente.

Art. 13. Se dentro do prazo de quarenta e cinco dias contados desde que foi recebida pela autoridade requerente a resolução pela qual se dispõe a entrega, não se tiverem tomado as medidas necessárias para efetivar o traslado do menor, ficarão sem efeito a restituição ordenada e as providências adotadas.

As despesas de traslado ficarão a cargo do autor; no caso de este carecer de recursos econômicos, as autoridades do Estado requerente poderão facilitar as despesas do traslado, sem prejuízo de repetir as mesmas contra quem estiver responsável pelo deslocamento ou retenção ilegal.

Art. 14. Os procedimentos previstos nesta Convenção deverão ser instaurados dentro do prazo de um ano contado a partir da data em que o menor tiver sido trasladado ou retido ilegalmente.

A respeito de menores cujo paradeiro se desconheça, o prazo será computado a partir do momento em que forem precisa e efetivamente localizados.

Por exceção, o vencimento do prazo do ano não impede que se concorde com a solicitação de restituição se a critério da autoridade requerida o justificarem as circunstâncias do caso, a menos que se demonstre que o menor tenha-se integrado ao seu novo ambiente.

Art. 15. A restituição do menor não implica prejulgamento sobre a determinação definitiva de sua custódia ou guarda.

Art. 16. Depois de terem sido informadas do traslado ilícito de um menor ou de sua retenção no âmbito do artigo 4º, as autoridades judiciais ou administrativas do Estado-Parte onde o menor tiver sido trasladado ou onde está retido não poderão decidir sobre a essência do direito de guarda até que se demonstre que não se reúnem as condições da Convenção para um retorno do menor ou até que um período razoável haja transcorrido sem que haja sido apresentada uma solicitação de aplicação desta Convenção.

Art. 17. As disposições anteriores que sejam pertinentes não limitam o poder da autoridade judicial ou administrativa para ordenar a restituição do menor em qualquer momento.

LOCALIZAÇÃO DE MENORES

Art. 18. A autoridade central ou as autoridades judiciais ou administrativas de um Estado-Parte, em solicitação de qualquer das pessoas mencionadas no artigo 5º, assim como estas diretamente, poderão requerer das autoridades competentes de outro Estado-Parte a localização de menores que tenham a residência habitual no Estado da autoridade solicitante e que presumivelmente se encontrem de forma ilegal no território do outro Estado.

A solicitação deverá ser acompanhada de toda a informação que indique o solicitante ou apure a autoridade requerente concernente à localização do menor e a identidade da pessoa com a qual se presume se encontra aquele.

Art. 19. A autoridade central ou as autoridades judiciais ou administrativas de um Estado-Parte que, na origem da solicitação a que se refere o artigo anterior, chegarem a conhecer que em sua jurisdição se encontra um menor ilegalmente fora de sua residência habitual deverão adotar de imediato todas as medidas que sejam conduzidas para assegurar sua saúde e evitar sua ocultação ou traslado a outra jurisdição.

A localização será comunicada às autoridades do Estado requerente.

Art. 20. Se a restituição não for solicitada dentro do prazo de sessenta dias, contados a partir da comunicação da localização do menor às autoridades do Estado requerente, as medidas adotadas em virtude do artigo 19 poderão ficar sem efeito.

O levantamento das medidas não impedirá o exercício do direito de solicitar a restituição, de acordo com os procedimentos e prazos estabelecidos nesta Convenção.

DIREITO DE VISITA

Art. 21. A solicitação que tiver por objeto fazer respeitar o exercício dos direitos de visita por parte de seus titulares poderá ser dirigida às autoridades competentes de qualquer Estado-Parte conforme o disposto no artigo 6º da presente Convenção. O procedimento respectivo será o previsto nesta Convenção para a restituição do menor.

DISPOSIÇÕES GERAIS

Art. 22. As precatórias e solicitações relativas à restituição e localização poderão ser transmitidas ao órgão requerido pelas próprias partes interessadas, por via judicial, por intermédio dos agentes diplomáticos ou consulares, ou pela autoridade central competente do Estado requerente ou requerido, conforme o caso.

Art. 23. A tramitação das precatórias e solicitações contempladas na presente Convenção e as medidas a que derem lugar serão gratuitas e estarão isentas de qualquer classe de imposto, depósito ou caução, qualquer que seja sua denominação.

Se os interessados na tramitação da precatória ou solicitação houverem designado procurador no foro requerido, as despesas e honorários que ocasionar o exercício do poder que outorgue estarão a seu cargo.

No entanto, ao ordenar a restituição de um menor conforme o disposto na presente Convenção, as autoridades competentes poderão dispor, atendendo às circunstâncias do caso, que a pessoa que trasladou ou restituiu ilegalmente o menor pague as despesas necessárias que tenha feito o demandante, os outros que tenha feito para a localização do menor, assim como as custas e despesas inerentes à restituição.

Art. 24. As diligências e trâmites necessários para ter efetivo o cumprimento das precatórias ou cartas rogatórias devem ser praticados diretamente pela autoridade deprecada, e não requerem intervenção da parte interessada. O anterior não obsta que as partes intervenham por si mesmas ou por intermédio de procurador.

Art. 25. A restituição do menor disposta conforme a presente Convenção poderá ser negada quando seja manifestamente transgressora aos princípios fundamentais do Estado requerido consagrados em instrumentos de caráter universal e regional sobre direitos humanos e da criança.

Art. 26. A presente Convenção não será obstáculo para que as autoridades competentes ordenem a restituição imediata do menor quando o traslado ou retenção do mesmo constitua delito.

Art. 27. O Instituto Interamericano do Menor terá a seu cargo, como organismo especializado da Organização dos Estados Americanos, coordenar as atividades das autoridades centrais no âmbito desta Convenção, assim como as atribuições para receber e avaliar informação dos Estados-Partes desta Convenção derivada da aplicação da mesma.

Igualmente, terá a seu cargo a tarefa de cooperação com outros Organismos Internacionais competentes na matéria.

DISPOSIÇÕES FINAIS

Art. 28. A presente Convenção estará aberta para a assinatura dos Estados-Membros da Organização dos Estados Americanos.

Art. 29. A presente Convenção está sujeita a ratificação. Os instrumentos de ratificação serão depositados na Secretaria Geral da Organização dos Estados Americanos.

Art. 30. A presente Convenção ficará aberta à adesão de qualquer outro Estado. Os instrumentos de adesão serão depositados na Secretaria-Geral da Organização dos Estados Americanos.

Art. 31. Cada Estado poderá formular reservas à presente Convenção no momento de assiná-la, ratificá-la ou de a ela aderir, sempre que a reserva verse sobre uma ou mais disposições específicas, e que não seja incompatível com o objeto e fins desta Convenção.

Art. 32. Os Estados-Partes que tenham duas ou mais unidades territoriais que se regem por distintos sistemas jurídicos relacionados com as questões tratadas na presente Convenção poderão declarar, no momento da assinatura, ratificação ou adesão, que a Convenção se aplicará a todas unidades territoriais ou somente a uma ou várias delas.

Tais declarações poderão ser modificadas mediante declarações ulteriores, que especificarão expressamente a ou as unidades territoriais às quais se aplicará a presente Convenção. As referidas declarações ulteriores serão transmitidas à Secretaria-Geral da Organização dos Estados Americanos e surtirão efeitos trinta dias depois de recebidas.

Art. 33. Com relação a um Estado que tenha em matéria de guarda de menores dois ou mais sistemas de Direito aplicáveis em unidades territoriais diferentes:

a) Qualquer referência à residência habitual neste Estado considera a residência habitual em uma unidade territorial deste Estado;

b) Qualquer referência à lei do Estado da residência habitual considera a lei da unidade territorial aquela em que o menor tem sua residência habitual.

Art. 34. Entre os Estados-Membros da Organização dos Estados Americanos que forem parte nesta Convenção e da Convenção de Haia de 25 de outubro de 1980, sobre os Aspectos Civis do Rapto Internacional de Menores, regerá a presente Convenção.

No entanto, os Estados-Partes poderão acordar entre eles de forma bilateral a aplicação prioritária da citada Convenção de Haia, de 25 de outubro de 1980.

Art. 35. A presente Convenção não restringirá as disposições de Convenções que sobre esta mesma matéria tiverem sido subscritas ou que vierem a ser subscritas no futuro em forma bilateral ou unilateral pelos Estados-Partes, ou as práticas mais favoráveis que referidos Estados puderem observar na matéria.

Art. 36. A presente Convenção entrará em vigor no trigésimo dia a partir da data em que haja sido depositado o segundo instrumento de ratificação.

Para cada Estado que ratifique a Convenção ou a ela adira depois de ter sido depositado o segundo instrumento de ratificação, a Convenção entrará em vigor no trigésimo dia a partir da data em que tal Estado haja depositado seu instrumento de ratificação ou adesão.

Art. 37. A presente Convenção regerá indefinidamente, pois qualquer dos Estados-Partes poderá denunciá-la. O instrumento de denúncia será depositado na Secretaria-Geral da Organização dos Estados Americanos. Transcorrido um ano, contado a partir da data do depósito do instrumento de denúncia, a Convenção cessará seus efeitos para o Estado denunciante, permanecendo subsistente para os demais Estados-Partes.

Art. 38. O instrumento original da presente Convenção, cujos textos em espanhol, francês, inglês e português são igualmente autênticos, será depositado na Secretaria-Geral da Organização dos Estados Americanos, que enviará cópia autêntica de seu texto à Secretaria das Nações Unidas, para seu registro e publicação, de conformidade com o artigo 102 de sua Carta Constitutiva. A Secretaria-Geral da Organização dos Estados Americanos notificará os Estados-Membros da referida Organização e os Estados que hajam aderido à Convenção as assinaturas, os depósitos de instrumentos de ratificação, adesão e denúncia, previstas nos artigos pertinentes da presente Convenção.

Em fé do quê, os Plenipotenciários abaixo-assinados, devidamente autorizados por seus respectivos Governos, assinam a presente Convenção.

Feita na cidade de Montevidéu, República Oriental do Uruguai, no dia quinze de julho de mil novecentos e oitenta e nove.

1.6 Convenção sobre os Direitos da Criança (Assembléia-Geral das Nações Unidas, 20.11.89 — O Brasil ratificou a Convenção, regulamentando-a através do Decreto 99.710/90)

PREÂMBULO

Os Estados-Partes da presente Convenção,

Considerando que, de acordo com os princípios proclamados na Carta das Nações Unidas, a liberdade, a justiça e a paz no mundo se fundamentam no reconhecimento da dignidade inerente e dos direitos iguais e inalienáveis de todos os membros da família humana;

Tendo em conta que os povos das Nações Unidas reafirmaram na Carta sua fé nos direitos fundamentais do Homem e na dignidade e no valor da pessoa humana e que decidiram promover o progresso social e a elevação do nível de vida com mais liberdade;

Reconhecendo que as Nações Unidas proclamaram e acordaram na Declaração Universal dos Direitos Humanos e nos Pactos Internacionais de Direitos Humanos que toda pessoa possui todos os direitos e liberdades neles enunciados, sem distinção de qualquer natureza, seja de raça, cor, sexo, idioma, crença, opinião política ou de outra índole, origem nacional ou social, posição econômica, nascimento ou qualquer outra condição;

Recordando que na Declaração Universal dos Direitos Humanos as Nações Unidas proclamaram que a infância tem direito a cuidados e assistências especiais;

Convencidos de que a família, como grupo fundamental da sociedade e ambiente natural para o crescimento e bem-estar de todos os seus membros, e em particular das crianças, deve receber a proteção e assistência necessárias a fim de poder assumir plenamente suas responsabilidades dentro da comunidade;

Reconhecendo que a criança, para o pleno e harmonioso desenvolvimento de sua personalidade, deve crescer no seio da família, em um ambiente de felicidade, amor e compreensão;

Considerando que a criança deve estar plenamente preparada para uma vida independente na sociedade e deve ser educada de acordo com os ideais proclamados na Carta das Nações Unidas, especialmente com espírito de paz, dignidade, tolerância, liberdade, igualdade e solidariedade;

Tendo em conta que a necessidade de proporcionar à criança uma proteção especial foi enunciada na Declaração de Genebra de 1924 sobre os Direitos da Criança e na Declaração dos Direitos da Criança adotada pela Assembléia-Geral em 20 de novembro de 1959, e reconhecida pela Declaração Universal dos Direitos Humanos, no Pacto Internacional de Direitos Civis e Políticos (em particular nos artigos 23 e 24), no Pacto Internacional de Direitos Econômicos, Sociais e Culturais (em particular no artigo 10) e nos estatutos e instrumentos pertinentes das Agências Especializadas e das organizações internacionais que se interessam pelo bem-estar da criança;

Tendo em conta que, conforme assinalado na Declaração dos Direitos da Criança, "a criança, em virtude de sua falta de maturidade física e mental, necessita proteção e cuidados especiais, inclusive a devida proteção legal, tanto antes quanto após seu nascimento";

Lembrando o estabelecido na Declaração sobre os Princípios Sociais e Jurídicos Relativos à Proteção e ao Bem-Estar das Crianças, Especialmente com Referência à Adoção e à Colocação em Lares de Adoção, nos Planos Nacional e Internacional; as Regras Mínimas das Nações Unidas para a Administração da Justiça (Regras de Pequim); e a Declaração sobre a Proteção da Mulher e da Criança em Situação de Emergência ou de Conflito Armado;

Reconhecendo que em todos os países do mundo existem crianças vivendo sob condições excepcionalmente difíceis e que essas crianças necessitam consideração especial;

Tomando em devida conta a importância das tradições e dos valores culturais de cada povo para a proteção e o desenvolvimento harmonioso da criança;

Reconhecendo a importância da cooperação internacional para a melhoria das condições de vida das crianças em todos os países, especialmente nos países em desenvolvimento,

Acordam o seguinte:

PARTE I

Art. 1º. Para efeitos da presente Convenção considera-se como criança todo ser humano com menos de dezoito anos de idade, a não ser que, em conformidade com a lei aplicável à criança, a maioridade seja alcançada antes.

Art. 2º: 1. Os Estados-Partes respeitarão os direitos enunciados na presente Convenção e assegurarão sua aplicação a cada criança sujeita à sua jurisdição, sem distinção alguma, independentemente de raça, cor, sexo, idioma, crença, opinião política ou de outra índole, origem nacional, étnica ou social, posição econômica, deficiências físicas, nascimento ou qualquer outra condição da criança, de seus pais ou de seus representantes legais.

2. Os Estados-Partes tomarão todas as medidas apropriadas para assegurar a proteção da criança contra toda forma de discriminação ou castigo por causa da condição, das atividades, das opiniões manifestadas ou das crenças de seus pais, representantes legais ou familiares.

Art. 3º: 1. Todas as ações relativas às crianças, levadas a efeito por instituições públicas ou privadas de bem-estar social, tribunais, autoridades administrativas ou órgãos legislativos, devem considerar, primordialmente, o interesse maior da criança.

2. Os Estados-Partes se comprometem a assegurar à criança a proteção e o cuidado que sejam necessários para seu bem-estar, levando em consideração os direitos e deveres de seus pais, tutores ou outras pessoas responsáveis por ela perante a lei, e, com essa finalidade, tomarão todas as medidas legislativas e administrativas adequadas.

3. Os Estados-Partes se certificarão de que as instituições, os serviços e os estabelecimentos encarregados do cuidado ou da proteção das crianças cumpram com os padrões estabelecidos pelas autoridades competentes, especialmente no que diz respeito à segurança e à saúde das crianças, ao número e à competência de seu pessoal e à existência de supervisão adequada.

Art. 4º. Os Estados-Partes adotarão todas as medidas administrativas, legislativas e de outra índole com vistas à implementação dos direitos reconhecidos na presente Convenção. Com relação aos direitos econômicos, sociais e culturais, os Estados-Partes adotarão essas medidas utilizando ao máximo os recursos disponíveis e, quando necessário, dentro de um quadro de cooperação internacional.

Art. 5º. Os Estados-Partes respeitarão as responsabilidades, os direitos e os deveres dos pais ou, onde for o caso, dos membros da família ampliada ou da comunidade, conforme determinem os costumes locais, dos tutores ou de outras pessoas legalmente responsáveis, de proporcionar à criança instrução e orientação adequadas e acordes com a evolução de sua capacidade no exercício dos direitos reconhecidos na presente Convenção.

Art. 6º: 1. Os Estados-Partes reconhecem que toda criança tem o direito inerente à vida.

2. Os Estados-Partes assegurarão ao máximo a sobrevivência e o desenvolvimento da criança.

Art. 7º: 1. A criança será registrada imediatamente após seu nascimento e terá direito, desde o momento em que nasce, a um nome, a uma nacionalidade e, na medida do possível, a conhecer seus pais e a ser cuidada por eles.

2. Os Estados-Partes zelarão pela aplicação desses direitos de acordo com sua legislação nacional e com as obrigações que tenham assumido em virtude dos instrumentos internacionais pertinentes, sobretudo se, de outro modo, a criança se tornaria apátrida.

Art. 8º: 1. Os Estados-Partes se comprometem a respeitar o direito da criança de preservar sua identidade, inclusive a nacionalidade, o nome e as relações familiares, de acordo com a lei, sem interferências ilícitas.

2. Quando uma criança se vir privada ilegalmente de algum ou de todos os elementos que configuram sua identidade, os Estados-Partes deverão prestar assistência e proteção adequadas com vistas a restabelecer rapidamente sua identidade.

Art. 9º: 1. Os Estados-Partes deverão zelar para que a criança não seja separada dos pais contra a vontade dos mesmos, exceto quando, sujeita a revisão judicial, as autoridades competentes determinarem, em conformidade com a lei e os procedimentos legais cabíveis, que tal separação é necessária ao interesse maior da criança. Tal determinação pode ser necessária em casos específicos, por exemplo nos casos em que a criança sofre maus-tratos ou descuido por parte de seus pais ou quando estes vivem separados e uma decisão deve ser tomada a respeito do local da residência da criança.

2. Caso seja adotado qualquer procedimento em conformidade com o estipulado no § 1 do presente artigo, todas as partes interessadas terão a oportunidade de participar e de manifestar suas opiniões.

3. Os Estados-Partes respeitarão o direito da criança que esteja separada de um ou de ambos os pais de manter regularmente relações pessoais e contato direto com ambos, a menos que isso seja contrário ao interesse maior da criança.

4. Quando essa separação ocorrer em virtude de uma medida adotada por um Estado-Parte, tal como detenção, prisão, exílio, deportação ou morte (inclusive falecimento decorrente de qualquer causa enquanto a pessoa estiver sob a custódia do Estado) de um dos pais da criança, ou de ambos, ou da própria criança, o Estado-Parte, quando solicitado, proporcionará aos pais, à criança ou, se for o caso, a outro familiar informações básicas a respeito do paradeiro do familiar ou familiares ausentes, a não ser que tal procedimento seja prejudicial ao bem-estar da criança. Os Estados-Partes se certificarão, além disso, de que a apresentação de tal petição não acarrete, por si só, conseqüências adversas para a pessoa ou pessoas interessadas.

Art. 10: 1. De acordo com a obrigação dos Estados-Partes estipulada no § 1 do artigo 9º, toda solicitação apresentada por uma criança, ou por seus pais, para ingressar ou sair de um Estado-Parte com vistas à reunião da família, deverá ser atendida pelos Estados-Partes de forma positiva, humanitária e rápida. Os Estados-Partes assegurarão, ainda, que a apresentação de tal solicitação não acarretará conseqüências adversas para os solicitantes ou para seus familiares.

2. A criança cujos pais residam em Estados diferentes terá o direito de manter, periodicamente, relações pessoais e contato direto com ambos, exceto em circunstâncias especiais. Para tanto, e de acordo com a obrigação assumida pelos Estados-Partes em virtude do § 2 do artigo 9º, os Estados-Partes respeitarão o direito da criança e de seus pais de sair de qualquer país, inclusive do próprio, e de regressar no seu próprio país. O direito de sair de qualquer país estará sujeito, apenas, às restrições determinadas pela lei que sejam necessá-

rias para proteger a segurança nacional, a ordem pública, a saúde ou a moral públicas ou os direitos e as liberdades de outras pessoas e que estejam acordes com os demais direitos reconhecidos pela presente Convenção.

Art. 11: 1. Os Estados-Partes adotarão medidas a fim de lutar contra a transferência ilegal de crianças para o Exterior e a retenção ilícita das mesmas fora do país.

2. Para tanto, os Estados-Partes promoverão a conclusão de acordos bilaterais ou multilaterais ou a adesão a acordos já existentes.

Art. 12: 1. Os Estados-Partes assegurarão à criança que estiver capacitada a formular seus próprios juízos o direito de expressar suas opiniões livremente sobre todos os assuntos relacionados com a criança, levando-se devidamente em consideração essas opiniões, em função da idade e maturidade da criança.

2. Com tal propósito, se proporcionará à criança, em particular, a oportunidade de ser ouvida em todo processo judicial ou administrativo que afete a mesma, quer diretamente, quer por intermédio de um representante ou órgão apropriado, em conformidade com as regras processuais da legislação nacional.

Art. 13: 1. A criança terá direito à liberdade de expressão. Esse direito incluirá a liberdade de procurar, receber e divulgar informações e idéias de todo tipo, independentemente de fronteiras, de forma oral, escrita ou impressa, por meio das artes ou por qualquer outro meio escolhido pela criança.

2. O exercício de tal direito poderá estar sujeito a determinadas restrições, que serão unicamente as previstas pela lei e consideradas necessárias:

a) Para o respeito dos direitos ou da reputação dos demais; ou

b) Para a proteção da segurança nacional ou da ordem pública, ou para proteger a saúde e a moral públicas.

Art. 14: 1. Os Estados-Partes respeitarão os direitos da criança à liberdade de pensamento, de consciência e de crença.

2. Os Estados-Partes respeitarão os direitos e deveres dos pais e, se for o caso, dos representantes legais, de orientar a criança com relação ao exercício de seus direitos de maneira acorde com a evolução de sua capacidade.

3. A liberdade de professar a própria religião ou as próprias crenças estará sujeita, unicamente, às limitações prescritas pela lei e necessárias para proteger a segurança, a ordem, a moral, a saúde pública ou os direitos e liberdades fundamentais dos demais.

Art. 15: 1. Os Estados-Partes reconhecem os direitos da criança à liberdade de associação e à liberdade de realizar reuniões pacíficas.

2. Não serão impostas restrições ao exercício desses direitos, a não ser as estabelecidas em conformidade com a lei e que sejam necessárias numa sociedade democrática, no interesse da segurança nacional ou pública, da ordem pública, da proteção à saúde e à moral públicas ou da proteção aos direitos e liberdades dos demais.

Art. 16: 1. Nenhuma criança será objeto de interferências arbitrárias ou ilegais em sua vida particular, sua família, seu domicílio ou sua correspondência, nem de atentados ilegais à sua honra e à sua reputação.

2. A criança tem direito à proteção da lei contra essas interferências ou atentados.

Art. 17. Os Estados-Partes reconhecem a função importante desempenhada pelos meios de comunicação e zelarão para que a criança tenha acesso a informações e materiais procedentes de diversas fontes nacionais e internacionais, especialmente informações e materiais que visem a promover seu bem-estar social, espiritual e moral e sua saúde física e mental. Para tanto, os Estados-Partes:

a) Incentivarão os meios de comunicação a difundir informações e materiais de interesse social e cultural para a criança, de acordo com o espírito do artigo 29;

b) Promoverão a cooperação internacional na produção, no intercâmbio e na divulgação dessas informações e desses materiais procedentes de diversas fontes culturais, nacionais e internacionais;

c) Incentivarão a produção e difusão de livros para crianças;

d) Incentivarão os meios de comunicação no sentido de, particularmente, considerar as necessidades lingüísticas da criança que pertença a um grupo minoritário ou que seja indígena;

e) Promoverão a elaboração de diretrizes apropriadas a fim de proteger a criança contra toda informação e material prejudiciais ao seu bem-estar, tendo em conta as disposições dos artigos 13 e 18.

Art. 18: 1. Os Estados-Partes envidarão os seus melhores esforços a fim de assegurar o reconhecimento do princípio de que ambos os pais têm obrigações comuns com relação à educação e ao desenvolvimento da criança. Caberá aos pais, ou, quando for o caso, aos representantes legais, a responsabilidade primordial pela educação e pelo desenvolvimento da criança. Sua preocupação fundamental visará ao interesse maior da criança.

2. A fim de garantir e promover os direitos enunciados na presente Convenção, os Estados-Partes prestarão assistência adequada aos pais e aos representantes legais para o desempenho de suas funções no que tange à educação da criança e assegurarão a criação de instituições, instalações e serviços para o cuidado das crianças.

3. Os Estados-Partes adotarão todas as medidas apropriadas a fim de que as crianças cujos pais trabalhem tenham direito a beneficiar-se dos serviços de assistência social e creches a que fazem jus.

Art. 19: 1. Os Estados-Partes adotarão todas as medidas legislativas, administrativas, sociais e educacionais apropriadas para proteger a criança contra todas as formas de violência física ou mental, abuso ou tratamento negligente, maus-tratos ou exploração, inclusive abuso sexual, enquanto a criança estiver sob a custódia dos pais, do representante legal ou de qualquer outra pessoa responsável por ela.

2. Essas medidas de proteção deveriam incluir, conforme apropriado, procedimentos eficazes para a elaboração de programas sociais capazes de proporcionar uma assistência adequada à criança e às pessoas encarregadas de seu cuidado, bem como para outras formas de prevenção, para a identificação, notificação, transferência a uma instituição, investigação, tratamento e acompanhamento posterior dos casos acima mencionados de maus-tratos à criança e, conforme o caso, para a intervenção judiciária.

Art. 20: 1. As crianças privadas temporária ou permanentemente do seu meio familiar, ou cujo interesse maior exija que não permaneçam nesse meio, terão direito a proteção e assistência especiais do Estado.

2. Os Estados-Partes garantirão, de acordo com suas leis nacionais, cuidados alternativos para essas crianças.

3. Esses cuidados poderiam incluir, *inter alia*, a colocação em lares de adoção, a *kafalah* do Direito islâmico, a adoção ou, caso necessário, a colocação em instituições adequadas de proteção para as crianças. Ao serem consideradas as soluções, deve-se dar especial atenção à origem étnica, religiosa, cultural e lingüística da criança, bem como à conveniência da continuidade de sua educação.

Art. 21. Os Estados-Partes que reconhecem ou permitem o sistema de adoção atentarão para o fato de que a consideração primordial seja o interesse maior da criança. Dessa forma, atentarão para que:

a) A adoção da criança seja autorizada apenas pelas autoridades competentes, as quais determinarão, consoante as leis e os procedimentos cabíveis e com base em todas as informações pertinentes e fidedignas, que a adoção é admissível em vista da situação jurídica da criança com relação a seus pais, parentes e representantes legais e que, caso solicitado, as pessoas interessadas tenham dado, com conhecimento de causa, seu consentimento à adoção, com base no assessoramento que possa ser necessário;

b) A adoção efetuada em outro país possa ser considerada como outro meio de cuidar da criança, no caso em que a mesma não possa ser colocada em um lar de adoção ou entregue a uma família adotiva ou não logre atendimento adequado em seu país de origem;

c) A criança adotada em outro país goze de salvaguardas e normas equivalentes às existentes em seu país de origem com relação à adoção;

d) Todas as medidas apropriadas sejam adotadas, a fim de garantir que, em caso de adoção em outro país, a colocação não permita benefícios financeiros indevidos aos que dela participarem;

e) Quando necessário, promover os objetivos do presente artigo mediante ajustes ou acordos bilaterais ou multilaterais, e envidarão esforços, nesse contexto, com vistas a assegurar que a colocação da criança em outro país seja levada a cabo por intermédio das autoridades ou organismos competentes.

Art. 22: 1. Os Estados-Partes adotarão medidas pertinentes para assegurar que a criança que tente obter a condição de refugiada, ou que seja considerada como refugiada de acordo com o Direito e os procedimentos internacionais ou internos aplicáveis, receba, tanto no caso de estar sozinha como acompanhada por seus pais ou por qualquer outra pessoa, a proteção e a assistência humanitária adequadas a fim de que possa usufruir dos direitos enunciados na presente Convenção e em instrumentos internacionais de direitos humanos ou de caráter humanitário dos quais os citados Estados sejam parte.

2. Para tanto, os Estados-Partes cooperarão, da maneira como julgarem apropriada, com todos os esforços das Nações Unidas e demais organizações intergovernamentais competentes, ou organizações não-governamentais que cooperem com as Nações Unidas, no sentido de proteger e ajudar a criança refugiada, e de localizar seus pais ou outros membros de sua família a fim de obter informações necessárias que permitam sua reunião com a família. Quando não for possível localizar nenhum dos pais ou membros da família, será concedida à criança a mesma proteção outorgada a qualquer outra criança privada permanentemente ou temporariamente de seu ambiente familiar, seja qual for o motivo, conforme o estabelecido na presente Convenção.

Art. 23: 1. Os Estados-Partes reconhecem que a criança portadora de deficiências físicas ou mentais deverá desfrutar de uma vida plena e decente em condições que garantam sua dignidade, favoreçam sua autonomia e facilitem sua participação ativa na comunidade.

2. Os Estados-Partes reconhecem o direito da criança deficiente de receber cuidados especiais e, de acordo com os recursos disponíveis e sempre que a criança ou seus responsáveis reúnam as condições requeridas, estimularão e assegurarão a prestação da assistência solicitada, que seja adequada ao estado da criança e às circunstâncias de seus pais ou das pessoas encarregadas de seus cuidados.

3. Atendendo às necessidades especiais da criança deficiente, a assistência prestada, conforme disposto no § 2 do presente artigo, será gratuita sempre que possível, levando-se em consideração a situação econômica dos pais ou das pessoas que cuidem da criança, e visará a assegurar à criança deficiente o acesso efetivo à educação, à capacitação, aos serviços de saúde, aos serviços de reabilitação, à preparação para o emprego e às oportunidades de lazer, de maneira que a criança atinja a mais completa integração social possível e o maior desenvolvimento individual factível, inclusive seu desenvolvimento cultural e espiritual.

Os Estados-Partes promoverão, com espírito de cooperação internacional, um intercâmbio adequado de informações nos campos da assistência médica preventiva e do tratamento médico, psicológico e funcional das crianças deficientes, inclusive a divulgação de informações a respeito dos métodos de reabilitação e dos serviços de ensino e formação profissional, bem como o acesso a essa informação, a fim de que os Estados-Partes possam aprimorar sua capacidade e seus conhecimentos e ampliar sua experiência nesses campos. Nesse sentido, serão levadas especialmente em conta as necessidades dos países em desenvolvimento.

Art. 24: 1. Os Estados-Partes reconhecem o direito da criança de gozar do melhor padrão possível de saúde e dos serviços destinados ao tratamento das doenças e à recuperação da saúde. Os Estados-Partes envidarão esforços no sentido de assegurar que nenhuma criança se veja privada de seu direito de usufruir desses serviços sanitários.

2. Os Estados-Partes garantirão a plena aplicação desse direito e, em especial, adotarão as medidas apropriadas com vistas a:

a) reduzir a mortalidade infantil;

b) assegurar a prestação de assistência médica e cuidados sanitários necessários a todas as crianças, dando ênfase aos cuidados básicos de saúde;

c) combater as doenças e a desnutrição dentro do contexto dos cuidados básicos de saúde mediante, *inter alia,* a aplicação de tecnologia disponível e o fornecimento de alimentos nutritivos e de água potável, tendo em vista os perigos da poluição ambiental;

d) assegurar às mães adequadas assistência pré-natal e pós-natal;

e) assegurar que todos os setores da sociedade, e em especial os pais e as crianças, conheçam os princípios básicos de saúde e nutrição das crianças, as vantagens da amamentação, da higiene e do saneamento ambiental e das medidas de prevenção de acidentes, e tenham acesso à educação pertinente e recebam apoio para a aplicação desses conhecimentos;

f) desenvolver a assistência médica preventiva, a orientação aos pais e a educação e serviços de planejamento familiar.

3. Os Estados-Partes adotarão todas as medidas eficazes e adequadas para abolir práticas tradicionais que sejam prejudiciais à saúde da criança.

4. Os Estados-Partes se comprometem a promover e incentivar a cooperação internacional com vistas a lograr, progressivamente, a plena efetivação do direito reconhecido no presente artigo. Nesse sentido, será dada atenção especial às necessidades dos países em desenvolvimento.

Art. 25. Os Estados-Partes reconhecem o direito de uma criança que tenha sido internada em um estabelecimento pelas autoridades competentes, para fins de atendimento, proteção ou tratamento de saúde física ou mental, a um exame periódico de avaliação do tratamento ao qual está sendo submetida e de todos os demais aspectos relativos à sua internação.

Art. 26: 1. Os Estados-Partes reconhecerão a todas as crianças o direito de usufruir da previdência social, inclusive do seguro social, e adotarão as medidas necessárias para lograr a plena consecução desse direito, em conformidade com sua legislação nacional.

2. Os benefícios deverão ser concedidos, quando pertinentes, levando-se em consideração os recursos e a situação da criança e das pessoas responsáveis pelo seu sustento, bem como qualquer outra consideração cabível no caso de uma solicitação de benefícios feita pela criança ou em seu nome.

Art. 27: 1. Os Estados-Partes reconhecem o direito de toda criança a um nível de vida adequado ao seu desenvolvimento físico, mental, espiritual, moral e social.

2. Cabe aos pais, ou a outras pessoas encarregadas, a responsabilidade primordial de propiciar, de acordo com suas possibilidades e meios financeiros, as condições de vida necessárias ao desenvolvimento da criança.

3. Os Estados-Partes, de acordo com as condições nacionais e dentro de suas possibilidades, adotarão medidas apropriadas a fim de ajudar os pais e outras pessoas responsáveis pela criança a tornar efetivo esse direito e, caso necessário, proporcionarão assistência material e programas de apoio, especialmente no que diz respeito à nutrição, ao vestuário e à habitação.

4. Os Estados-Partes tomarão todas as medidas adequadas para assegurar o pagamento da pensão alimentícia por parte dos pais ou de outras pessoas financeiramente responsáveis pela criança, quer residam no Estado-Parte, quer no Exterior. Nesse sentido, quando a pessoa que detém a responsabilidade financeira pela criança residir em Estado diferente daquele onde mora a criança, os Estados-Partes promoverão a adesão a acordos internacionais ou a conclusão de tais acordos, bem como a adoção de outras medidas apropriadas.

Art. 28: 1. Os Estados-Partes reconhecem o direito da criança à educação e, a fim de que ela possa exercer progressivamente e em igualdade de condições esse direito, deverão especialmente:

a) tornar o ensino primário obrigatório e disponível gratuitamente para todos;

b) estimular o desenvolvimento do ensino secundário em suas diferentes formas, inclusive o ensino geral e profissionalizante, tornando-o disponível e acessível a todas as crianças, e adotar medidas apropriadas tais como a implantação do ensino gratuito e a concessão de assistência financeira em caso de necessidade;

c) tornar o ensino superior acessível a todos com base na capacidade e por todos os meios adequados;

d) tornar a informação e a orientação educacionais e profissionais disponíveis e acessíveis a todas as crianças;

e) adotar medidas para estimular a freqüência regular às escolas e a redução do índice de evasão escolar.

2. Os Estados-Partes adotarão todas as medidas necessárias para assegurar que a disciplina escolar seja ministrada de maneira compatível com a dignidade humana da criança e em conformidade com a presente Convenção.

3. Os Estados-Partes promoverão e estimularão a cooperação internacional em questões relativas à educação, especialmente visando a contribuir para a eliminação da ignorância e do analfabetismo no mundo e facilitar o acesso aos conhecimentos científicos e técnicos e aos métodos modernos de ensino. A esse respeito, será dada atenção especial às necessidades dos países em desenvolvimento.

Art. 29: 1. Os Estados-Partes reconhecem que a educação da criança deverá ser orientada no sentido de:

a) desenvolver a personalidade, as aptidões e a capacidade mental e física da criança em todo o seu potencial;

b) imbuir na criança o respeito aos direitos humanos e às liberdades fundamentais, bem como aos princípios consagrados na Carta das Nações Unidas;

c) imbuir na criança o respeito aos seus pais, à sua própria identidade cultural, ao seu idioma e seus valores, aos valores nacionais do país em que reside, aos do eventual país de origem, e aos das civilizações diferentes da sua;

d) preparar a criança para assumir uma vida responsável numa sociedade livre, com espírito de compreensão, paz, tolerância, igualdade de sexos e amizade entre todos os povos, grupos étnicos, nacionais e religiosos e pessoas de origem indígena;

e) imbuir na criança o respeito ao meio ambiente.

2. Nada do disposto no presente artigo ou no artigo 28 será interpretado de modo a restringir a liberdade dos indivíduos ou das entidades de criar e dirigir instituições de ensino, desde que sejam respeitados os princípios enunciados no § 1 do presente artigo e que a educação ministrada em tais instituições esteja acorde com os padrões mínimos estabelecidos pelo Estado.

Art. 30. Nos Estados-Partes onde existam minorias étnicas, religiosas ou lingüísticas, ou pessoas de origem indígena, não será negado a uma criança que pertença a tais minorias ou que seja indígena o direito de, em comunidade com os demais membros de seu grupo, ter sua própria cultura, professar e praticar sua própria religião ou utilizar seu próprio idioma.

Art. 31: 1. Os Estados-Partes reconhecem o direito da criança ao descanso e ao lazer, ao divertimento e às atividades recreativas próprias da idade, bem como à livre participação na vida cultural e artística.

2. Os Estados-Partes respeitarão e promoverão o direito da criança de participar plenamente da vida cultural e artística e encorajarão a criação de oportunidades adequadas, em condições de igualdade, para que participem da vida cultural, artística, recreativa e de lazer.

Art. 32: 1. Os Estados-Partes reconhecem o direito da criança de estar protegida contra a exploração econômica e contra o desempenho de qualquer trabalho que possa ser perigoso ou interferir em sua educação, ou que seja nocivo para sua saúde ou para seu desenvolvimento físico, mental, espiritual, moral ou social.

2. Os Estados-Partes adotarão medidas legislativas, administrativas, sociais e educacionais com vistas a assegurar a aplicação do presente artigo. Com tal propósito, e levando em consideração as disposições pertinentes de outros instrumentos internacionais, os Estados-Partes deverão, em particular:

a) estabelecer uma idade ou idades mínimas para a admissão em empregos;

b) estabelecer regulamentação apropriada relativa a horários e condições de emprego;

c) estabelecer penalidades ou outras sanções apropriadas a fim de assegurar o cumprimento efetivo do presente artigo.

Art. 33. Os Estados-Partes adotarão todas as medidas apropriadas, inclusive medidas legislativas, administrativas, sociais e educacionais, para proteger a criança contra o uso ilícito de drogas e substâncias psicotrópicas descritas nos tratados internacionais pertinentes e para impedir que sejam utilizadas na produção e no tráfico ilícito dessas substâncias.

Art. 34. Os Estados-Partes se comprometem a proteger a criança contra todas as formas de exploração e abuso sexual. Nesse sentido, os Estados-Partes tomarão, em especial, todas as medidas de caráter nacional, bilateral e multilateral que sejam necessárias para impedir:

a) o incentivo ou a coação para que uma criança se dedique a qualquer atividade sexual ilegal;

b) a exploração da criança na prostituição ou outras práticas sexuais ilegais;

c) a exploração da criança em espetáculos ou materiais pornográficos.

Art. 35. Os Estados-Partes tomarão todas as medidas de caráter nacional e multilateral que sejam necessárias para impedir o seqüestro, a venda ou o tráfico de crianças para qualquer fim ou sob qualquer forma.

Art. 36. Os Estados-Partes protegerão a criança contra todas as demais formas de exploração que sejam prejudiciais para qualquer aspecto de seu bem-estar.

Art. 37. Os Estados-Partes zelarão para que:

a) nenhuma criança seja submetida a tortura nem a outros tratamentos ou penas cruéis, desumanos ou degradantes.

Não será imposta a pena de morte nem prisão perpétua sem possibilidade de livramento por delitos cometidos por menores de dezoito anos de idade;

b) nenhuma criança seja privada de sua liberdade de forma ilegal ou arbitrária. A detenção, a reclusão ou a prisão de uma criança será efetuada em conformidade com a lei e apenas como último recurso, e durante o mais breve período de tempo que for apropriado;

c) toda criança privada da liberdade seja tratada com humanidade e o respeito que merece a dignidade inerente à pessoa humana, e levando-se em consideração as necessidades de uma pessoa de sua idade. Em especial, toda criança privada de sua liberdade ficará separada dos adultos, a não ser que tal fato seja considerado contrário aos melhores interesses da criança, e terá direito a manter contato com sua família por meio de correspondência ou de visitas, salvo em circunstâncias excepcionais;

d) toda criança privada de sua liberdade tenha direito a rápido acesso a assistência jurídica e a qualquer outra assistência adequada, bem como direito a impugnar a legalidade da privação de sua liberdade perante um tribunal ou outra autoridade competente, independente e imparcial e a uma rápida decisão a respeito de tal ação.

Art. 38: 1. Os Estados-Partes se comprometem a respeitar e a fazer com que sejam respeitadas as normas do direito humanitário internacional aplicáveis em casos de conflito armado no que digam respeito às crianças.

2. Os Estados-Partes adotarão todas as medidas possíveis a fim de assegurar que todas as pessoas que ainda não tenham completado quinze anos de idade não participem diretamente de hostilidades.

3. Os Estados-Partes abster-se-ão de recrutar pessoas que não tenham completado quinze anos de idade para servir em suas Forças Armadas. Caso recrutem pessoas que tenham completado quinze anos mas tenham menos de dezoito anos, deverão procurar dar prioridade aos de mais idade.

4. Em conformidade com suas obrigações de acordo com o Direito Humanitário Internacional para proteção da população civil durante os conflitos armados, os Estados-Partes adotarão todas as medidas necessárias a fim de assegurar a proteção e o cuidado das crianças afetadas por um conflito armado.

Art. 39. Os Estados-Partes adotarão todas as medidas apropriadas para estimular a recuperação física e psicológica e a reintegração social de toda criança vítima de: qualquer forma de abandono, exploração ou abuso; tortura ou outros tratamentos ou penas cruéis, desumanos ou degradantes; ou conflitos armados. Essa preocupação e reintegração serão efetuadas em ambiente que estimule a saúde, o respeito próprio e a dignidade da criança.

Art. 40: 1. Os Estados-Partes reconhecem o direito de toda criança a quem se alegue ter infringido as leis penais ou a quem se acuse ou declare culpada de ter infringido as leis penais de ser tratada de modo a promover e estimular seu sentido de dignidade e de valor e a fortalecer o respeito da criança pelos direitos humanos e pelas liberdades fundamentais de terceiros, levando em consideração a idade da criança e a importância de se estimular sua reintegração e seu desempenho construtivo na sociedade.

2. Nesse sentido, e de acordo com as disposições pertinentes dos instrumentos internacionais, os Estados-Partes assegurarão, em particular:

a) que não se alegue que nenhuma criança tenha infringido as leis penais, nem se acuse ou declare culpada nenhuma criança de ter infringido essas leis, por atos ou omissões que não eram proibidos pela legislação nacional ou pelo Direito Internacional no momento em que foram cometidos;

b) que toda criança de quem se alegue ter infringido as leis penais ou a quem se acuse de ter infringido essas leis goze, pelo menos, das seguintes garantias:

i) ser considerada inocente enquanto não for comprovada sua culpabilidade conforme a lei;

ii) ser informada sem demora e diretamente ou, quando for o caso, por intermédio de seus pais ou de seus representantes legais, das acusações que pesam contra ela, e dispor de assistência jurídica ou outro tipo de assistência apropriada para a preparação e apresentação de sua defesa;

iii) ter a causa decidida sem demora por autoridade ou órgão judicial competente, independente e imparcial, em audiência justa conforme a lei, com assistência jurídica ou outra assistência e, a não ser que seja considerado contrário aos melhores interesses da criança, levando em consideração especialmente sua idade ou situação e a de seus pais ou representantes legais;

iv) não ser obrigada a testemunhar ou a se declarar culpada, e poder interrogar ou fazer com que sejam interrogadas as testemunhas de acusação bem como poder obter a participação e o interrogatório de testemunhas em sua defesa, em igualdade de condições;

v) se for decidido que infringiu as leis penais, ter essa decisão e qualquer medida imposta em decorrência da mesma submetidas a revisão por autoridade ou órgão judicial superior competente, independente e imparcial, de acordo com a lei;

vi) contar com a assistência gratuita de um intérprete caso a criança não compreenda ou fale o idioma utilizado;

vii) ter plenamente respeitada sua vida privada durante todas as fases do processo.

3. Os Estados-Partes buscarão promover o estabelecimento de leis, procedimentos, autoridades e instituições específicas para as crianças de quem se alegue ter infringido as leis penais ou que sejam acusadas ou declaradas culpadas de tê-las infringido, e em particular:

a) o estabelecimento de uma idade mínima antes da qual se presumirá que a criança não tem capacidade para infringir as leis penais;

b) a adoção, sempre que conveniente e desejável, de medidas para tratar dessas crianças sem recorrer a procedimentos judiciais, contando que sejam respeitados plenamente os direitos humanos e as garantias legais.

4. Diversas medidas, tais como ordens de guarda, orientação e supervisão, aconselhamento, liberdade vigiada, colocação em lares de adoção, programas de educação e formação profissional, bem como outras alternativas à internação em instituições, deverão estar disponíveis para garantir que as crianças sejam tratadas de modo apropriado ao seu bem-estar e de forma proporcional às circunstâncias e ao tipo de delito.

Art. 41. Nada do estipulado na presente Convenção afetará disposições que sejam mais convenientes para a realização dos direitos da criança e que podem constar:

a) das leis de um Estado-Parte;

b) das normas de Direito Internacional vigentes para esse Estado.

PARTE II

Art. 42. Os Estados-Partes se comprometem a dar aos adultos e às crianças amplo conhecimento dos princípios e disposições da Convenção, mediante a utilização de meios apropriados e eficazes.

Art. 43: 1. A fim de examinar os progressos realizados no cumprimento das obrigações contraídas pelos Estados-Partes na presente Convenção, deverá ser estabelecido um Comitê para os Direitos da Criança que desempenhará as funções a seguir determinadas.

2. O Comitê estará integrado por dez especialistas de reconhecida integridade moral e competência nas áreas cobertas pela presente Convenção. Os membros do Comitê serão eleitos pelos Estados-Partes dentre seus nacionais e exercerão suas funções a título pessoal, tomando-se em devida conta a distribuição geográfica eqüitativa bem como os principais sistemas jurídicos.

3. Os membros do Comitê serão escolhidos, em votação secreta, de uma lista de pessoas indicadas pelos Estados-Partes. Cada Estado-Parte poderá indicar uma pessoa dentre os cidadãos de seu país.

4. A eleição inicial para o Comitê será realizada, no mais tardar, seis meses após a entrada em vigor da presente Convenção e, posteriormente, a cada dois anos. No mínimo quatro meses antes da data marcada para cada eleição, o Secretário-Geral das Nações Unidas enviará uma carta aos Estados-Partes convidando-os a apresentar suas candidaturas num prazo de dois meses. O Secretário-Geral elaborará posteriormente uma lista da qual farão parte, em ordem alfabética, todos os candidatos indicados e os Estados-Partes que os designaram, e submeterá a mesma aos Estados-Partes presentes à Convenção.

5. As eleições serão realizadas em reuniões dos Estados-Partes convocadas pelo Secretário-Geral na Sede das Nações Unidas. Nessas reuniões, para as quais o quórum será de dois terços dos Estados-Partes, os candidatos eleitos para o Comitê serão aqueles que obtiverem o maior número de votos e a maioria absoluta de votos dos representantes dos Estados-Partes presentes e votantes.

6. Os membros do Comitê serão eleitos para um mandato de quatro anos. Poderão ser reeleitos caso sejam apresentadas novamente suas candidaturas. O mandato de cinco membros eleitos na primeira eleição expirará ao término de dois anos; imediatamente após ter sido realizada a primeira eleição, o Presidente da reunião na qual a mesma se efetuou escolherá por sorteio os nomes desses cinco membros.

7. Caso um membro do Comitê venha a falecer ou renuncie ou declare que por qualquer outro motivo não poderá continuar desempenhando suas funções, o Estado-Parte que indicou esse membro designará outro especialista, dentre seus cidadãos, para que exerça o mandato até seu término, sujeito à aprovação do Comitê.

8. O Comitê estabelecerá suas próprias regras de procedimento.

9. O Comitê elegerá a Mesa para um período de dois anos.

10. As reuniões do Comitê serão celebradas normalmente na Sede das Nações Unidas ou em qualquer outro lugar que o Comitê julgar conveniente. O Comitê se reunirá normalmente todos os anos. A duração das reuniões do Comitê será determinada e revista, se for o caso, em uma reunião dos Estados-Partes da presente Convenção, sujeita à aprovação da Assembléia-Geral.

11. O Secretário-Geral das Nações Unidas fornecerá o pessoal e os serviços necessários para o desempenho eficaz das funções do Comitê de acordo com a presente Convenção.

12. Com prévia aprovação da Assembléia-Geral, os membros do Comitê estabelecido de acordo com a presente Convenção receberão emolumentos provenientes dos recursos das Nações Unidas, segundo os termos e condições determinados pela Assembléia.

Art. 44: 1. Os Estados-Partes se comprometem a apresentar ao Comitê, por intermédio do Secretário-Geral das Nações Unidas, relatórios sobre as medidas que tenham adotado com vistas a tornar efetivos os direitos reconhecidos na Convenção e sobre os progressos alcançados no desempenho desses direitos:

a) num prazo de dois anos a partir da data em que entrou em vigor para cada Estado-Parte a presente Convenção;

b) a partir de então, a cada dois anos.

2. Os relatórios preparados em função do presente artigo deverão indicar as circunstâncias e as dificuldades, caso existam, que afetam o grau de cumprimento das obrigações derivadas da presente Convenção. Deverão, também, conter informações suficientes para que o Comitê compreenda, com exatidão, a implementação da Convenção no país em questão.

3. Um Estado-Parte que tenha apresentado um relatório inicial ao Comitê não precisará repetir, nos relatórios posteriores a serem apresentados conforme o estipulado no subitem "b" do § 1 do presente artigo, a informação básica fornecida anteriormente.

4. O Comitê poderá solicitar aos Estados-Partes maiores informações sobre a implementação da Convenção.

5. A cada dois anos, o Comitê submeterá relatórios sobre suas atividades à Assembléia-Geral das Nações Unidas, por intermédio do Conselho Econômico e Social.

6. Os Estados-Partes tornarão seus relatórios amplamente disponíveis ao público em seus respectivos países.

Art. 45. A fim de incentivar a efetiva implementação da Convenção e estimular a cooperação internacional nas esferas regulamentadas pela Convenção:

a) os organismos especializados, o Fundo das Nações Unidas para a Infância e outros órgãos das Nações Unidas terão o direito de estar representados quando for analisada a implementação das disposições da presente Convenção que estejam compreendidas no âmbito de seus mandatos. O Comitê poderá convidar as agências especializadas, o Fundo das Nações Unidas para a Infância e outros órgãos competentes que considere apropriados a fornecer assessoramento especializado sobre a implementação da Convenção em matérias correspondentes a seus respectivos mandatos. O Comitê poderá convidar as agências especializadas, o Fundo das Nações Unidas para a Infância e outros órgãos das Nações Unidas a apresentarem relatórios sobre a implementação das disposições da presente Convenção compreendidas no âmbito de suas atividades;

b) conforme julgar conveniente, o Comitê transmitirá às agências especializadas, ao Fundo das Nações Unidas para a Infância e a outros órgãos competentes quaisquer relatórios dos Estados-Partes que contenham um pedido de assessoramento ou de assistência técnica, ou nos quais se indique que essa necessidade, juntamente com as observações e sugestões do Comitê, se as houver, sobre esses pedidos ou indicações;

c) o Comitê poderá recomendar à Assembléia-Geral que solicite ao Secretário-Geral que efetue, em seu nome, estudos sobre questões concretas relativas aos direitos da criança;

d) o Comitê poderá formular sugestões e recomendações gerais com base nas informações recebidas nos termos dos artigos 44 e 45 da presente Convenção. Essas sugestões e recomendações gerais deverão ser transmitidas aos Estados-Partes e encaminhadas à Assembléia-Geral, juntamente com os comentários eventualmente apresentados pelos Estados-Partes.

PARTE III

Art. 46. A presente Convenção está aberta à assinatura de todos os Estados.

Art. 47. A presente Convenção está sujeita a ratificação. Os instrumentos de ratificação serão depositados junto ao Secretário-Geral das Nações Unidas.

Art. 48. A presente Convenção permanecerá aberta à adesão de qualquer Estado. Os instrumentos de adesão serão depositados junto ao Secretário-Geral das Nações Unidas.

Art. 49: 1. A presente Convenção estará em vigor no trigésimo dia após a data em que tenha sido depositado o vigésimo instrumento de ratificação ou de adesão junto ao Secretário-Geral das Nações Unidas.

2. Para cada Estado que venha a ratificar a Convenção ou a aderir após ter sido depositado o vigésimo instrumento de ratificação ou de adesão, a Convenção entrará em vigor no trigésimo dia após o depósito, por parte do Estado, de seu instrumento de ratificação ou de adesão.

Art. 50: 1. Qualquer Estado-Parte poderá propor uma emenda e registrá-la com o Secretário-Geral das Nações Unidas. O Secretário-Geral comunicará a emenda proposta aos Estados-Partes, com a solicitação de que estes o notifiquem caso apóiem a convocação de uma Conferência de Estados-Partes com o propósito de analisar as propostas e submetê-las a votação. Se, num prazo de quatro meses a partir da data dessa notificação, pelo menos um terço dos Estados-Partes se declarar favorável a tal Conferência, o Secretário-Geral convocará Conferência, sob os auspícios das Nações Unidas. Qualquer emenda adotada pela maioria de Estados-Partes presentes e votantes na Conferência será submetida pelo Secretário-Geral à Assembléia-Geral para sua aprovação.

2. Uma emenda adotada em conformidade com o § 1 e do presente artigo entrará em vigor quando aprovada pela Assembléia Geral das Nações Unidas e aceita por uma maioria de dois terços de Estados-Partes.

3. Quando uma emenda entrar em vigor, ela será obrigatória para os Estados-Partes que a tenham aceito, enquanto os demais Estados-Partes permanecerão obrigados pelas disposições da presente Convenção e pelas emendas anteriormente aceitas por eles.

Art. 51: 1. O Secretário-Geral das Nações Unidas receberá e comunicará a todos os Estados-Partes no momento da ratificação ou da adesão.

2. Não será permitida nenhuma reserva incompatível com o objetivo e o propósito da presente Convenção.

3. Quaisquer reservas poderão ser retiradas a qualquer momento mediante uma notificação nesse sentido dirigida ao Secretário-Geral das Nações Unidas, que informará a todos os Estados. Essa notificação entrará em vigor a partir da data de recebimento da mesma pelo Secretário-Geral.

Art. 52. Um Estado-Parte poderá denunciar a presente Convenção mediante notificação feita por escrito ao Secretário-Geral das Nações Unidas. A denúncia entrará em vigor um ano após a data em que a notificação tenha sido recebida pelo Secretário-Geral.

Art. 53. Designa-se para depositário da presente Convenção o Secretário-Geral das Nações Unidas.

Art. 54. O original da presente Convenção, cujos textos em árabe, chinês, espanhol, francês, inglês e russo são igualmente autênticos, será depositado em poder do Secretário-Geral das Nações Unidas.

Em fé do quê, os Plenipotenciários abaixo-assinados, devidamente autorizados por seus respectivos Governos, assinaram a presente Convenção.

1.7 Convenção Relativa à Proteção e à Cooperação em Matéria de Adoção Internacional (Haia, 29.5.93)

Os Estados signatários da presente Convenção,

Reconhecendo que, para o desenvolvimento harmonioso de sua personalidade, a criança deve crescer em um meio familiar, em um clima de felicidade, de amor e de compreensão;

Recordando que cada país deve tomar, com caráter prioritário, medidas adequadas para permitir a manutenção da criança em sua família de origem;

Reconhecendo que a adoção internacional pode apresentar a vantagem de dar uma família permanente a uma criança que não encontra a família conveniente em seu país de origem;

Convencidos da necessidade de prever medidas para garantir que as ações internacionais devem ser feitas no interesse superior da criança e com respeito a seus direitos fundamentais, assim como para prevenir o seqüestro, a venda ou o tráfico de crianças;

Desejando estabelecer para esse efeito disposições comuns que tomem em consideração os princípios reconhecidos por instrumentos internacionais, em particular a Convenção das Nações Unidas sobre os Direitos da Criança, de 20 de novembro de 1989, e pela Declaração das Nações Unidas sobre os princípios sociais e jurídicos aplicáveis à proteção e ao bem-estar das crianças, com especial referência às práticas em matéria de adoção e de colocação familiar nos planos nacional e internacional (Resolução da Assembléia-Geral 41/85, de 3 de dezembro de 1986),

Acordam as seguintes disposições:

CAPÍTULO I — CAMPO DE APLICAÇÃO DA CONVENÇÃO

Art. 1º. A presente Convenção tem por objeto:

a) estabelecer garantias para que as adoções internacionais sejam feitas levando em consideração o interesse superior da criança e com respeito aos direitos fundamentais, que lhes reconhece o Direito Internacional;

b) instaurar um sistema de cooperação entre os Estados contratantes que assegure o respeito às ditas garantias e, em conseqüência, previna o seqüestro, a venda ou o tráfico de crianças;

c) assegurar o reconhecimento nos Estados contratantes das adoções realizadas segundo a Convenção.

Art. 2º: 1. A Convenção aplica-se quando uma criança com residência habitual em um Estado contratante ("o Estado de origem") tenha sido, é, ou deva ser deslocada para outro Estado contratante ("o Estado de acolhida"), seja após sua adoção no Estado de origem pelos cônjuges ou por uma pessoa residente habitualmente no Estado de acolhida, bem como se essa adoção será realizada, após o deslocamento, no Estado de acolhida ou no Estado de origem.

2. A Convenção somente abrange as adoções que estabeleçam um vínculo de filiação.

Art. 3º. A Convenção deixa de ser aplicável, se as aprovações previstas no art. 17, letra "c", não foram dadas antes que a criança atinja a idade de dezoito anos.

CAPÍTULO II — REQUISITOS PARA AS ADOÇÕES INTERNACIONAIS

Art. 4º. As adoções abrangidas por esta Convenção só podem ter lugar quando as Autoridades competentes no Estado de Origem:

a) tenham estabelecido que a criança é adotável;

b) tenham constatado, depois de haver examinado adequadamente as possibilidades de colocação da criança em seu Estado de origem, que uma adoção internacional responde ao interesse superior da criança;

c) tenham assegurado que:

1) as pessoas, instituições e autoridades, cujo consentimento se requeira para a adoção, tenham sido convenientemente instruídas e devidamente informadas das conseqüências de seu consentimento, em particular das conseqüências em relação à manutenção ou à ruptura, em virtude da adoção, dos vínculos jurídicos entre a criança e sua família de origem;

2) estas pessoas, instituições e autoridades tenham dado seu consentimento livremente, na forma legalmente prevista, e que este consentimento tenha sido manifestado ou constatado por escrito;

3) os consentimentos não tenham sido obtidos mediante pagamento ou compensação de qualquer espécie e que tais consentimentos não tenham sido revogados; e

4) o consentimento da mãe, se ele é exigido, somente foi expressado após o nascimento da criança;

d) tenham assegurado, observada a idade e o grau de maturidade da criança, que:

1) tenha sido esta convenientemente instruída e devidamente informada sobre as conseqüências da adoção e de seu consentimento à adoção, quando este é exigido;

2) tenham sido tomados em consideração os desejos e as opiniões da criança;

3) o consentimento da criança à adoção, quando exigido, tenha sido dado livremente, na forma prevista, e que este consentimento tenha sido manifestado ou constatado por escrito;

4) o consentimento não tenha sido obtido mediante pagamento ou compensação de qualquer espécie.

Art. 5º. As adoções abrangidas por essa Convenção só podem ter lugar quando as Autoridades competentes do Estado de acolhida:

a) tenham constatado que os futuros pais adotivos são habilitados e aptos para adotar;

b) tenham se assegurado de que os futuros pais adotivos tenham sido convenientemente instruídos;

c) tenham constatado que a criança foi ou poderá ser autorizada a entrar e a residir permanentemente no Estado de acolhida.

CAPÍTULO III — AUTORIDADES CENTRAIS E ORGANISMOS AUTORIZADOS

Art. 6º: 1. Todo Estado contratante designará uma Autoridade Central encarregada de dar cumprimento às obrigações que a presente Convenção impõe.

2. Um Estado federal, um Estado no qual vigoram diversos sistemas jurídicos ou um Estado com unidades territoriais autônomas pode designar mais de uma Autoridade Central e especificar a extensão territorial e pessoal de suas funções. O Estado que faça uso dessa faculdade designará a Autoridade Central a quem pode ser dirigida toda comunicação para sua retransmissão à Autoridade Central competente dentro desse Estado.

Art. 7º: 1. As Autoridades Centrais deverão cooperar entre si e promover a colaboração entre as Autoridades competentes de seus respectivos Estados para assegurar a proteção das crianças e alcançar os demais objetivos da Convenção.

2. As Autoridades Centrais tomarão, diretamente, todas as medidas para:

a) proporcionar informações sobre a legislação de seus Estados em matéria de adoção internacional e outras informações gerais, tais como estatísticas e formulários;

b) informar-se mutuamente sobre o funcionamento da Convenção e, na medida do possível, suprimir os obstáculos para sua aplicação.

Art. 8º. As Autoridades tomarão, diretamente ou com a cooperação de autoridades públicas, todas as medidas apropriadas para prevenir benefícios materiais indevidos em virtude de uma adoção e para impedir toda prática contrária aos objetivos da Convenção.

Art. 9º. As Autoridades tomarão todas as medidas apropriadas, seja diretamente ou com a cooperação de Autoridades públicas ou outros organismos devidamente acreditados em seu Estado, em especial para:

a) reunir, conservar e intercambiar as informações relativas à situação da criança e dos futuros pais adotivos, na medida do necessário para a realização da adoção;

b) facilitar, seguir e ativar o procedimento de adoção;

c) promover o desenvolvimento de organismos de assessoramento em matéria de adoção e de serviços para o acompanhamento das adoções em seus respectivos Estados;

d) intercambiar relatórios gerais de avaliação sobre as experiências em matéria de adoção internacional;

e) responder, na medida em que permite a lei do Estado requerido, às solicitações de informações motivadas a respeito de uma situação particular de adoção formuladas por outras Autoridades Centrais ou por autoridades públicas.

Art. 10. Somente podem obter e conservar o acreditamento (*agreement*) e conservá-lo os organismos que demonstrarem sua aptidão para cumprir corretamente as funções, que puderem lhe ser conferidas.

Art. 11. Um organismo acreditado deve:

a) perseguir unicamente fins não lucrativos, nas condições e dentro dos limites fixados pelas Autoridades competentes do Estado que o tenham acreditado;

b) ser dirigido e administrado por pessoas qualificadas por sua integridade moral e por sua formação ou experiência para atuar em matéria de adoção internacional;

c) estar submetido ao controle das Autoridades competentes de dito Estado, no que se refere à sua composição, funcionamento e situação financeira.

Art. 12. Um organismo acreditado em um Estado contratante somente poderá atuar em outro Estado contratante se foi autorizado pelas Autoridades competentes de ambos os Estados.

Art. 13. A designação das Autoridades Centrais e, quando o caso, a extensão de suas funções, assim como os nomes e endereços dos organismos acreditados, devem ser comunicados para cada Estado contratante ao *Bureau* Permanente da Conferência de Haia de Direito Internacional Privado.

CAPÍTULO IV — REQUISITOS DE PROCEDIMENTO PARA A ADOÇÃO INTERNACIONAL

Art. 14. As pessoas com residência habitual em um Estado contratante, que desejem adotar uma criança, cuja residência habitual seja em outro Estado contratante, deverão dirigir-se à Autoridade Central do Estado de sua residência habitual.

Art. 15: 1. Se a Autoridade Central do Estado de acolhida considera que os solicitantes são habilitados e aptos para adotar, prepara um relatório que contenha informações sobre a identidade, capacidade jurídica dos solicitantes para adotar, sua situação pessoal, familiar e médica, seu meio social, os motivos que os animam, sua aptidão para assumir uma adoção internacional, assim como sobre as crianças que eles estariam em condições de cuidar.

2. A Autoridade Central do Estado de acolhida transmitirá o relatório à Autoridade Central do Estado de origem.

Art. 16: 1. Se a Autoridade Central do Estado de origem considera que a criança é adotável:

a) preparará um relatório que contenha informações sobre a identidade da criança, sua adotabilidade, seu meio social, sua evolução pessoal e familiar, sua história médica e de sua família, assim como sobre suas necessidades particulares;

b) levará em conta as condições de educação da criança, assim como sua origem étnica, religiosa e cultural;

c) assegurar-se-á de que os consentimentos foram obtidos de acordo com o artigo 5º; e

d) constatará, baseando-se especialmente nos relatórios relativos à criança e aos futuros pais adotivos, se a colocação prevista obedece ao interesse superior da criança.

2. A Autoridade Central transmite à Autoridade Central do Estado de acolhida seu relatório sobre a criança, a prova dos consentimentos requeridos e as razões que informam a colocação, cuidando para não revelar a identidade da mãe ou do pai, caso o Estado de origem não permita a divulgação dessas identidades.

Art. 17. Toda decisão de confiar uma criança aos futuros pais adotivos somente pode ser tomada no Estado de origem se:

a) a Autoridade Central do Estado de origem tenha se assegurado de que os futuros pais adotivos manifestaram seu acordo;

b) a Autoridade Central do Estado de acolhida tenha aprovado tal decisão, quando esta aprovação é requerida pela lei do Estado de acolhida ou pela Autoridade Central do Estado de origem;

c) as Autoridades Centrais de ambos os Estados estão de acordo que se prossiga com a adoção; e

d) se tenha constatado, de acordo com o artigo 5º, que os futuros pais adotivos são habilitados e aptos a adotar e que a criança tenha sido ou será autorizada a entrar e residir permanentemente no Estado de acolhida.

Art. 18. As Autoridades Centrais dos dois Estados tomarão as medidas necessárias para que a criança receba a autorização de saída do Estado de origem, assim como aquela de entrada e de permanência definitiva no Estado de acolhida.

Art. 19: 1. O deslocamento da criança para o Estado de acolhida só pode ocorrer quando se tenha observado os requisitos do artigo 17.

2. As Autoridades Centrais dos dois Estados devem assegurar que o deslocamento se realize com toda a segurança, em condições adequadas e, quando possível, em companhia dos pais adotivos ou futuros pais adotivos.

3. Se o deslocamento da criança não se efetua, os relatórios a que se referem os artigos 15 e 16 serão devolvidos às Autoridades que os tenham expedido.

Art. 20. As Autoridades Centrais se manterão informadas sobre o procedimento de adoção e as medidas adotadas para seu termo, assim como sobre o desenvolvimento do período probatório, se esse é requerido.

Art. 21. Se a adoção deve ter lugar no Estado de acolhida, após o deslocamento da criança, e a Autoridade Central de dito Estado considera que a manutenção da criança na família de acolhida já não responde ao seu interesse superior, esta Autoridade Central tomará as medidas necessárias para a proteção da criança, especialmente para:

a) retirar a criança das pessoas que desejavam adotá-la e prover, provisoriamente, seu cuidado;

b) em consulta com a Autoridade Central do Estado de origem, assegurar, sem demora, uma nova colocação com vistas à sua adoção ou, em sua falta, uma colocação alternativa de caráter duradouro. Uma nova adoção da criança somente poderá ter lugar se a Autoridade Central do Estado de origem tenha sido devidamente informada sobre os novos pais adotivos;

c) como último recurso, assegurar o retorno da criança ao Estado de origem, se assim exige o interesse da criança.

Art. 22: 1. As funções conferidas à Autoridade Central pelo presente capítulo podem ser exercidas por Autoridades Públicas ou por organismos acreditados, em conformidade com o capítulo III, e sempre na medida prevista pela lei deste Estado.

2. Um Estado contratante pode declarar ante o depositário da Convenção que as funções conferidas à Autoridade Central pelos artigos 15 e 21 poderão também ser exercidas neste Estado, dentro dos limites permitidos pela lei e sob o controle das autoridades competentes desse Estado, por pessoas e organismos que:

a) cumpram as condições de integridade moral, de competência profissional, experiência e responsabilidade exigidas por dito Estado;

b) são qualificados por seus padrões éticos e sua formação e experiência para atuar em matéria de adoção internacional.

3. O Estado contratante que efetue esta declaração, prevista no § 2º, informará com regularidade ao *Bureau* Permanente da Conferência de Haia de Direito Internacional Privado os nomes e endereços destes organismos e pessoas.

4. Não obstante toda declaração efetuada de acordo com o § 2º, os relatórios previstos pelos artigos 15 e 16 são, em todos os casos, elaborados sob a

responsabilidade da Autoridade Central ou por autoridades ou organismos, em conformidade com o § 1º.

5. Um Estado contratante pode declarar ante o depositário da Convenção que as adoções de crianças, cuja residência habitual esteja situada em seu território, somente poderão ter lugar se as funções conferidas às Autoridades Centrais são exercidas de acordo com o § 1º.

CAPÍTULO V — RECONHECIMENTO E EFEITOS DA ADOÇÃO

Art. 23: 1. Uma adoção certificada como conforme à Convenção por uma autoridade competente do Estado onde teve lugar será reconhecida de pleno direito pelos demais Estados contratantes. O certificado deve especificar quando e quem outorgou o assentimento previsto no art. 17, letra "c".

2. Todo Estado contratante no momento da assinatura, da ratificação, aceitação, aprovação ou adesão, notificará ao depositário da Convenção a identidade e as funções da autoridade ou autoridades, as quais neste Estado são competentes para elaborar esta certificação, bem como notificará, igualmente, qualquer modificação na designação dessas autoridades.

Art. 24. O reconhecimento de uma adoção só pode ser recusado por um Estado contratante, se esta adoção é manifestamente contrária à sua ordem pública, tomando em consideração o interesse superior da criança.

Art. 25. Todo Estado contratante pode declarar ante o depositário da Convenção que não reconhecerá as adoções feitas conforme um acordo concluído com base no artigo 39, § 2º desta Convenção.

Art. 26: 1. O reconhecimento da adoção implica o reconhecimento:

a) do vínculo de filiação entre a criança e seus pais adotivos;

b) da responsabilidade paterna dos pais adotivos a respeito da criança;

c) da ruptura de filiação preexistente entre a criança e sua mãe ou pai, se a adoção produz efeito no Estado contratante em que teve lugar.

2. Se a adoção tem como efeito a ruptura do vínculo preexistente de filiação, a criança gozará, no Estado de acolhida e em todo outro Estado contratante, no qual se reconheça a adoção, de direitos equivalentes aos que resultam de uma adoção, que produza tal efeito em cada um desses Estados. .

3. Os parágrafos precedentes não impedirão a aplicação de disposições mais favoráveis à criança, em vigor nos Estados contratantes em que se reconheça a adoção.

Art. 27: 1. Se uma adoção realizada em um Estado de origem não tem como efeito a ruptura do vínculo preexistente de filiação, o Estado de acolhida, que reconhece a adoção, em conformidade com a Convenção, poderá convertê-la em uma adoção que produza tal efeito, se:

a) a lei do Estado de acolhida permite; e

b) os consentimentos exigidos no artigo 4º, letras "c" e "d", tenham sido ou são outorgados para tal adoção.

2. O artigo 23 aplicar-se-á à decisão sobre a conversão.

CAPÍTULO VI — DISPOSIÇÕES GERAIS

Art. 28. A Convenção não derroga nenhuma lei de um Estado de origem, o qual requeira que a adoção de uma criança residente habitualmente nesse Estado tenha lugar nesse Estado, ou que proíba a colocação da criança no Estado de acolhida ou seu deslocamento ao Estado de acolhida antes da adoção.

Art. 29. Não haverá nenhum contato entre os futuros pais adotivos e os pais da criança ou qualquer outra pessoa que detenha a sua guarda até que se tenham cumprido as condições do artigo 4º, letras "a" e "c" e do artigo 5º, letra "a", salvo os casos em que a adoção seja efetuada entre membros de uma mesma família ou se as condições fixadas pela autoridade competente do Estado de origem forem cumpridas.

Art. 30: 1. As autoridades competentes de um Estado contratante conservarão as informações de que disponham relativamente à origem da criança, em particular a informação a respeito da identidade de seus pais, assim como a história médica da criança e de sua família.

2. Estas autoridades assegurarão o acesso, com o devido assessoramento, da criança ou de seu representante legal a estas informações, na medida em que o permita a lei de dito Estado.

Art. 31. Sem prejuízo do estabelecido no artigo 30, os dados pessoais que se obtenham ou transmitam conforme a Convenção, em particular aqueles a que se referem os artigos 15 e 16, não poderão ser utilizados para fins distintos daqueles para os quais foram obtidos ou transmitidos.

Art. 32: 1. Ninguém pode obter benefícios financeiros indevidos em razão de uma intervenção em uma adoção internacional.

2. Somente se pode reclamar e pagar custos e gastos, incluindo os honorários profissionais razoáveis das pessoas que tenham intervindo na adoção.

3. Os dirigentes, administradores e empregados dos organismos intervenientes em uma adoção não podem receber remuneração desproporcional em relação aos serviços prestados.

Art. 33. Toda Autoridade competente que constate que uma disposição da Convenção não foi respeitada ou existe risco manifesto de que não venha a sê-lo informará imediatamente à Autoridade Central de seu Estado. Esta Autoridade Central terá a responsabilidade de assegurar que se tomem as medidas adequadas.

Art. 34. Se a autoridade competente do Estado destinatário de um documento requer que se faça deste uma tradução certificada, esta deverá ser produzida; salvo dispensa, os custos de tais traduções correrão a cargo dos futuros pais adotivos.

Art. 35. As autoridades competentes dos Estados contratantes atuarão com celeridade nos procedimentos de adoção.

Art. 36. Em relação a um Estado que possua, em matéria de adoção, dois ou mais sistemas jurídicos aplicáveis em diferentes unidades territoriais:

a) toda referência à residência habitual neste Estado entender-se-á como referindo-se à residência habitual em uma unidade territorial de dito Estado;

b) toda referência à lei deste Estado entender-se-á como referindo-se à lei vigente na correspondente unidade territorial;

c) toda referência às autoridades competentes ou às autoridades públicas deste Estado entender-se-á como referindo-se às autoridades autorizadas para atuar na correspondente unidade territorial;

d) toda referência aos organismos autorizados de dito Estado entender-se-á como referindo-se aos organismos autorizados na correspondente unidade territorial.

Art. 37. Em relação a um Estado que possua, em matéria de adoção, dois ou mais sistemas jurídicos aplicáveis a categorias diferentes de pessoas, toda referência à lei deste Estado entender-se-á como referindo-se ao sistema jurídico indicado pela lei de dito Estado.

Art. 38. Um Estado em que distintas unidades territoriais possuam próprias regras de Direito em matéria de adoção não estará obrigado a aplicar a Convenção quando um Estado com sistema jurídico unitário não estaria obrigado a fazê-lo.

Art. 39: 1. A Convenção não derroga os instrumentos internacionais em que os Estados contratantes sejam partes e que contenham disposições materiais reguladas pela presente Convenção, salvo declaração em contrário dos Estados vinculados por ditos instrumentos internacionais.

2. Todo Estado contratante poderá concluir com um ou mais Estados contratantes acordos para favorecer a aplicação da Convenção em suas relações recíprocas. Estes acordos somente poderão derrogar as disposições contidas nos artigos 14 a 16 e 18 a 21. Os Estados que concluam tais acordos transmitirão uma cópia dos mesmos ao depositário da presente Convenção.

Art. 40. Nenhuma reserva é admitida à Convenção.

Art. 41. A Convenção aplicar-se-á às solicitações formuladas conforme o artigo 14 e recebidas depois da entrada em vigor da Convenção no Estado de origem e no Estado de acolhida.

Art. 42. O Secretário-Geral da Conferência de Haia de Direito Internacional Privado convocará, periodicamente, uma Comissão Especial para examinar o funcionamento prático da Convenção.

CAPÍTULO VII — CLÁUSULAS FINAIS

Art. 43: 1. A Convenção estará aberta à assinatura dos Estados que eram membros da Conferência de Haia de Direito Internacional Privado quando se celebrou sua décima-sétima sessão e aos demais Estados participantes da referida sessão.

2. Ela será ratificada, aceita ou aprovada e os instrumentos de ratificação, aceitação ou aprovação depositar-se-ão no Ministério de Assuntos Exteriores do Reino dos Países Baixos, depositário da Convenção.

Art. 44: 1. Qualquer outro Estado poderá aderir à Convenção depois de sua entrada em vigor, em virtude do artigo 46, § 1º.

2. O instrumento de adesão será depositado em poder do depositário da Convenção.

3. A adesão somente surtirá efeitos nas relações entre o Estado aderente e os Estados contratantes que não tenham formulado objeção à adesão nos seis meses seguintes à recepção da notificação a que se refere o artigo 48, letra "b". Poderá assim mesmo formular uma objeção a respeito de qualquer Estado no momento da ratificação, aceitação ou aprovação da Convenção posterior à adesão. Ditas objeções serão notificadas ao depositário.

Art. 45: 1. Quando um Estado compreenda duas ou mais unidades territoriais nas quais se apliquem sistemas jurídicos diferentes, no que se refere a questões reguladas pela presente Convenção, poderá declarar, no momento da assinatura, ratificação, aceitação, aprovação ou adesão, que dita Convenção aplicar-se-á a todas as suas unidades territoriais ou somente a uma ou várias delas e poderá em qualquer momento modificar esta declaração fazendo outra nova.

2. Toda declaração desta natureza será notificada ao depositário e nesta se indicarão expressamente as unidades territoriais às quais a Convenção será aplicável.

3. Em caso de um Estado não formular nenhuma declaração conforme este artigo, a Convenção aplicar-se-á à totalidade do território do referido Estado.

Art. 46: 1. A Convenção entrará em vigor no dia primeiro do mês seguinte à expiração de um período de três meses depois do depósito do terceiro instrumento de ratificação, de aceitação ou de aprovação previsto no artigo 43.

2. Posteriormente, a Convenção entrará em vigor:

a) para cada Estado que a ratifique, aceite ou aprove posteriormente, ou apresente adesão à mesma no primeiro dia do mês seguinte à expiração de um período de três meses depois do depósito de seu instrumento de ratificação, aceitação, aprovação ou adesão;

b) para as unidades territoriais às quais se tenha feito extensiva a aplicação da Convenção, conforme o disposto no artigo 45, no primeiro dia do mês seguinte à expiração de um período de três meses depois da notificação prevista em dito artigo.

Art. 47: 1. Todo Estado-Parte nesta Convenção pode denunciá-la mediante notificação por escrito dirigida ao depositário.

2. A denúncia surtirá efeito no primeiro dia do mês seguinte à expiração de um período de doze meses da data da recepção da notificação pelo depositário. Caso a notificação fixe um período maior para que a denúncia surta efeito, esta terá efeito quando transcorrer referido período, o qual se contará da data da recepção da notificação.

Art. 48. O depositário notificará aos Estados-Membros da Conferência de Haia de Direito Internacional Privado assim como aos demais Estados participantes da décima-sétima sessão e aos Estados que tenham aderido de conformidade com o disposto no artigo 44:

    a) as assinaturas, ratificações e aprovações a que se refere o artigo 43;

    b) as adesões e as objeções às mesmas a que se refere o artigo 44;

    c) a data em que a Convenção entrará em vigor, conforme dispõe o artigo 46;

    d) as declarações a que se referem os artigos 22, 23, 25 e 45;

    e) os assentimentos mencionados no artigo 39;

    f) as denúncias a que se refere o artigo 47.

E por isso, com plena consciência, os abaixo-assinados devidamente autorizados, assinaram a presente Convenção.

Feita em Haia, no dia vinte e nove de maio de mil novecentos e noventa e três, em francês e inglês, os dois textos fazendo igualmente fé, em um só exemplar, o qual será depositado nos arquivos do Governo do Reino dos Países Baixos e do qual uma cópia será enviada, por via diplomática, a cada um dos Estados-Membros da Conferência de Haia de Direito Internacional Privado quando da décima-sétima sessão, assim como a cada um dos Estados que participaram desta sessão.

Estados Signatários: Argentina, Austrália, Áustria, Bélgica, China, Canadá, Chipre, Tcheco-Eslováquia, Dinamarca, Egito, Finlândia, França, Alemanha, Grécia, Hungria, Irlanda, Israel, Itália, Japão, Luxemburgo, México, Países Baixos, Noruega, Polônia, Portugal, Espanha, Suriname, Suécia, Suíça, Reino Unido da Grã-Bretanha e Irlanda do Norte, Estados Unidos da América, Uruguai, Venezuela e Iugoslávia. O Brasil participou como membro *ad hoc*.

2
A ADOÇÃO E A ADOÇÃO INTERNACIONAL NA JURISPRUDÊNCIA BRASILEIRA

ADOÇÃO – Adotantes estrangeiros – Complementação do estudo social – Dispensa pela Comissão Estadual Judiciária de Adoção Internacional – Admissibilidade – Ato que se insere no juízo de conveniência da Comissão – Concessão de habilitação para adoção, ademais, que não excluirá a avaliação do conteúdo do estudo por parte do juiz competente – Segurança denegada.

O laudo de habilitação é apenas requisito da admissibilidade do pedido de adoção, mas não é fundamento para sua concessão. Não vincula o juiz, único competente para o reconhecimento e aplicação do instituto.

MS 18.272-0-São Paulo, Impetrante: Ministério Público, Impetrada: Comissão Estadual Judiciária de Adoção Internacional.

MENOR – Adoção por estrangeiro – Estágio de convivência – Possibilidade de ser satisfeito anteriormente ou posteriormente ao pedido.

Adoção por estrangeiro – O estágio de convivência pode ser satisfeito anteriormente ou após o pedido de adoção – Reais vantagens para o adotado.

Proc. 250/92-TJ, rel. Des. Fernando Whitaker, j. 24.6.92.

MENOR – Adoção – Casal estrangeiro – Criança com menos de 30 dias de idade – Admissibilidade – Exigências legais satisfeitas e concordância materna – Pedido deferido.

Diante da regularidade de processo em que satisfeitas as exigências legais, defere-se a adoção de menor – Recurso provido.

TJSP, C. Esp., Ap. 8.402, rel. Des. Álvaro Brandão Filho, j. 24.3.92.

ADOÇÃO – Família estrangeira – Suspensão – Requerimento por ascendente.

Adoção – Família estrangeira – Suspensão requerida por ascendente. Constitui direito líquido e certo do ascendente do menor o requerimento da suspensão do processo de adoção de seus netos, por casal estrangeiro, até que se esgotem as possibilidades de sua colocação em lar de família brasileira. A lei específica prevê que a adoção em família substituta e estrangeira somente será admissível na modalidade de adoção como medida de caráter excepcional.

TJMG, MS 6.735-Uberaba, rel. Des. Murilo Pereira.

ADOÇÃO – Disputa com estrangeiros – Prevalência do interesse do menor.

Adoção de criança brasileira por estrangeiro – Caráter supletivo – Interesse do menor – Prioridade. O Estatuto da Criança e do Adolescente não faz discriminação entre brasileiros e estrangeiros. O que a lei quer é que se dê supremacia à criança ou ao adolescente, seu bem-estar, seus direitos, dignidade, convivência familiar etc., e, estando brasileiros e estrangeiros nas mesmas condições, sendo ambos convenientes à criança ou ao adolescente, deve-se preferir o brasileiro ao estrangeiro. Se, porém, as condições oferecidas pelo casal estrangeiro forem melhores e trouxerem vantagens ao menor, a medida excepcional deve ser aplicada.

TJMG, 4ª C., Ag. 22.528-4, rel. Des. Alves de Melo, j. 2.4.92, (*Minas Gerais* II 5.12.92, p. 1, ementa oficial).

ADOÇÃO INTERNACIONAL – Estrangeiros não residentes no Brasil – Constituição da República, art. 227, § 5º – Estatuto da Criança e do Adolescente, arts. 31, 46, § 2º, 51 e 52 – Excepcionalidade – Interesse de casal brasileiro serodiamente demonstrado – Ação improcedente – Recurso provido.

É de todo lamentável que um país não tenha condições de abrigar, em seu próprio território, inseridas na sua cultura e nas suas tradições, crianças abandonadas. Pior ainda é o título, nada honroso, que o Brasil ostenta, de campeão – o primeiro lugar – dentre todos os exportadores de crianças para adoção à frente da Colômbia, Srilanka e Turquia (Relatório da Conferência Internacional de Haia, 28 de maio de 1993). Isso, apesar da excepcionalidade dessa modalidade de colocação em família substituta (estrangeira), determinada no artigo 31 do ECA.

Nada obstante tal verdade, a adoção por estrangeiro é permitida, se atendidos os artigos 46, § 2º e 51 do Estatuto.

Entregue a criança, contando menos de dois meses de vida, ao casal adotante, posto inexistirem outros pretendentes nacionais, o aparecimento posterior de interessados, não cadastrados na Comarca, quando praticamente findo o processo, não pode obstaculizar à adoção por estrangeiros.

Ao decidir pedido de adoção, o juiz deve preocupar-se, antes de tudo, com o bem-estar da criança, certificando-se da satisfação de suas necessidades psicológicas básicas de afeto e segurança, sem esquecer a doutrina perfilhada no Estatuto, da proteção integral, em conformidade, aliás, com a Convenção sobre os Direitos da Criança, adotada pela ONU em 20 de novembro de 1989 e subscrita pelo Governo Brasileiro a 26 de janeiro de 1990 (texto aprovado pelo Decreto Legislativo 28, de 14.9.90, e promulgado pelo Decreto Executivo 99.710, de 21.11.90).

TJSC, Ap. 42.514-Guaramirim/SC, rel. Des. Xavier Vieira.

CONFLITO DE COMPETÊNCIA – Adoção internacional – Destituição de pátrio poder – Pedidos conexos – Situação do menor – Irrelevância – Competência do Juizado da Infância e da Juventude.

O art. 148 do Estatuto da Criança e do Adolescente define a competência do Juizado da Infância e da Juventude, enumerando taxativamente os casos de sua competência, entre os quais o de adoção de menor em situação irregular, esta definida no art. 98 do mesmo Estatuto. Em face da clareza do novo texto, não pode haver mais dúvida de que a adoção far-se-á sempre no Juizado da Infância e da Juventude, independentemente da situação em que se encontra o menor, cabendo-lhe também decidir sobre pedidos que lhe são conexos.

TJMG, 2ª C., CComp 34.089-6-Belo Horizonte, rel. Des. Dagma Paulino dos Reis, v.u., *DJE* 7.10.93.

MENOR – Pai adotivo – Acusação – Efeito.

Se o menor imputa a seu pai adotivo a prática de atos infamantes, a determinação do Juiz da Infância e da Juventude, acautelando o menor sob a forma de abrigo, é decisão que não caracteriza abuso de direito nem ilegalidade.

TJRJ, MS 272, reg. 17.9.93, rel. Des. Rebello de Mendonça, v.u.

CONFLITO DE COMPETÊNCIA – Menores em situação de abandono. Competência do Juizado da Infância e da Juventude – Provido.

Compete ao Juizado da Infância e da Juventude conhecer e julgar os pedidos de guarda de menor em situação irregular, decorrente de abandono dos pais.

TJMS, 2ª T., CComp 34.210-1-Campo Grande, rel. Des. José Augusto de Souza, v.u., *DJE* 7.10.93.

CONFLITO DE COMPETÊNCIA – Conflito negativo de competência – Adoção – Competência do Juizado da Infância e da Juventude.

Compete ao Juizado da Infância e da Juventude processar e julgar os pedidos de adoção, sendo irrelevante o estado jurídico em que se encontra o menor.

TJMS, 2ª T., CComp 34.212-5-Campo Grande, rel. Des. Mílton Malulei, v.u., *DJE* 7.10.93.

CONFLITO DE COMPETÊNCIA – Conflito negativo de competência – Juiz da Vara de Família e Juiz da Infância e da Juventude – Competência deste.

É competente o Juiz da Infância e da Juventude, para conhecer e julgar os pedidos de adoção de criança e adolescente, independentemente da situação em que se encontrem.

TJMS, 1ª T., CComp 34.391-1-Campo Grande, rel. Des. Frederico Farias de Miranda, v.u., *DJE* 12.11.93.

CONFLITO DE COMPETÊNCIA – Adoção – Juiz da Vara de Família e Juiz da Infância e da Juventude.

É competente o Juiz da Infância e da Juventude para conhecer e julgar os pedidos de adoção de criança e de adolescente, independentemente da situação em que se encontrem.

TJMS, 2ª T., CComp 34.829-0-Campo Grande, rel. Des. Mílton Malulei, v.u., *DJE* 12.11.93.

TJMS, 2ª T., CComp 34.866-3-Campo Grande, rel. Des. Mílton Malulei, v.u., *DJE* 12.11.93.

CONFLITO DE COMPETÊNCIA – Adoção de menor – Pedido aforado perante a Justiça da Infância e Juventude – Declinação da competência para a Vara de Família e Sucessão – Conflito negativo de competência – Acolhimento – Declaração da competência do juiz suscitado – Inteligência do inciso III do art. 148 do Estatuto da Criança e do Adolescente.

Ante a ausência de regras próprias no Código de Organização e Divisão Judiciárias do Estado a respeito da competência específica entre as Varas de Família e Sucessão e da Infância e Juventude, declara-se a competência desta última para dirimir pedidos de adoção de menores até dezoito anos de idade, consoante expressa disposição contida no inciso III do art. 148 do Estatuto da Criança e do Adolescente.

TJMS, 1ª T., CComp 34.187-7-Campo Grande, rel. Des. Josué de Oliveira.

MENOR – Colocação em família substituta – Expressa concordância dos pais – Desnecessidade de ser o requerimento feito por advogado, bastando petição assinada pelos requerentes – Aplicação do art. 166 da Lei 8.069/90.

Para a colocação de menor em família substituta, tendo havido expressa concordância dos pais, não há como exigir-se o requerimento por advogado, bastando petição assinada pelos requerentes, de acordo com o art. 166 da Lei 8.069/90.

TJSP, C. Esp., AI 12.793-0, rel. Des. Sylvio do Amaral, j. 6.6.91.

ADOÇÃO DE MENOR POR CASAL ESTRANGEIRO – Pretendentes brasileiros.

Disposições de ordem administrativa da Corregedoria-Geral da Justiça, preterindo casais estrangeiros em favor de brasileiros, na adoção de menores, não é regra de direito para excluir, desde logo, a possibilidade de uma criança brasileira ser adotada por casal estrangeiro, mesmo existindo pretendentes brasileiros, porque o que se visa é o bem-estar do menor, fique ele no Brasil ou no exterior. Apelo provido para determinar que prossiga o processo de adoção.

TJRS, 8ª C., Ap. 592136972-São Leopoldo/RS.

MENOR – Adoção – Adotante separado judicialmente – Irrelevância – Expressa permissão no art. 42 da Lei 8.069/90, que desvincula o estado civil do direito de adotar.

A Lei 8.069/90 liberalizou o regime legal de adoção, seja qual for a situação jurídica da criança ou do adolescente, estabelecendo expressamente em seu art. 42 que "podem adotar os maiores de 21 anos, independentemente do estado civil". Irrelevante, portanto, a circunstância de ser o adotante separado judicialmente.

TJSP, C. Esp., RI 12.088-0, rel. Des. Sylvio do Amaral, j. 17.1.91.

ADOÇÃO – Concordância da mãe com o pedido – Retratação posterior que impõe a instauração de procedimento contraditório – Impossibilidade de destituição do pátrio poder "ex officio".

Se a mãe do adotando concorda com a adoção e posteriormente se retrata, impositivo que se lhe dê oportunidade para contestar o pedido, instaurando-se procedimento contraditório, não podendo, *ex officio*, ser destituída do pátrio poder.

TJSP, C. Esp., RI 12.432-0, rel. Des. Torres de Carvalho, j. 14.3.91.

MENOR – Situação irregular – Adoção – Pedido formulado através de procuração por casal estrangeiro que não teve o mínimo contato com a criança a ser adotada – Inadmissibilidade – Necessidade de estágio de convivência, ainda que reduzido, para que não ocorra arrependimento futuro quanto à escolha efetuada pelo procurador – Aplicação do art. 39, parágrafo único, da Lei 8.069/90.

Adoção simples – Pedido formulado por procurador – Requerentes estrangeiros – Ausência de estágio de convivência. Não obstante o interesse do Poder Judiciário de que menores em situação irregular adquiram pais adotivos, fica vedada pelo Estatuto da Criança e do Adolescente a adoção por procuração, uma vez que os adotantes, ainda que estrangeiros, têm que ter o mínimo de contato com a criança a ser adotada, isto é, um reduzido estágio de convivência, para que não ocorra arrependimento futuro quanto àquela escolhida pelo procurador.

TJSP, 4ª C., AI. 22.243-4, rel. Des. Monteiro de Barros, j. 20.6.91.

Adoção – Destituição de pátrio poder – Termo de renúncia firmado pelos pais – Menor pretendido adotado por casal internacional – Deferimento da adoção – Terceiro prejudicado – Apelação intempestiva – Recurso não conhecido.

O prazo deferido para terceiro recorrer é o das partes. Interposta a apelação contra decisão que destituiu os pais biológicos do pátrio poder e decretou a adoção dos menores, por terceiro prejudicado (mãe dos adotados) fora do prazo legal (art. 198, II, do ECA), não se conhece do recurso.

TJPR, Ap. 2.485-9-Curiúva, rel. Des. Accácio Cambi, ac. n. 8.237, Conselho da Magistratura, j. 10.12.98.

Embargos de Declaração – Adoção – Destituição do pátrio poder – Deferimento – Terceiro prejudicado – Apelação intempestiva – Omissão inexistente – Embargos rejeitados.

Opostos embargos de declaração a acórdão, que não conheceu do recurso de apelação interposto por terceiro interessado, por ser intempestivo, rejeitam-se os embargos, desde que inexistem, no acórdão, as omissões apontadas.

TJPR, Emb. Decl. 982.485-9/1, rel. Des. Accácio Cambi, ac. n. 8.334, j. 8.2.99.
TJPR, Emb. Decl. 98.2485-9/4-Curiúva, rel. Des. Accácio Cambi, ac. n. 8.392, j. 10.5.99.

Adoção – Família substituta – Estudo social contrário – Não comprovação dos requisitos legais (arts. 29 e 43 do ECA) – Decisão confirmada.

1. Para que uma criança seja colocada, mediante adoção, em uma família substituta, é necessário a rigorosa comprovação dos critérios de compatibilidade da pessoa que deseja adotar com a natureza da medida, do ambiente familiar adequado, das vantagens para o adotando e da fundamentação calcada em motivos legítimos, previstos nos artigos 29 e 43, do ECA, vez que os interesses do menor prevalecem sobre a vontade dos adotantes.

2. Não elididos os pontos contrários à adoção constantes do estudo social, pelas provas produzidas pelos requerentes, deve ser rejeitada a pretensão de colocação da criança na família substituta.

TJPR, Ap. 982.581-2, rel. Des. Accácio Cambi, ac. n. 8.346, j. 8.3.99.

Infância e juventude – Pedido de adoção – Concessão de guarda.

Julgamento *extra petita*. Inocorrência de nulidade. Ausência de prejuízo. Poder geral de cautela do juiz. Condenação em custas processuais. Isenção legal. Exclusão. Provimento parcial do apelo.

TJPR, Ap. 45-5-Toledo, rel. Des. Dilmar Kessler, ac. n. 8.385, j. 19.4.99.

Adoção – Destituição do pátrio poder – Menor pretendido pela ex-patroa – Improcedência – Decisão confirmada – Maioria.

Não havendo indícios de que a permanência da criança em companhia de sua mãe, seria prejudicial àquela, ou que possa colocá-la em situação de risco, e se achando esta (a mãe) em condições de acolher o infante, improcede o pedido de adoção, formulado por ex-patroa, com pedido de destituição de pátrio poder.

TJPR, Ap. 99.043-9-Curitiba, rel. Des. Accácio Cambi, ac. n. 8.419, j. 10.5.99.

Pedido de adoção cumulado com destituição de pátrio poder.

Ausência de causa de pedir. Inépcia da inicial. Reconhecimento. Extinção do processo sem julgamento de mérito.

TJPR, Ap. 85.603-5-Curitiba, rel. Des. Carlos Hoffmann, ac. n. 11.941, j. 10.2.2000.

Adoção – Perda do pátrio poder.

É nula a sentença que, ao deferir a adoção sem o consentimento dos pais, decreta a perda do pátrio poder *ex offício*.

TJPR, Ap. 1999.0000050-1-Cambé, rel. Des. Hélio Engelhardt, ac. n. 8.553, Conselho da Magistratura, j. 21.6.99.

Adoção e destituição do pátrio poder – Ações cumuladas – Não consentimento da mãe do adotando – Prostituição eventualmente exercida por esta. Arts. 227 e 229 da CF; 394 e 395 do Código Civil; 282, III, e 458, III, do CPC e 19, 22, 23, 24, 101, 129, I e X, da Lei 8.069/90 (ECA).

1. O exercício da prostituição por parte da mãe, não constituindo fundamento da ação de destituição do pátrio poder; inibe o julgamento da causa com base nele; observando-se que, no caso, a alegação, esboçada no curso do processo, não está devidamente comprovada.

2. Em face do não consentimento da mãe, a procedência do pedido de adoção depende do acolhimento do pedido de destituição; este só é amparável nas hipóteses dos arts. 394 e 395 do Código Civil, e 22 da Lei 8.069/90.

TJPR, Grupo de Câmaras Criminais, Bem. Inf. 84.328-3-Curitiba, rel. Des. Gil Trotta Telles, ac. n. 3.281, j. 5.2.2000.

Mandado de Segurança – Impetração dirigida contra sentença extintiva de processo de adoção – Decisão reformada no julgamento da apelação contra ela manifestada.

Desaparecimento de interesse processual no *mandamus*. Extinção do processo sem julgamento de mérito.

TJPR, Grupo de Câmaras Criminais, MS 88.506-3-Curitiba, rel. Des. Telmo Cherem, ac. n. 3.329, j. 1º.11.2000.

Adoção – Sentença – Apelação tida como intempestiva – Desistência do prazo para recorrer – Forma inadequada – Ausência de intimação do Ministério Público – Inocorrência da coisa julgada – Agravo provido.

1. Singela certidão de que os requerentes desistiram do prazo para recorrer, mesmo seguida do recebimento do mandado executivo da adoção, pelo adotando, não supre sua formalização, porque não assistido, como se impõe, enquanto relativamente incapaz.

2. Obrigatória a intervenção do Ministério Público, não se estabelece a coisa julgada enquanto da sentença não intimado o seu agente.

TJPR, 2ª Câm. Crim., Ag. Instr. 92.650-5-Londrina, rel. Des. Newton Luz, ac. n. 12.649, j. 9.11.2000.

Adoção cumulada com destituição do pátrio poder.

I. Se a mãe, por falta de condições sócio-econômicas e pessoais, entrega os filhos menores a terceiros, a caracterizar a situação de abandono, e o pai pratica atos atentatórios à moral e aos bons costumes, denotando a falta de condições para prover-lhes o sustento, guarda e educação, justifica-se a destituição do pátrio poder (art. 395, II e III, do Código Civil, e art. 24, do Estatuto da Criança e do Adolescente).

II. Fundada em motivos legítimos, é de ser concedida a adoção que apresenta reais vantagens para os adotandos, cujos superiores interesses devem se sobrepor a qualquer outro. Recurso desprovido.

TJPR, 2ª Câm. Crim., Ap. 88.776-5-Ibaiti, rel. Des. Telmo Cherem, ac. n. 12.396, j. 29.6.2000.

Adoção – Inscrição prévia dos postulantes no cadastro de que trata o art. 50 do Estatuto da Criança e do Adolescente – Requisito não atendido – Ausência de motivo relevante a justificar, excepcionalmente, a relativização do preceito – Pedido indeferido – Recurso desprovido.

Insatisfeito o requisito da prévia inscrição no cadastro, de que trata o art. 50 do Estatuto da Criança e do Adolescente, e inexistindo motivo relevante que justifique, excepcionalmente, a relativização do preceito em prol dos melhores interesses da criança, inviabiliza-se o pedido de adoção.

TJPR, 2ª Câm. Crim., Ap. 96.050-1-Rolândia, rel. Des. Telmo Cherem, ac. n. 12.634, j. 26.10.2000.

Adoção – Criança com aproximadamente dois meses de idade entregue pela mãe diretamente ao casal pretendente, sob cuja guarda permaneceu por período suficiente para a consolidação de laços de afetividade – Inexistência de qualquer indício revelador de fraude ou má-fé – Ajuizamento do pedido já no dia seguinte ao da entrega da infante – Ausência de cadastramento prévio no juizado – Art. 50, do Estatuto da Criança e do Adolescente.

Impossibilidade jurídica do pedido reconhecida em primeiro grau, com determinação de apreensão e encaminhamento da criança a instituição destinada a abrigar crianças abandonadas, a fim de "disponibilizá-la" para candidatos inscritos na "lista". Peculiaridades do caso concreto, contudo, a autorizarem, em caráter excepcional, a habilitação concomitante com o pleito. "Relativização" do aspecto jurídico em prol dos melhores interesses do adotando. Decreto de carência da ação afastado, para que o procedimento retome o seu curso. Guarda provisória deferida aos requerentes. Recurso provido.

TJPR, 2ª Câm. Crim., Ap. 90.978-0-Curitiba, rel. Des. Telmo Cherem, ac. n. 12.588, j. 10.8.2000.

Recurso de apelação – ECA – Sentença – Indeferimento do pedido de adoção – Irresignação dos pretensos pais – Alegação de que se apresentar reais vantagens e fundar-se em motivos legítimos para o adotando, a adoção deve ser deferida – Criança integrada no lar dos apelantes – Infante em situação de risco.

A ausência de consentimento dos pais biológicos para a adoção não ilide o deferimento da medida. Requisitos para adoção. Consentimento dos pais e/ou destituição do pátrio poder. Hipóteses não ocorridas nos autos. Princípio elementar do Estatuto da Criança e do Adolescente: o direito da criança ou do adolescente de ser criado e educado no seio da sua família e, excepcionalmente, em família substituta. Atribuição do Conselho Tutelar extrapolada. Falta de carência de recursos materiais, não constitui motivo suficiente para a perda ou suspensão do pátrio poder. Negado provimento ao apelo.

TJPR, 1ª Câm. Crim., Ap. 95.491-8-Rio Branco do Sul, rel. Des. Clotário Portugal Neto, ac. n, 12.715, j. 26.10.2000.

Estatuto da Criança e do Adolescente – Adoção "post mortem" – Indeferimento.

Promovida a adoção após o falecimento de um dos cônjuges e não demonstrado que o *de cujus* manifestara, em vida, inequívoca vontade de adotar (art. 42, § 5º, ECA), somente em relação ao supérstite pode ser deferido o pleito.

TJPR, 2ª Câm. Crim., Ap. 96.416-9-Piraquara, rel Des. Telmo Cherem, ac. n. 12.687, j. 9.11.2000.

Estatuto da Criança e do Adolescente – Extinção do pátrio poder – Sentença formal e substancialmente correta – Adoção "intuitu personae" – Assistência judicial.

1. Como regra geral a perda do pátrio poder, e isto resta claro na lei de regência, será decretada judicialmente em procedimento contraditório. Es-

tando todavia os pais concordes com a sua extinção, comparecendo em juízo e isto declarando de forma inequívoca e expressa, "inexistirá lide ou pretensão resistida e a questão passa a ter caráter meramente administrativo ou de jurisdição voluntária".

2. Quando, à luz da atual legislação menorista, não se possa negar a possibilidade da ocorrência da adoção *intuitu personae*, é inegável também que ao Judiciário cumpre o dever de assisti-la, não passivamente, mas nela interferindo, até mesmo para obstá-la, de modo a resguardar, em sua inteireza, os superiores interesses do perfilhado. Assim, determina a regra constitucional inserta no § 5º do art. 227, da CF.

TJPR, 1ª Câm. Crim., Ap. 96.629-6-Rolândia, rel. Juiz convocado Milani de Moura, ac. n. 13.000, j. 8.2.2001.

Agravo de instrumento – Ação de adoção – Citação – Mandado cumprido nas dependências do fórum por ordem judicial – Regularidade – Inexistência de nulidade – Recurso não provido.

Verificando o juiz a presença pessoal da parte nas dependências do Fórum, regular é sua atuação mandando desentranhar o Mandado citatório antes não cumprido para sua execução.

TJPR, 2ª Câm. Crim., Ag. Instr. 96.164-0-Mandaguaçu, rel. Des. Carlos Hoffmann, ac. n. 12.792, j. 8.2.2001.

Apelação – Adoção de menor – Recurso intempestivo – Inteligência do inciso II, do artigo 198 da lei 8.069/90 – Recurso não conhecido.

Tendo em vista o contido no artigo 198, *caput* e inciso II, do Estatuto da Criança e do Adolescente, embora este diploma legal adote o sistema recursal do Código de Processo Civil, o prazo para interposição do recurso de apelação, remédio adequado à espécie é de 10 (dez) dias.

TJPR, 1ª Câm. Crim., Ap. 94.463-0-Santa Helena, rel. Des. Oto Luiz Sponholz, ac. n. 12.956, j. 8.2.2001.

Recurso de apelação – ECA – Adoção – Indeferimento – Admissibilidade.

Interessados que não se encontravam no topo da respectiva lista de cadastro. Inteligência do artigo 50 do Estatuto. Recurso desprovido.

TJPR, 1ª Câm. Crim., Ap. 98.935-7-União da Vitória, rel. Juiz convocado Campos Marques, ac. n. 13.091, j. 15.3.2001.

Agravo de instrumento – Adoção – Registro de pessoas interessadas – Deferimento da adoção segundo a ordem de inscrição – Admissibilidade.

Inteligência do artigo 50 do Estatuto da Criança e do Adolescente. Recurso desprovido.

TJPR, 1ª Câm. Crim., Ag. Instr. 95.738-6-União da Vitória, rel. Juiz convocado Campos Marques, ac. n. 13.076, j. 15.3.2001.

Mandado de Segurança – Impetração dirigida contra sentença extintiva de processo de adoção.

Decisão reformada no julgamento da apelação contra ela manifestada. Desaparecimento de interesse processual no *mandamus*. Extinção do processo sem julgamento de mérito.

TJPR, Grupo de Câmaras Criminais, MS 88.506-3-Curitiba, rel. Des. Telmo Cherem, ac. n. 3.329, j. 1º.11.2000.

Adoção – Sentença – Apelação tida como intempestiva – Desistência do prazo para recorrer – Forma inadequada – Ausência de intimação do Ministério Público – Inocorrência da coisa julgada – Agravo provido.

1. Singela certidão de que os requerentes desistiram do prazo para recorrer, mesmo seguida do recebimento do mandado executivo da adoção, pelo adotando, não supre sua formalização, porque não assistido, como se impõe, enquanto relativamente incapaz.

2. Obrigatória a intervenção do Ministério Público, não se estabelece a coisa julgada enquanto da sentença não intimado o seu agente.

TJPR, 2ª Câm. Crim., Ag. Instr. 92.650-5-Londrina, rel. Des. Newton Luz, ac. n. 12.649, j. 9.11.2000.

Recurso de apelação – ECA – Adoção – Indeferimento – Admissibilidade – Interessados que não se encontravam no topo da respectiva lista de cadastro.

Inteligência do artigo 50 do Estatuto. Recurso desprovido.

TJPR, 1ª Câm. Crim., Ap. 98.935-7-União da Vitória, rel. Juiz convocado Campos Marques, ac. n. 13.091, j. 15.3.2001.

Adoção – Menor – Ausência de consentimento da mãe biológica – Falta de preenchimento dos requisitos legais – Pedido indeferido.

Ausente o consentimento da mãe do menor para a adoção, o pedido não preenche os requisitos que a Lei prevê para espécie, não podendo assim ser deferido, tendo em vista, ainda não haver prejuízo ao interesse do menor. Sentença confirmada.

TJES, Ap. 052.930.002.077-Vitória, rel. Des. José Eduardo Granai Ribeiro (*Revista Igualdade* n. 15, MP-PR).

Adoção – Consentimento e depoimento pessoal da mãe.

Apesar de o consentimento da mãe em processo de adoção de menor, poder ser manifestado através de procurador, com poderes especiais, não pode o mandatário prestar depoimento pessoal em nome do mandante, por ser ato personalíssimo. Agravo de instrumento conhecido, mas improvido.

TJGO, 1ª Câm. Cível, Agr. Instr. 7.572-7/180, rel. Des. Castro Filho, 8.2.94.

Adoção – Juízo competente.

É competente para a adoção o juízo de residência dos pais do adotando.

TJGO, 3ª Câm. Cível, Agr. Instr. 8.685-0/180, rel. Des. Jamil Pereira de Macedo, j. 4.4.1995.

Adoção – Profissão não regulamentada.

O fato de o adotante ter como profissão a qualidade de "dentista-prático" – não regulamentada por lei – não o impede de adotar uma criança, desde que os outros requisitos para tal medida tenham sido preenchidos e a adotada esteja perfeitamente integrada ao ambiente familiar. Apelo conhecido e improvido.

TJGO, 1ª Câm. Cível, Ap. 35.578-6/188, rel. Des. José Soares de Castro, j. 2.3.95.

Procedimento de adoção – Oitiva dos adotantes – Intervenção do Ministério Público.

1. No procedimento de adoção, devem ser ouvidos os adotantes, quando residentes em outra comarca, a fim de que se possa melhor avaliar as condições para a cabal verificação de sua idoneidade.

2. Ao Ministério Público, sob pena de nulidade, deve ser dada a oportunidade de manifestar-se sobre o mérito do pedido de adoção, sem o que esta não pode ser deferida, porquanto a intervenção plena do órgão ministerial se faz necessária, em face do disposto no art. 82 do CPC e artigos 201/204 do Estatuto da Criança e do Adolescente. Recurso provido.

TJGO, 1ª Câm. Cível, Ap. 40.824-3/188, rel. Des. Antônio Nery da Silva, j. 18.2.97.

Adoção de menores, órfãos de ambos os pais, por adotantes diferentes – Quebra da unidade familiar – Inconveniência.

I. A adoção de irmãos órfãos *a patre* e *a matre* é de grande valia, preservando-se a unidade da família.

II. A adoção de uma, separando das três outras irmãs, pode resultar frustração e não raro em conflito psicológico, devendo a todo custo ser evitado.

III. A requerente, tia da menor, já cuida com carinho e desvelo da sua sobrinha, munida de Termo de Guarda e Responsabilidade, provisoriamente, ora mantido, levando-se em conta mais o interesse dos menores do que dos que o têm sob guarda.

IV. Recurso conhecido e provido. Decisão por maioria.

TJGO, 2ª Câm. Cível, Ap. 42.732-6/188, rel. Des. Gonçalo Teixeira e Silva, j. 4.9.97.

Menor – Adoção – Concessão – Obrigatoriedade que o Juiz fundamente sua decisão acerca de todas as questões anteriores à sentença, sob pena de nulidade do ato.

Dada a relevância do processo de adoção, sobretudo porque faz cessar o vínculo existente entre o menor e os pais biológicos, é de obrigatoriedade inarredável que o juiz, ao concedê-la, fundamente sua decisão acerca de todas as questões anteriores à sentença, sob pena de nulidade deste ato.

TJMS, Ap. 814-9/01-Campo Grande, rel. Des. Milton Malulei (*Revista Igualdade* n. 15, MP-PR).

Adoção de menor por casal estrangeiro – Pretendentes brasileiros.

Disposições de ordem administrativa da Corregedoria-Geral da Justiça, preterindo casais estrangeiros em favor de brasileiros, na adoção de menores, não é regra de direito para excluir, desde logo, a possibilidade de uma criança brasileira ser adotada por casal estrangeiro, mesmo existindo pretendentes brasileiros, porque o que visa é o bem-estar do menor, fique ele no Brasil ou no exterior. Apelo provido para determinar que prossiga o processo de adoção.

TJRS, 8ª Câm. Cível, Ap. 592.139.448, rel. Des. Luiz Felipe Azevedo Gomes.

Adoção – Irrevogabilidade.

É irrevogável a adoção feita antes da Constituição Federal de 1988, mesmo se celebrada pelo sistema do Código Civil, pelo menos, com certeza doutrinária e jurisprudencial, se o adotado o foi quando ainda não tivesse idade superior a 18 anos. O novo estatuto legal da adoção atinge as que foram celebradas anteriormente, estabelecendo a igualdade também para os filhos adotivos que houvessem sido adotados pelo CC, obedecida aquela faixa etária; princípios e normas de direito intertemporal atinentes ao tema.

TJRS, 8ª Câm. Cível, Ap. 595.137.779, rel. Des. Sérgio Gischkow Pereira, j. em 23.11.95.

ECA – Adoção – Consentimento dos pais.

A teor do art. 45, e § 1º, do ECA, imprescindível o consentimento dos pais biológicos ao pedido de adoção, a não ser quando desconhecidos ou previamente destituídos do pátrio poder. Apelo improvido, retificando-se, de ofício, a sentença para extinguir o feito sem julgamento do mérito.

TJRS, 7ª Câm. Cível, Ap. 700.011.66.131, rel. Des. Maria Berenice Dias, j. em 9.8.2000.

Apelação Cível – Habilitação à adoção – Indeferimento – Parecer do Ministério Público desfavorável.

O laudo de estudo social, especialmente se este se restringiu a análise das condições materiais dos candidatos, não tem o condão de aferir a aptidão destes para adotar. As condições pessoais e familiares dos candidatos devem merecer profunda análise, pois são elas que vão definir se os pretendentes têm estrutura para atender aos interesses do adotado. Revelando as provas que um dos candidatos não foi capaz de manter consigo os próprios filhos, restam dúvidas quanto a sua capacidade de proporcionar o devido ambiente familiar a uma criança estranha, o adotando. Apelo não provido.

TJRS, 8ª Câm. Cível, Ap. 700.000.66.951, rel. Des. Alzir Felippe Schmitz, j. 16.9.99.

Revogação de adoção.

A Constituição Federal de 1988 trouxe insculpida no § 6º, do artigo 227, a regra da igualdade entre os filhos, proibindo quaisquer discriminações relativas à filiação. Após, o Estatuto da Criança e do Adolescente (Lei 8.069), que regula a adoção dos menores de dezoito anos (art. 40), referiu, expressamente, a irrevogabilidade da adoção (art. 48). Diante da disposição constitucional, inserida no capítulo VII, que trata da família, da criança, do adolescente e do idoso, e frente às regras do Estatuto da Criança e do Adolescente, a doutrina e a jurisprudência têm defendido a existência de duas espécies de adoção: uma, regida pelo Código Civil, aplicável aos nascituros e aos maiores de dezoito anos, e a outra, pelo Estatuto da Criança e do Adolescente, a que se submetem os menores de dezoito anos. Àquelas regidas pelo Código Civil, aplicam-se as normas referentes ao desligamento e à dissolução da adoção, enquanto que, nas adoções submetidas ao Estatuto da Criança e do Adolescente, vige o princípio da irrevogabilidade. A adoção do menor de dezoito anos obedece ao Estatuto da Criança e do Adolescente (art. 40) e é irrevogável. Os efeitos dessa legislação são imediatos, ou seja, atingem as adoções que foram constituídas preteritamente. Portanto, com o advento da Constituição Federal de 1988 e do Estatuto da Criança e do Adolescente surgiu o princípio da igualdade da filiação, que informou a regra da irrevogabilidade da adoção, incidente no caso dos autos. Apelação provida.

TJRS, 7ª Câm. Cível, Ap. 598.017.028, rel. Des. José Carlos Teixeira Giorgis, j. 23.9.98.

ECA – Civil – Adoção – Consentimento da genitora – Ausência – Destituição do pátrio poder – Procedimento próprio – Inobservância – Lei n. 8.069/90 (ECA), arts. 24, 45, § 1º, 155, 156, 166 e 169 – Situação fortemente consolidada no tempo – Preservação do bem estar do menor – Manutenção, excepcional, do "status quo".

I. A dispensa do consentimento paterno e materno para a adoção de menor somente tem lugar quando os genitores sejam desconhecidos ou quando destituídos do pátrio poder.

II. Não se configurando expressa anuência da mãe, esta, para perfazer-se, depende, então, da destituição da genitora, o que se opera mediante ação própria, obedecido o devido processo legal previsto na Lei n. 8.069/90, inservível, para tanto, o aproveitamento de mero requerimento de jurisdição voluntária.

III. Caso, todavia, em que a adoção perdura por longo tempo – mais de dez anos – achando-se o menor em excelentes condições, recebendo de seus pais adotivos criação e educação adequadas, como reconhecido expressamente pelo Tribunal estadual e *Parquet* Federal, a recomendar, excepcionalmente, a

manutenção da situação até aqui favorável à criança, cujo bem estar constitui o interesse maior de todos e da Justiça.
IV. Recurso especial não conhecido.

STJ, 4ª Turma, REsp 100.294-SP (1996/0042191-9), rel. Min. Aldir Passarinho Junior, DJU 19.11.2001, p. 276.

QUADRO COMPARATIVO DOS PRINCIPAIS REQUISITOS EXIGIDOS PARA A ADOÇÃO

País	Crianças adotáveis	Idade dos adotantes	Diferença de idade entre o adotando e adotante
ALEMANHA Código Civil	tanto o maior quanto o menor de idade podem ser adotados; os efeitos jurídicos, porém, são diversos	acima de 25 anos; se casados, o outro cônjuge terá no mínimo 21 anos	s/ previsão legal
ARGENTINA Lei 19.134/71	menor púbere	acima de 35 anos	18 anos
BÉLGICA Código Civil	Ad. simples – s/ restrição legal Ad. plena – menor de 15 anos	acima de 25 anos	15 anos
BRASIL Lei 8.069/90	de 0 a 18 anos, declarado em situação de abandono	acima de 18 anos	16 anos
CHILE Lei 18.703/88	menor de 18 anos	Ad. plena – entre 25 e 60 anos Ad. simples – maiores de idade	Ad. simples – 15 anos; Ad. plena – 20 anos; O juiz pode alterar esses limites
COLÔMBIA Código de Menores	de 0 a 18 anos, declaradas em situação de abandono	acima de 25 anos	15 anos
DINAMARCA Ato de Consolidação 629/86	para menores de 18 anos é condicional a aprovação do Conselho de Adoção	acima de 25 anos; poderá ser reduzida p/ 18 anos em determinadas condições	s/ previsão legal
ESPANHA Código Civil	de 0 a 14 anos	acima de 25 anos	14 anos
FRANÇA Código Civil	Ad. simples – s/ restrições Ad. plena – até 15 anos	acima de 30 anos	15 anos
ITÁLIA Lei 184/83	s/ previsão legal	acima de 18 anos	mínimo de 18 anos e máxima de 40 anos
MÉXICO Código Civil	a lei não impõe limite de idade p/ o adotando; exige, porém, a diferença de 17 anos em relação a um dos adotantes	acima de 25 anos	17 anos
NORUEGA Ato 8/86	de 0 a 18 anos	entre 25 e 50 anos	s/ previsão legal
PORTUGAL DL 47.344/66 atual. p/ DL 185/93	de 0 a 15 anos; e até 18 quando estiver na companhia dos adotantes, ou se for filho de um deles	entre 25 e 50 anos	s/ previsão legal
REINO UNIDO Lei das Adoções de 22.7.76	idade máxima – 18 anos	s/ previsão legal	s/ previsão legal
SUÉCIA Código sueco da Tutela do Poder Paternal	s/ previsão legal	acima de 25 anos; se filho do cônjuge, acima de 18 e menos de 25	a lei sueca não estabelece diferença de idade
SUÍÇA Código Civil de 10.12.07, atual. p/ Lei de 25.6.76	s/ previsão legal	acima de 35 anos	16 anos
VENEZUELA Lei de 28.7.93 publ. *Gaceta Oficial* 3.240 de 18.8.83	menor de 21 anos	acima de 25 anos	18 anos

País	Outras crianças na família do adotante	Consentimento do adotando	Consentimento dos pais biológicos
ALEMANHA	s/ previsão legal	é necessário para maior de 14 anos	obrigatório
ARGENTINA	s/ restrição legal; mas se tiver mais de 8 anos o juiz poderá ouvi-la	para maior de 10 anos, se o juiz achar necessário	obrigatório
BÉLGICA	os filhos menores de 21 anos deverão ser ouvidos	obrigatório para maior de 15 anos	obrigatório
BRASIL	s/ restrição legal	obrigatório para maior de 12 anos	obrigatório
CHILE	s/ restrição legal	s/ previsão legal	obrigatório
COLÔMBIA	s/ restrição legal	obrigatório, se o adotando for púbere	obrigatório; na sua ausência, do Defensor de Família
DINAMARCA	s/ previsão legal	obrigatório para maior de 12 anos	se o adotando for menor de 18 anos, é obrigatório
ESPANHA	s/ restrição legal	obrigatório para maior de 12 anos	obrigatório, se exercem o pátrio poder
FRANÇA	s/ restrição legal	Ad. plena – obrigatório para maior de 13 anos; Ad. simples – obrigatório para maior de 15 anos	obrigatório
ITÁLIA	s/ restrição, mas se tiver mais de 14 anos deverá ser ouvida	obrigatório para maior de 14 anos	obrigatório
MÉXICO	s/ restrição legal	necessário para maior de 14 anos	obrigatório, se exercem o pátrio poder
NORUEGA	s/ restrição legal	obrigatório para maior de 12 anos	se o adotando for menor de 18 anos, é obrigatório
PORTUGAL	os filhos maiores de 14 anos deverão ser ouvidos	obrigatório para maior de 14 anos	é obrigatório, mesmo sem exercer o pátrio poder, e se a criança não foi dada em guarda judicial
REINO UNIDO	s/ previsão legal	obrigatório, se o adotando for capaz de discernir	obrigatório
SUÉCIA	s/ restrição legal	obrigatório para maior de 12 anos	se o adotando for menor de 18 anos, é obrigatório
SUÍÇA	s/ previsão legal	obrigatório se o adotando for capaz de discernir	obrigatório
VENEZUELA	os filhos maiores de 12 anos poderão ser ouvidos	obrigatório para maior de 12 anos	obrigatório, se exercem o pátrio poder

QUADRO COMPARATIVO DOS PRINCIPAIS REQUISITOS EXIGIDOS PARA A ADOÇÃO

País	Tempo de casamento	Estado civil dos adotantes	Adoção por um só requerente
ALEMANHA	s/ restrição legal	s/ restrição legal	é permitido, desde que tenha acima de 25 anos
ARGENTINA	mais de 5 anos	s/ restrição legal	s/ restrição legal
BÉLGICA	s/ restrição legal	s/ restrição legal	s/ restrição legal
BRASIL	não é exigido; verifica-se a estabilidade conjugal	s/ restrição legal	é permitida e mantém os mesmos efeitos p/ viúvos e solteiros
CHILE	Ad. plena – 4 anos Ad. simples – s/ restrição legal	Ad. plena – aos casados e viúvos que iniciaram processo antes do falecimento do cônjuge Ad. simples – s/ restrição	somente na Ad. simples
COLÔMBIA	para os não casados exige-se 3 anos de convivência ininterrupta; para os casados não há restrição	s/ restrição legal	s/ restrição legal
DINAMARCA	s/ restrição legal	s/ restrição legal	s/ restrição legal
ESPANHA	não é exigido	s/ restrição legal	é permitido, e mantém os mesmos efeitos inclusive p/ solteiros e viúvos
FRANÇA	5 anos	Ad. plena – só casados Ad. simples – s/ restrição legal	Ad. plena – desde que tenha acima de 30 anos
ITÁLIA	mais de 3 anos	somente aos casados	não é permitido
MÉXICO	s/ restrição legal	s/ restrição legal	é permitido desde que tenha mais de 25 anos
NORUEGA	2 anos	s/ restrição legal	é permitido, mas é pouco provável que uma pessoa solteira receba autorização p/ adotar
PORTUGAL	Ad. plena – 4 anos Ad. simples – s/ restrição	Ad. plena – só casados Ad. simples – s/ restrição legal	Ad. restrita – é permitido Ad. plena – só para maiores de 30 anos, ou de 25 anos se for filho do cônjuge
REINO UNIDO	s/ restrição legal	s/ restrição legal	s/ restrição legal
SUÉCIA	s/ restrição legal	s/ restrição legal	é permitido, desde que tenha mais de 25 anos
SUÍÇA	5 anos de casados ou 35 anos de idade	s/ restrição legal	é permitido p/ maiores de 35 anos
VENEZUELA	Ad. plena – 3 anos	s/ restrição legal	s/ restrição legal

País	Efeitos jurídicos	Informações adicionais
ALEMANHA	é irrevogável; o adotado menor adquire os mesmos direitos da filiação legítima, cessam os vínculos e direitos c/ família de origem	É vedada a adoção de criança que não tenha atingido a idade de 8 semanas
ARGENTINA	Ad. plena – é irrevogável; confere ao adotado a condição de filho legítimo Ad. simples – é revogável; as relações de parentesco não se extinguem c/ a adoção, exceto o pátrio poder; não cria vínculos c/ família do adotante	É vedada a adoção por ascendentes Ad. plena – só pode ser concedida a menores órfãos de pai e mãe, que não tenham filiação conhecida, quando estiverem fora do pátrio poder, ou institucionalizados, quando estiverem em situação de abandono, ou tiverem os pais manifestado expressamente sua vontade de que o menor seja adotado
BÉLGICA	Ad. plena – é irrevogável; o adotado adquire os mesmos direitos da filiação legítima Ad. simples – é revogável	O estágio de convivência é de no mínimo 3 meses, quando o adotado for menor de 21 anos
BRASIL	é irrevogável; atribui a condição de filho ao adotado, com os mesmos direitos e deveres, inclusive sucessórios	É vedada a adoção aos ascendentes e irmãos do adotando
CHILE	Ad. simples – é revogável; não estabelece vínculo de parentesco c/ o adotante Ad. plena – é irrevogável; estabelece vínculo de filiação legítima c/ o adotante p/ todos os efeitos	O vínculo estabelecido por adoção simples e plena é constituído por sentença judicial
COLÔMBIA	o adotado adquire todos os direitos e obrigações relativas a um filho legítimo	O vínculo é estabelecido por sentença judicial, extinguindo todo o parentesco de consangüinidade
DINAMARCA	o adotado adquire os mesmos direitos de filiação legítima, exceto os direitos sucessórios e extingue os vínculos de parentesco c/ família natural; o decreto de adoção pode ser revogado pelo Ministério da Justiça	A adoção é concedida por decreto administrativo expedido pelo Departamento do Governo Regional O interessado na adoção deverá ser aprovado pelo Conselho da Adoção
ESPANHA	é irrevogável, e outorga ao adotado a condição de filho legítimo c/ todos os direitos, inclusive sucessórios	É vedada a adoção aos descendentes e aos parentes em 2° grau, na linha colateral, por consangüinidade ou afinidade
FRANÇA	Ad. plena – é irrevogável; o adotado adquire os mesmos direitos da filiação legítima; extingue as relações de parentesco com a família de origem Ad. simples – é revogável; o adotado mantém os direitos e vínculos de parentesco c/ família de origem	O vínculo é estabelecido por sentença judicial O interessado na adoção deve obter um Certificado de Aprovação fornecido pela Direção Departamental das Questões Sanitárias e Sociais
ITÁLIA	é irrevogável; o adotado adquire a condição de filho legítimo	Para a adoção de crianças estrangeiras, os cônjuges deverão requerer ao Tribunal a Declaração de Idoneidade
MÉXICO	é revogável; o adotado terá os mesmos direitos e deveres do filho biológico	Os direitos e obrigações referentes à adoção e o parentesco que dela resultam se limitam ao adotante e ao adotado As relações de parentesco natural não se extinguem pela adoção, exceto o pátrio poder
NORUEGA	o adotado adquire os mesmos direitos da filiação natural; os vínculos c/ família de origem se extinguem	Quando o adotado completar 18 anos será informado pela autoridade quem são seus pais naturais; o interessado deverá requerer autorização para adotar em país estrangeiro É o Governo Regional que concede a adoção de crianças norueguesas

QUADRO COMPARATIVO DOS PRINCIPAIS REQUISITOS EXIGIDOS PARA A ADOÇÃO

PORTUGAL	Ad. restrita – é revogável; o adotado mantém os vínculos c/ família natural; não sucede ao adotante Ad. plena – é irrevogável; o adotado recebe a condição de filho com todos os direitos	O vínculo de adoção constitui-se por sentença judicial O processo de adoção deverá ser precedido por um inquérito social
REINO UNIDO	o adotado adquire os mesmos direitos da filiação legítima; extingue os vínculos de parentesco c/ família natural	
SUÉCIA	o adotado adquire a condição de filho do adotante	O adotante pode casar com o adotado cessando os efeitos da adoção
SUÍÇA	o adotado adquire a condição de filho do adotante	Uma criança só poderá ser adotada se estiver convivendo há mais de 2 anos c/ os adotantes É obrigatória a realização de uma investigação social
VENEZUELA	Ad. plena – é irrevogável; o adotado adquire os mesmos direitos da filiação legítima; extingue os vínculos de parentesco c/ família de origem Ad. simples – é revogável; mantém o vínculo civil somente c/ o adotante; conserva o vínculo de parentesco, os deveres e direitos c/ família de origem	O juiz poderá solicitar a oitiva dos avós do adotando O vínculo de adoção, bem como sua revogação, é estabelecido por sentença judicial

BIBLIOGRAFIA

ALBERGARIA, Jason. *Comentários ao Estatuto da Criança e do Adolescente*. Rio de Janeiro, Aide Editora, 1991.

AMARAL E SILVA, Antônio Fernando do. "Anotações para uma análise crítica do Código de Menores". *Anais do II Encontro da Associação de Juízes de Direito e Promotores de Justiça do Estado do Paraná*. Curitiba, Gráfica da Assembléia Legislativa do Estado do Paraná, 1987.

ANDRADE, Romero de Oliveira. *Estatuto da Criança e do Adolescente Comentado*. Vários Autores. São Paulo, Malheiros Editores, 1992.

AOKI, Luiz Paulo Santos. *Estatuto da Criança e do Adolescente Comentado*. Vários Autores. São Paulo, Malheiros Editores, 1992.

BARASI. *Instituzioni di Diritto Civile*.

BARBOZA, Heloísa Helena. *A Filiação em Face da Inseminação Artificial e da Fertilização "in Vitro"*. Rio de Janeiro, Ed. Renovar, 1993.

BARLETTA, Gaetano. *L'Adozione, Cosa Sapere, Cosa Fare*. Turim, Società Editrice Internazionale, 1987.

BASAK, Anima. "La prostitution des enfants dans le monde". *Revue Internationale de Police Criminelle – Interpol*, 428. Lyon, França, jan.-fev./91.

BASTOS, Celso Ribeiro. *Curso de Direito Constitucional*. 13ª ed., São Paulo, Ed. Saraiva, 1990.

BATIFFOL, H., e LAGARDE. *Droit International Privé*. t. II. 1976.

BECKER, Maria Josefina. *Estatuto da Criança e do Adolescente Comentado*. Vários Autores. São Paulo, Malheiros Editores. 1992.

BEVILÁQUA, Clóvis. *Código Civil dos Estados Unidos do Brasil Comentado*. V. II. Obs. 1 do art. 1º da Lei de Introdução ao Código Civil.

BISCHOFF, J. M. "L'Adoption Internationale". *XIIIe. Congrès International de Droit Comparé, Rapport Général*. Canadá, 1990.

BOSI, Silvana e GUIDI, Donatella. *Guida all'Adozione*. Milão, Arnoldo Mondadori Editora, 1992.

BRASILEIRO, Ana Maria. *Estatuto da Criança e do Adolescente Comentado*. Vários Autores. São Paulo, Malheiros Editores, 1992.

BUENO, Pimenta. *Direito Público Brasileiro e Análise da Constituição do Império*. Rio de Janeiro, Nova Editora, 1958.

CAETANO, Marcello. *Direito Constitucional*. 2ª ed., v. I, Rio de Janeiro, Ed. Forense, 1987.

CAHALI, Yussef Said. *Dos Alimentos*. 2ª ed., São Paulo, Ed. RT, 1993.

CANTWELL, Nigel. "A Adoção". *Terre des Hommes* 65, 26.10.94.

CENCI, Piero. *L'Affidamento e l'Adozione dei Minori – Nella Dottrina e nella Giurisprudenza*. Milão, Pirola Editore, 1992.

CHAVES, Antônio. *Adoção, Adoção Simples e Adoção Plena*. 3ª ed., São Paulo, Ed. RT, 1983.

———. *Tratado de Direito Civil – Parte Geral 1*. 3ª ed., t. I. São Paulo, Ed. RT, 1982.

COELHO, Pereira. *Curso de Direito de Família*. Lisboa, 1977.

COULANGES, Foustel de. *La Citè Antique.* 18ª ed., Paris, 1903.

CURY, Munir (Org.). *Estatuto da Criança e do Adolescente Comentado.* Vários autores, São Paulo, Malheiros Editores, 1992.

DAIBERT, Jefferson. *Direito de Família.*

DAL POZZO, Antônio Aroldo Ferraz. *Estatuto da Criança e do Adolescente Comentado.* Vários Autores. São Paulo, Malheiros Editores, 1992.

DELL'ANTONIO, Anamaria. *Cambiare Genitore – Le Problematiche Psicologiche dell'Adozione.* Milão, Giangiacomo Feltrinelli Editore, 1980.

DINIZ, João Seabra. "A adoção – Notas para uma visão global". *Abandono e Adoção – Contribuições para uma Cultura da Adoção I.* Curitiba, Terre des Hommes, 1991.

———. "Aspectos sociais e psicológicos da adoção". *Abandono e Adoção – Contribuições para uma Cultura da Adoção II.* Curitiba, Terre des Hommes, 1991.

DINIZ, Maria Helena. *Curso de Direito Civil Brasileiro – Direito de Família.* 5ª ed., v. 5, São Paulo, Ed. Saraiva, 1989.

EPIFÂNIO, Rui M. L. e FARINHA, António H. L. *Organização Tutelar de Menores – Contributo para uma Visão Interdisciplinar do Direito de Menores e de Família.* 2ª ed., Coimbra, Livraria Almedina, 1992.

FERREYRA, Martha Caselli de. "A adoção de crianças maiores". *Abandono e Adoção – Contribuições para uma Cultura da Adoção II.* Curitiba, Terre des Hommes, 1994.

FIGUEIRÊDO, Luiz Carlos de Barros. *Adoção para Homossexuais.* Curitiba, Juruá, 2001.

FOYER, J. e LABRUSSE-RIOU, C. *L'Adoption d'Enfants Étrangers.* Paris, 1986.

FREIRE, Fernando. *Abandono e Adoção - Contribuições para uma Cultura da Adoção I* (1991) e *II* (1994). Curitiba, Terre des Hommes.

GIL, Margarete. "A adoção de crianças grandes – Os problemas encontrados". *Abandono e adoção – Contribuições para uma cultura de adoção I.* Curitiba, Terre des Hommes, 1991.

GOMES, Orlando. *Direito de Família.* 7ª ed., Rio de Janeiro, Ed. Forense, 1988.

GRAMMATICA, Carlo. "La famiglia accogliente". *Adozione Internazionale – Le Due Culture: Scontro-Incontro?.* Melegnano, Ed. AiBi, 1994.

Guião Técnico da Adoção. Secretaria de Estado de Segurança Social, Direcção-Geral da Segurança Social, Lisboa, 1984.

ICHINO, Francesca e ZEVOLA, Mario. *I Tuoi Diriti – Affido Familiare e Adozione.* Milão, Editores Ulrico Hoelpi, Milano, 1993.

JATAHY, Vera Maria Barreira. "A adoção internacional: o Direito Comparado e as normas estatutárias". *Estatuto da Criança e do Adolescente – Estudos Sócio-Jurídicos.* Coord. Tânia da Silva Pereira. Rio, Renovar, 1992.

JORGE JUNIOR, Alberto Gosson. "Comentários sobre a adoção no novo Código Civil". *Revista do Advogado,* ano XXII, n. 68, dez./2002.

KAUSS, Omar Gama Ben. *A Adoção no Código Civil e no Estatuto da Criança e do Adolescente (Lei n. 8.069/90).* 2ª ed., Rio de Janeiro, Ed. Lumen Juris, 1993.

LAROCHE, Françoise Champenois. *Vorrei in Figlio (Adozione e Procreazione Artificiale).* Milão, Edizione Paoline, 1994.

LAURENT. *Principes.* v. 4.

LAZCANO, Carlos Alberto. *Derecho Internacional Privado.* La Plata, 1965.

LEAL, César Barros. *A Delinqüência Juvenil: seus Fatores Exógenos e Prevenção.* Rio de Janeiro, Aide Editora, 1983.

LECLERQ, Jacques. "A família". *O Estado de S. Paulo,* 21.1.89.

LIEBMAN, Enrico Tulio. *Corso di Diritto Processuale Civile.* 1951.

LEREBOUS-PIGEONNIÈRE e LAUSSOURARN, Y. *Droit International Privé*. 9ª ed., Paris, Dalloz, 1970.

LIBERATI, Wilson Donizeti. *Comentários ao Estatuto da Criança e do Adolescente*. 3ª ed., São Paulo, Malheiros Editores, 1995.

LIBERATI, Wilson Donizeti e CYRINO, Públio Caio Bessa. *Conselhos e Fundos no Estatuto da Criança e do Adolescente*. 2ª ed., São Paulo, Malheiros Editores, 2003.

LOTUFO, Maria Alice Zaratin. *Direito de Família*, v. 5, in CAMBLER, Everaldo. *Curso de Direito Civil Avançado*. São Paulo, Ed. RT, 2002.

MACHADO, Antônio Luiz Ribeiro. *Código de Menores Comentado*. São Paulo, Ed. Saraiva, 1986.

MANCUSO, S. e SGRECCIA, E. *Trattamento della Sterilitá Conjugale*. Milão, Ed. Vita e Pensiero, 1988.

MARMITT, Arnaldo. *Adoção*. Rio de Janeiro, Aide Editora, 1993.

MAXIMILIANO, Carlos. *Direito das Sucessões*. 4ª ed., v. III. Rio de Janeiro, Ed. Freitas Bastos, 1958 (n. 112).

MELO JÚNIOR, Samuel Alves de. *Comentários ao Estatuto da Criança e do Adolescente*. Vários autores, Rio de Janeiro, Ed. Forense, 1991.

MIRANDA, Darcy Arruda. *Anotações ao Código Civil Brasileiro*. 3ª ed., v. III. Ed. Saraiva, São Paulo, 1993.

MIRANDA, Pontes de. *Tratado de Direito Privado*. t. IX, § 1.005.

MONIZ DE ARAGÃO, Egas Dirceu. *Comentários ao Código de Processo Civil*. Rio, Ed. Forense, 1979.

MONTEIRO, Washington de Barros. *Curso de Direito Civil*. 22ª ed., v. I. São Paulo, Ed. Saraiva, 1983.

MORAES, Maria Salete Nunes de. *Direito à Convivência Familiar e Comunitária*. Brasília, Ministério da Ação Social, CBIA, 1991.

MOREIRA, José Carlos Barbosa. *Comentários ao Código de Processo Civil*. 4ª ed., v. V. Rio de Janeiro, Ed. Forense, 1981.

NIBLETT, Rosalina. "A adoção de menores com necessidades especiais – Alguns aspectos da experiência inglesa". *Abandono e Adoção – Contribuição para uma Cultura da Adoção II*. Curitiba, Terre des Hommes, 1994.

OLIVEIRA, Antônio de Pádua Leopoldo de. *Estatutos Jurídicos em Homenagem ao Prof. Caio Mário da Silva Pereira*.

OLIVEIRA, Luiz Cláudio. *Estatuto da Criança e do Adolescente Comentado*. Vários Autores. São Paulo, Malheiros Editores, 1992.

PAULA, Paulo Afonso Garrido de. *Temas de Direito do Menor*. Ed. RT, São Paulo, 1987.

PERICO, Giacomo e SANTANERA, Francesco. *Adozione e Prassi Adozionale*. Milão, Centro Studi Sociais, 1968.

ROCHA, J. V. Castelo Branco. *O Pátrio Poder*. São Paulo, Livraria e Editora Universitária do Direito, 1978.

RODRIGUES, Sílvio. *Direito Civil. Direito de Família*. 16ª ed., v. 6. São Paulo, Ed. Saraiva, 1989.

——. *Estatuto da Criança e do Adolescente Comentado*. Vários Autores. São Paulo, Malheiros Editores, 1992.

ROSNATTI, Rosa. "Aspetti psicologici – Le famiglie adottive tra bisogno di genitorialità ed espressione di una solidarietà internazionale". *Adozione Internazionale, Le Due Culture: Scontro-Incontro?*. Melegnano, Edizione AiBi, 1994.

RUGGIERO-MAROI. *Institute di Diritto Privato*.

SANTOS, Ernane Fidélis dos. *Manual de Direito Processual Civil*. 2ª ed., v. 1, São Paulo, Ed. Saraiva, 1988.

SANTOS, Moacyr Amaral. *Primeiras Linhas de Direito Processual Civil*. 4ª ed., v. III. São Paulo, Ed. Saraiva, 1981.

SCABINI, Eugenia. "L'importanza della famiglia nella crescita psicologica del bambino". *"Il Foglio"* 32. Associazone Amici dei Bambini, Ano VII, out.-dez./93.

SILVA, José Afonso da. *Curso de Direito Constitucional Positivo*. 10ª ed., São Paulo, Malheiros Editores, 1991.

SILVA, José Luiz Mônaco da. "Adoção: mitos e verdades". *Revista Panorama da Justiça*. Ano V, n. 29, 2001.

SIQUEIRA, Liborni. *Comentários ao Estatuto da Criança e do Adolescente*. Vários Autores. Rio, Ed. Forense, 1991.

SOUZA, A. Capelo de. *A Adopção – Constituição da Relação Adoptiva*. Coimbra, 1973.

STECK, B. "Os pais adotivos. Aspectos psicológicos". *Abandono e Adoção – Contribuição para uma Cultura da Adoção I*. Curitiba, Terre des Hommes, 1991.

TONIZZO, Frida e MICUCCI, Donata. *Adozione Perchè e Come*. Turim, UTET, 1994.

TIZARD, B. "A instituição como ambiente para o desenvolvimento da criança". *Abandono e Adoção – Contribuição para uma Cultura da Adoção I*. Curitiba, Terre des Hommes, 1991.

TRILLAT, Brigitte e NABINGER, Sylvia. "Adoption internationale et trafic d'enfants: mythes et réalités". *Revue Internationale de Police Criminelle – Interpol*, 428, Lyon, França, jan.-fev./91.

VARELA, Antunes. *Direito de Família*. Lisboa, Petrony, 1982.

VERCELLONE, Paolo. "Evolución del régimen jurídico de la adopción in Italia". *Aspectos Jurídicos de la Protección a la Infancia*.

WALD, Arnoldo. *Curso de Direito Civil Brasileiro – Introdução e Parte Geral*. 6ª ed., v. I, São Paulo, Ed. RT, 1991.

Revistas Especializadas

Accueilir 172-173. S.S.A.E – Service Social d'Aide aux Émigrants. Paris set.-out./90.

Adozione Internazionale – Le due Culture: Scontro-Incontro? Org. pela Associazione Amici dei Bambini. Melegnano, 1992.

Adozione Internazionale – Tra norma e Cultura. Minori – Studi e Ricerche sull'Infanzia e l'Adolescenza, Abbiategrasso, Edizioni Unicopli, 1991.

Il Figlio. Melegnano, Associazione Amici dei Bambini, 1993.

Las Nuevas Familias – Un Desafío a los Magistrados y Legisladores a las Puertas del Año 2000. Revista do XIII Congresso Mundial da Associação Internacional de Magistrados de Menores e de Família. Turim, 16-21.9.90.

Revue Internationale de Police Criminelle – Interpol 428. Lyon, França, jan.-fev./91.

Todo sobre la Adopción. Colección Legal De Vecchi. Barcelona, Editorial De Vecchi, 1992.

Impressão e acabamento:
GRÁFICA PAYM
Tel. (011) 4392-3344